汽车电器与辅助电子系统

主　编　余春晖
副主编　万　霞
参　编　曹家喆　高谋荣　朱小春　孙晓莉

清华大学出版社
北京

内容简介

本书系统地介绍了汽车电器及辅助电子系统的结构、原理、检修以及故障诊断等。全书分为10章，分别介绍了汽车电器与辅助电子系统基础、汽车电源系统、汽车起动系统、汽车点火系统、汽车照明与信号系统、汽车仪表与报警指示系统、汽车辅助电器与电子设备、汽车空调系统、汽车内CAN总线技术、汽车总线路及检修。本书注重理论联系实际，内容较为新颖且丰富，具有鲜明的特色。

本书可作为高职高专汽车运用技术、汽车电子技术等相关专业的教材，也可用作汽车维修行业员工的培训教材或工程技术人员的参考书。

图书在版编目(CIP)数据

汽车电器与辅助电子系统/余春晖主编. —北京：清华大学出版社，2015(2019.12重印)
ISBN 978-7-302-39074-9

Ⅰ.①汽…　Ⅱ.①余…　Ⅲ.①汽车－电气设备　②汽车－辅助系统－电子系统　Ⅳ.①U463.6

中国版本图书馆CIP数据核字(2015)第011204号

责任编辑：庄红权　赵从棉
封面设计：常雪影
责任校对：赵丽敏
责任印制：丛怀宇

出版发行：清华大学出版社
网　　址：http://www.tup.com.cn，http://www.wqbook.com
地　　址：北京清华大学学研大厦A座　　**邮　　编**：100084
社 总 机：010-62770175　　**邮　　购**：010-62786544
投稿与读者服务：010-62776969，c-service@tup.tsinghua.edu.cn
质量反馈：010-62772015，zhiliang@tup.tsinghua.edu.cn
印 装 者：北京九州迅驰传媒文化有限公司
经　　销：全国新华书店
开　　本：185mm×260mm　**印　张**：20.25　**字　　数**：487千字
版　　次：2015年3月第1版　　**印　　次**：2019年12月第4次印刷
定　　价：55.00元

产品编号：060047-03

前言

2014年5月，国务院做出“加快发展现代职业教育”的重要决定，为高职教育的发展提供了巨大的正能量。高等职业教育必将在优化高等教育结构中发挥重要作用，并将加强职业教育与普通教育沟通，为学生多样化选择、多路径成才搭建“立交桥”。

近年来，汽车技术正向电子化、智能化、电动化和网络化方向快速发展，电气设备与系统的新技术层出不穷。例如就普通燃油发动机汽车而言，以CAN BUS为代表的网络技术的应用日益普遍，车身电器设备越来越多地采用智能控制技术。因而对汽车运用技术以及汽车电子类专业的高职学生必须具备的知识和技能提出了新的要求，因此教材内容有必要与时俱进。

作为全国高职示范院校，在长期办学实践中，我们深深感到，高职教材的编写一定要与专业培养目标定位相适应，不仅应包括面向就业所必需的基本知识和技能，而且应该有利于培养学生较强的分析能力、学习能力和创新能力，才能有更广阔的职业发展空间。

基于以上三方面的思考，本书主要突出以下特色：

首先，将培养学生的分析与思考能力放在首位。例如在内容编写上不仅要教会学生怎样检修汽车电器故障，更重要的是使学生明白为什么要这样检修以及将来遇到类似的故障该如何分析处理。同时，对问题的阐述方面由浅入深、循序渐进，以培养学生的学习能力。

第二，在强调基础知识与基本技能训练的同时，特别注意现代汽车新技术（尤其着重介绍了奥迪轿车新技术）、新知识及新的检修仪器与方法的引入，不仅可以开拓学生的视野，更为学生未来的职业发展打下坚实的基础。同时删减了部分传统落后的知识内容。

第三，力求图文并茂。作为学生知识的重要来源和主要学习参考资料，编写内容力求丰富多彩，很多内容阐述和分析思路来自作者长期教学实践经验，大量图片为作者亲手精心绘制。

本书由深圳职业技术学院余春晖老师主编，万霞老师任副主编。编写分工如下：余春晖（第五、六章）、万霞（第一、三、七章）、曹家喆（第四、十章）、高谋荣（第八章）、朱小春（第二章）、孙晓莉（第九章）。全书由深圳职业技术学院黄炳华教授主审。在本书的编写过程中，得到了许多专家与同行的热情支持，在此一并表示感谢。

由于编者水平所限，书中必定有不妥和错误之处，恳请读者提出宝贵意见。

编　者

2014年6月

目录

第一章 汽车电器与辅助电子系统基础

汽车电气设备是汽车的重要组成部分，其性能的好坏直接影响到汽车的动力性、经济性、可靠性、安全性、排气净化及舒适性。例如，为使汽车发动机获得最高的经济性，需靠点火系统能在最适当的时间点火；为使发动机可靠起动，需采用电动起动机；为保证汽车工作可靠、行驶安全，则有赖于各种指示仪表、信号装置和照明等电器的正常工作。

随着汽车技术的进步，汽车电气设备的结构与性能也在不断改进，特别是电子技术在汽车上的广泛应用已成了现代汽车电气设备的重要标志。车用电子装置的新产品不断涌现，特别是大规模集成电路及微控制器的应用，大大推动了汽车工业的发展，同时亦给汽车的控制装置带来了巨大的变革。当前，电子技术在解决汽车所面临的油耗、安全、排放等问题方面正起着重要作用。此外，在实现操纵自动化和提高舒适性等方面也离不开电器与电子设备的应用。可见随着汽车工业和电子工业的高速发展，汽车上所装用的电器与电子设备的数量将会与日俱增，所起的作用也将越来越重要。

第一节 概述

一、汽车电器与辅助电子系统组成

现代汽车上所装用的电器与电子设备的数量很多，按功能可分为电源系统、起动系统、点火系统、照明与信号系统、仪表与报警系统、空调系统、辅助电器与电子设备等部分。

1. 电源系统

电源系统由蓄电池、发电机、调节器及工作状况指示装置（电流表、充电指示灯）等组成，在汽车上，蓄电池和发电机并联工作，其作用是向全车用电设备提供低压直流电能。发电机是汽车的主要电源，蓄电池是辅助电源。发电机配有调节器。调节器的功用是在发电机转速升高到一定程度时，自动调节发电机的输出电压使其保持稳定。

2. 起动系统

起动系统由起动机、起动继电器、起动开关及起动保护装置组成，其作用是带动飞轮旋转使发动机达到必要的起动转速。

3. 点火系统(仅限于汽油发动机)

点火系统由点火线圈、分电器、电子点火器、火花塞、点火开关等组成。点火系统的作用是将低压电转变为高压电,适时可靠地点燃汽缸中的可燃混合气。此外,采用发动机控制单元进行点火控制时,可以不使用分电器。

4. 照明与信号系统

照明与信号系统由前照灯、雾灯、示廓灯、转向灯、制动灯、倒车灯、电喇叭等及其控制继电器和开关组成。照明系统的作用是确保车辆内外一定范围内合适的照度;信号系统的作用是告示行人及车辆引起注意,指示行驶趋向、操纵件状态。

5. 仪表与报警系统

仪表与报警系统由仪表、传感器、各种报警指示灯及控制器组成,其作用是显示汽车运行参数状态,报警运行性机械故障,以确保行驶和停车的安全性、可靠性。

6. 空调系统

空调系统由制冷、加热、通风、操纵控制及空气净化系统组成。汽车空调的功能是通过人为的方式创造一个对人体适宜的环境,提高汽车的舒适性。其具有对车内的温度、湿度、气流速度进行调节和净化空气的功能。除此之外,汽车空调还能除去风窗玻璃上的雾、霜、冰、雪,给驾驶员一个清晰的视野,确保行车安全。

7. 辅助电器与电子设备

辅助电器与电子设备由一些为提高车辆安全性、舒适性、经济性等而设置的各种功能的电气装置组成,因车型不同而有所差异。一般包括风窗刮水/清洗装置、风窗除霜/防雾装置、起动预热装置、车窗电动升降装置、电动座椅调节装置、中央电控门锁及安全气囊等装置。辅助电器有日益增多的趋势,主要向舒适、娱乐、保障安全方面发展。

实践证明,由于汽车行驶的颠簸,发动机工作的振动,以及气温、湿度、灰尘的影响,加之使用不当,很容易使电器与电子设备损坏。据统计,电器与电子设备所出现的故障约占汽车全部故障的30%以上。由此可见,为提高汽车的完好率,不仅要求电气设备有完善、合理的结构,良好的工作性能,而且还有赖于对它们的正确使用、维护和调整。因此,对从事汽车运输、运用及管理的技术人员来说,熟悉和掌握有关汽车电器与电子设备的结构原理、性能与使用维修等方面的知识并具有一定的操作技能就显得十分重要。

二、汽车电路的特点

各大汽车厂商在设计和生产汽车时,其电路一般都遵循一定的原则,了解这些原则对今后汽车电器与电子设备的维护与保养很有帮助。汽车电路具有以下几个特点。

1. 低压

汽车电气系统的额定电压主要有12V和24V两种。汽油机普遍采用12V电源,柴油车多采用 24V 电源(由两个 12V 蓄电池串联而成)。汽车运行中的电压,一般 12V 系统为 14V,24V 系统为 28V。

2. 直流

现代汽车发动机是靠电力起动机起动的,起动机由蓄电池供电,而向蓄电池充电又必须用直流电源,所以汽车电气系统为直流系统。

3. 单线制

单线连接是汽车线路的特殊性。它是指汽车上所有电气设备的正极均采用导线相互连接;而所有的负极则直接或间接通过导线与车架或车身金属部分相连,即搭铁。任何一个电路中的电流都是从电源的正极出发经导线流入用电设备后,再由电气设备自身或负极导线搭铁,通过车架或车身流回电源负极而形成回路。

单线制的导线用量少,线路清晰,接线方便,因此广为现代汽车所采用。

4. 并联连接

汽车上的两个电源(蓄电池与发电机)之间以及所有用电设备之间都是正极接正极、负极接负极,并联连接。由于采用并联连接,所以汽车在使用中当某一支用电设备损坏时,并不影响其他支路用电设备的正常工作。

5. 负极搭铁

采用单线制时,蓄电池的一个电极需接至车架或车身上,俗称“搭铁”。蓄电池的负极接车架或车身称为负极搭铁,蓄电池的正极接车架或车身称之为正极搭铁。负极搭铁对车架或车身金属的化学腐蚀较轻,无线电干扰小。我国标准规定汽车线路统一采用负极搭铁。

6. 设有保险装置

为了防止因短路或搭铁而烧坏线束,电路中一般设有保护装置,如熔断器、易熔线等。

7. 汽车线路有颜色和编号特征

为了便于区别各线路的连接,汽车所有低压导线必须选用不同颜色的单色或双色线,并在每根导线上编号。编号由生产厂家统一编定。

三、汽车电器系统的发展与展望

随着汽车安全舒适、节能环保等性能方面的要求越来越高,各种新技术不断被应用到现代汽车之中,汽车电器与辅助电子系统出现了以下发展趋势。

(1) 越来越多的采用节能环保设备器件,如 LED 灯和高压气体放电灯(氙灯)等。

(2) 越来越多的采用可控电气设备取代不可控的机械装置,如:

① 电动水泵;

② 电动转向助力系统;

③ 可变气门控制(气门升程与正时可调的电液装置),同时取消节气门,油耗可减少

10%～15%；

④ 电气制动(EBS)；

⑤ 电动空调(用电力驱动)。

(3) 起动-发电一体化。

将起动机与发电机统一成“一体化起动-发电机”(ISG)，具有一系列优点：

① 起动快：200ms 内即可起动发动机；

② 发动机无怠速工况，可显著改善排放；

③ 功率强大，达 4～10kW，除起动外还可发电、充电，并在大负荷运行时作发动机的辅助动力。

(4) 采用高电压等级。

随着“电动化”程度提高，汽车耗电总功率越来越大，采用 42V(36V)系统取代 14V(12V)。电动汽车更高达 300V 以上。

(5) 蓄电池新型化。

新型蓄电池(如碱性蓄电池、燃料电池)的研究和普及，使得现代汽车上的电池寿命更长，能量密度更高，大大减少了环境的污染，从而对电动汽车的推广起到了至关重要的作用。

四、安全用电

在汽车的使用和维修过程中，对于传统能源的汽车，可能接触到的电压分别为：直流 12V、直流 5V 及高压上万伏的点火电压。对于最近进入人们视野的混合动力汽车和新能源汽车，它们的电源电压可达 300V 以上。在工业用电过程中，安全用电电压为 36V。作为维修操作人员一定要注意在检修汽车时的安全防护。

以下为汽车电气电子系统中可能会出现的一些危险：

电击：点火高压最可能发生电击，点火时产生 25 000V 的电压是很正常的。特别注意，在有线圈的电路中会产生高压，因为当断开这种电路时会产生很高的自感电动势。汽车电器设备及其导线应处于良好状态，最好采用牢固的搭铁装置。

电池中酸性物质：硫酸具有腐蚀性能，所以需佩戴良好的个人保护装备。

短路：测试时，用一段具有线内熔断丝的跨接导线，以防止由于短路产生的破坏。出现短路危险时，首先要切断电源，因为大的短路电流不仅会烧伤工作人员，也会烧毁汽车。

第二节　汽车电器电路基础

一、汽车电器基础元件

汽车电器基础元件主要是指保险丝、继电器、导线、插头、各种开关等，它们是汽车电路的基本组成部分。

1. 保险丝

保险丝是汽车电器系统中的一种电路保护装置，安装方式基本都是插在车辆的保险丝盒中，两端插脚间接有一个可以熔化的导体，导体材料由铅合金制成，当有过大的电流通过时，保险丝就会被熔化，从而切断电路，避免电路和电路部件的损坏。

一般保险丝由三个部分组成：熔体部分、电极部分、支架部分，如图 1-1 所示。

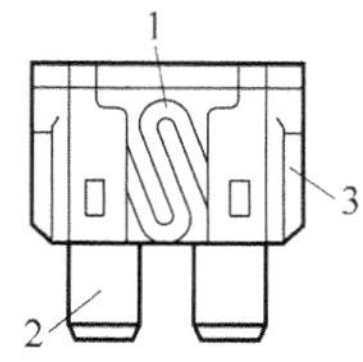

图 1-1 汽车保险丝结构

1—熔体部分；2—电极部分；3—支架部分

熔体部分：它是保险丝的核心，熔断时起到切断电流的作用，同一类、同一规格保险丝的熔体材质要相同，几何尺寸要相同，电阻值尽可能地小且要一致，最重要的是熔断特性要一致。

电极部分：通常有两个，它是熔体与电路连接的重要部件。它必须有良好的导电性，不应产生明显的安装接触电阻。

支架部分：保险丝的熔体一般都纤细柔软，支架的作用就是将熔体固定并使三个部分成为刚性的整体，便于安装使用。它必须有良好的机械强度、绝缘性、耐热性和阻燃性，在使用中不应产生断裂、变形、燃烧及短路等现象。

保险丝在车辆上有大量的应用，对于不用的电器系统，保险丝的种类和每种保险丝的特点都有所不同，可以将车辆上常见的保险丝分成以下几种类型：叶片式保险丝、盒式保险丝、平板式保险丝(熔线)，如图 1-2 所示。

叶片式保险丝根据保险丝的尺寸分为小号汽车保险丝、中号汽车保险丝和大号汽车保险丝。保险丝上都标明了它们的最大额定电流，保险丝不同颜色代表不同的额定电流，如图 1-2(a)所示。

盒式保险丝上都标有额定电流的数值，也可以通过颜色区分额定电流。盒式保险丝同叶片式保险丝一样都是插在保险丝盒中，盒式保险丝的额定电流一般比较大，如图 1-2(b)所示。

平板式保险丝一般装在靠近电源处。平板式保险丝的额定电流比盒式保险丝大(见图 1-2(c))，一般用在大的用电设备或车辆的供电线路上。平板式保险丝是通过螺丝连接在电路中的，在难以使用保险丝或断路器的场合，通常用平板式保险丝，这样可以节约部分空间。

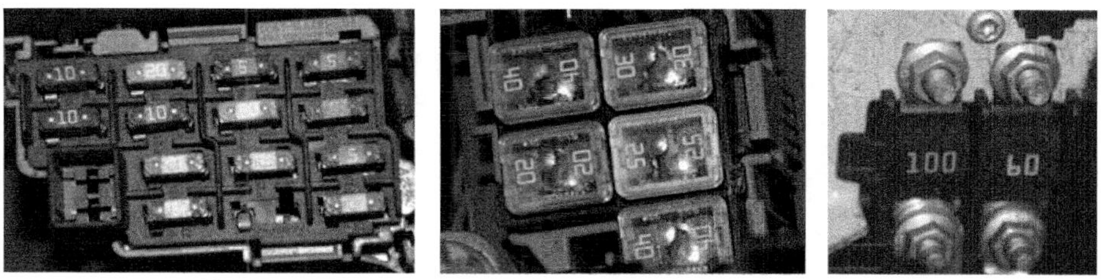

(a) (b) (c)

图 1-2 汽车常见保险丝

(a) 叶片式保险丝；(b) 盒式保险丝；(c) 平板式保险丝

一般情况下，环境温度在 18～32℃情况下，流过保险丝的电流为额定电流的 1.1 倍时，熔丝不熔断；达到 1.35 倍时，熔丝在 60s 内熔断；达到 1.5 倍时，20A 以内的熔丝在 15s 以内熔断，30A 的熔丝在 30s 以内熔断。

保险丝在使用中应注意以下几点：

(1) 保险丝熔断后，必须真正找到故障原因，彻底排除故障。

(2) 更换保险丝时,一定要与原规格相同。

(3) 保险丝支架与保险丝接触不良会产生电压降和发热现象,安装时要保证良好接触。

2. 继电器

一般情况下,汽车上使用的操纵开关的触点容量较小,不能直接控制工作电流较大的用电设备,常采用继电器来控制它的接通与断开。一般来说,继电器由线圈和触点构成,继电器的线圈电流由汽车电路中的某个工作电压来控制,当电路中的受控电压达到设定继电器动作电压时,继电器触点改变工作状态比如由闭合转为断开等。如图 1-3 所示,85#和86#端子是线圈,属于控制部分;87#和30#端子是触点,属于被控制部分(即输出端)。当开关闭合后电流从蓄电池正极经过继电器的85#线圈端子从86#流回蓄电池的负极。线圈两端就会产生磁场。线圈产生磁场后,就会吸引触点的87#和30#端子,使继电器的触点闭合,实现小电流控制大电流。

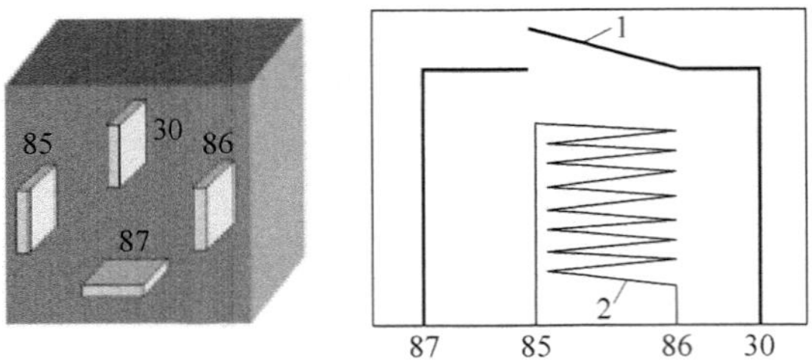

图 1-3 继电器结构图

1—触点;2—线圈

汽车上的继电器触点根据工作状态分类,常见的有三种:常闭触点、常开触点和混合型触点。常开触点型继电器平时触点是断开的,继电器动作后触点才接通;常闭触点型继电器平时触点是闭合的,继电器动作后触点断开;混合型触点继电器平时常闭触点接通,常开触点断开,如果继电器线圈通电,则变成相反状态。

为便于电路连接,继电器的线圈和触点引脚都有固定编号,引脚的布置也有规定。可详见各车型维修手册。

3. 导线

汽车电路中通常使用三种导线:普通导线、屏蔽导线和光纤。由于光纤的使用特殊性,本章主要讨论前两种导线。

普通导线通常由多股细铜线制成,如图 1-4(a)所示。采用多股形式有较好的抗折性,不容易因反复振动而折断。普通导线由两部分组成:铜芯和外包的绝缘材料。绝缘材料通常使用 PVC 材料,有如下几点优势:大电流下不会融化;不会产生明火;重量轻。

如果信号线束靠近大电流或高电压的线束或元件,信号导线会受到电磁干扰导致信号失准。屏蔽导线外层包裹着铝箔或网状线束用于接地,如图 1-4(b)所示,电磁波干扰被直接接地消除。

汽车上的每条电路都有各自的电路编号,每条导线都有各自的颜色。导线可以是单色的,也可以是带条纹的。汽车厂商在电路图上也多以字母来表示导线外皮的颜色及其条纹

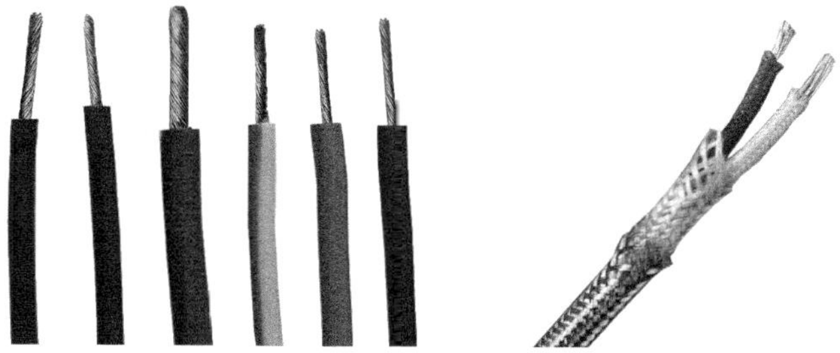

(a) (b)

图 1-4 汽车导线

(a) 普通导线；(b) 屏蔽导线

的颜色。

导线的电阻对电流的传递非常重要，影响导线电阻的因素有三个：温度、导线长度和导线材料截面积。

温度对各种材料的影响效果各不相同。例如：铜与钢的电阻随着温度增加而增加，对于有些材料，材料的电阻会随着温度的升高而减小。导线在电路中有电流经过，导线温度也会变化，从而影响其阻值。为避免这种影响，测量时应该断开电路。

电阻随导线直径的增大而减小。更换线束时，必须使用相同线径的。如果使用较细的线束，导线的电阻增大，使导线产生热量增加，导线就会过热或熔化。

同时随着导线长度增加，电阻也会增大。

4. 插头

汽车线路中的插头是汽车线路中经常用到的一种元件。它的作用是在电路中将不同导线连接在一起，从而使电流流通，使电路实现预定的功能。为了防止插头在汽车行驶中脱开，所有的插头均采用了闭锁装置。如图 1-5 所示，汽车插头主要由以下部分组成：针脚、外壳、附件。其中针脚起电气连接的作用，附件一般作为闭锁装置，防止插头随意脱开。

插头按照结构特点可以分为公插头和母插头，如图 1-6 所示。公插头主要是以插针为主，母插头主要是弹簧片。

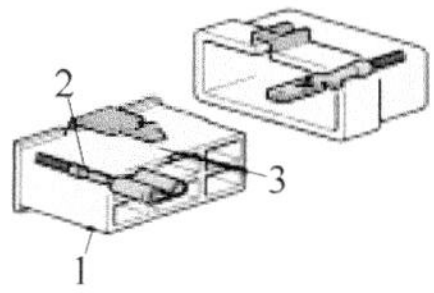

图 1-5 插头结构

1—外壳；2—针脚；3—附件

图 1-6 插头结构分类

常见的插头故障形式有插头脏污、针脚脱落、插头松脱等。

插头脏污或腐蚀，容易造成插头各针脚间的短路。

针脚脱落一般为母插头针脚扩大导致公插头的针脚从母插头中脱落；或者插头的插针从外壳中脱落导致插头连接后，接触不实。

另外插头外壳上的固定卡子如果损坏，就容易造成插头松脱，这样会影响电器元件的工作。

5. 开关

开关在电路中是个通断装置，起着接通或断开电路的作用。一般来说，在汽车上常用的开关有推拉式（如车灯开关）、转柄式（如点火开关）、按钮式（如喇叭开关）等，还有集几种形式于一体的组合开关如雨刷等。开关在电路图中的表示方法有多种，常见的有表格表示法和图形符号表示法等。

下面以一般采用的点火开关为例，介绍电路中开关的表示方法：如图 1-7 所示，点火开关的功能主要有锁住转向盘转轴（LOCK 挡）、接通仪表指示灯（ON 或 IG 挡）、起动发动机（ST 或 START 挡）、给附件供电（Acc 挡，主要是收音机等用）及发动机预热（HEAT 挡，用于柴油车）。该点火开关对应有 5 个引脚，其中 1 号引脚连接电源，2 号引脚连接预热功能，3 号引脚和收音机相连，4 号引脚引向起动机，5 号引脚与点火、仪表相关模块连接。在图 1-7（a）和（b）两种点火开关表示方法中，此点火开关的 Acc 挡位，1 与 3 号引脚相通；在 ON 挡，1 号与 3、5 号引脚相连接；在 HEAT 挡，1 与 2 号引脚连接；在 START 挡，1、2、4 号引脚相连导通。

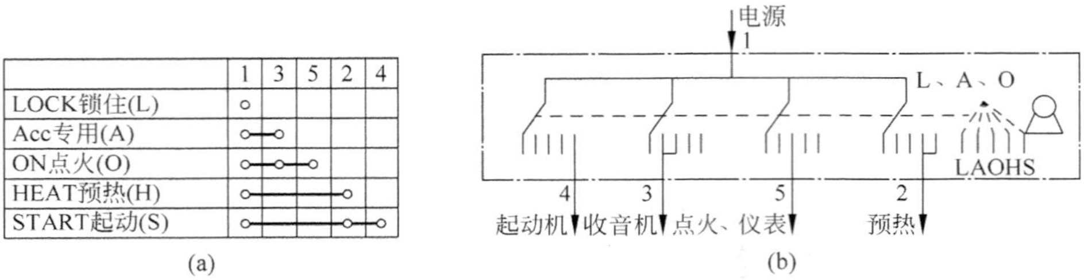

图 1-7　点火开关的两种表示方法

其中，在起动挡、预热挡工作时消耗电流很大，开关不宜接触过久，所以这两个挡位在操作时必须用手克服弹簧力，扳住钥匙，一松手就弹回点火挡，不能自行定位；其他各挡位均可自行定位。

二、汽车常用测试工具

汽车电子、电工技术人员必须熟悉测量设备正确的使用方法。当一台检测设备正确接入电路以后，仪器就相当于技术人员检测电路内部的“眼睛”。下面介绍几种电子仪表的使用方法。

1. 模拟万用表

多年来，模拟万用表一直是进行汽车基本电路分析最常用的仪表，如图 1-8 所示。万用

表一般由测量机构(表头)、转换开关、测量线路和电源等四个部分组成,一般能进行直流电流、直流电压、交流电压、电阻的测量。

图 1-8 模拟万用表

模拟万用表的表头由一块蹄形永久磁铁和围绕在磁铁上面连接指针的线圈组成。当电流流经线圈时,它就会和磁铁所形成的磁场相互作用,因而引起指针摆动。指针摆动方向是由电流流经线圈的方向决定的。

模拟仪表有一个能改变测量电压、电阻和电流量程的旋转式开关。一般我们根据被测量的物理量的类型和大小来旋转开关从而适当地选择万用表的挡位。一般来说万用表有如下一些挡位:

Ω——通常用希腊字母 Ω 来表示电阻。仪表中有一块内置电池来给测量电阻的操作提供能量。如图 1-8 所示,表盘最上面的刻度表示电阻。一般万用表有 Ω×1,Ω×10,Ω×1K 等各种挡位。当旋转开关放在 Ω×1 挡,该挡的阻值能够直接从刻度盘上读出;如果放在 Ω×10 挡,读数必须乘 10,依此类推。同时每当换挡时要将两个表笔短接,旋转调节旋钮使指针回零。一般在选择测量电阻的欧姆挡位时,应使表盘上的指针指向表盘右边刻度比较密的地方,以使读数更为精确。

AC V——交流电压。用于民用电、发电机组、刹车盘速度传感器和速度传感器等的电压测量。根据图 1-5,我们可以看到有 0～300V,0～60V,0～12V 从大到小共 3 个量程的交流电压挡位。

DC V——直流电压。应用在大多数汽车电器电路和化学电池产生的电压。可以看到,图 1-8 所示万用表测量直流电压和交流电压的量程是一样的。

如图 1-9 所示的第二行刻度表示交流电压或直流电压,刻度有三套数值,通过旋转开关的位置决定用哪一组来表示电压值。图示中的指针位置分别表示被测电压为 300V 电压挡的 220V、60V 电压挡的 44V 和 12V 电压挡的 8.8V。

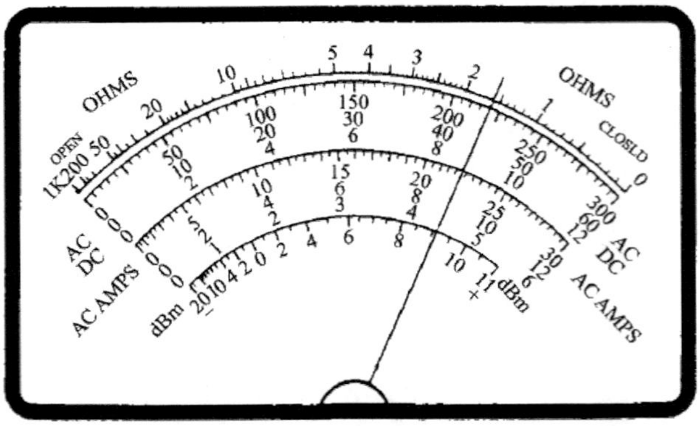

图 1-9　模拟万用表的刻度盘

AC A——测量交流电流。应用于民用电和一些汽车计算机传感器上。

DC A——测量直流电流。应用于大多数汽车的电器线路电流的测量。

在图 1-9 中，第三排刻度表示交流电流。同样，刻度有三套数值，通过旋转开关的位置决定用哪一组来表示电流值。图示中的指针位置分别表示被测电压为 30A 电流挡的 22.5A，12A 电流挡的 9A，6A 电流挡的 4.5A。

在图 1-9 中，最后一排刻度用来测量分贝，分贝是电平的常用单位，dB 是分贝的字母符号。电平是表示电功率和电压大小的一个参量，但用相对值来表示。电平挡的测量读数，就表示被测电压或功率与标值相比较后的大小。

使用模拟万用表有三条必须注意的事项：

第一，在测量前选择合适的量程。如果量程过小，测量值就会超出量程，并可能损伤指针的机械结构。选择量程最保险的方法是使量程初始值最大，然后通过减小量程来获得精确读数。

第二，测量表笔与电流极性的关系。模拟万用表在测量电压和电流时一定要注意红表笔接正极。

第三，仪表内阻（阻抗）。它是万用表的内部限制被测电路电流增加的能力。有些对电流敏感的电路，必须使用内阻在 1MΩ 以上的万用表来测量。这样高阻的仪表消耗的被测电路的电流比较小，从而减小了对被测电路电流的影响。

2. 数字万用表

为了诊断汽车电器和电子系统，数字万用表已经成为汽车技术人员不可缺少的工具。精度高的数字万用表应用电子电路系统和液晶显示表盘提供精度高于模拟万用表的测量读数。一部分的数字万用表需要手动设置量程。与模拟万用表不同的是，数字万用表会在测量电阻时自动回零，图 1-10 所示为手动调节量程的数字万用表。

技术人员常用的数字万用表还有一些具有自动调节量程的功能，测量时能将表自动调节到最佳量程。数字万用表可旋转开关的特性和模拟万用表的基本相似。不管是何种数字式万用表，按住万用表上的按钮 HOLD，万用表就会工作在“保持”设置中。在这种设置下，从电路中测量出数据后，若表笔离开测试点，读数仍保持在液晶显示表盘上不会消失。这个特性在狭小的空间内测量时非常有用。部分数字万用表还有一个插孔可以接入熔断器，当

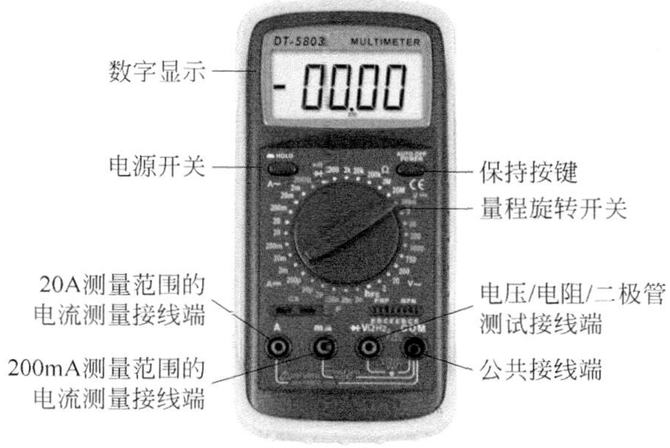

图 1-10　手动调节量程的数字万用表

过载时可以起到保护万用表的作用。当测量未知电流时，即使是有经验的技术人员也会经常犯电流过载的错误。

使用数字万用表有三条必须注意的事项：

第一，对于手动选择量程的数字万用表一定要在测量前选择合适的量程。这点与模拟万用表类似。如果读数超出量程，就会显示溢出标志 1，或液晶显示表盘上的数字会闪烁。选择量程最保险的方法是使量程初始值最大，然后通过减小量程来获得精确读数。

第二，测量表笔与电流极性的关系。与模拟万用表相同，测量电压和电流时一定要注意红表笔接正极。如果表笔反接，反极标志将会显示在读数的左边。对于模拟万用表，如果反接将会无法指示读数或损坏仪表，在数字万用表中，这种情况是不存在的。例如，如果正常情况下读数是 n，而电极反接后仍可读数，是 $-n$。在被测电路变化比较快时，读数变化也比较快。

第三，仪表内阻(阻抗)。与模拟万用表相同，对于电流敏感电路要注意选择高阻抗的万用表。

3. 电压的测量

万用表(模拟的或数字的)的电压挡用来测量通电电路中的连接点、接线端、开关、导线和其他元件的电势差，接线如图 1-11 所示。用万用表测量电势差必须注意以下三点：

(1) 被测电路必须通电才能测量。

(2) 被测电压必须与电压表并联，电压表不允许和被测元件串联在一起。

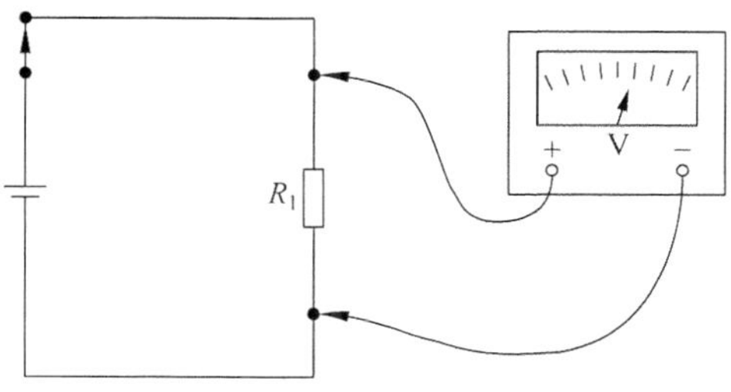

图 1-11　万用表测量线路电压

(3) 万用表的红表笔接“+”端或者标志为“VΩ”的端口；万用表的黑表笔接“－”端或者标志为“COM”的端口。

在电子电路中，电压驱动电流流通整个电路。一些本来需要电压的元件因为导线和接点的原因而损失了电压。这种损失称为电压降，可以用万用表的电压挡来测量。在电路中，通过接点、导线和负载元件的所有电压降之和总是等于电源电压。线路越长、越复杂，接点上电阻增大的几率就提高，这就会使电压降达到一定量级而影响负载元件的正常工作。

4. 电流的测量

万用表(模拟的或数字的)电流挡用来测量电路中的电流，接线如图 1-12 所示。用万用表测量电流时必须注意以下三点：

(1) 被测电路必须通电才能测量。

(2) 电流表必须与被测元件或被测线路串联在一起，不允许和线路或元件并联。电流表与电路并联将会损坏或烧掉熔断器。

(3) 当测量大电流时，万用表的红表笔接“A”端，当测量小电流(各万用表测量参数决定)时，万用表的红笔接“mA”端口；而万用表的黑表笔接“－”端或者标志为“COM”的端口。

因为万用表要串联到电路中，因此通常需要将连接元件的导线断开。在有些电路中，这并不容易做到。在电流表不能串联到电路中或者通过电流表的电流超过其量程时，可以使用一种利用电磁感应间接测量电流的仪器。这个仪器通常称为电流钳，电流钳通过测量环绕导体的磁场强度来测量电流强度，但是对小电流的测量不够准确。

大多数便携式模拟或数字式万用表能测量的电流范围有限，因此如果测量像起动机电流这样的大电流时，就需要一个电流钳，如图 1-13 所示。

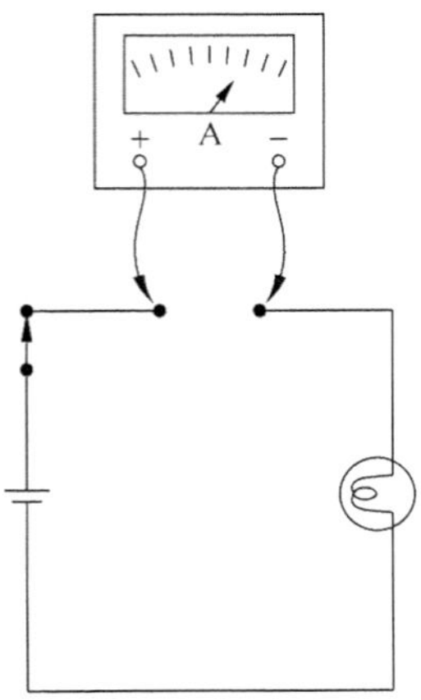

图 1-12　万用表测量线路电流

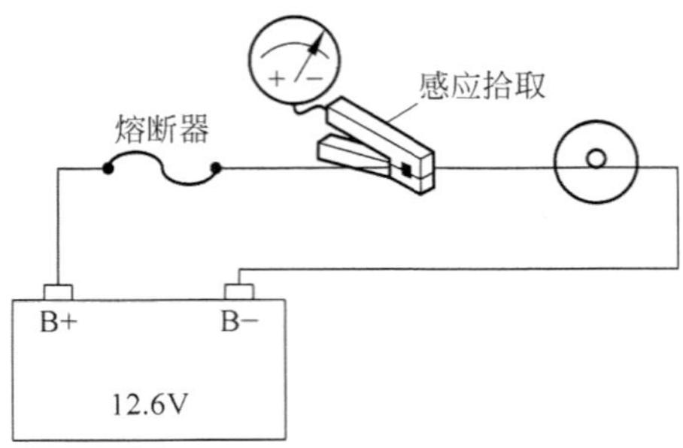

图 1-13　电流钳测量线路电流

5. 电阻的测量

万用表(模拟的或数字的)欧姆挡经常用来测量电路中的电阻，接线如图 1-14 所示。测量电阻时要注意以下三点：

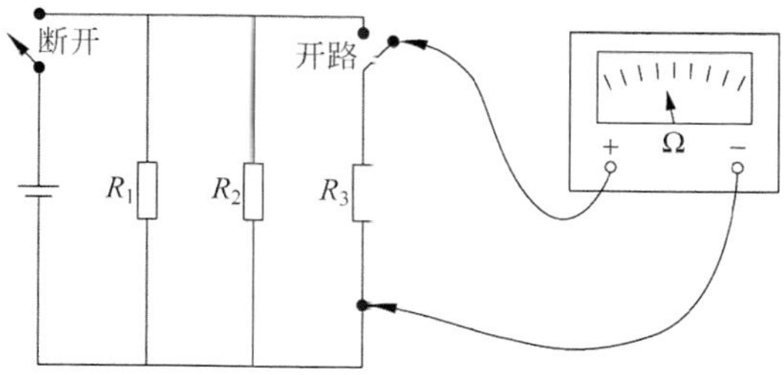

图 1-14　万用表测量线路电阻

（1）在测量电路或元件电阻时，电路必须断开电源。测量电阻时是万用表内置电池提供电源。

（2）测量电阻时，电阻表并联在被测电路或元件的两端，不得与被测元件串联在一起。

（3）万用表的红表笔接“＋”端或者标志为“VΩ”的端口；万用表的黑表笔接“－”端或者标志为“COM”的端口。

当多个负载元件有公共节点时，要测量其中一个元件的电阻，必须把它与电路的其余部分脱离以获得准确的电阻值。

另外，在某些情况下，我们经常使用万用表的欧姆挡来判断二极管的好坏或者正负（比如对汽车发电机的整流器的检测）。这时模拟万用表和数字万用表的使用方法不完全相同。

6. 二极管的测量

如图 1-15 所示为数字式万用表测量二极管的接线图。首先将万用表的挡位选择在二极管测量挡，这时数字万用表是作为一个电源对外的，相应的红表笔接的“＋”端或者标志为“VΩ”的端口，其为万用表电源的正极输出；而黑表笔相连的“－”端或者标志为“COM”的端口，其为万用表电源的负极输出。这时，按照如图 1-15 所示的测量方法，将万用表的红表笔接二极管的正极，黑表笔接二极管的负极时，万用表的读数将比红表笔接二极管的负极、黑表笔接二极管的正极时的读数要小得多（具体小多少是由二极管的型号来决定的）。这表明，在如图 1-15 所示情况下，万用表在二极管测量挡位作为一个电源，使得被测二极管导通了。

而使用模拟万用表来测量二极管时，当万用表的挡位选择在欧姆挡时，模拟万用表作为一个电源，它的输出与数字万用表正好相反：相应的红表笔接的“＋”端或者标志为“VΩ”的端口，为万用表电源的负极输出；而黑表笔相连的“－”端或者标志为“COM”的端口，为万用表电源的正极输出。这一点在测量的时候要引起注意。

7. 测试灯

（1）外加电源式测试灯

外加电源式测试灯是检查电路中有无电压的最简单测量工具之一，它包括一支尖细的灯笔探针、一个灯管以及一条地线。它只能测量电路有没有电压，当灯泡亮时，表示电路中有电压，如图 1-16 所示。

警告：测试灯不能用来测量稳态电子线路的电源。敏感电路的电压只能用内阻不小于 20MΩ 的电压表测量。

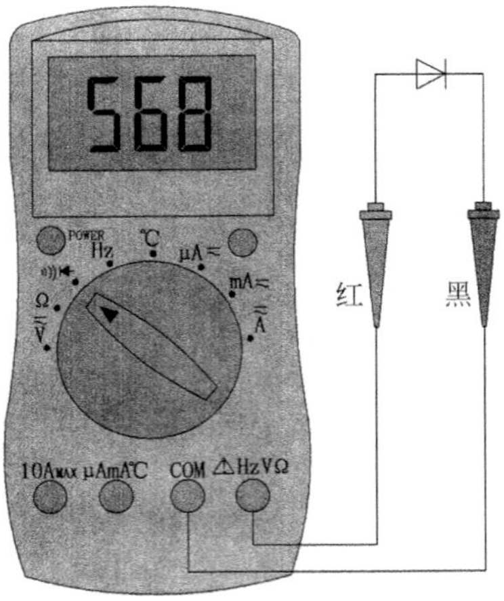

图 1-15 数字万用表测量二极管

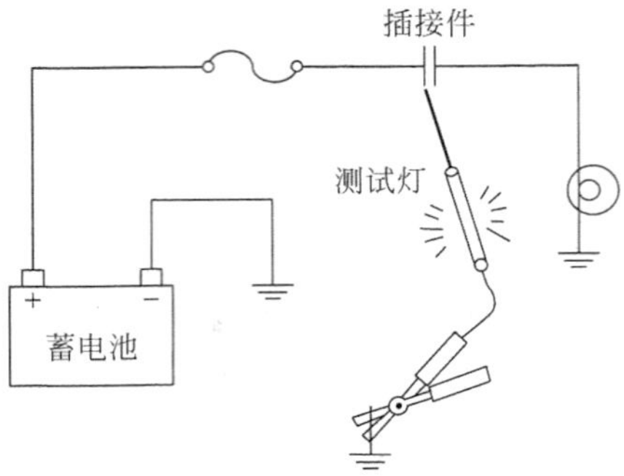

图 1-16 外加电源式测试灯检查电路电压

(2) 自带电源式测试灯

自带电源式测试灯又叫做连续性测试灯,常用来检测开路电路的连续性。它除了在灯泡和两个电极之间有电池外,其他与一个普通测试灯没什么区别,如图 1-17 所示。

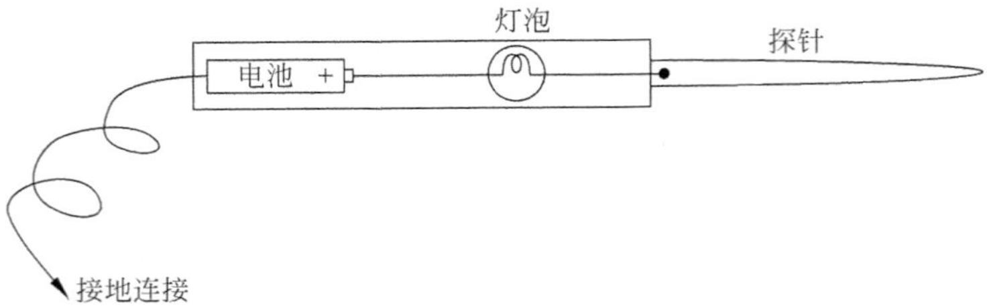

图 1-17 自带电源式测试灯结构图

自带电源的测试灯的两个电极如果短接或电极之间的电阻较小(如图 1-18 所示),灯管就会亮,因为在灯管和电极之间电池的电流几乎全部流过灯管。外加电源式测试灯的注意事项也适用于自带电源的测试灯。

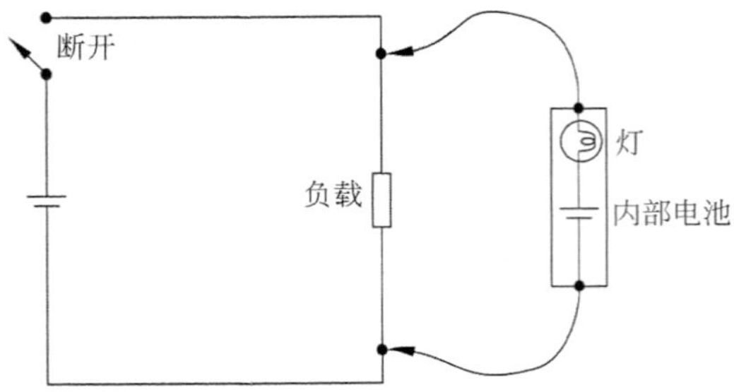

图 1-18 自带电源式测试灯测量线路图

8. 示波器

示波器是检测汽车电子线路信号波形(如传感器信号、点火和充电系统信号等)的主要设备。示波器是能够迅速反映并显示电压波形的仪器。常用示波器一般分为模拟式和数字式。模拟式的一般体积较大，携带不方便。两者工作原理是一样的，目前多用数字式。除此之外，常用的示波器也可分为通用示波器和汽车专用示波器两种，如图 1-19、图 1-20 所示，这些示波器的使用方法大致相同。下面就以通用示波器为例，介绍其使用方法。

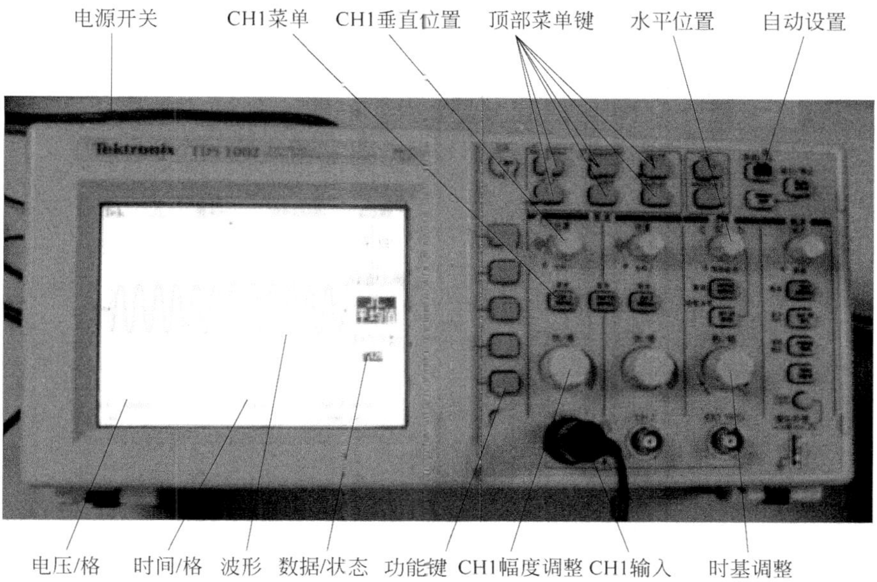

图 1-19　通用示波器

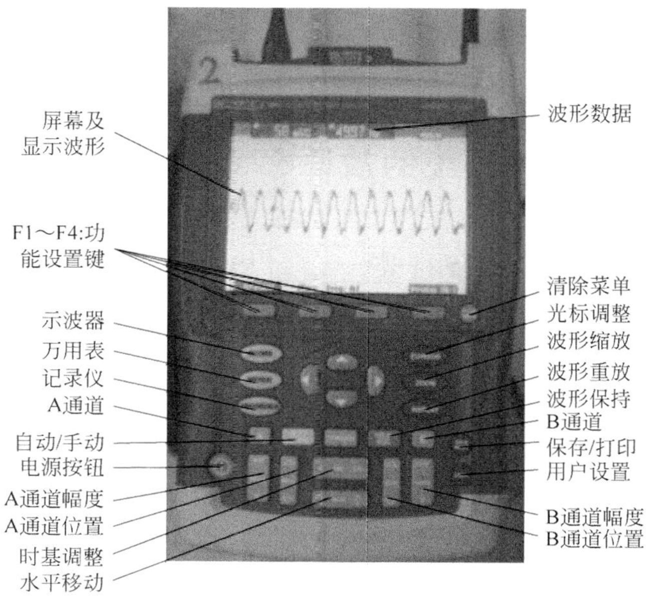

图 1-20　汽车专用示波器

示波器需要同时控制 X 轴(时间坐标)和 Y 轴(信号电压坐标)才能显示一个信号随时间变化的波形，因此内部线路非常复杂。

示波器一般有两个信号输入通道，一般称为 CH1 和 CH2，所以能够同时显示两个不同信号波形。若只有一个信号，就使用 CH1。

显示屏幕上水平方向和垂直方向各有多条刻度线，指示出信号波形的电压和时间之间的关系。

一般输入信号有直流、交流、交流＋直流、脉冲等多种，常采用不同输入耦合方式。输入耦合方式有三种选择：交流(AC)、直流(DC)、地(GND)。当选择“地”时，扫描线显示出“示波器地”在荧光屏上的位置。直流耦合用于测定信号直流绝对值和观测极低频信号，交流耦合用于观测交流和含有直流成分的交流信号。在数字电路实验中，一般选择“直流”方式，以便观测信号的绝对电压值。

由于各种输入信号的幅度、频率等各不相同，为了显示更加清晰，就需要对 X、Y 坐标做适当调整。水平方向(时间)调整称为“时基选择”，可选择每分格若干 s、ms 或 μs。垂直方向(电压)调整称为“垂直偏转因数选择”，可选择每分格若干 V 或 mV。分度越小，波形就越大。

若对于被测信号大小幅度和频率等并不清楚，则常常使用更简单的方法：在输入被测信号后，只要按一下 AUTO(自动)键，示波器即可自动显示比较合适的波形。若还需要仔细观察，还可以对时基和垂直幅度做进一步调整。

示波器必须能够同时控制 X 轴的时间信号和 Y 轴的电压信号才能显示一个完整的波形，否则失去“同步”，图像混乱不稳定。这涉及信号的“触发”问题。通常有三种触发源：内触发(INT)、电源触发(LINE)、外触发(EXT)。内触发使用被测信号作为触发信号，是经常使用的一种触发方式。

此外，示波器探头上有一个双位开关。此开关拨到“×1”位置时，被测信号直接送到示波器，从荧光屏上读出的电压值是信号的实际电压值。若开关拨到“×10”位置时，被测信号衰减到 1/10，然后送往示波器，从荧光屏上读出的电压值乘以 10 才是信号的实际电压值。

第三节　汽车电气系统的故障

一、汽车电气系统的故障种类

汽车电气系统的故障总体上可分为两大类：一类是电气设备故障；另一类是线路故障。

1. 电气设备故障

电气设备故障是指电气设备自身丧失其原有机能，包括电气设备的机械损坏、烧毁，电子元件的击穿、老化、性能减退等。在实际使用和维修中，常常因线路故障而造成电气设备故障。

电气设备故障一般是可修复的，但对于一些不可拆的电子设备出现故障后只能更换。

2. 线路故障

线路故障包括短路、断路、接触不良或绝缘不良等。

短路一般分为电源短路和局部短路。

电源短路就是电流从电源的正极出发，在没有经过任何用电器的情况下直接回到电源负极，电源短路会烧坏电池。如图 1-21(a)所示，当电路开关闭合时，电源经过保险丝后直接接地，与电源负极导通。

局部短路（通常发生在并联电路中）就是电流没有通过用电器，如果有一条没有用电器的导线的话，电流就会通过那段没有用电器的导线。比如说，在一个完好用电器两端接上一段导线，那么电流必定会从这根导线通过，而不是通过用电器。这就可以说，这个用电器被短路了，如图 1-21(b)所示。

当电路没有闭合开关，或者导线没有连接好，或用电器烧坏或没安装好时，即整个电路在某处断开，处在这种状态的电路叫做断路。如图 1-22 中有 3 处不同断路点。

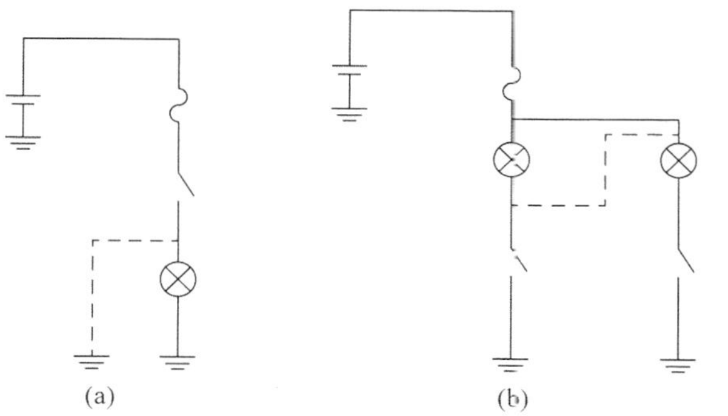

图 1-21　线路短路
(a) 电源短路；(b) 局部短路

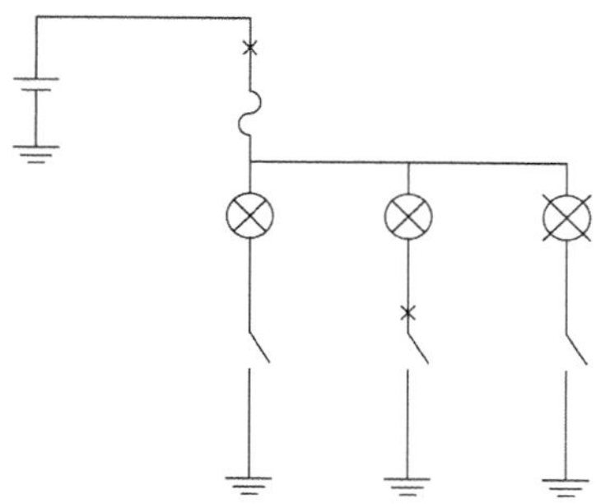

图 1-22　线路断路

接触不良故障有时容易出现一些假象，给故障诊断带来困难。例如：某搭铁线与车身出现接触不良，就有可能造成电气设备开关失控，电气设备工作出现混乱。这是因为有的搭铁线为几个电气设备共用，一旦该搭铁线出现接触不良，就把多个电气设备的工作电路联系到一起，就有可能通过其他线路找到搭铁途径，造成一个或多个电气设备工作异常。

二、汽车电气系统故障的原因

1. 温度与湿度

温度的变化包括两方面：一是外界环境温度；二是使用温度，它与电气设备工作时间的长短、布置位置以及电器元件自身的发热散热条件有密切关系。对于电子元件来讲，较高的使用温度是造成过热损坏的主要原因。

湿度较大的环境，将会增加水分子对电子元件的浸润作用，使其绝缘性能下降，影响电气设备的工作性能。特别是一些车浸水之后，其电子设备工作经常表现为不稳定。

2. 电压的波动

汽车电气系统的电压波动可分为两种：一种是正常范围内的波动，即从蓄电池的端电压到电压调节器起作用的电压之间；另一种为过电压，过电压将对汽车上的电子设备带来极大危害。过电压从其性质来分，可分为非瞬变性和瞬变性过电压。

非瞬变性过电压主要是由于发电机调节器失灵或其他原因引起发电机励磁电流未经调节器，使发电机电压升高到不正常值。这种故障如不及时排除，则整个充电系统会一直处于不正常的高压状态，过电压有时可高达一百多伏。它会使蓄电池的电解液沸腾，电气设备烧毁。

瞬变性过电压对汽车电子元件危害最大，特别对一些电感性负载，如喇叭、各种电机、电磁离合器等，在电路突然断开时，将在电路中产生可达200V以上的高压，对于具有高频响应的控制系统，如电控汽油喷射系统，往往会引起误动作。

3. 电气设备间的相互干扰

由于各个电气设备工作方式不同，它们之间会以不同的方式彼此侵扰。通常将汽车上所有电气设备能在车上正常工作而不干扰其他电气设备正常工作的能力称为汽车电器的相容性。在实际中，电气设备间的相互干扰是不可避免的，因此，对汽车电气系统来说，重要的是相容性。任何因素激发出的振荡都会通过导线等以电磁波的方式发射出去，势必对其他电子系统产生电磁干扰。因此，汽车上应用的计算机等都应具有良好的屏蔽措施，一旦屏蔽被破坏，也会导致其工作异常。

4. 其他

汽车行驶中不可避免地产生振动和冲击，它将造成电子设备的机械性损坏，如脱线、脱焊、触点抖动、搭铁不良等故障。尘土及有害气体的侵蚀会导致接触不良、绝缘性能下降等故障。

思考与练习题

1.1 说明汽车电气设备的主要组成有哪些。

1.2 说明在汽车电路中“地”的主要意义。

1.3 从实际汽车电路入手，说明汽车电路的主要特点。

1.4 如何用万用表测量某段电路的电压和电阻？

1.5 简单说明一下用模拟和数字万用表测量二极管的方法。

1.6 对示波器波形的水平方向（时间）即“时基”调大时，示波器波形的变化如何？

1.7 归纳一下汽车电气系统产生故障的原因有哪几种。

第二章 汽车电源系统

第一节 概述

一、汽车电源电路的组成

汽车电源电路由蓄电池、发电机、电压调节器和配电部分组成。

在汽车上，蓄电池与发电机并联连接，发电机是主电源，蓄电池是辅助电源。与发电机配用的电压调节器，是在发电机转速升到一定程度时自动调节发电机输出电压，使其保持稳定，以满足用电设备的用电需求。桑塔纳轿车采用的整体式交流发电机的电源电路组成图如图 2-1 所示。

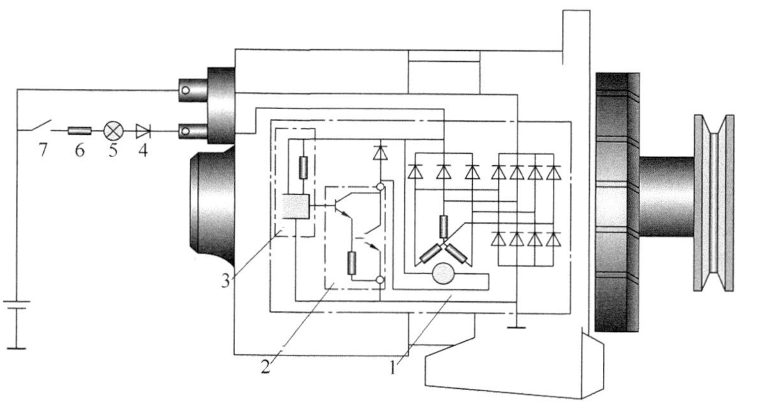

图 2-1 桑塔纳轿车采用的整体式交流发电机的电源电路组成图

1—交流发电机；2—内装式调节器；3—调节器的检测控制部分；
4—二极管；5—充电指示灯；6—熔断器；7—点火开关

二、汽车电源电路的作用

在现代的汽车上，所有的用电设备所需的电能都是由蓄电池和发电机两个电源供给。发电机、蓄电池和全车大部分用电设备均为并联连接。

1. 蓄电池能满足发动机起动的需要

蓄电池是一种可逆的化学电源，既能向用电设备供电，也能在充电时将电源的电能转变成化学能存储起来。这就要求蓄电池内阻小，大电流输出时的电压稳定，以保证发动机有良好的起动性能；此外还要求蓄电池充电性能良好，维护方便或少维护，以满足汽车的使用性能要求，使用寿命长。

2. 发电机能满足用电设备的需求

要求发电机在发动机转速变化范围内，能正常发电且电压稳定；此外，要求发电机体积小、重量轻、发电效率高、故障率低、使用寿命长等，以确保汽车使用性能要求。

第二节　蓄电池

一、蓄电池的作用

(1) 汽车发动机起动时，蓄电池向起动机、点火系统、电子燃油喷射和发动机的其他电气设备供电。

(2) 汽车发电机电压低于蓄电池电动势时，蓄电池给用电设备供电并向交流发电机磁场绕组供电。

(3) 当汽车发电机电压高于蓄电池电动势时，蓄电池将发电机剩余电能转换为化学能储存起来。

(4) 蓄电池能吸收整车电气系统电路中出现的瞬时过电压，稳定电网电压，保护电子元件不被损坏；另外，对电子控制系统来说，蓄电池也是电子控制装置内的不间断电源。

二、蓄电池的结构

汽车上普遍采用的是铅酸蓄电池，由于其结构简单、价格低廉、起动性能好，能满足大量生产的汽车的需要。铅酸蓄电池是在盛有稀硫酸的容器中插入两组极板而构成的电能储能器，它由极板、隔板、外壳、电解液等部分组成。铅酸蓄电池一般由 6 个(或 3 个)单格串联而成。每个单格电池的电压为 2V 左右，6 个单格串联后对外输出的额定电压为 12V。蓄电池的构造如图 2-2 所示。

1. 极板与极板组

极板是蓄电池的核心部件，由栅架与活性物质组成。蓄电池的极板分为正极板和负极板。栅架由铅锑合金或铅锑锡合金浇铸或液体压铸而成，在栅架中加锑的目的是改善浇铸性能并提高机械强度。

活性物质是指极板上参与化学反应的工作物质。正极板上的活性物质是二氧化铅(PbO_2)，呈棕红色；负极板上的活性物质是海绵状纯铅(Pb)，呈青灰色。蓄电池在充电与放电过程中，电能和化学能的相互转换是依靠极板上活性物质和电解液中硫酸的化学反应

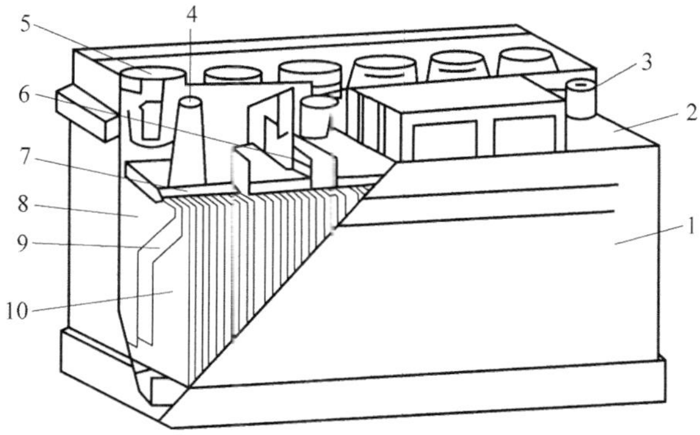

图 2-2　蓄电池的构造

1—壳体；2—电池盖；3—正极柱；4—负极柱；5—加液口螺塞；6—穿壁联条；7—汇流条；8—负极板；9—隔板；10—正极板

来实现的。

为了增大蓄电池容量，正极板通过汇流条焊接在一起为正极板组，负极板通过汇流条焊接在一起为负极板组。如图 2-3 所示，正、负极板组交叉组装在一起，正、负极板间用隔板隔开。负极板比正极板多一片，使得每片正极板均处于两片负极板之间，可使正极板两侧放电均匀，防止极板拱曲，活性物质脱落。

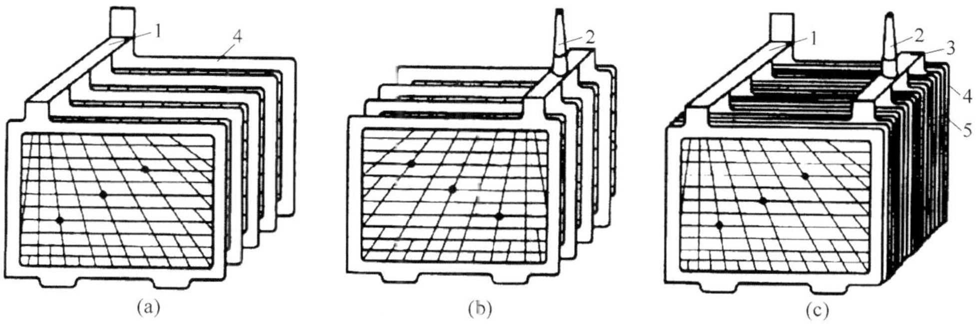

图 2-3　蓄电池极板组结构

(a) 负极板组；(b) 正极板组；(c) 极板组嵌合情况

1—汇流条；2—极柱；3—负极板；4—隔板；5—正极板

2. 隔板

隔板的作用是将正、负极板隔离，防止正、负极板间短路。隔板应具有多孔性，以便电解液渗透，还应具有良好的耐酸性和抗氧化性。目前广泛应用微孔塑料和微孔橡胶隔板。微孔塑料与微孔橡胶隔板安装时，带槽一面面向正极板。免维护蓄电池普遍采用聚氯乙烯袋式隔板。

3. 电解液

电解液由蓄电池专用硫酸和蒸馏水按一定比例配制而成，其相对密度一般为 1.24～1.30g/cm³(25℃)。电解液相对密度大，可减少结冰的危险，并提高蓄电池的容量；但相对密度过大，黏度增加，流动性差，不仅会降低蓄电池容量，而且会由于腐蚀作用增强而缩短极板和隔板的使用寿命，因此，电解液密度对蓄电池的性能和寿命是有影响的，应按地区、气候条件和制造厂的要求来选用电解液的相对密度。

4. 容器

容器（即壳体）是用来盛装电解液和极板组的，它应耐酸、耐热、耐振动冲击。目前，多用工程塑料聚丙烯制成，不仅制作工艺简单、外观美观、重量轻，更易于热封合，生产效率高，便于表面清洁，减少自放电。

在每个单格顶部都设有加液口，以便加电解液、补充蒸馏水和检测电解液相对密度。加液口的旋塞上制有通气孔，使用中该孔应保持畅通，以便随时排出水被电解和化学反应产生的氢气和氧气，防止容器胀裂和发生爆炸事故。

三、蓄电池的工作原理

铅酸蓄电池向起动机及其他用电设备供电，称为蓄电池的放电过程；铅酸蓄电池能在发动机高速运转时储存发电机的部分电能，称为蓄电池的充电过程。

蓄电池充、放电过程是由蓄电池内部正、负极板的活性物质与电解液之间的电化学反应来完成的。根据双硫化理论，蓄电池充、放电过程是一个可逆的电化学反应过程，其反应式为

$$\underset{\text{正极板}}{PbO_2} + \underset{\text{电解液}}{2H_2SO_4} + \underset{\text{负极板}}{Pb} \underset{\text{充电}}{\overset{\text{放电}}{\rightleftharpoons}} \underset{\text{正极板}}{PbSO_4} + \underset{\text{电解液}}{2H_2O} + \underset{\text{负极板}}{PbSO_4} \tag{2-1}$$

由反应式(2-1)可知，蓄电池在放电过程中，正极板上的活性物质由棕红色的 PbO_2 转变为白色的 $PbSO_4$；负极板上的活性物质由青灰色的海绵状纯铅 Pb 转为白色的 $PbSO_4$；电解液中的 H_2SO_4 减少，H_2O 增加。充电过程中物质的变化与放电过程相反。实际上，极板上的活性物质仅有 20%～30%参加反应，大部分活性物质由于充、放电条件的限制未能进行电化学反应。因此，为提高活性物质的利用率，采用薄极板蓄电池。

蓄电池充、放电过程中，由于电解液中的水（H_2O）和硫酸（H_2SO_4）的比例发生变化，所以电解液的相对密度将上升或下降。因此，可以通过测量电解液相对密度的方法来判断蓄电池的充、放电程度。

四、蓄电池的工作特性

1. 静止电动势

蓄电池在静止状态下，正、负极板之间的电位差称为静止电动势，用 E_0 表示。它的大小与电解液的相对密度和温度有关，在相对密度为 1.050～1.300g/cm³ 的范围内，可由下述经验公式计算其近似值：

$$E_j = 0.85 + S_{25} \tag{2-2}$$

式中，S_{25}——25℃时的电解液相对密度。

实测所得的电解液相对密度应按下式换算成 25℃时的相对密度：

$$S_{25} = S_t + \beta(t - 25) \tag{2-3}$$

式中，S_t——实际测得的电解液密度，g/cm^3；

t——实际测得的电解液温度，℃；

β——密度温度系数，$\beta=0.000\ 75$，即温度每升高1℃，相对密度下降0.000 75。

蓄电池的电解液相对密度在充电时增高，放电时下降，一般在$1.13\sim1.29g/cm^3$之间波动，因此，单体电池静止电动势相应地在1.98～2.14V之间变化。

2. 内电阻

蓄电池内阻为极板电阻、电解液电阻、隔板电阻、铅连接条和极柱电阻的总和，用R_0表示。蓄电池的电阻大小反映了蓄电池带负载的能力。在相同的条件下，内阻越小，输出电流越大，带负载能力越强。一般来说，起动型铅蓄电池的内阻很小，单体电池的内阻一般小于0.1Ω，如内阻过大，则会引起蓄电池端电压大幅度下降而影响起动性能。

在温度为20℃时，蓄电池完全充足电的内阻R_0，可按下面的公式计算其近似值：

$$R_0 = \frac{U_e}{1.71C_{20}} \tag{2-4}$$

式中，U_e——蓄电池额定电压，V；

C_{20}——蓄电池额定容量，A·h。

3. 蓄电池的放电、充电特性

蓄电池的放电特性是指蓄电池在规定的条件下，恒流放电过程中，端电压U_f、电动势E和电解液密度的变化规律以及相互关系，为合理地使用蓄电池提供理论依据。图2-4为充足电的蓄电池以20h放电率恒流放电的特性曲线。

放电时，由于蓄电池内阻R_0的影响，故蓄电池的端电压U_f不等于其电动势E，即

$$U_f = E - I_fR_0 \tag{2-5}$$

式中，I_f——放电电流。

由图2-4可知，放电过程可分四个阶段。一是放电初期，蓄电池端电压U_f从2.11V迅速下降，是因放电开始时极板孔隙内的H_2SO_4迅速消耗，相对密度下降的缘故。二是蓄电池的端电压随整个容器内电解液相对密度降低而缓慢下降到1.85V。这是由于随着极板孔隙外的电解液向极板孔隙内渗透速度加快，当渗透变化速率与整个容器内电解液相对密度的变化速率趋于一致时，端电压缓慢下降。三是随后端电压U_f迅速降低到1.75V，此值为单格电池的终止电压，即应立即停止放电。否则会因放电终了时，化学反应生成的硫酸铅深入到极板内层，使电解液渗透困难，造成端电压随孔隙内电解液相对密度下降而急剧下降。继续放电则为过度放电，将严重影响蓄电池使用寿命。四是放电停止后，由于电解液渗透的结果，使极板孔隙内外电解液密度趋于一致，蓄电池单格电池电动势会回升到1.95V（静止电动势）。由于恒电流放电，故单位时间内所消耗H_2SO_4数量保持一定，因此，电解液相对密度呈线性减少，从$1.27g/cm^3$变化到$1.11g/cm^3$。

蓄电池的充电特性说明了蓄电池在恒流充电过程中，端电压U_c和电解液相对密度等的变化规律。向蓄电池充电时，电源的电压必须克服蓄电池的电动势E及蓄电池内部的压降，即

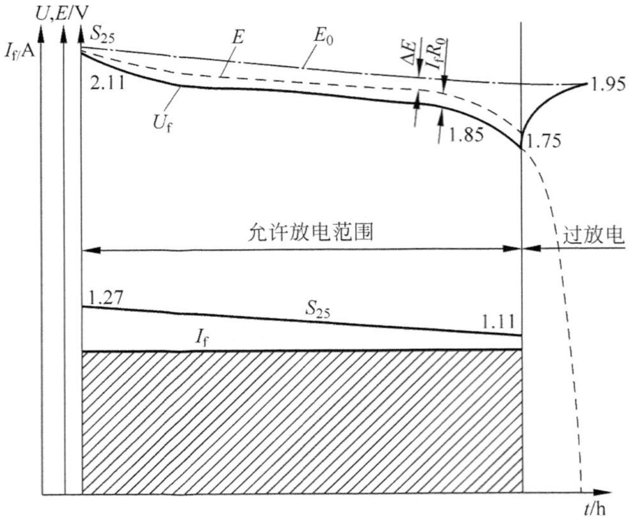

图 2-4　蓄电池 20h 放电率的放电特性曲线

$$U_c = E + I_c R_0 \tag{2-6}$$

式中，U_c——蓄电池的电压；

I_c——充电电流；

R_0——蓄电池内阻。

在充电过程中，蓄电池端电压 U_c 的变化规律如图 2-5 所示，可分为五个阶段。一是充电初期，端电压由 1.95V 迅速上升至 2.10V 左右。因为充电时极板上的活性物质和电解液的化学反应首先在极板孔隙内进行，极板孔隙中生成的硫酸来不及向极板外扩散，使孔隙中的电解液相对密度迅速增大，其端电压迅速上升。二是蓄电池端电压从 2.10V 升至 2.40V 左右，此阶段电压稳定上升。随着充电的进行，新生成的硫酸不断向周围扩散，使孔隙中生成的硫酸来不及向极外扩散，当充电至极板孔隙中生成硫酸的速度和向外扩散的速度基本处于动态平衡时，蓄电池端电压的上升速度较稳定，而且随着蓄电池容器内电解液相对密度的上升相应增高。三是端电压由 2.40V 左右升至 2.70V，这时的充电电流除一部分使尚未转变的硫酸铅继续转变外，其余的电流用于电解水，产生氢气和氧气，以气泡形式放出，形成“沸腾”现象。在此过程中，带正电的氢离子和负极板上电子结合比较缓慢，来不及变成氢气放出，于是在负极板周围便积存了大量的带正电的氢离子，使电解液与负极板之间产生约为 0.33V 的附加电位差，从而使蓄电池的端电压由 2.40V 左右增至 2.7V。四是当端电压升至 2.7V 转为第四阶段，即为过充电阶段，一般为 2～3h，以保证蓄电池充足电，此阶段电压不再上升。五是切断充电电源后，极板外部的电解液逐渐向极板内部渗透，极板内外电解液相对密度达到平稳平衡，同时附加电压消失，所以端电压又下降至 2.1V 左右稳定下来。由上述可知，蓄电池充电终了的特征是：蓄电池内产生大量气泡，端电压上升至 2.7V 左右，且在 2～3h 内不再增加；电解液相对密度从 1.11g/cm^3 上升到 1.27g/cm^3 最大值，在 2～3h 内不再增加。

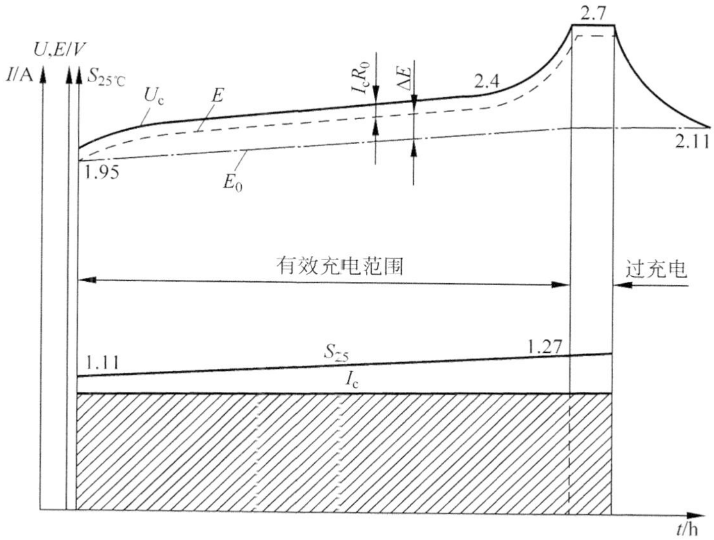

图 2-5 蓄电池的充电特性曲线

4. 蓄电池的容量

蓄电池的容量是指在规定的放电条件下，完全充足电的蓄电池所能提供的电量。蓄电池的容量是标志蓄电池对外放电能力、衡量蓄电池质量的优劣以及选用蓄电池最重要的指标。

蓄电池的容量与放电电流大小、放电持续时间及电解液的温度有关。它可分为额定容量、起动容量和储备容量。当蓄电池以恒流值进行放电时，其容量 C 等于放电电流 I_f 和放电时间 t_f 的乘积，即

$$C = I_f t_f \tag{2-7}$$

式中，C——蓄电池的容量，A·h；

I_f——放电电流，A；

t_f——放电时间，h。

蓄电池的容量是在一定的放电电流、一定的终止电压和一定的电解液温度下测得的。国家标准 GB 5008.1—1991《起动用铅酸蓄电池技术要求和试验方法》规定以 20h 放电率额定容量为起动型蓄电池的额定容量。

20h 放电率额定容量是指完全充电的蓄电池，在电解液温度为 25℃时，以 20h 放电率($I_f=0.05$A·h)的电流连续放电到 12V 蓄电池端电压降到(10.50±0.05)V、6V 蓄电池端电压降到(5.25±0.02)V 时所输出的电量，用 C_{20} 表示，单位是 A·h。

例如：6-Q-105 型蓄电池，在电解液平均温度为 25℃时，以 5.25A 的电流连续放电 20h 后，端电压降至 10.25V，其 20h 额定容量则为：$C_{20}=5.25\times20=105$(A·h)。

五、新型蓄电池

1. 镍-氢($Ni\text{-}H_2$)电池

镍-氢($Ni\text{-}H_2$)电池亦称氢-镍($H_2\text{-}Ni$)电池。常见的镍-氢蓄电池是高压镍-氢电池。高

压镍-氢电池是20世纪70年代初由美国M. Klein和F. Stockel等首先研制的，单体电池的氢电极为负极，镍电极为正极，在氢电极和镍电极间夹有一层含有KOH电解质溶液（20℃时，密度为1.30g/cm^3）的石棉膜。氢电极由含铂催化剂的催化层、拉伸镍网导电层、多孔聚四氟乙烯(PTFE)防水层组成，并用活性炭作为载体。镍电极可以用压制的$Ni(OH)_2$电极，也可用烧结的$Ni(OH)_2$电极。

高压镍-氢电池的优点主要是比能量较高、寿命长、耐过充过放以及可以通过氢压来指示电池荷电状态等。主要缺点为：容器需要耐高压，一般充电后氢压达3～5MPa，这就需要用较重耐压容器，降低了电池的体积比能量及质量比能量；自放电较大；不能漏气，否则电池容量减小，并且容易发生爆炸事故；成本高；能量密度低。因此，目前研制的高压氢-镍电池主要是应用于空间技术。

2. 镍-镉(Ni-Cd)电池

镍-镉(Ni-Cd)电池亦称镉-镍(Cd-Ni)电池，于1898年由瑞典的尤格尔(W. Jungner)发明，已有100多年历史。在20世纪前50年研制生产的是极板（或袋式）电池，从20世纪50年代开始研制生产烧结式电池，从20世纪60年代起研制生产密封式电池。

Ni-Cd电池品种繁多，国际电工委员会IEC制定了推荐标准，我国也制定了相关的标准。按照Ni-Cd蓄电池电极结构可分为有极板盒电极，包括袋式和管式电极；无极板盒电极，包括多孔烧结电极、泡沫镍（或纤维镍）电极、拉浆（涂膏）电极等。各类电极均可制成开口式和密封式两类电池。大容量电池采用有极板盒电极，开口式居多；密封电池采用无极板盒电极居多。镍-镉电池是以羟基氧化镍为正极，金属镉为负极，水溶性氢氧化钾溶液为电解质。由于海绵状的负极金属镉被电解液润湿以后，很容易被电极周围的氧气所氧化，因此碱性Ni-Cd电池大多采用密封式。

电动汽车用Ni-Cd电池应采用密封和全密封结构的电池。密封Ni-Cd电池指液体密封或称液密、半密封电池。这种电池允许任意姿态使用，不会有电液溢出，形状有圆柱形、扁形（扣式）。全密封结构的电池有圆柱形和方形两种。

Ni-Cd电池的主要特点是容易充电、寿命长、维护方便，可以制成无须维护的密封和全密封结构的电池。缺点是镉对环境的污染较大，开路电压低，维护不当易报废，这些都限制了电池的大规模使用，预期有被淘汰的可能。

3. 锂电池

锂电池指以金属锂或含锂物质为负极的化学电源的总称。锂电池有以金属锂或锂合金为负极的金属锂蓄电池(secondary lithium battery)、以碳材料（碳插入化合物）为负极的锂离子电池(lithium ion battery)和锂-聚合物（亦称高分子）电池(polymer lithium battery)。

(1) 金属锂电池

金属锂蓄电池是20世纪80年代发展起来的新型电池。金属锂蓄电池以金属锂或锂合金为负极（阳极），以适合于Li^+迁移的锂盐溶液为电解质，具有通道式结构，Li^+可以方便地嵌入、脱出，正极（阴极）为嵌入、脱出过程中结构变化小的材料。

金属锂蓄电池的种类很多，常见的为锂-钒氧化物电池$Li\text{-}V_6O_{13}$和$Li\text{-}V_2O_5$等。$Li\text{-}V_6O_{13}$电池以锂为阳极，以钒氧化物为阴极，以无机盐的有机溶剂为电解质。锂-钒氧化物电池的额定电压为 2.8V。

由于负极金属锂电位极低(相对于氢电极为－3.3V),且相对原子质量小,因而从每克锂中可以获得大量的电子容量,因此该类电池的突出特点是具有高的工作电压和高的比能量。另外能高倍率放电,再充电能力好。锂负极制作简单,工作温度范围较宽(－40～70℃)。尽管如此,金属锂蓄电池上市的产品却并不多,原因在于它的寿命短,库仑效率低,更为突出的是安全问题。其原因是锂的活性太高,并且金属锂负极的循环能力限制了电池寿命,只有200～300 次充放电循环能力。总的来看,金属锂蓄电池有被锂离子和锂聚合物电池替代的趋势。

(2) 锂离子电池

锂离子蓄电池是在金属锂电池技术的基础上发展的一种全新概念的蓄电池。该类电池不仅保持了金属锂电池的优点,而且较好地克服了金属锂电池的缺点,循环寿命长,电池容量高,安全性好,是一类具有很大开发价值的蓄电池。

锂离子电池是指以 Li^+ 嵌入化合物为正负极的蓄电池(rechargeable lithium battery)。锂离子电池的负极采用锂-碳层间化合物 Li_xC_6,正极采用锂化合物 Li_xCoO_2、Li_xNiO_2、$Li_xMn_2O_4$、Li_xMnO_2 等,电解质采用 $LiPF_6$、$LiBF_4$、$LiClO_4$ 等。锂离子电池反应能可逆进行,该类电池反应已不再是一般电池中的氧化-还原反应,而是 Li^+ 在充放电过程中可逆地在化合物晶格中嵌入和脱嵌反应。放电和充电过程对应的是 Li^+ 在化合物中嵌入和脱嵌,被形象地称为“摇椅电池”(rocking chair battery)。电池反应的容量可通过嵌入正极活性物质中锂的量加以计算。

锂离子电池的优点主要有 6 个方面:

① 能量密度高。与同等容量的 Ni-Cd 或 Ni-MH 电池相比,锂离子电池的重量轻,其能量密度是这两类电池的 1.5～2 倍。

② 电压高。锂离子电池的端电压高达 3.7V,是 Ni-Cd 或 Ni-MH 电池电压的 3 倍。

③ 无污染,环保。

④ 循环寿命长。寿命超过 1000 次。

⑤ 负载能力大。锂离子电池可以大电流连续放电,适合于动力电源。

⑥ 安全性好。由于使用优良的负极材料,克服了电池充电过程中锂枝晶的生长问题,使得锂离子电池的安全性大大提高。同时采用特殊的可恢复配件,保证了电池在使用过程中的安全性。

(3) 锂聚合物电池

锂聚合物电池(又称高分子锂电池)属第二代可充锂离子电池。电池的工作原理也与前述的锂离子电池相同。不同的是锂聚合物电池的电解质是将传统的液态有机电解质吸附在一种被称做胶体电解质的聚合物基质上。这种电解质既不是游离电解质也不是固体电解质。因此,锂聚合物电池不仅具有液态锂离子电池的优良性能,而且可制成任意形状和尺寸的电池,并可制成厚度仅为 1mm 的极薄电池。一只 12V 的电池组可以只有 3mm 厚。由于电池中不存在游离电解质,所以电池可以在低压下工作,消除了漏液问题。电池结构可大大简化,不需要金属外壳和高压排气装置,可以简化甚至取消充电保护装置。

锂聚合物电池的正、负极活性物质与锂离子电池(液态电解质)相同,负极采用高分子导电材料、聚乙炔、聚苯胺或聚对苯酚等,正极为 $LiCoO_2$、$LiNiO_2$、$LiMn_2O_4$ 等。

第三节 发电机与电压调节器

发电机的作用是当汽车起动后运行时，除向起动机以外的所有的用电设备供电外还能向蓄电池充电。20世纪60年代，随着半导体技术的发展普及，汽车上开始使用带硅整流器的交流发电机，并逐渐取代了直流发电机。硅整流交流发电机具有结构简单、维修方便、使用寿命长、体积小、重量轻、功率大等优点。

目前，为了使硅整流交流发电机具有稳定的输出电压，在发电机上装置电压调节器，可在发电机转速变化时，将发电机输出的电压控制在规定范围内。

一、硅整流交流发电机

1. 硅整流交流发电机的构造

汽车用硅整流交流发电机是三相同步交流发电机。如图2-6所示，发电机由转子、定子、整流器和端盖及其他部分组成。

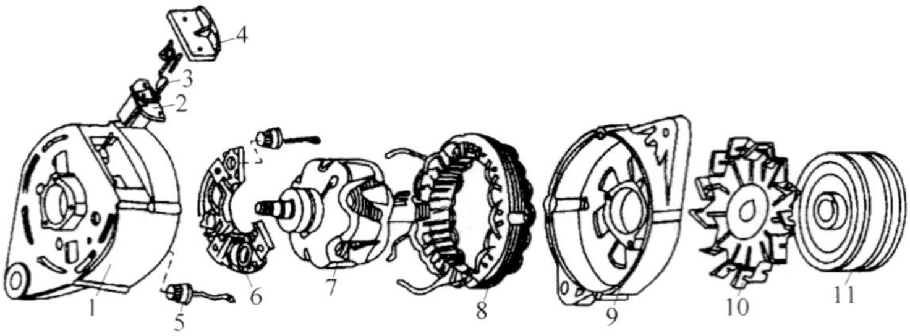

图2-6 交流发电机的构造图

1—后端盖；2—电刷架；3—电刷；4—电刷弹簧盖板；5—硅二极管；6—散热板；7—转子；8—定子总成；9—前端盖；10—风扇；11—皮带轮

(1) 转子

转子是交流发电机的磁场部分，它主要由磁轭、磁场绕组、爪极、集电环(滑环)和转子轴组成，如图2-7所示。

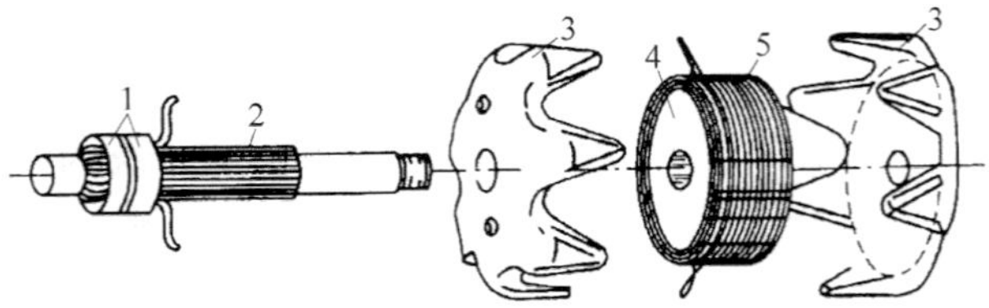

图2-7 交流发电机的转子

1—集电环(滑环)；2—转子轴；3—爪极；4—磁轭；5—磁场绕组

爪极用钢制成，压装在转子轴上，且内腔装有磁轭，其上绕有磁场绕组，绕组两端的引线分别焊在与轴绝缘的两个集电环上。6对磁极做成爪形，以便改变磁场方向，并使交流发电机产生正弦交流电。当转子线圈通电产生磁场后，爪极被磁化，构成N、S交叉排列的次序。

相邻爪极的侧隙比较大，以防漏磁。转子线圈两端分别焊接于集电环上。集电环用黄铜制成，其环外表面与电刷配合，表面平整光滑，以保证与电刷良好的滑动接触。

(2) 定子

定子总成是交流发电机的电枢，是产生三相交流电的部件。定子由铁芯与绕组组成，如图 2-8 所示。铁芯用带内侧槽的硅钢片或低碳钢板叠合而成。为防止铁芯发热损耗，硅钢片两侧涂绝缘漆或进行氧化处理。铁芯内圆槽安装有电枢绕组。电枢绕组有三套，彼此独立，称为三相绕组。每相绕组由若干线圈串联而成，三相绕组彼此错开 120°电角度（电角度是以一对磁极跨越的角度为 360°计算的，转子有 6 对磁极，电角度为机械角度的 6 倍）。三相绕组多数为星形连接，即三个绕组的尾端连接在一起，三相绕组的首端分别与元件板上的硅二极管和端盖上的硅二极管引线相连。有的发电机为控制充电指示灯，接一中性线。

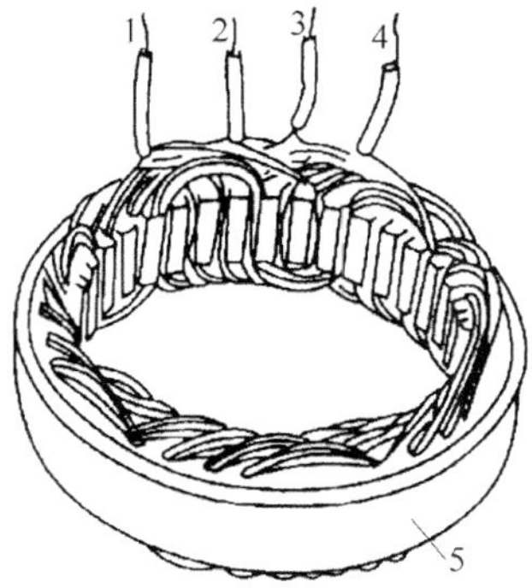

图 2-8　定子总成结构

1,2,3—电枢绕组引线；4—电枢绕组中性点引线；5—定子铁芯

(3) 整流器

整流器的作用是将三相定子绕组产生的三相交流电变为直流电。整流器由 6 只硅二极管组成。元件板如图 2-9(a)所示，装在整流端盖内并与其绝缘。6 只二极管中 3 只装在元件板上，称为“正”二极管，其引线为二极管的正极，管壳为负极；另外 3 只装在端盖上，称为“负”二极管，其引线为二极管的负极，管壳为正极。如图 2-9(b)所示为 6 只二极管的安装电路图，此种接法构成一个三相桥式整流电路。

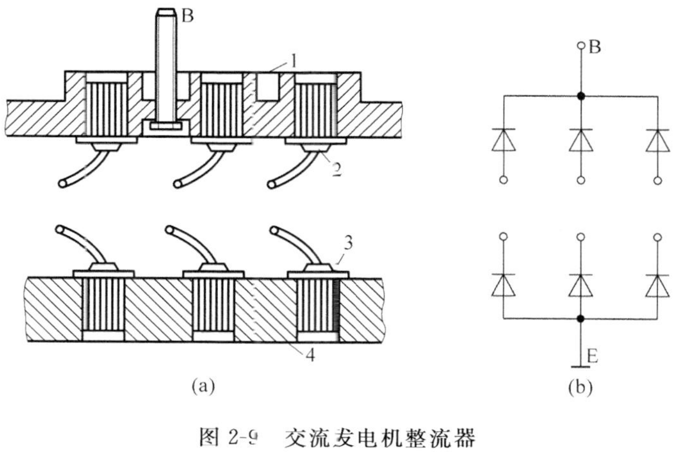

图 2-9　交流发电机整流器

(a) 整流二极管安装图；(b) 整流二极管安装接线图

1—绝缘散热板；2—正极管；3—负极管；4—后端盖(或接地散热板)

(4) 端盖及电刷

交流发电机的前、后端盖用铝合金铸造，用于固定转子，同时又可以减轻发电机重量。端盖上开有通风孔，借助驱动带轮带动风扇，扇风冷却发电机。在端盖上装有轴承、轴承盖，用以支承转子轴。电刷、电刷弹簧以及电刷架组成一个组合件，安装于后端盖上，用螺钉紧固。安装后的两个电刷在轴向位置上刚好与转子一端的两个滑环接触。这样，当固定于端盖的电刷接通电源时，就有电流经滑环流入转子磁场绕组而产生磁场。

2. 硅整流交流发电机的工作原理

图 2-10 所示为交流发电机的工作原理图。如上所述，发电机的三相定子绕组按一定的规律排列在发电机定子槽中，依次相差 120°电角度。这样，当转子磁场旋转时，三相定子绕组就可以产生彼此互差 120°电角度的电动势。

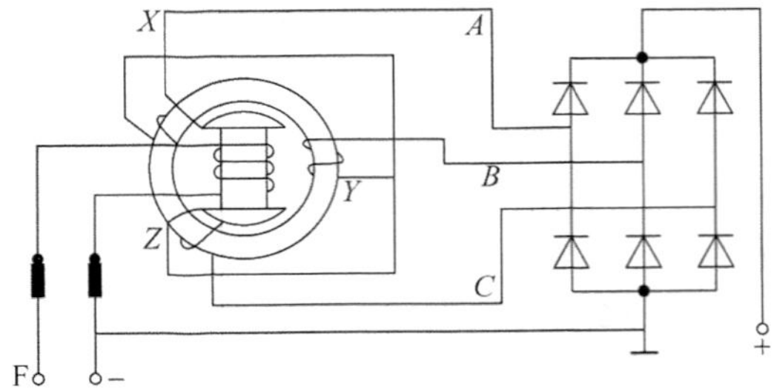

图 2-10　交流发电机工作原理图

(1) 发电原理

电源电压加在绕组两端时，磁场绕组就有电流流过，转子的爪极被磁化，产生磁场，磁力线经定子铁芯构成闭合回路。

当转子被发动机驱动旋转时，磁力线便切割定子绕组，使三相绕组中产生频率相同、幅值相等、相位互差 120°的三相交流电动势 e_A、e_B、e_C，三相绕组中所产生的感应电动势可用下列方程式表示：

$$e_A = E_m \sin\omega t = \sqrt{2} E_\varphi \sin\omega t \tag{2-8}$$

$$e_B = E_m \sin(\omega t - 120°) = \sqrt{2} E_\varphi \sin(\omega t - 120°) \tag{2-9}$$

$$e_C = E_m \sin(\omega t - 240°) = \sqrt{2} E_\varphi \sin(\omega t - 240°) \tag{2-10}$$

式中，E_m——相电动势的最大值；

E_φ——相电动势的有效值；

ω——电角速度，$\omega = 2\pi f$。

发电机每相绕组所产生的电动势的频率与磁极对数和转速有关，其公式如下：

$$f = \frac{P \cdot n}{60} \tag{2-11}$$

式中，P——磁极对数；

n——转速，r/min。

发电机每相绕组所产生的电动势有效值 E_φ 为

$$E_\varphi = 4.44 K f N \Phi \tag{2-12}$$

式中，K——绕组系数，一般小于 1；

f——感应电动势的频率，Hz；

N——每相绕组的匝数；

Φ——磁极的磁通，Wb。

转子转速越高，产生的电动势越大。因磁极制成爪形，其磁通密度近似正弦规律分布，所以在三相绕组中产生交流电动势的波形近似于正弦波形，如图 2-11(b)所示。

(2) 整流原理

交流发电机定子绕组产生的三相交流电，是靠 6 只二极管组成的三相桥式整流电路变为直流电的。图 2-11(a)所示为三相桥式整流电路，整流二极管的导通原理如下：

在 $t_1 \sim t_2$ 时间段，A 相电压 U_A 最高，B 相电压 U_B 最低，二极管 VD_1 与 VD_4 导通，电流经 VD_1 和负载电阻 R_L，由 VD_4 流回 B 相，此时 A、B 相的线电压 U_{AB} 加在 R_L 上。

在 $t_2 \sim t_3$ 时间段，A 相电压仍最高，但 C 相电压却为最低，所以 VD_1、VD_6 导通，A、C 两相线电压 U_{AC} 加在 R_L 上。

$t_3 \sim t_4$ 时间段，二极管 VD_3、VD_6 导通；

$t_4 \sim t_5$ 时间段，二极管 VD_3、VD_2 导通；

$t_5 \sim t_6$ 时间段，二极管 VD_5、VD_2 导通；

……

依次类推，不断反复循环，在负载电阻 R_L 两端就可得到一个比较平稳的直流脉动电压，电压波形如图 2-11(c)所示。

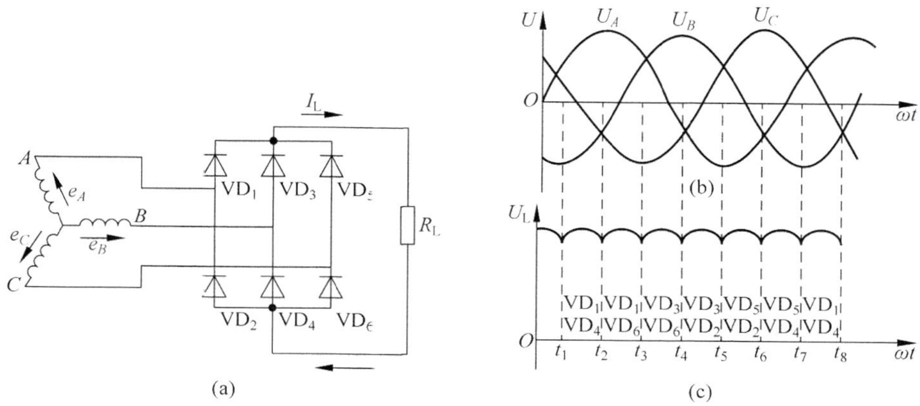

图 2-11 三相桥式整流电路及电压波形

(a) 电路；(b) 三相交流电动势；(c) 整流后的输出电压波形

(3) 励磁方式

励磁方式是指转子磁场电流的提供方式。由于发电机必须先有磁场才能发电，当交流发电机刚开始运转时，必须由蓄电池供给磁场绕组励磁电流，这种方式称为他励。由于励磁电流较大，磁极磁场很强，从而使发电机很快建立电压。

当发电机转速升高，其电压也随之升高后，磁场绕组的励磁电流就可以由发电机自给，这种方式称为自励。由于交流发电机低速运转时建立电压很快，并且发动机与发电机之间的传动比较大，所以交流发电机具有良好的低速充电性能。

3. 硅整流交流发电机的工作特性

汽车用硅整流交流发电机的工作特性有空载特性、输出特性和外特性，其中以输出特性最为重要。

(1) 输出特性

输出特性是发电机的输出电压 U 保持一定时，其输出电流 I 与转速 n 之间的关系。即 $U=$常数时，$I=f(n)$的曲线，如图 2-12 所示。

由图 2-12 看出，当发电机的输出电压保持一定时，其带负载能力随转速升高而增加，并且：

① 发电机达到额定电压时的初始转速为空载转速 n_1，此时发电机不具备带负载的能

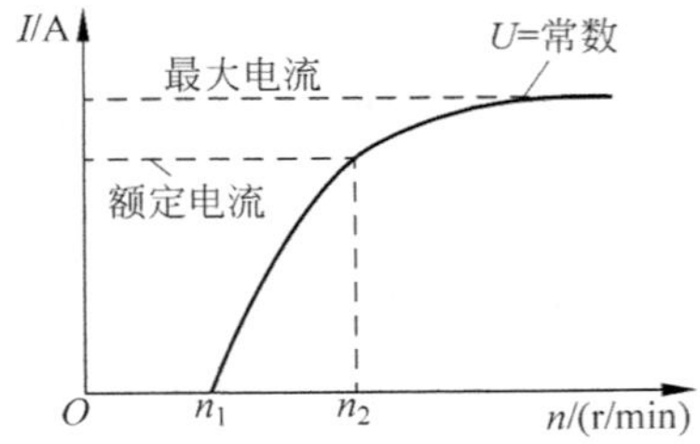

图 2-12　交流发电机的输出特性

力。n_1 常用来作为选择发电机与发动机速比的主要依据。

② 发电机达到额定电流时的转速为满载转速 n_2，额定电流一般定为最大输出电流的 2/3。空载转速与满载转速是测定交流发电机性能的重要依据，在产品说明书上均有规定。使用中，只要测得这两个数据，即可判定发电机性能良好与否。

③ 当转速 n 达到一定值后，发电机的输出电流不再随转速的升高而增加。此时的电流又称为发电机的最大输出电流或限流值。由此可见，交流发电机自身具有限制输出电流防止过载的能力。

交流发电机自动限流的原理可简述如下：交流发电机定子绕组的阻抗 Z 由绕组的电阻 R 及感抗 X_L 合成，即

$$Z = \sqrt{R^2 + X_L^2} \tag{2-13}$$

$$X_L = 2\pi fL \tag{2-14}$$

式中，L——定子绕组的电感；

f——感应电动势的频率。

由于 X_L 与 n 成正比，故发电机定子绕组的阻抗 Z 随发电机的转速升高而增加。高速时，由于 R 与 X_L 相比可以忽略不计，故认定 Z 与 n 也成正比。此外，随着发电机的输出电流增大，电枢反应(电枢反应是指电枢电流的磁场对转子磁场的影响)的去磁作用加强，磁场减弱，可使定子绕组中的感应电动势下降。两者共同作用的结果是：当发电机的转速升高且输出电流达到一定值时，再增加转速，发电机的输出电流不再增加。

(2) 空载特性

空载特性是指发电机在空载运行时其端电压随转速的变化关系，即 $I=0$ 时，$U=f(n)$ 的曲线，如图 2-13 所示。

从曲线可以看出，随着转速的升高，端电压上升较快，由他励转入自励发电时，即能向蓄电池进行补偿充电，这进一步证实了交流发电机低速充电性能好的优点。空载特性是判定交流发电机充电性能是否良好的重要依据。

(3) 外特性

外特性是指当发电机转速一定时，其端电压与输出电流之间的关系，即 $n=$常数时，$U=f(I)$的曲线，如图 2-14 所示。

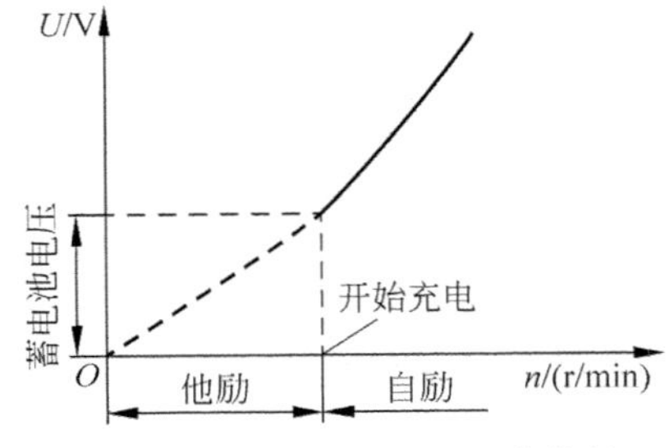

图 2-13　交流发电机的空载特性

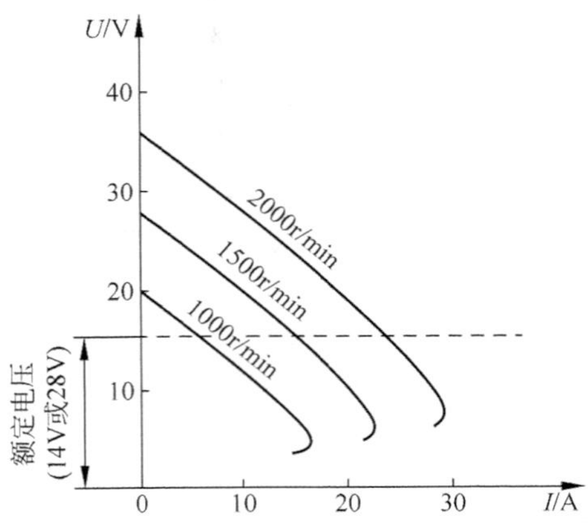

图 2-14　交流发电机的外特性

由外特性曲线分析可知，负载增加时，发电机的输出电流 I 增加，发电机的端电压会随之下降。引起端电压下降的原因可以归纳为：

① 随着发电机的输出电流增加，发电机的内阻抗压降增大，引起端电压下降。

② 当端电压下降较多时，由于磁场电流减小，引起磁场减弱，因而使发电机的电动势减小，导致端电压进一步下降。

③ 当发电机的输出电流增大较多时，随着电枢反应增强，导致定子绕组中的感应电动势下降，引起端电压进一步下降。

当发电机高速运转时，不允许突然失去负载，否则其端电压会急剧上升，致使发电机的二极管或其他电子元件有被击穿损坏的危险。

4. 八管、九管、十一管交流发电机

(1) 八管交流发电机

目前，新型的汽车交流发电机，有的在定子三相绕组的星形(Y)联结点引出连接线并加装两只中性点二极管，连同原有六只二极管就组成了八管交流发电机。这样做的目的是为了提高发电机的输出功率，以适应现代汽车用电设备增加、用电量增大的要求，如图 2-15 所示。

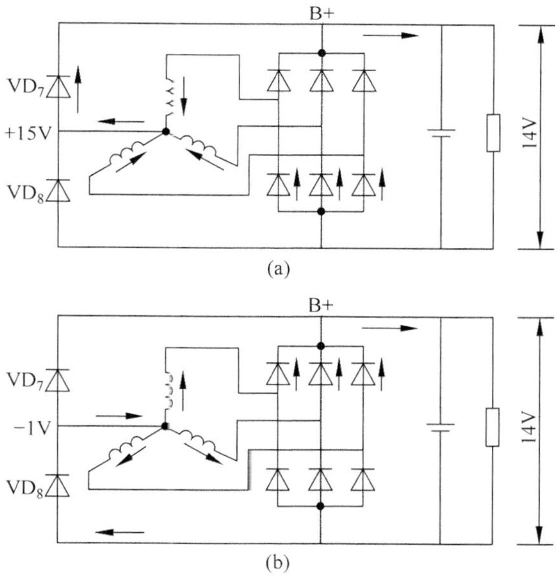

图 2-15 八管交流发电机及其电流通路

(a) 中性点电压高于 U_H 时；(b) 中性点电压高于 0V 时

从前文可知，汽车交流发电机的中性点电压 u_N 为发电机输出电压的一半，这是按发电机输出电压的平均值计算的。实际上，中性点电压含有交流成分，即它是以输出直流电压的一半为中心线的交流电压，不同转速时，中性点变化波形如图 2-16 所示。

由此可见，当发电机高速时中性点电压最高瞬时值高于输出电压平均值 14V(U_H)，最低瞬时值低于搭铁电位 0V。当中性点电压高于输出电压时，二极管 VD_7 导通，如图 2-15(a)所示，此时发电机除已有的直流输出以外，还能提供额外的输出电压。当中性点电压低于搭铁电位 0V 时，二极管 VD_8 导通，如图 2-15(b)所示，此时发电机也能向负载提供额外的输出电压。

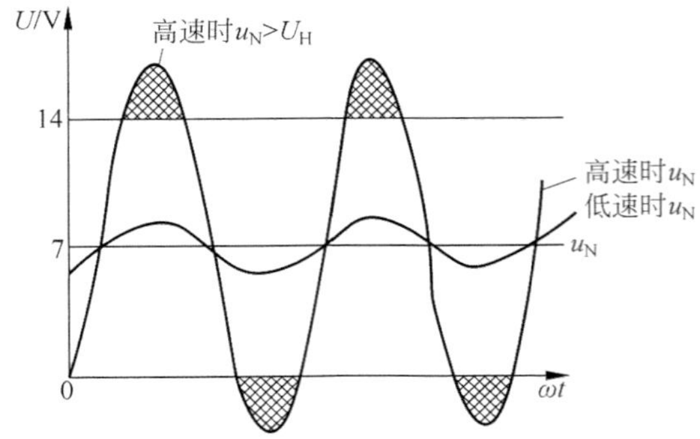

图 2-16　不同转速时中性点电压的波形

试验表明，在不改变交流发电机结构的情况下，加装中性点二极管后，当发电机转速超过 2000r/min 时，其输出功率与额定功率相比可以提高 11%～15%，因此许多新型交流发电机都装有中性点二极管（如日本的电装、三菱公司及德国博世公司的交流发电机）。

（2）九管交流发电机

有些交流发电机中，除了普通交流发电机常用的六只硅二极管外，又多装了三个功率较小的二极管，组成九管交流发电机。三个功率较小的二极管专门供给磁场电流，所以又称为磁场二极管。现代汽车上电源系统常采用充电指示灯指示发电机工作状态，九管交流发电机用来控制充电指示灯更为方便。图 2-17 所示为装有励磁二极管的交流发电机。

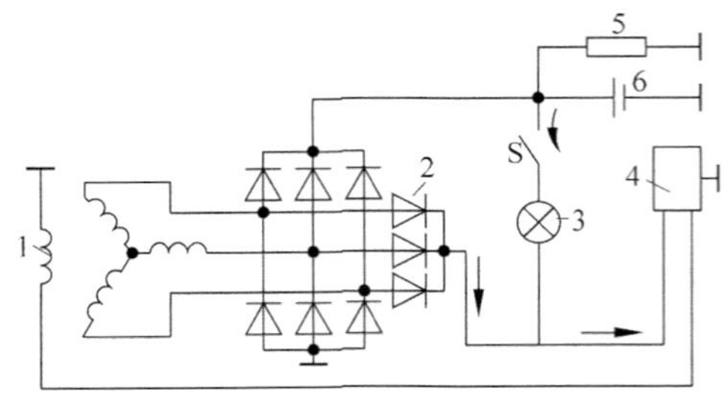

图 2-17　九管交流发电机充电系统电路

1—磁场绕组；2—磁场二极管；3—充电指示灯；4—电压调节器；5—负载；6—蓄电池

九管交流发电机充电系统电路的工作情况：接通点火开关 S，蓄电池电流便经过点火开关 S→充电指示灯→调节器→发电机磁场线圈→搭铁构成回路。此时充电指示灯亮，指示发电机磁场线圈由蓄电池供电（他励）。

当起动车后，随着发电机转速的升高，充电指示灯两端电压差逐渐减小，直至为零，充电指示灯由亮变暗直至熄灭，表明交流发电机正常工作。磁场电流由发电机正极→调节器→励磁绕组→搭铁（转入自励）。

当发电机转速降低，充电指示灯两端有电位差，指示灯又开始微亮，指示磁场绕组他励。当发电机有故障，导致发电机正极无电压输出时，充电指示灯两端电位差更大，指示灯发亮，警告驾驶员应及时停车，排除电源系统故障。

另外，加装三只励磁二极管后，可以省去控制充电指示灯的继电器，充电指示灯既可以指示发电机工作情况，又可以提醒驾驶员停车后及时关闭点火开关，避免浪费蓄电池电能。

(3) 十一管交流发电机

有些交流发电机不仅具有中性点二极管,同时还具有励磁二极管,这样,整个发电机就有 11 只二极管。如上海桑塔纳、一汽奥迪、天津三峰以及许多进口轿车都采用了十一管交流发电机,如图 2-18 所示。这种发电机不仅能满足输出功率的要求,还可以使用充电指示灯来指示发电机工作状况。

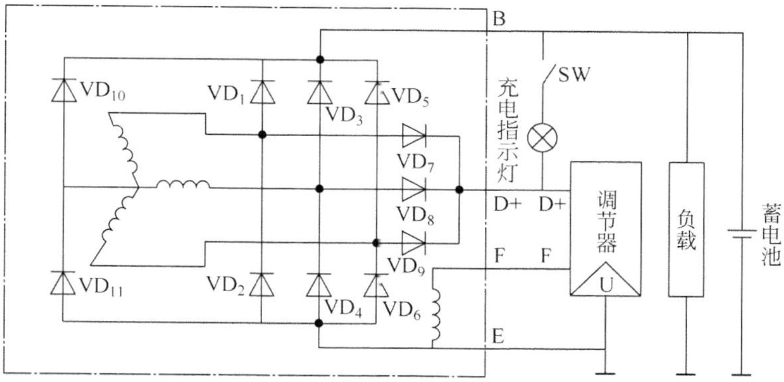

图 2-18 十一管交流发电机充电系统电路

二、电压调节器

1. 调压原理

目前,汽车上均装用硅整流交流发电机,为使发电机具有稳定的输出电压,在发电机上装置电压调节器,可在发电机转速变化时将发电机输出的电压控制在规定范围内。

交流发电机正常运转时,产生的电动势大小可通过整理简化用下式表示:

$$E = C_e \Phi n \tag{2-15}$$

式中,E——发电机电动势,V;

C_e——电机结构常数;

Φ——磁极磁通,Wb;

n——发电机转速,r/min。

可见交流发电机产生的电动势以及所产生电压会随转速的变化而改变,为了维持发电机电压恒定,以满足用电设备需要并避免蓄电池过充电,就要在转速变化时相应地改变磁极磁通。电压调节器就是利用自动调节磁场电流使磁极磁通改变这一原理来调节发电机电压的。

目前,汽车上用的电压调节器有以下几种类型:触点式、晶体管式和集成电路式。由于触点式电压调节器由触点、铁芯、线圈、磁轭和弹簧等机械部分组成,不仅结构复杂,质量和体积大,而且火花易烧蚀触点,寿命短,对无线电干扰大,因此目前在汽车上的使用越来越少,故本书就不介绍触点式电压调节器,只介绍晶体管式和集成电路式电压调节器。

2. 晶体管式电压调节器

晶体管式电压调节器利用晶体管的开关特性来控制发电机的磁场电流,使发电机的输出电压保持恒定。晶体管式电压调节器采用无触点的电子开关,具有结构简单、维护方便、工作可靠、使用寿命长和对无线电不产生干扰等优点。目前，晶体管式电压调节器基本被集成电路式电压调节器所替代，下面主要从原理上分析晶体管式电压调节器的工作过程。

晶体管式电压调节器基本电路如图 2-19 所示，由 R_1、R_2、R_3、稳压管 VS 构成的电压采样电路和三极管 VT_1、VT_2 构成的开关电路以及续流二极管 VD 组成的续流保护电路三部分组成。

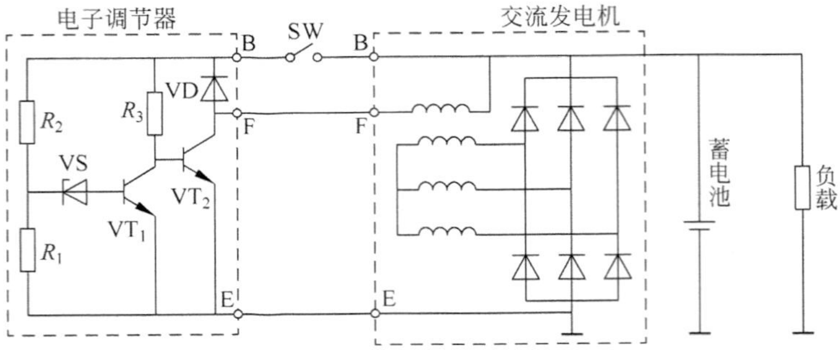

图 2-19 外搭铁型晶体管式电压调节器的基本电路

图 2-19 中，当点火开关 SW 接通，发电机的电压低于调节器的调节电压值时，"B"端电压经过电阻 R_2 和 R_1 分压后不能使稳压管 VS 反向击穿而稳压工作，这样三极管 VT_1 处于截止状态，三极管 VT_2 由电阻 R_3 提供基极电流而饱和导通，"F"端搭铁，励磁绕组获得励磁电流。

当发电机转速上升，电压大于调节器调压值时，"B"端电压经过电阻 R_2 和 R_1 分压后能使稳压管 VS 反向击穿而稳压工作，这样三极管 VT_1 处于饱和导通状态，三极管 VT_2 处于截止状态，"F"端不能搭铁，励磁绕组不能获得励磁电流，发电机发电电压下降。此时，续流二极管 VD 会起保护作用，将励磁绕组中的电流续流回"B"端，防止产生很高的感应电动势而损坏电子器件。随发电电压下降，直至电阻 R_2 和 R_1 分压后的电压低于 VS 的击穿电压，VT_1 由导通转为截止，VT_2 由截止转为导通，发电机再次获得励磁电流，发电机电压回升。当电压上升至调压器调节电压值时，VT_1 导通，VT_2 又被截止，……如此循环工作，发电机电压稳定在 13.8～14.6V 范围内。

3. 集成电路式电压调节器

(1) 集成电路式电压调节器的特点

集成电路式电压调节器具有以下特点：

① 一般采用树脂封装，能防潮及泥土、油污等溅污，并能在高温环境下正常工作。

② 由于内部元器件固化，能承受较大的振动和冲击。

③ 体积小，重量轻，可作为一个标准件装到发电机内，省去外部接线，还可减少线路损失，无须保养，性能十分可靠。

④ 电压调节精度高，在调节转速范围内其电压波动不超过 0.1V。

⑤ 使用方便，工作可靠稳定，使用寿命长。

(2) 集成电路式电压调节器的电压检测法

集成电路式电压调节器是装在发电机上的，其电压检测方法可分为发电机电压检测法和蓄电池电压检测法两种。

① 发电机电压检测法

如图 2-20 所示，加在分压器 R_1、R_2 上的电压是励磁二极管 VD_L 输出端电压 U_L，它和发电机输出端 B 点的电压相等，检测点 P 的电压为

$$U_P = \frac{R_2}{R_1 + R_2}U_L = \frac{R_2}{R_1 + R_2}U_B \tag{2-16}$$

由于检测点 P 加在稳压管 VS_1 两端的反向电压与发电机端电压 U_B 成正比，所以此法称为发电机电压检测法。

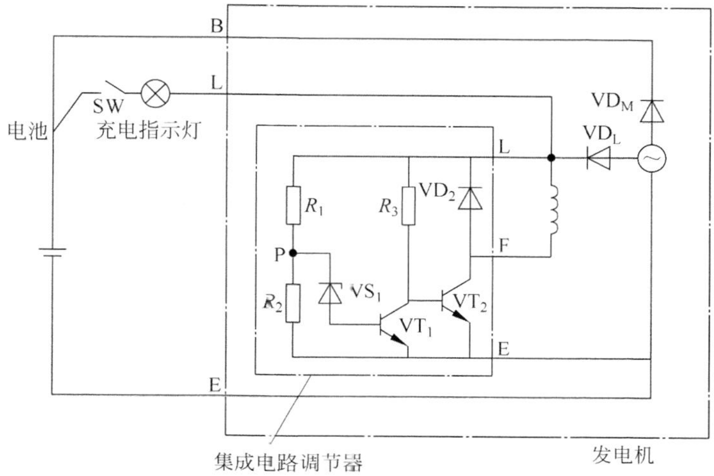

图 2-20 发电机电压检测法

② 蓄电池电压检测法

如图 2-21 所示，加在分压器 R_1、R_2 上的电压是蓄电池端电压 U_{BE}，此时，检测点 P 的电压为

$$U_P = \frac{R_2}{R_1 + R_2}U_{BE} \tag{2-17}$$

通过检测点 P 加到稳压管上的反向电压与蓄电池电压成正比。蓄电池的电压检测法与发电机电压检测法相比，减少了电路中的电压降，用这种方法可以直接控制蓄电池的充电电压。

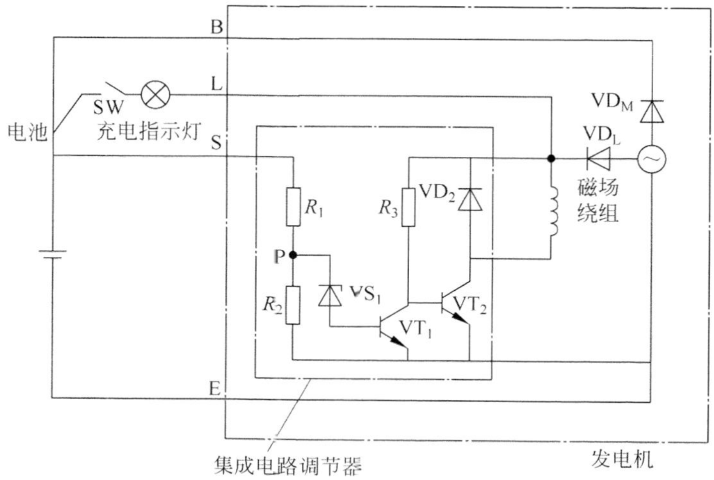

图 2-21 蓄电池电压检测法

③ 两种电压检测法比较

发电机电压检测法可以减少一条从发电机引出的导线，缺点是从发电机输出端至蓄电池之间的电压降较大，蓄电池的充电电压偏低时，蓄电池充电不足。一般大功率发电机宜采用蓄电池电压检测法，直接控制蓄电池的端电压。但应注意，当蓄电池至发电机的接线断路时，由于不能检测发电机的端电压，发电机的电压会失控。

(3) 丰田轿车发电机集成电路式电压调节器

丰田轿车内置集成电路式电压调节器的发电机，外部有五个接线柱 B、IG、L、S、E，内部有两个接线柱 D、F。丰田轿车内置集成电路式电压调节器的充电电路图如图 2-22 所示。

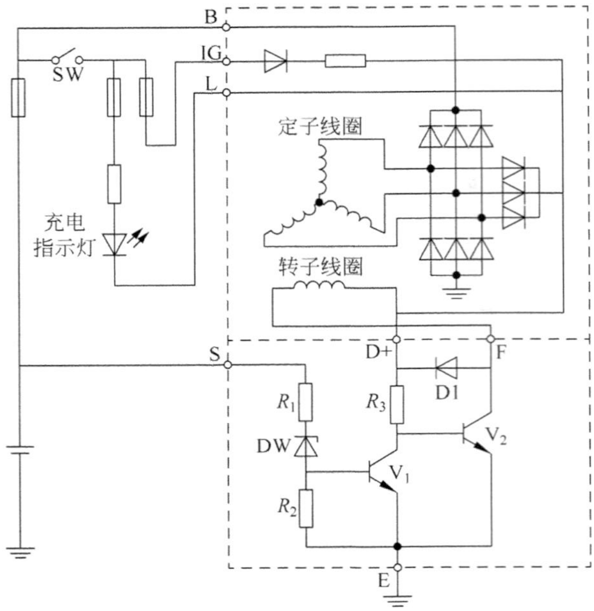

图 2-22　丰田轿车内置集成电路式电压调节器的充电电路图

由图 2-22 可知，丰田轿车采用的是九管发电机，集成电路式电压调节器采用蓄电池电压检测法。图中，SW 为点火开关，IG 接线柱保证一开始发电时就有足够的磁场线圈电流(经过充电指示灯后的电压电流不够)，L 接线柱控制充电指示灯，S 接线柱接蓄电池电压检测法的电压检测线，B 为充电火线，E 为搭铁。

第四节　汽车电源系统的使用、维护与检修

一、蓄电池的使用、维护与检修

1. 蓄电池的使用条件对蓄电池容量的影响

影响蓄电池容量的因素包括原材料、制造工艺和使用维护等诸方面。使用维护条件对蓄电池容量的影响分析如下。

（1）放电电流

放电电流越大，容量越低。因为放电过程中，正、负极板上的活性物质将逐渐转变为硫酸铅。硫酸铅的体积比二氧化铅、海绵状铅的体积大，使活性物质的孔隙减少，电解液渗透阻力增大，电解液来不及渗入极板内部，就已被表面生成的硫酸铅堵塞，致使极板内部大量的活性物质不能参加反应。图 2-23 所示为蓄电池在不同放电电流情况下的放电特性。

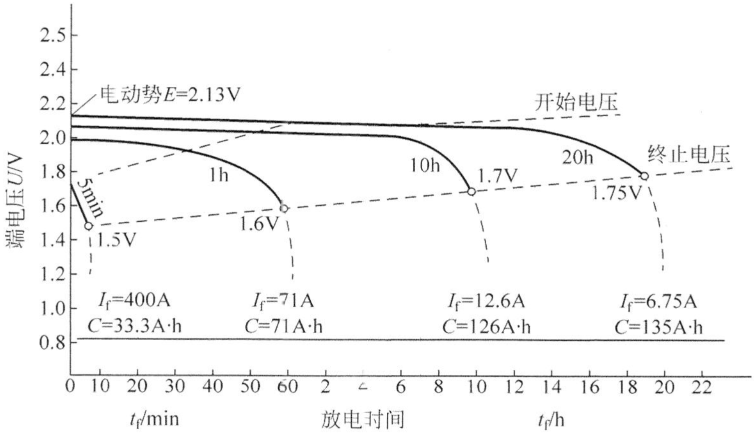

图 2-23　不同放电电流的放电特性

由图 2-23 可见，放电电流越大，电压下降越快，越容易出现放电“终了”现象，如继续放电，则将导致过放电而影响蓄电池的使用寿命。所以，应当合理地使用起动机，每次起动时间不应大于 5s，再次起动时应间歇 10～15s，以便使电解液充分渗透，使更多的活性物质参加反应，否则会导致蓄电池容量减小，使用寿命缩短。

（2）电解液的温度

在一定的温度范围内，温度低时，电解液黏度增加，离子运动速度慢，电解液向极板孔隙深层渗入困难，极板孔隙内的活性物质不能充分利用，使蓄电池的放电容量下降。蓄电池容量与电解液温度的关系见图 2-24，温度每下降 1℃，容量下降约 1%，迅速放电时容量将减少 2%。由于温度对蓄电池的容量产生严重的影响，所以冬季使用，尤其在我国北方地区冬季使用时，应采取必要措施，改善使用条件，防止蓄电池容量迅速下降，延长其使用寿命。

（3）电解液相对密度

在一定范围内，适当提高电解液的密度可以使蓄电池的电解液有足够的离子参加反应，容量提高。当相对密度过高时，将导致电解液的黏度过大，渗透能力下降，内阻增大并将加速极板硫化，电解液中参加反应的离子数量不足，也将使蓄电池容量下降。蓄电池容量与电解液密度的关系见图 2-25。实践证明，电解液的相对密度稍低有利于提高放电电流和放电容量，有利于延长蓄电池的使用寿命。

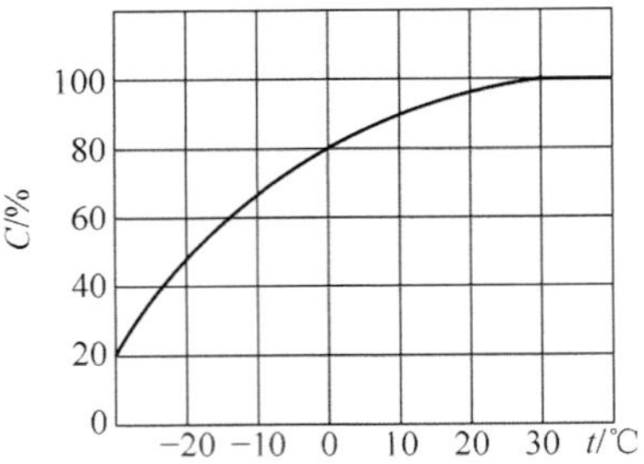

图 2-24　蓄电池容量与电解液温度的关系

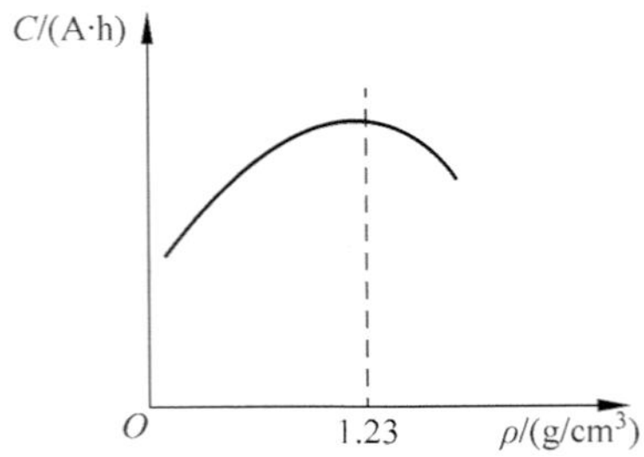

图 2-25　蓄电池容量与电解液密度的关系

2. 蓄电池的维护

实践证明，只有正确使用与维护，才能保证蓄电池经常处于完好的工作状态，并可延长其寿命。在日常使用中，应注意做好如下工作：

(1) 定期检查蓄电池安装是否牢固，线夹与极桩的连接是否牢固，并及时清除线夹和极桩上的氧化物。在其表面涂上凡士林或黄油可防止氧化。

(2) 经常检查蓄电池表面是否清洁，应及时清除灰尘、油污、电解液等脏物。并保持加液孔盖通气小孔的畅通。

(3) 定期检查电解液的液面高度。液面一般应高出极板 10～15mm，液面过低时应及时补充蒸馏水。除非确知液面降低是由于电解液溅出所致，否则一般不允许加注硫酸溶液。

(4) 检查蓄电池的放电程度，如果放电程度冬季超过 25%、夏季超过 50%时，就应立即对蓄电池进行补充充电。

(5) 定期对蓄电池进行补充充电，不考虑蓄电池放电程度，强制性进行补充充电，以保证蓄电池始终保持充足电状态，避免极板硫化。定期补充充电一般为每月一次，城市公共汽车可短些，而长途运输车辆可更长一些。

(6) 连接蓄电池时，细心查明极性，不要接错。

(7) 脱开蓄电池时，始终要先拆负极(搭铁)电缆。

(8) 千万不要把工具放在蓄电池上。它们可能会同时触及到两个极桩，使蓄电池短路而引起事故。

3. 蓄电池的检修

(1) 电解液液面的检查

如图 2-26 所示，可用玻璃管测量液面高度。对于采用工程塑料容器的蓄电池，可从蓄电池容器侧面观察液面高度。为了观察方便，一些蓄电池容器侧面刻有液面高度指示线。一般电解液液面应高出极板上沿 15mm 或者处于液面高度指示线规定的范围中。

(2) 电解液密度的检查

通过测量电解液密度可以得到蓄电池的放电程度。电解液的相对密度可用专用的密度计测量，见图 2-27。

在测量密度时，应同时测量电解液的温度，并将测得的密度值转换到 25℃进行修正。根据实际经验，相对密度每下降 0.01g/cm³，相当于蓄电池放电 6%。

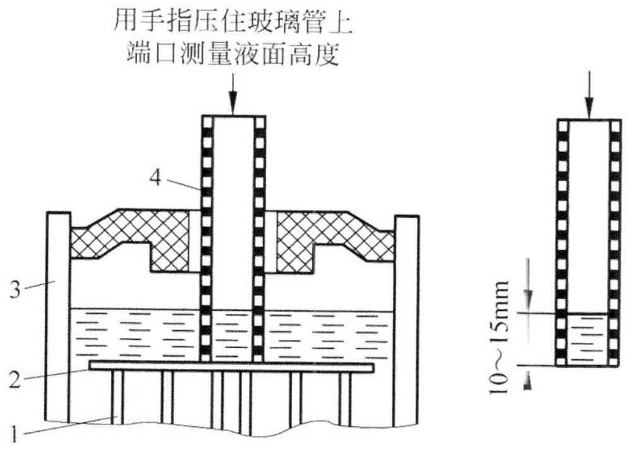

图 2-26 电解液液面高度的检查
1—极板；2—极板防护片；3—容器壁；4—玻璃管

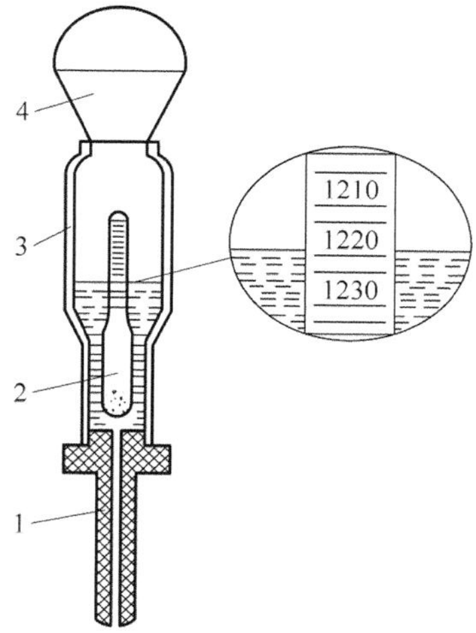

图 2-27 测量电解液密度
1—吸嘴；2—密度计；3—玻璃管；4—橡皮球

通过测量每个单格电池的相对密度可以确定蓄电池是否失效。若单格电池之间的测量结果的最高值和最低值之间相差超过 0.05g/cm³，则该蓄电池失效。若所有的单格电池具有相同的相对密度值，即使相对密度值都偏低，通常该蓄电池也可以通过补充充电后得到再生。

(3) 用高率放电计测量放电电压

对于装有分体式容器盖的蓄电池，由于单格电池的极桩外露，还可以用高率放电计测量蓄电池各个单格在大电流放电时的电压值，即模拟接入起动机负荷，测量蓄电池在接近起动机起动电流放电时的端电压，用以判断蓄电池的放电程度和起动能力，见图 2-28。

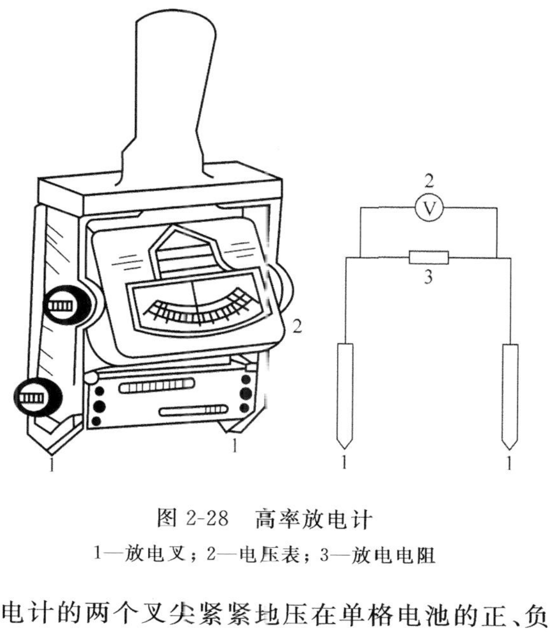

图 2-28 高率放电计
1—放电叉；2—电压表；3—放电电阻

测量时应将高率放电计的两个叉尖紧紧地压在单格电池的正、负极桩上，历时 5s，电压表的读数就是大负荷放电情况下蓄电池所能保持的端电压。技术状况良好的蓄电池，用高率放电计测量时，单格电压在1.5V以上，并在5s内保持稳定。其中，读数在1.75V以上的说明单格电池完好。读数在1.5～1.75V的表明放电较多，应进行补充充电。如果在5s内单格电池电压迅速下降到1.5V以下，或者蓄电池中的一个单格电压比其余的单格电压低0.1V以上，则说明该单格电池有故障，应进行修理。

(4) 蓄电池开路电压的检查

要想获得准确的检测结果，蓄电池必须是稳定的。若蓄电池刚补充完电，至少应等待10min，让蓄电池的电压稳定，才能进行测量。把电压表接在蓄电池的两电极桩上，跨接时认准极性。测量开路电压，读数要精确到0.1V。

考虑到蓄电池在25℃时处于较佳状态的读数应为12.4V左右，若充电状态是75%或75%以上，就可以认为蓄电池"充足了电"，其对应关系见表2-1。

表2-1 开路电压与充电电压的对应关系表

开路电压/V	充电状态
12.6或12.6以上	100%
12.4～12.6	70%～100%
12.2～12.4	50%～70%
12.0～12.2	25%～50%
11.7～12.0	0～25%
11.7或11.7以下	0

二、发电机与电压调节器的使用、维护与检修

1. 发电机与电压调节器的使用与维护

(1) 硅整流交流发电机为负极搭铁，蓄电池的搭铁极性必须与此相同，否则会立即烧坏整流器中的二极管。

(2) 检查交流发电机是否发电，不允许使用试火法检查，因为易损坏二极管，应该采用万用表法或试灯法检查。

(3) 交流发电机不发电或充电电流很小时，应立即排除故障，不应再继续长期使用。因为如果有一个二极管短路，发电机继续运转就会引起其他二极管或电枢绕组被烧坏。

(4) 发动机熄火后应及时关闭点火开关，以免蓄电池电流流经磁场绕组和调节器磁化线圈，将线圈烧坏。

(5) 交流发电机应与调节器匹配使用，否则，会由于发电机电压过高烧毁用电设备，尤其是电子器件。

(6) 在配用晶体管调节器时，接线必须正确，否则易损坏晶体管。

2. 发电机与电压调节器的检修

(1) 单机静态测试

在发电机不解体时，用万用表测量各接线柱间的电阻值，可初步判断发电机是否有故障。

(2) 试验台动态检测

可在汽车电器万能试验台上进行发电机空载试验和负荷试验，测出发电机在空载和满载情况下发出额定电压时对应的最小转速，从而判断发电机的工作是否正常。

(3) 就车检验

发电机还可以在汽车上进行试验。将蓄电池搭铁线暂时拆下，把一块0～40A的电流表串接到发电机火线B接线柱与火线原接线之间，然后把一块0～50V的电压表接到"B"与"E"之间，再恢复蓄电池的搭铁线，以保证操作安全。起动发动机，并提高转速，当发电机转速为2500r/min时，电压应在14V或28V以上，电流应为10A左右。此时打开前照灯、雨刮器等负荷，电流应为20A左右，表明发电机工作正常。

第五节 汽车电源新技术

一、奥迪轿车蓄电池管理和能源管理

由于汽车上使用的电子部件越来越多，所以对电能的需求也加大了，如果不控制电能的使用，那么就可能造成车上的可用电能大大下降。奥迪A8车上首次使用了用于蓄电池和电能管理的控制单元，如图2-29所示。

图2-29 奥迪A8蓄电池和电能管理的控制单元

蓄电池和电能管理的控制单元的主要任务是：监控蓄电池的负荷状态，在极端情况下通过CAN(控制局域网)总线来调节用电器，通过功能切断来将电流消耗降至最小，以保持最佳充电电压。以达到防止蓄电池过度放电，从而保证车辆随时可以起动的目的。

蓄电池和电能管理的控制单元按照功能分成三个功能模块：蓄电池管理器、静态电流管理器、动态管理器，如图2-30所示。

图2-30中，蓄电池和电能管理的控制单元J644在实现蓄电池管理器功能模块时，通过测量蓄电池温度、蓄电池电压、蓄电池电流和工作时间这些蓄电池的参数数据，同时J644通过CAN总线和舒适系统CAN总线网络相连获得其他控制单元数据信息。蓄电池管理器功能模块主要负责蓄电池诊断，用于显示蓄电池充电状态(SOC)和起动能力预测等。静态电流管理器功能模块主要负责通过关闭驻车后的用电器将电流消耗降至最小(发动机不转

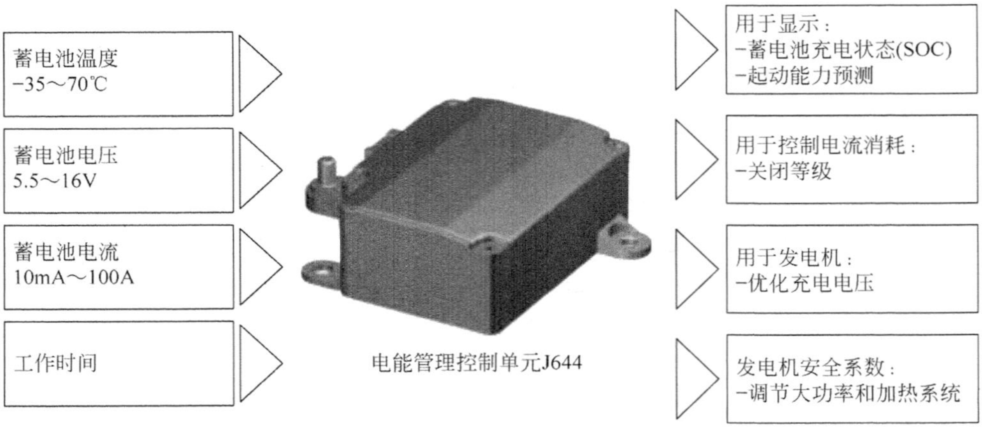

图 2-30 蓄电池管理器功能模块图

时)。动态管理器功能模块主要负责调节充电电压以及降低负荷(发动机运转时)。

二、42V 汽车用电源系统

汽车用电源系统从 20 世纪 50 年代的 6V 改为 12V,已有很多年的历史。自 1990 年开始,汽车用电量每年以 5%～8%的比例增加。随着汽车技术的不断进步,将会有越来越多的电气及电子系统被应用到汽车上。

20 世纪 90 年代,汽车设计者提出的提高汽车电源电压的构想很快得到汽车研究者、汽车制造商、零部件制造商的一致认同,并制定了汽车电源 42V 电压的相关标准。

汽车供电系统由现有的 14V 标准向 42V 标准转化已经成为必然发展趋势,并将在未来数年内得到迅速发展,从而导致汽车电器电子产品的一场革命。汽车新供电系统标准的实施对汽车电子工业的传统产品将带来巨大的冲击,这对于我国来说既是一次挑战,也是一次难得的机遇。我们应在汽车电源改革的过程中积极参与研发,与国际汽车电器电子产品接轨。

1. 42V 汽车用电源系统的优点

(1) 电压相对安全。

欧洲的安全法规定人体的安全电压在 50V 以内,任何超过 60V 电压的系统,在导线和连接处都要有特殊的绝缘措施,这将增加系统的重量和成本。因此,选择 42V 电压,就是希望在满足电能需要的同时,能像传统的 12V 系统一样,即使触碰到电极或金属车体时也不会对人体安全造成威胁。42V 电压值是目前汽车发电机输出电压 14V 的 3 倍,其采用的 36V 蓄电池可以使用 3 节传统的 12V 铅酸蓄电池串联改装组成。

(2) 显著降低汽车线束成本。

现代汽车拥有长达 2km 的导线、2000 多个线头和 350 多个集线器,42V 电源系统可大幅度降低这些线束的重量及成本。

(3) 使大量高新技术被广泛应用。

有了 42V 电源系统,许多以前看似不切实际或不可能的技术也都变得可行了。在 42V

电气系统中,线控技术、行驶平顺性控制装置、电子加热式催化器和电磁阀系统、主动悬挂和电动四轮辅助驱动装置都能更有效地使用,为车辆的结构改进提供了更大的可能性。

(4) 可大幅度提高发电机效率。

目前汽车使用的硅整流发电机效率在60%以下。硅整流发电机输出电流大,很多能量被励磁绕组、电枢绕组和整流元件消耗掉了。有了42V电源系统,电源系统可在整个发动机转速范围内提供较高的电流输出,电机效率可达到80%以上。

2. 42V汽车用电源系统的运行模式

在新的电气系统中,有两种实施方案:一种是全车42V单一电压方案;另一种是42V/14V双电压方案。

(1) 单一电压运行模式

42V单一电压会对目前的汽车零配件制造商造成很大冲击,因此推广有一定困难。

(2) 42V/14V双电压运行模式

由于42V电源系统涉及的产品技术改造的范围太广,因此反对电压升级的声音也不少,尤其是配件供应商,因为产品改造必将增大他们的成本。因此,作为过渡阶段的42V/14V双电压系统的方案,正被越来越多的人所关注。

双电压系统对现有汽车零部件商的冲击较小,因此汽车业倾向于这种方案。42V/14V双电压系统需要有一个DC/DC转换器将42V电压转换成14V电压,因而需要两个蓄电池(12V和36V)。

双电压系统将汽车电器与电控装置根据耗电量的大小分为两组,传统的中小功率用电器为一组,如灯具、仪表、电动雨刷等采用14V电源供电;而大功率用电器如发动机控制单元及加热、电动悬架等电器则直接采用42V的电源供电。交流发电机经整流调压后得到42V电压,供给高功率负载并对36V蓄电池充电,而42V电压经DC/DC变换器之后为14V电气系统供电。

思考与练习题

2.1 分析汽车电源系统的组成。

2.2 试分析蓄电池的组成。

2.3 试分析蓄电池的充放电特性。

2.4 试分析硅整流交流发电机的结构。

2.5 试分析电压调节器的调压原理。

2.6 说明电压调节器的分类。

第三章　汽车起动系统

第一节　起动系统的组成

汽车发动机由静止状态转为运转状态的过程称为起动。发动机进入正常工作循环之前，必须借助外力来起动。现代汽车起动机的任务就是将蓄电池的电能转化为机械能，驱动发动机飞轮旋转实现发动机的起动，普遍采用电磁控制式起动系统来完成。在汽车电器系统中，我们无法将起动机看成一个独立的系统(见图 3-1)，这是因为起动系统还与汽车上其他许多系统有关系，其中，蓄电池最为重要。

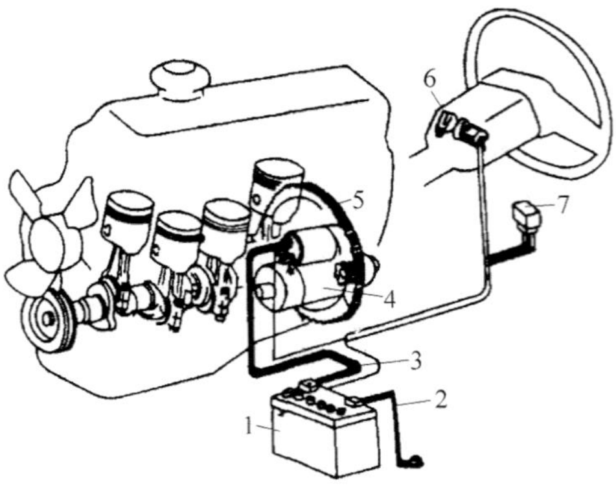

图 3-1　起动系统的组成

1—蓄电池；2—搭铁电缆；3—起动机电缆；4—起动机；5—飞轮；6—点火开关；7—起动继电器

起动系统的组成如下：

典型的起动系统有 3 个基本组成部件，分别是蓄电池、点火开关、起动机，它们通过导线连接起来。其中，起动机是起动系统的核心部件。

1. 蓄电池

蓄电池是为起动机提供电能的部件。多数与起动系统有关的故障都和蓄电池及其相关部件有关。因此，在查找起动系统故障时，应首先检查蓄电池及其相关部件。

2. 点火开关

点火开关是汽车的大部分电气系统的电源分配点。

3. 起动机

起动机是起动系统中的核心部件。它的作用是将来自蓄电池的电能转变成机械能，然后传给发动机飞轮，使发动机开始运转。

除此之外，部分汽车的起动系统会设置控制电路，其中就包含起动继电器和一些起动安全开关等。在许多装有较小功率起动机的系统中，常常省略起动继电器。而起动安全开关的作用是防止发动机在工作时汽车被重新起动。

第二节 起动机的构造与工作原理

起动机具有操作方便、起动可靠、能重复起动等特点，因此被现代汽车广泛采用。

一、对起动机的基本要求

起动机的起动性能评价指标有起动转矩、最低起动转速、起动功率、起动极限温度。对起动机的基本要求有以下几点。

(1) 必须有足够的转矩和转速。转矩和转速是对电动机最主要的要求。这是因为要带动发动机旋转，必须克服发动机的阻力矩。起动之初，曲轴由静止开始转动时，机件作加速度运动须克服很大的静止惯性力，同时各摩擦部分处于半干摩擦状态，摩擦阻力较大，这时需要较大的起动转矩才能带动发动机转动，并使转速很快升高。当发动机的转速升至一定程度(100r/min 左右)时，才能自行运转。

(2) 转矩应能随转速的升高而降低。起动之初，需要较大的起动转矩才能带动发动机转动，但以后随着曲轴转速升高，加速阻力减小，油膜也逐渐形成，所需的转矩相应减小。

(3) 起动机的齿轮与发动机的飞轮齿圈啮合要容易，尽量不发生冲击现象。同时发动机起动后，起动机的小齿轮应能自动打滑或脱离啮合，以免发动机起动后飞轮带动起动机高速旋转，造成起动机的损坏。

二、起动机的组成

起动机包括直流电动机、传动机构、控制装置三个部分，如图 3-2 所示。

1. 直流电动机

直流电动机的作用是产生电磁转矩。电动机的起动转矩必须超过发动机汽缸的压缩压力及其他摩擦阻力造成的阻力矩，以便使发动机转动起来。

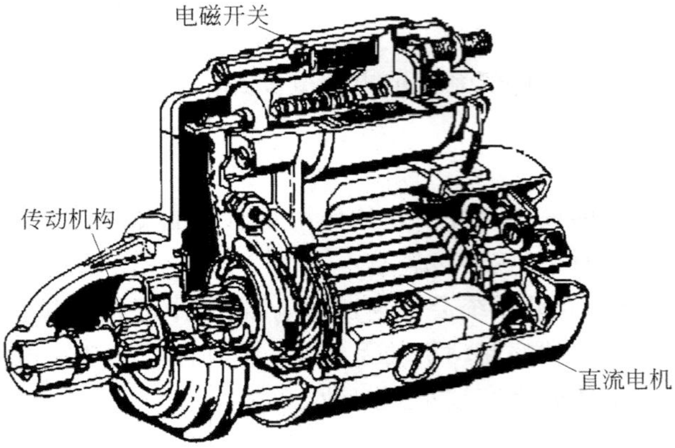

图 3-2　起动机的结构

2. 传动机构(或称啮合机构)

传动机构的作用是：在发动机起动时，使起动机小齿轮啮入飞轮齿圈，将起动机转矩传给发动机曲轴；而在发动机起动后，使起动机自动脱开飞轮齿圈。

3. 电磁开关(即控制装置)

电磁开关的作用是接通与截断起动机与蓄电池之间的电路。

三、起动机的型号

根据中华人民共和国行业标准 QC/T 73—93《汽车电气设备产品型号编制方法》规定，起动机的型号如下：

1	2	3	4	5

第 1 部分为产品代号：起动机的产品代号 QD、QDJ、QDY 分别表示起动机、减速起动机及永磁起动机。

第 2 部分为电压等级代号：1 表示 12V；2 表示 24V；3 表示 6V。

第 3 部分为功率等级代号：其含义见表 3-1。

第 4 部分为设计序号。

第 5 部分为变形代号。

表 3-1　功率等级代号的含义

功率等级代号	1	2	3	4	5	6	7	8	9
功率/kW	0～1	1～2	2～3	3～4	4～5	5～6	6～7	7～8	8～9

例如：QD124 表示额定电压为 12V、功率为 1～2kW、第四次设计的起动机。

四、直流电动机的结构及工作原理

1. 直流电动机的工作原理

直流电动机是将电能转变成机械能的装置，它是根据载流导体在磁场中受到电磁力作用而发生运动的原理进行工作的。其原理如图 3-3 所示：磁场由磁场线圈产生，在磁场中放置一个电枢线圈，电枢线圈的两点分别与两片换向片连接，两只固定的电刷分别与两片换向片接触，并与从蓄电池正极过来的磁场线圈及负极接通。电流方向为：蓄电池正极→磁场线圈→正电刷→换向片→电枢线圈→负电刷→蓄电池负极。根据左手定则可知电枢线圈按图示方向转动。

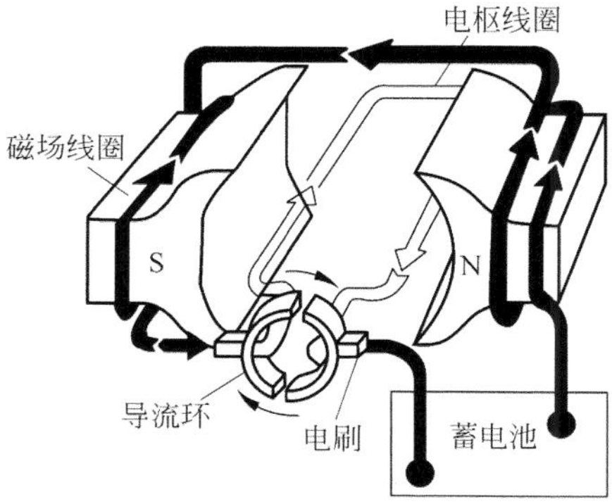

图 3-3 直流电动机的原理

2. 直流电动机的结构

起动电动机为直流电动机，由电枢、外壳、磁极、电刷与电刷架、轴承等组成。其结构如图 3-4 所示。

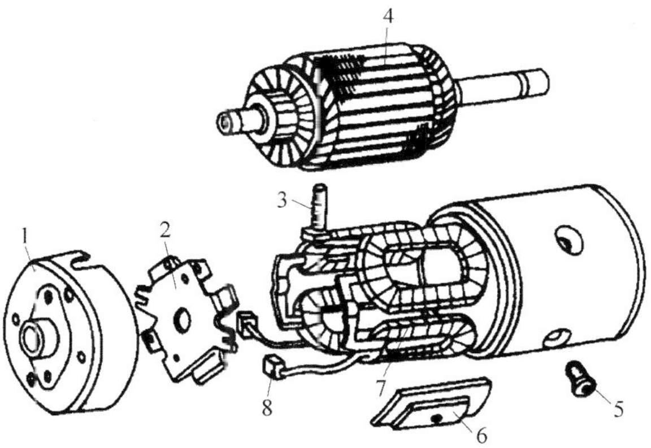

图 3-4 直流串励式电动机的结构

1—端盖；2—电刷架；3—接线柱；4—电枢；5—磁极固定螺钉；6—磁极铁芯；7—励磁绕组；8—电刷

(1) 电枢

电枢是用来产生电磁转矩的，由电枢轴、铁芯、换向器及绝缘安装的电枢绕组组成。轴的两端由轴承支承。小齿轮的滑动部分为螺旋花键，经精加工并热处理淬火。

电枢铁芯上的槽用于安装电枢绕组，其铁芯由一片片厚度为 0.5mm 以下的硅钢片加绝缘层制成，既保证有良好的导磁性，又可减少涡流，使用中铁芯也不会过于发热。

电枢绕组通过的电流较大，一般为 200～400A，因此电枢绕组使用大截面扁平铜线，一般采用波绕法绕制而成。绕组表面涂有绝缘漆并插入铁芯槽内。

（2）外壳

外壳是由低碳钢卷成的圆筒或由铸铁铸造而成，它既是电动机的壳体，本身也形成磁力线通路。在电枢转子的一端装有换向器，换向器是由一片片扇形硬铜换向片组合而成，片与片之间用云母片绝缘，电枢绕组每个线圈两端分别焊接到两个不同的换向片上。换向器的作用是保证电枢绕组各线圈所产生的转矩方向保持一致。

（3）磁极

磁极由铁芯和励磁绕组构成，见图 3-5，其作用是在电动机中产生磁场。磁极铁芯一般由低碳钢制成，并通过螺钉固定在电动机壳体上。磁极一般是 4 个，由 4 个励磁绕组形成两对磁极并两两相对，常见的励磁绕组一般与电枢绕组串联在电路中，故被称为串励式直流电动机。

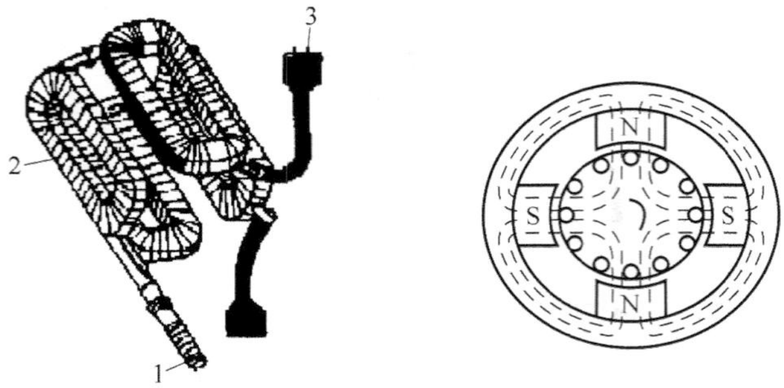

(a)　　　　(b)

图 3-5　磁极

（a）磁极的结构；（b）磁路

1—接线柱；2—励磁绕组；3—电刷

图 3-6 为磁场线圈的两种接线方法。其中图 3-6(a)为 4 个励磁线圈全部串联，图 3-6(b)为 4 个线圈两串两并的接法。

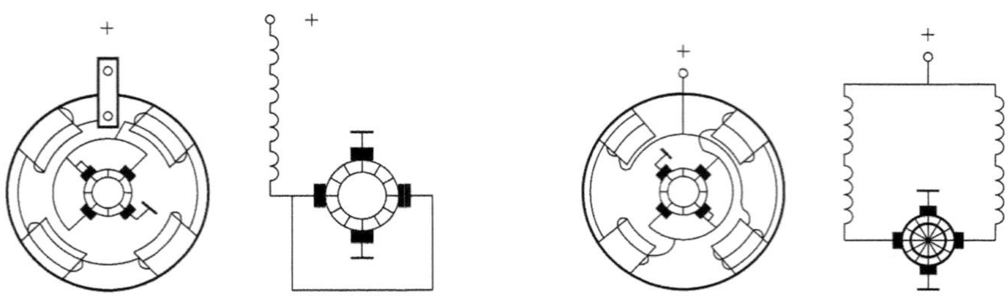

(a)　　　　(b)

图 3-6　励磁绕组与电枢绕组的接法

（a）四励磁绕组串联；（b）励磁绕组两两串联后再并联

（4）电刷与电刷架

电刷有 4 个，置于框形电刷架内并与换向器保持滑动接触。为减小摩擦并保持良好的导电性，电刷采用电阻小、电流容量大的金属石墨材料制成。为保持与换向器良好的接触，电刷由弹簧压在换向器表面，并可在电刷架内上下滑动。4 个电刷中两个是正电刷，电流从正电刷经换向器通向电枢绕组，再经两个负电刷接地。

(5) 轴承

由于起动负荷大，工作时间短，故除了采用普通滚珠轴承外，还采用含油合金制造的含油轴承，或采用青铜石墨轴承。

3. 直流电动机的特性

在一般的直流电动机中，按磁场绕组与电枢绕组的连接方式的不同，可分为并励式、串励式、复励式、他励式及永磁式五种，如图 3-7 所示。

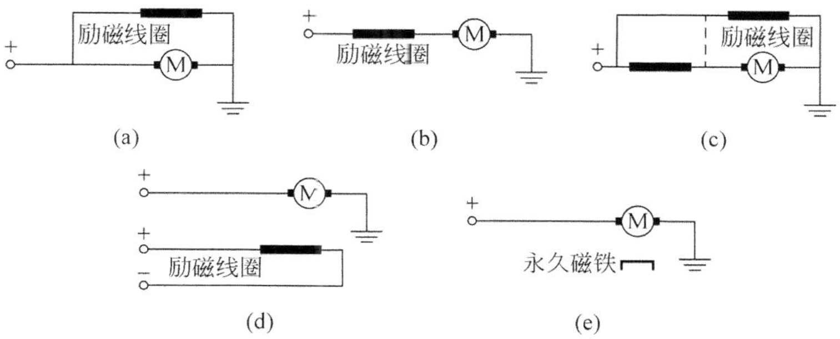

图 3-7 直流电动机励磁方式

(a) 并励式；(b) 串励式；(c) 复励式；(d) 他励式；(e) 永磁式

在并励式电动机中，磁场绕组与电枢是并行连接的，如图 3-7(a)所示。

串励式的电动机是将磁场与电枢串联连接。这种接法，电枢电流通过磁场线圈，因磁场线圈电流较大，所以产生一定磁场所需线圈圈数较少。电动机在起动时，由于自身电阻小，反电动势也不大，大的起动电流就产生了非常强的磁场，从而产生很大的初始转矩。这个特性使得串励式电动机成为非常理想的起动机。图 3-7(b)所示为串励式电动机。

复励式电动机如图 3-7(c)所示，它是并励与串励电动机的结合物。因磁场中线圈的连接方式不同，最后表现的特性也会不同。并励绕组接线点的位置，或者是通过电枢，或者是通过电枢及串联绕组。大型起动机常采用复励绕组，能够在两种环境下使用。

永磁型电动机与上述三种相比，外形尺寸小、结构简单。此种电动机的磁场是通过永久磁铁产生的，磁场是恒定不变的。图 3-7(e)所示为此类型电动机的示意图。这种类型电动机的特征与他励绕组型电动机(见图 3-7(d))是相似的。

几种起动机的性能以特性曲线的形式给出，如图 3-8 所示。汽车用的起动机大多为串励式直流电动机，其特点如下：

(1) 起动转矩大

串励式直流电动机的电磁转矩在磁场未饱和时与电枢电流的平方成正比，只有在磁路饱和后，磁通几乎不变，电磁转矩才近似与电枢电流成直线关系，如图 3-8(a)所示。这是串励式电动机的一个重要特点。可见在起动电流相同的情况下串励式电动机的转矩要比并励式大得多。特别是在起动的瞬间，由于发动机的阻力矩很大，起动机处于完全制动的情况下，此时电枢电流将达最大值(等于制动电流)，产生最大的起动转矩(等于制动扭矩)，从而使发动机易于起动。这是起动机采用串励电动机的主要原因。

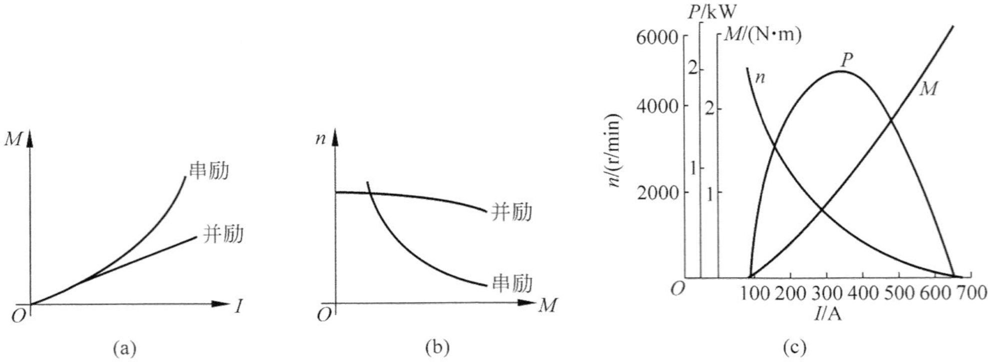

图 3-8　直流电动机的特性

(a) 直流电动机转矩特性；(b) 直流电动机机械特性；(c) 起动机特性曲线

(2) 机械特性软

如图 3-8(b)所示，串励直流电动机具有较软的机械特性，即轻载时转速高、重载时转速低，故对起动发动机十分有利。因为重载时转速低，可使起动安全、可靠，这是起动机采用串励式的又一原因。

串励式直流电动机在轻载时转速很高，易造成“飞车”事故。因此，功率较大的串励直流电动机不允许在轻载或空载下运行。

从图 3-8(c)中可以看出电动机转速随负荷变化的规律。当负荷为 0 时，作用在电枢上的机械阻力矩极小，将会出现极高的转速，作用在电枢上的巨大离心力可能会损坏绕组和换向器。而当转速为 0 时，电机具有最大的电磁转矩，此即起动转矩。值得注意的是，此种电动机的最大功率是在中间范围的转速时出现的。

五、起动机的传动机构

起动机的传动机构又称啮合机构，其作用是将电动机的转矩传递给发动机大齿轮。它主要由单向离合器和传动拨叉等部件构成，传动拨叉的结构及工作情况都比较简单，这里主要讨论单向离合器和减速齿轮。

1. 单向离合器

单向离合器的作用是传递电动机转矩以起动发动机，在发动机起动后自动打滑，保证电机转子不再随发动机高速转动。

常用的单向离合器有滚柱式、弹簧式、摩擦片式 3 种。

(1) 滚柱式单向离合器

图 3-9 滚柱式为单向离合器的截面图。由起动机产生的扭转力通过离合器传送到飞轮齿圈齿轮上。发动机起动时，拨叉使离合器总成沿电枢轴花键移动，驱动齿轮啮入发动机飞轮齿圈，然后起动机通电旋转，转矩由传动套筒传到十字块，十字块则随电枢旋转，这时滚柱在摩擦力的作用下，滚入楔形槽的窄端被卡死，迫使驱动齿轮带动发动机飞轮旋转，起动发动机。

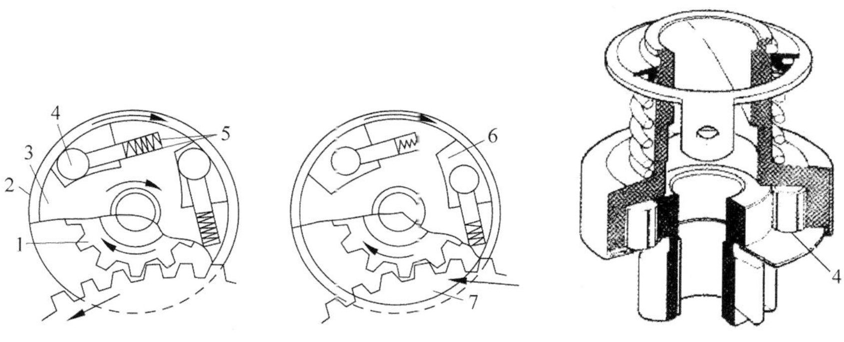

图 3-9　滚柱式单向离合器构造

1—驱动齿轮；2—单向离合器外壳；3—十字块；4—滚柱；5—弹簧与压帽；6—楔形槽；7—飞轮

发动机起动后，飞轮转速升高，飞轮齿圈变为主动轮，带动驱动齿轮旋转，在摩擦力的作用下，滚柱滚入楔形槽的宽端面打滑，使发动机的转矩不能传递给电枢，防止了电枢的超速运转。

滚柱式离合器结构简单、体积小、工作可靠，一般不需调整，在现代汽车上被广泛采用。但它不能传递大的转矩，在大功率起动机上使用受到限制。

(2) 摩擦片式、弹簧式单向离合器

摩擦片式离合器可以传递较大转矩，并能在超载时自动打滑，可以防止因超载而损坏起动机。但由于摩擦片容易磨损，表面摩擦系数会逐渐变小，所以需经常检查和调整，另外其结构也比较复杂。

弹簧式离合器具有结构简单、寿命长、成本低等优点，但由于扭力弹簧的圈数较多，使其轴向尺寸较大，因此在小型起动机上的使用受到限制。

2. 拨叉与减速机构

目前常用的起动机有几种不同的传动机构形式，一种是电枢转子与小齿轮同轴，电磁开关通过拨叉推动小齿轮与大齿轮啮合(图 3-10)；另一种是电磁开关的铁芯与小齿轮同轴，不需拨叉，但电枢转子经减速机构带动小齿轮(图 3-11)；第三种是既带拨叉又带减速机构的起动机(图 3-12)。

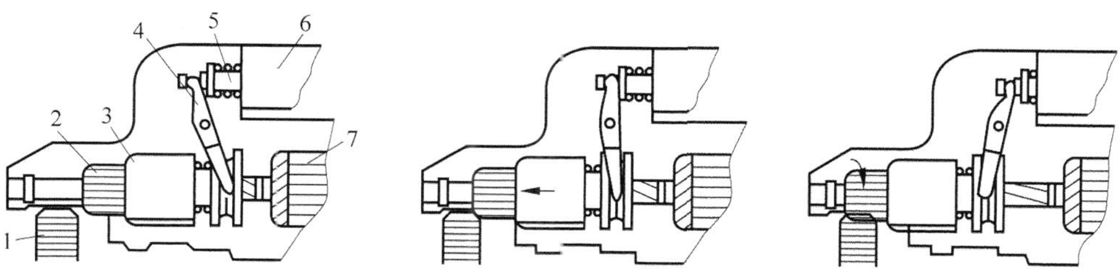

图 3-10　不带减速机构的起动机传动机构示意图

(a) 起动机静止状态；(b) 驱动齿轮与飞轮正在啮合；(c) 完全啮合

1—飞轮；2—驱动齿轮；3—单向离合器；4—拨叉；5—活动铁芯；6—电磁开关；7—电枢

采用减速机构的起动机称为减速起动机。减速起动机仍然包括直流电动机、传动机构、控制装置三个部分，在电动机的电枢轴和输出轴之间设置了齿轮减速装置。带中间传动减速机构的永磁铁型起动机已经得到了一定的发展应用，并且体积、重量都比较小。

由于采用了齿轮减速机构，在提供同样转矩的情况下，电枢会以更高的速度旋转。例如有的带减速机构的永磁起动机在功率输出为 1.7kW 时仍然能正常工作，且适用于排量高达 3L 的点燃式发动机，同时也适用于高达 1.6L 排量的压燃式发动机。

减速起动机根据减速机构可分为外啮合式、内啮合式和行星齿轮啮合式三种类型。

外啮合式减速机构在电枢轴和起动机驱动齿轮之间利用惰轮作中间传动，且电磁开关铁芯与驱动齿轮同轴心，直接推动驱动齿轮进入啮合，无须拨叉（见图 3-11）。外啮合式减速机构的传动中心距较大，因此受到起动机结构的限制，其减速比不能太大，一般用在小功率的起动机上。

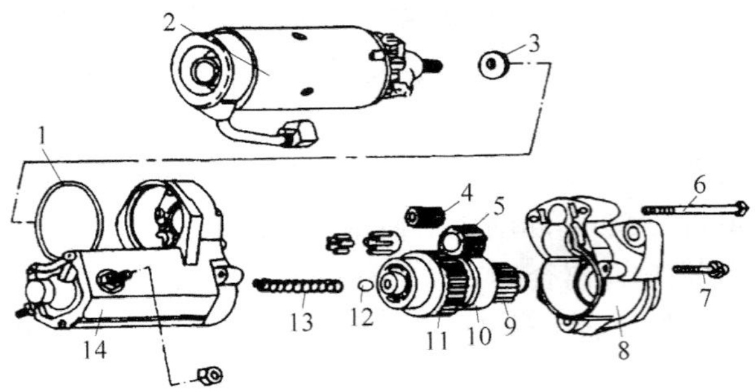

图 3-11 外啮合式减速起动机

1—橡胶圈；2—电动机；3—毡垫圈；4—主动齿轮；5—惰轮；6—穿钉；7—螺栓；8—外壳；9—驱动齿轮；10—单向离合器；11—从动齿轮；12—钢球；13—回位弹簧；14—电磁开关

内啮合式减速机构传动中心距小，可有较大的减速比，故适用于较大功率的起动机。但内啮合式减速机构的驱动齿轮仍须拨叉进行啮合（见图 3-12）。

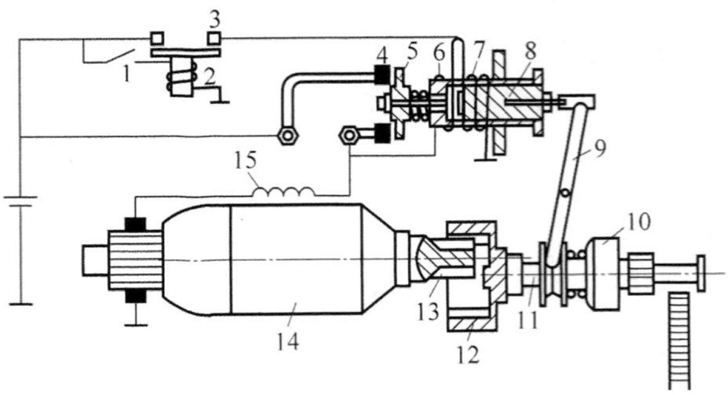

图 3-12 内啮合式减速起动机

1—起动开关；2—起动继电器；3—起动继电器触点；4—主接线柱内侧触头；5—接触盘；6—吸拉线圈；7—保持线圈；8—活动铁芯；9—拨叉；10—单向离合器；11—螺旋花键轴；12—内啮合减速齿轮；13—主动齿轮；14—电枢；15—励磁绕组

行星齿轮式减速机构结构紧凑、传动比大、效率高；由于输出轴与电枢轴同心、同旋向，可使整机尺寸减小。除了结构上增加行星齿轮减速机构外，由于行星齿轮式减速起动机的轴向位置结构与普通起动机相同，因此配件可通用。其构造如图 3-13 所示，它是一种行星齿轮式电动机。这里采用了内啮合的行星齿轮减速机构。

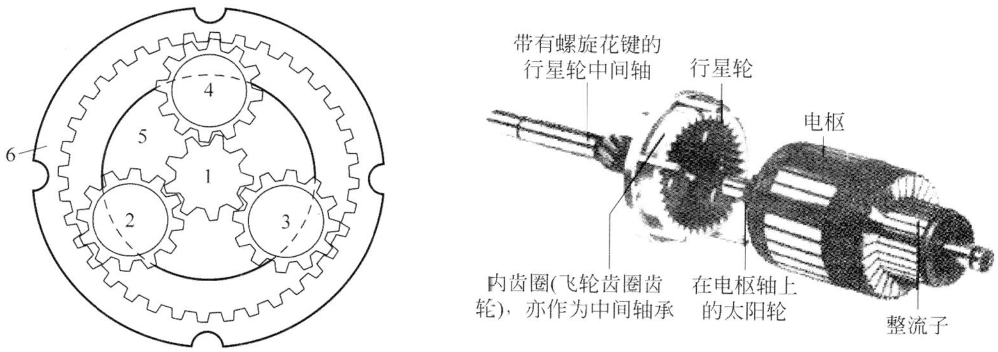

图 3-13　行星齿轮式起动机

1—太阳轮；2,3,4—行星齿轮；5—行星轮支架(输出轴)；6—内齿圈

太阳轮装在电枢轴上，由行星架驱动小齿轮。环状齿轮或内齿圈保持啮合的同时也起到中间轴承的作用。齿轮的排列使传动比有一定的下降，大约为 5∶1。

有些类型的内齿圈齿轮是用高级聚酰胺复合物制成的，这种材料带有矿物添加剂，它有很高的强度与很好的抗磨损性能。太阳轮与行星轮均由普通钢制成，这种复合物材料可以降低工作时的噪声，但却可使效率提高。

六、起动机的控制机构

1. 电磁开关的结构及工作原理

起动机的控制机构为电磁操纵式控制机构，其作用是控制电动机电路的通断及驱动齿轮与飞轮齿圈的啮合与分离。目前，各种型号起动机电磁开关的结构和工作原理大同小异。

起动机的基本工作过程如下(见图 3-14)：当起动开关闭合时，使得两个线圈绕组(保持线圈和吸拉线圈)通电。值得注意的是，由于吸拉线圈的电阻很小，通过它的电流很大。这个线圈是与电动机电路串联的，在电流的作用下，电动机会缓慢旋转，以方便接合。与此同时，在线圈中产生的磁场吸引铁芯通过拨叉，将小齿轮推入并与飞轮齿圈齿轮啮合。当小齿轮与柱塞全啮合即在导程的终端时，大负荷的主触点被短路片短接，即短路开关闭合，起动机主电路接通，电枢绕组由蓄电池提供大的起动电流并产生了强大的起动转矩。当短路开关闭合时，吸拉线圈由于两端相同的电压供给而被短路。保持线圈持续地将铁芯吸附在指定位置，直到线圈的电源被起动开关切断为止。

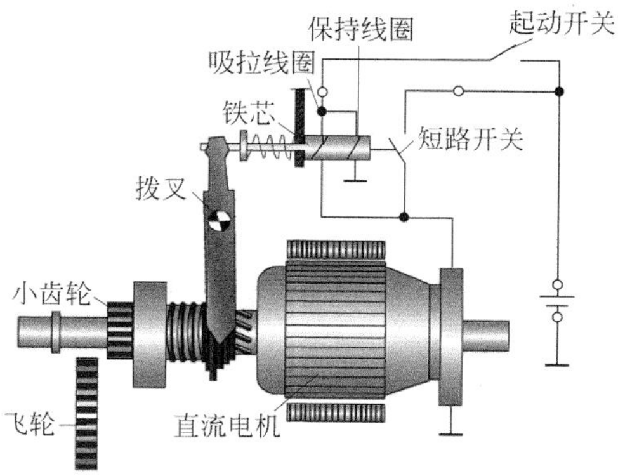

图 3-14　起动电路

发动机起动后，当转速超过电动机额定转速时，单向离合器打滑，以此保护电动机免受损坏。松开点火开关钥匙时，起动机主电路就被切断了，铁芯及小齿轮在弹簧力的作用下回到它们的起始位置。装在铁芯上的回位弹簧确保了短路开关在小齿轮从啮合态撤回之前打开。

在大小齿轮接合过程中，若小齿轮的齿与飞轮的齿相触(齿座与齿座)，由于压缩弹簧受压，短路开关就会闭合。此时，电动机在电源的支持下旋转，小齿轮逐渐旋转着也将滑到啮合态。

2. 起动机的保护电路

发动机起动后，若驾驶员未及时释放起动开关，就会造成单向离合器的磨损和蓄电池能量的消耗。又如发动机工作时，不慎将起动开关再次接通，就会造成起动机驱动齿轮与飞轮齿环的撞击，从而加速了它们的损坏。为了防止上述错误操作，应采取一定的保护电路，以提高起动的可靠性并延长起动机的使用寿命。

对驱动保护电路的要求是：

(1) 发动机一旦起动后，应能使起动机自动停止工作；

(2) 发动机工作时，即使错误地接通了起动开关，起动机也不会工作。

某些汽车的起动机保护电路可以依靠汽车交流发电机的中性点电压以及相应的继电器来完成。图 3-15 所示为东风 EQ1090F 型汽车的起动机保护电路，它为一复合继电器，起动继电器的触点是常开的，它的作用是控制起动机电磁开关的工作。保护继电器的触点是常闭的，它的磁化线圈一端搭铁，一端接至发电机的中性点，承受交流发电机中性点电压，其作用是保护起动机并控制充电指示灯。当发动机运转，发电机发电后，中性点有电压，保护继电器线圈 L_2 通电，将触点 K_2 断开，则起动继电器线圈 L_1 接地端被断开。使起动继电器无法工作，起动机在发动机运转情况下无法起动，起到了保护作用。

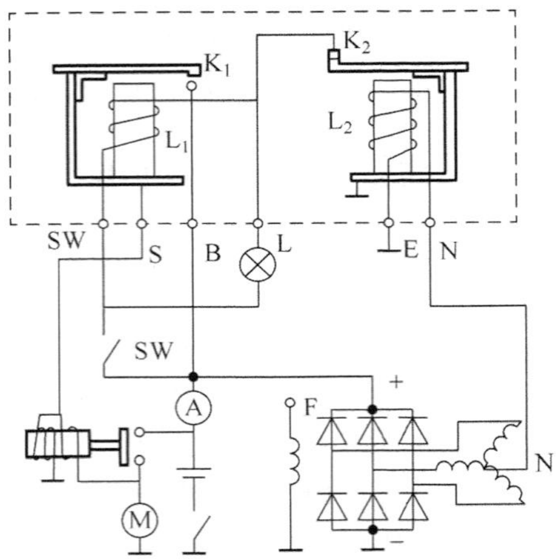

图 3-15　JD136 型起动复合继电器

第三节　起动机的检修与故障诊断

一、起动机的正确使用

(1) 起动机每次起动时间不超过 5s，再次起动时应停止 2min，使蓄电池得以恢复。如果有连续第三次起动，应在检查与排除故障的基础上停歇 15min 以后。

(2) 在冬季或低温情况下起动时，应采取保温措施，例如先将发动机预热后，再使用起动机起动。

(3) 发动机起动后，必须立即切断起动机控制电路，使起动机停止工作。

二、转子的检查

1. 电枢绕组的检查

电枢绕组易发生的故障有断路、搭铁和短路。

断路故障多发生在线圈端部与换向器的连接处。这是由于长时间大电流运转，使得电枢温度过高，焊锡熔化而使焊在换向片上的线头脱焊所致，一般较易发现。

用万用表测量换向器和铁芯(或电枢轴)之间的电阻，应为无穷大，否则为搭铁。电枢绕组的搭铁故障也可使用220V交流试灯进行检查。将交流试灯的两根触针分别接触电枢轴和换向器片。若试灯亮，说明有搭铁故障。

电枢绕组短路的检查：把电枢放在电枢检验器上，如图3-16所示，接通电源，将薄钢片放在电枢上方的线槽上，并转动电枢。薄钢片应不振动，若薄钢片振动，表明电枢绕组短路。

电枢绕组有短路、搭铁故障时，应重新绕制。

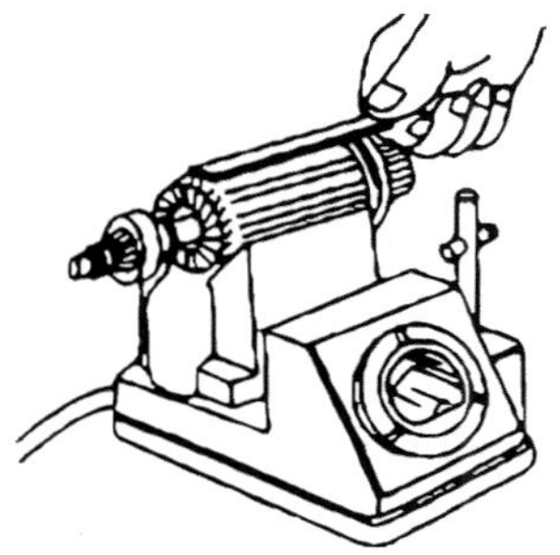

图3-16　电枢绕组短路的检查

2. 换向器的检查

换向器的故障多为表面烧蚀或失圆。轻微烧蚀可用00号砂布打磨。严重烧蚀或圆度误差大于0.025mm时，应予车光、车圆。但换向器的径向厚度不得小于2mm，否则应予更换。

3. 电枢轴的检查

用千分表检查电枢轴是否弯曲。铁芯表面对轴线径向跳动应不大于0.15mm，否则说明电枢轴弯曲严重，应予校直。

三、磁场绕组的检查

磁场绕组的故障一般有搭铁、断路和短路。

磁场绕组搭铁的检查：可用220V交流试灯进行检查。先将绝缘电刷从绝缘电刷架中取出，并注意不要与机壳相碰，把220V交流试灯的两个触针分别接触起动机的绝缘电刷和机壳，如试灯不亮，表示磁场绕组与机壳绝缘良好；如试灯亮则表明磁场绕组的绝缘损坏而搭铁。

磁场绕组断路的检查：用万用表测量起动机接柱和绝缘电刷间的电阻，阻值应很小，若为无穷大则为断路。

磁场绕组短路的检查：用蓄电池12V直流电源正极接起动机接线柱，负极接绝缘电刷，将螺丝刀放在每个磁极上，检查磁极对螺丝刀的吸力，应相同。若某磁极吸力弱，则为匝间短路。

磁场绕组有严重搭铁、短路或断路时，应更换新品。

四、电刷组件的检修

1. 电刷外观检查

电刷应完好无损，在架内活动自如，无卡滞，不歪斜。

2. 电刷磨损检查

用直尺测量电刷高度，自测电刷与换向器的接触面积，电刷高度应符合技术要求。国产起动机，新电刷高度为 14m，磨损后一般不应小于 7mm。高度不够会导致电刷与换向器接触不良，不仅会造成起动机起动无力，而且会烧蚀换向器。因此高度不够时，应予更换。一般方法如下。

更换电刷时，应将与电刷连接的磁场线圈拆下，再将电刷的软线缆与线圈的焊接处加热(用喷灯加温或将焊接处浸入熔化的锡)，取下旧电刷；再将新电刷的软线缆夹紧在磁场线圈的线头内并焊牢(施焊时要防止焊锡渗入软线缆，使软线缆变硬)，若焊接不牢，将影响电流大量通过，使起动机功率下降。

3. 电刷架的检查

用万用表测量绝缘电刷架和后盖间的电阻，应为无穷大；用万用表测量搭铁电刷架和后盖间的电阻，应为零。另外，电刷架不应歪扭，负电刷架绝缘应良好。

4. 电刷弹簧检查

用弹簧秤检查弹簧的弹力，应与规定相符。电刷弹簧的弹力一般应为 11.7～14.7N。弹力不够时，可将弹簧按螺旋相反的方向扳转，以增加弹力；或者更换弹簧。

五、单向离合器的检修

单向离合器在使用中常会出现打滑和减振弹簧折断现象。起动机空转时单向离合器打滑，往往是先由于滚子部分磨损，慢慢造成打滑，此时起动机旋转时没有碰击、敲击等声音，仅是打滑，带不动曲轴。遇此情况应把起动机拆开，单独将单向离合器装在电枢轴上，一手拿电枢，一手转动齿轮(见图 3-17)。若顺时针转动自如而反时针转动会卡住，表示单向离合器良好，清洗维护后仍可继续使用；如果顺时针可转动而反时针用力转动时打滑，则为单向离合器损坏，需更换新件。

离合器最大扭矩测量：如图 3-18 所示，将单向离合器齿轮用布包好夹在台钳上，将扭力扳手的头插入离合器的花键内，按其工作的方向扳转扭力扳手，应使之能承受制动试验时的最大扭矩而不打滑。

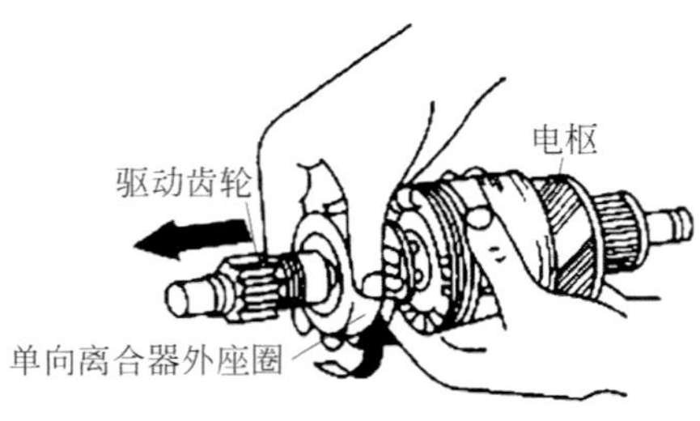

图 3-17 单向离合器齿轮的检查

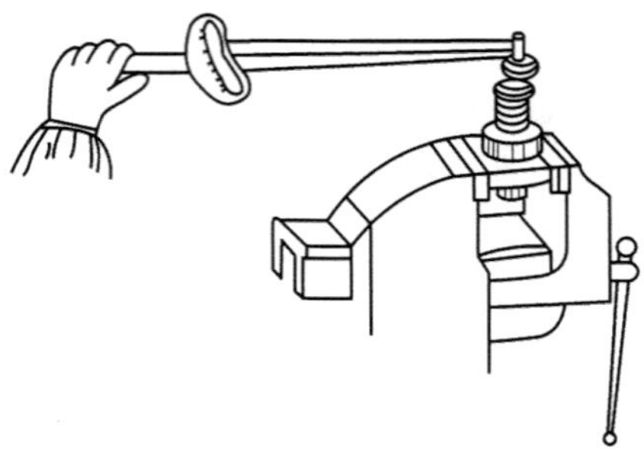

图 3-18 离合器最大扭矩测量

六、电磁开关的检验

1. 检查吸拉线圈和保持线圈

拆下起动机开关接线柱的磁场引线头，将蓄电池负极接起动机壳及开关接柱，正极接吸拉线圈和保持线圈的中性接头。接通电源后，观察吸拉线圈应能迅速将起动齿轮推至工作位置。断开起动机开关接柱的导线，起动齿轮能保持在此位置而不缩回，说明保持线圈良好。断开起动机壳体导线和中性接头，起动齿轮迅速回位，说明电磁开关复位弹簧良好。

2. 检查触点、接触盘

目测触点、接触盘，若有轻微烧损可用细砂纸打磨，起动时此处电压降不得超过 0.2V。

七、起动机的装复与检查调整

1. 装复步骤与注意事项

一般起动机的装复步骤是：先将离合器和移动叉装入后端盖内，再装中间轴承支承板，将电枢轴插入后端盖内，装上电动机外壳和前端盖，并用长螺栓结合紧密，然后装电刷和防尘罩，装起动机开关则可早可晚。在装复过程中应特别注意以下几点。

（1）注意检查各轴承的同心度。电枢轴自三个轴承支撑，往往不易同心。绝对同心虽不易做到，但不同心度不能过大，过大就会增加电枢轴运转的阻力。检查的方法是：各轴颈与每个铜套配合时应转动自如，又感觉不出有间隙（中间轴承间隙可稍大一点）；在中间轴承支承板与后端盖结合好后，应将电枢轴装入中间支承板的铜套和后端盖铜套内试转，此时应转动自如，无卡住现象；装上前端盖后，再次转动电枢，应转动灵活，否则为轴承不同心。发现轴承不同心时，轻者可以修刮轴承，严重时应更换个别铜套。

（2）各铜套、电枢轴颈、键槽、承推垫圈等有摩擦部位，都应使用机油予以润滑。

（3）固定中间轴承支承板的螺钉，一定要带有弹簧垫圈。否则，工作中支承板振动，使螺钉松脱，便会造成起动机不能正常工作，甚至损坏起动机。

（4）驱动齿轮后端面的止推垫圈和换向器端面的胶木垫圈及中间轴承支承板靠离合器一面的胶木承推垫圈，装复时不要遗漏。

（5）磁极与电枢铁芯间应有 0.82～1.8mm 的间隙，最大不应超过 2mm。切不可有两者相互碰刮的现象。

（6）电枢轴向间隙不宜过大，一般应为 0.125～0.5mm，不合适时，可在轴的前端或肩端通过改变垫圈的厚度进行调整。

2. 起动机开关结合时刻的检查与调整

驱动齿轮与止推垫圈（或限位螺母）间隙的检查调整：起动机工作时，为了不使驱动齿轮与止推垫圈接触过紧因摩擦而损耗功率，又能与飞轮牙齿基本上全面啮合，要求当把起动机的移动叉推到极限位置时，驱动齿轮与止推垫圈间有一定的间隙，如图 3-19 所示的尺寸 C。间隙不当时，应进行调整。

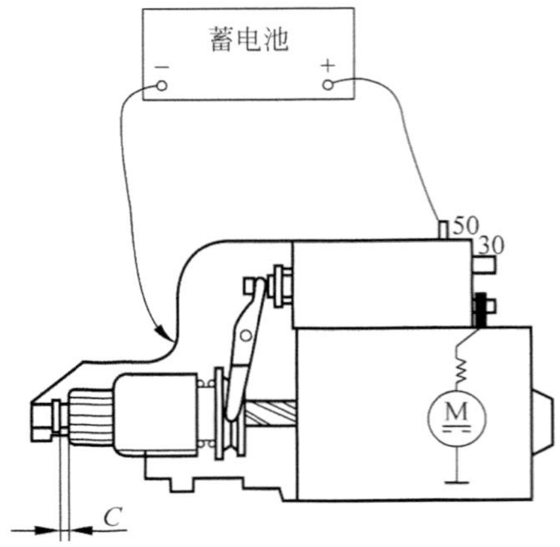

图 3-19　离合器最大扭矩

八、起动机试验

1. 电磁开关试验

(1) 吸拉动作试验　给吸拉线圈和保持线圈通电，看能否吸引衔铁。

起动机线路如图 3-20(a)所示，用带夹电缆将起动机"M"端子和电磁开关壳体与蓄电池负极连接。"M"端与电机连接如图 3-20(b)所示。

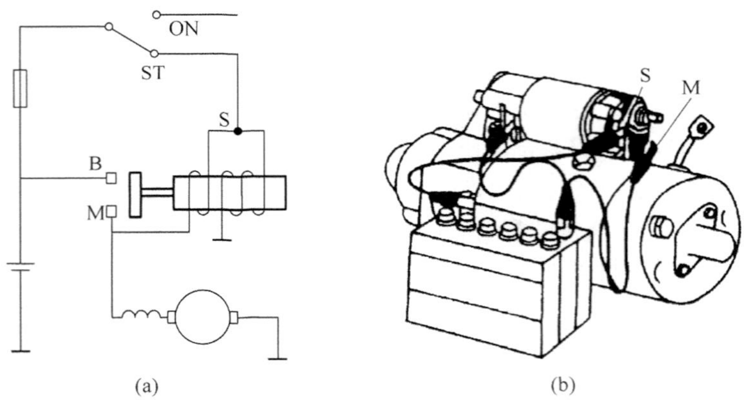

图 3-20　吸拉动作试验线路

用带夹电缆将起动机的"S"端子与蓄电池正极连接，此时驱动齿轮应向外移动。如果驱动齿轮不动，说明电磁开关有故障，应予修理或更换。

(2) 保持动作试验　在吸拉动作基础上，当驱动齿轮保持在伸出位置时，拆下电磁开关"M"端子上的电缆夹，如图 3-20(b)所示，此时驱动齿轮应保持在伸出位置不动。如果驱动齿轮回位，说明保持线圈断路，应予修理。

(3) 回位动作试验　在保持动作的基础上，再拆下起动机壳体上的电缆夹，此时驱动齿轮应迅速回位。如驱动齿轮不能回位，说明回位弹簧失效，应更换弹簧或电磁开关总成。

2. 空载性能试验

空载试验的目的是检查起动机内部是否有电路故障和机械故障，将起动机夹在虎钳上，按图 3-21 接线。接通起动机电路(每次试验不要超过 1min，以免起动机过热)，起动机应运转均匀、电刷下无火花。记下电流表、电压表的读数，并将记录数值与技术标准比较。

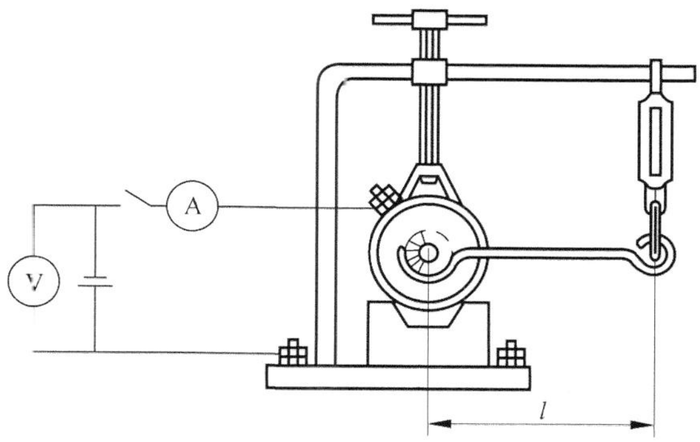

图 3-21 空载性能试验

如果电流大转速低，则表明存在装配过紧方面的机械故障，或电枢、励磁绕组搭铁、短路。如果电流和转速都很小，则说明电路中有接触不良之处，如电刷和换向器接触不良、弹簧压力太弱、励磁绕组连接端接触不良等。

3. 全制动试验

全制动试验应在空载试验的基础上进行，空载试验不合格的起动机不应进行全制动试验。全制动试验的目的在于测出全制动时的电流与转矩，并与标准值进行比较，以判断起动机主电路是否正常，而且要检查单向离合器是否打滑。其试验方法如下：

将起动机夹持在试验台上，使杠杆的一端夹住起动机驱动齿轮的三个齿，电路连接与空转试验相同(图 3-21)。按下开关 K(必须按紧，不得松开)起动机通电，呈现制动状态，观察单向离合器是否打滑，并迅速记下电流表、电压表及弹簧秤的读数，然后与技术标准对照。

如果转矩小电流大，说明电枢和励磁绕组搭铁、短路。如果转矩和电流都小，说明电路有接触不良之处。若驱动齿轮锁止而电枢轴有缓慢转动，则说明单向离合器有打滑现象。

全制动试验每次接通电流的时间不应超过 5s，以免损坏起动机及蓄电池。

九、起动机不工作故障的诊断与分析

1. 故障现象

点火开关打至起动挡时，起动机不转动。

2. 故障原因

(1) 供电系统故障：蓄电池储电量严重不足，亏电太多；起动机电缆线与蓄电池接线柱连接松动或接线柱氧化。

(2) 起动机故障：起动机电磁开关吸拉线圈或保持线圈出现搭铁、断路、短路故障，电磁开关触点烧蚀，或因调整不当使接触盘与触点接触不良；磁场绕组或电枢绕组断路、短路或搭铁；电刷在电刷架内卡死、弹簧折断等；换向器油污、烧蚀、磨损产生沟槽。

(3) 组合继电器故障：起动继电器线圈断路、短路、搭铁；起动继电器触点烧蚀、油污；铁芯与触点臂气隙过大；保护继电器触点烧蚀、油污。

(4) 点火开关故障：起动挡失灵。

(5) 自动变速器不在 N 或 P 挡(自动变速器车辆)。

(6) 自动变速器相关故障：多功能开关有故障；自动变速器控制单元有故障。

3. 诊断方法

对于手动变速器车辆可使用万用表进行检测。首先检测蓄电池电压是否正常，或在未接通起动开关前打开前照灯，观察灯光高度。如果灯光暗淡，则可能是蓄电池亏电过多或连接线松脱所致。在蓄电池正常的情况下，可首先区分是电磁开关还是电动机的问题。一般若点火开关打到(起动)挡时，电磁开关有动作(有响声)而电动机不转，多是电动机故障；若出现大小齿轮反复撞击现象，则是电磁开关保持线圈断线；若电磁开关与电动机都不动作，可参照图 3-20(a)所示电路图，按图 3-22 进行诊断。

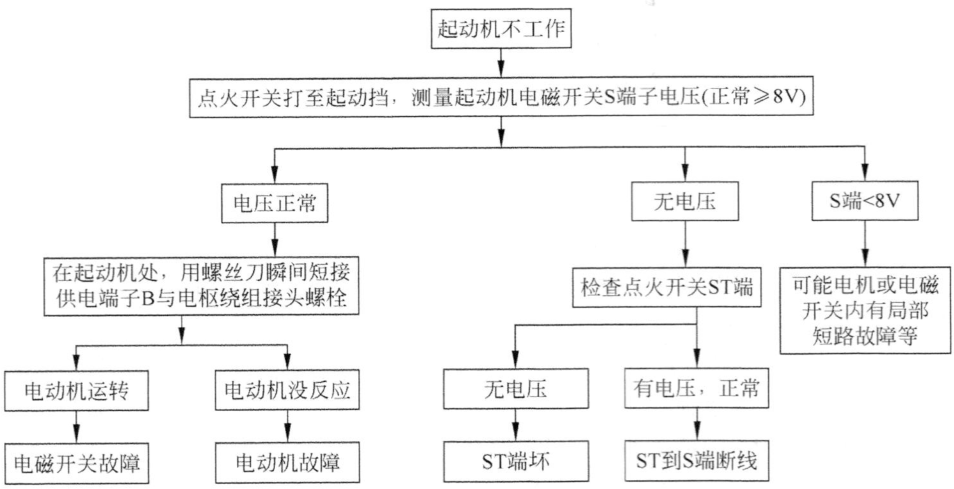

图 3-22　手动变速器车辆起动机不工作故障诊断方法

对于自动变速器车辆首先要确认自动变速器是否处在 N 或 P 挡，在蓄电池有电、起动机电磁开关各接线以及各搭铁线接触良好的前提下，可在起动机处用导线短接 B 与 S 端子。若起动机不工作，则说明故障在起动机自身(此时可进一步进行诊断，用较粗导线在起动机处瞬间短接 B 端子与电枢接头，若电机运转，则说明故障在电磁开关；否则说明故障在电机内部)；若起动机工作，需在起动继电器处进一步进行诊断，在确认各接线良好且点火开关起动供电正常的前提下，借助专用仪器(如大众车系使用 VAG1551 或 VAG1552)对自动变速器的多功能开关和控制单元进行诊断，若无故障，说明故障在起动继电器。

十、起动机运转无力故障

1. 故障现象

起动时，发动机转速太低不能起动。

2. 故障原因

(1) 蓄电池亏电；
(2) 线路接触不良或接线柱被氧化；
(3) 起动机自身故障；
(4) 发动机转动阻力太大。

3. 故障诊断方法

在正确使用发动机机油和具有合适的V形皮带张紧度的情况下，可按图3-23进行故障诊断。

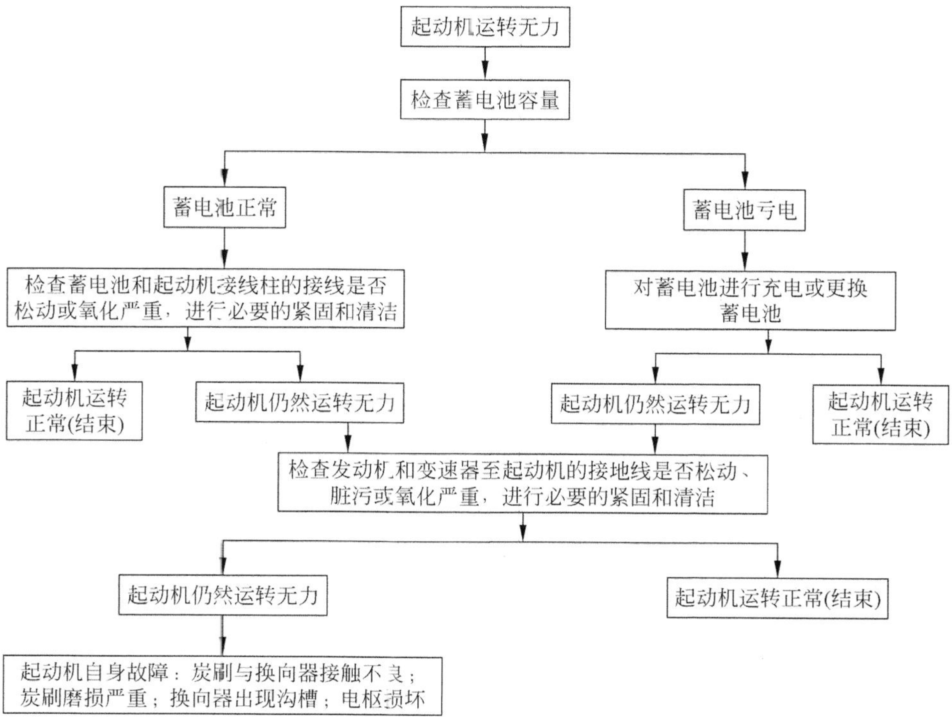

图3-23 起动机运转无力故障的诊断与排除方法

第四节 起动/停止新技术

一、起动/停止新技术概述

鉴于不断上涨的燃油价格、更加严格的排放法规，为使汽车省油并降低废气排放，汽车厂家开发了起动/停止系统。当车辆停止在铁道路口或者交通红绿灯前时，起动/停止系统会自动将发动机临时关闭。而在司机想要起步行车时又会自动起动发动机，不需要再转动点火钥匙来起动发动机，从而达到节约燃油的目的。

图 3-24 和图 3-25 分别为手动变速箱和自动变速箱汽车的起动/停止功能流程图。在手动变速箱的汽车中，当车辆被换低挡并制动到停止状态时，起动/停止系统将发动机关闭，当司机踩下离合器踏板时，起动/停止系统将自动再次起动发动机。而自动变速箱的汽车中，当车辆被踩制动到停止并且司机仍将脚放在制动踏板上时，起动/停止系统将发动机关闭，当司机松开制动踏板时，系统自动再次起动发动机。待车辆起步后，一旦其行驶速度超过一定的速度达到一定时间时，起动/停止模式就会自动激活。比如大众车，一旦其行驶速度超过 3km/h 的时间达到了约 4s 钟，起动/停止模式就会自动激活。

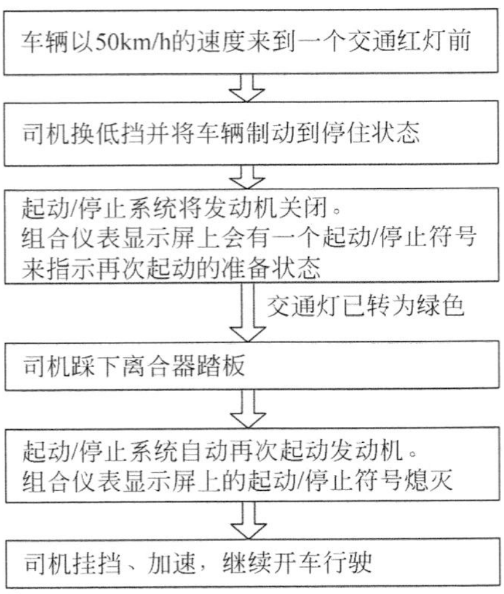

图 3-24 手动变速箱汽车起动/停止系统功能流程图

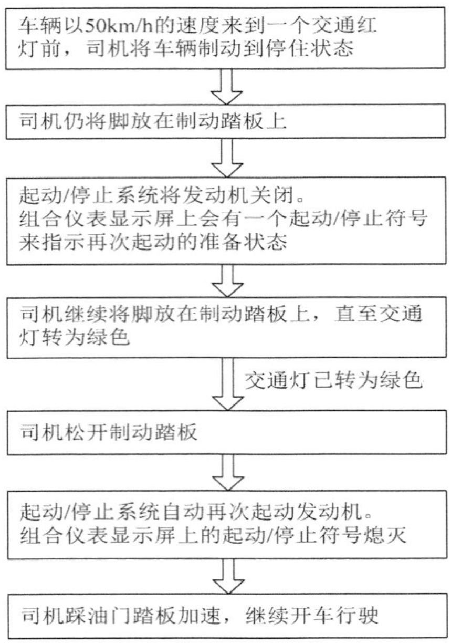

图 3-25 自动变速箱汽车起动/停止系统功能流程图

二、起动/停止技术工作条件

下面以大众公司 BlueMotion Ⅱ技术为例，来描述起动/停止技术的基本工作条件。

系统逻辑必须首先确定：在“点火开关接通”后，是否已满足激活起动/停止模式的先决条件。为此，发动机控制单元必须去协调起动/停止系统的模式与车辆其他系统之间的关系。由于要频繁起动发动机(指与不带起动/停止系统的车相比)，所以必须要监控蓄电池电压和发电机的充电情况。在发动机重新起动过程中，通过一个稳压器将收音机、收音机/导航装置、车内鼓风机以及组合仪表的供电电压保持在约12V。对于乘员来说，正常的舒适性要求还是应该保持的。

1. 停车——关闭发动机

要想让起动/停止系统关闭发动机，那么除了司机正常操作离合器、换挡和制动器外，还需要满足其他一些条件：

(1) 车辆停住(车速＝0km/h)。

(2) 发动机转速低于1200r/min。

(3) 冷却液温度在25～100℃之间。

(4) 制动真空高于550mbar①。

(5) 蓄电池能够提供发动机再次起动所需要的电能(这个电能需求量是在“发动机关闭”前计算出来的，也就是起动电压预测)。

(6) 蓄电池温度高于或等于－1℃但低于55℃。

(7) 乘员对空调要求不是太高。出风口的规定温度和实际温度之差应在8℃以下。

(8) 柴油微尘过滤器不在还原工作模式(仅指柴油发动机)。

2. 继续行驶——起动发动机

要想让起动/停止系统自动重新起动发动机，也要满足某些条件：

(1) 踏下了离合器踏板，变速杆处于空挡位置(手动变速箱)/松开制动踏板(自动变速箱)。

(2) 司机已系好安全带(安全带锁已上锁)。

(3) 发动机舱盖已关好。

(4) 司机车门已关好。

有时候某些因素会使得发动机起动而不需要司机有意识地去起动发动机，比如：行驶状态发生了变化(比如在松开制动器后，车辆从静止开始移动)，乘员激活了车内的系统(比如激活了除霜功能)，车辆系统环境条件发生改变(比如车外温度)。

对于发动机关闭和发动机自动起动来说，某些因素将会使得起动/停止模式不能工作，比如：已经用按钮关闭了起动/停止系统；蓄电池的充电状态无法再次起动发动机(起动电压预测)；除霜功能已激活；前风窗玻璃加热已激活；空调操作面板上设置的温度与车内实际温度之差大于8℃；发动机转速高于1200r/min；发电机损坏，比如皮带撕裂了。

三、起动/停止技术的能量回收技术

拥有起动/停止技术的系统可以回收能量，这个回收能量可以用于为蓄电池充电，于是就可以降低燃油消耗。具体来说，该功能是这样来实现的：在车辆减速和制动阶段会提高

---

① $1bar=10^5Pa$。

发电机电压。因此会为蓄电池大电流充电，也就有助于车辆进行减速。在加速阶段，发电机的负荷也就降低了，这就降低了燃油消耗。

起动/停止技术需要对蓄电池进行监控，从而评估蓄电池的充电状态，以判断是否可以再次起动发动机。这个过程被称为"起动电压预测"。就是说：对涉及到发动机再次起动的发动机所有特性和数值都要进行分析。因此，蓄电池状态和发动机特性曲线之间一直都在进行着对比。根据"起动电压预测"的具体情况，来判定起动/停止模式是否可以使用，或者是否需要关闭某些用电器(以避免用电需求过大)。目前涉及的是座椅加热、后风窗加热、后视镜加热、方向盘加热和辅助电加热器。这些电器在发动机再次起动前会被关闭，在发动机起动过程中是不会工作的(被锁止了)。

四、起动/停止技术匹配的电气元件

汽车厂商为了能使用起动/停止系统，必须更新以下部件。

1. 蓄电池

吸附式玻璃纤维棉隔膜蓄电池一般取代了传统的铅酸蓄电池。前者作为起动用的蓄电池具有更高的循环稳定性。

吸附式玻璃纤维棉隔膜蓄电池与胶体蓄电池是蓄电池开发领域的最新产物，具有极强的工作能力。这种蓄电池与普通铅蓄电池的不同之处在于：酸液是完全吸附在玻璃纤维棉上，玻璃纤维棉将铅极板电极彼此分隔开。

其他优点：冷起动性能好，深度放电性能好，工作可靠性高，即使壳体破裂也不会出现泄漏，基本不会出现影响性能的酸层(与传统蓄电池相比)。

2. 起动机

起动/停止系统如果工作的话，那么对起动机就提出了较高的要求(比如在城市循环工况下)，因此其循环稳定性增强了，齿圈强度也增大了。所谓循环，指的是起动机的工作，与发动机是否起动无关。循环稳定性增强了，就意味着起动机的寿命更长了，磨损降低了。

3. 发电机

传统汽车的发电机和电压调节器一直都是通过单独的导线来与发动机和供电控制单元相连的。对于起动/停止技术来说，蓄电池和发电机的信息是通过一根 LIN 总线传至数据总线诊断接口的。这样的话就可以通过 CAN 总线来为其他控制单元(比如发动机控制单元)提供这些信息。

4. 稳压器

稳压器是一个 DC/DC 变压器。DC/DC 是指直流转换到直流。它的任务就是在特定情况下(比如起动/停止模式工作时)，将车载网络的电压稳定在约 12V。由于起动/停止系统在工作时需要很大的起动电流，这将导致车上其他用电器的电压波动很大，因此就需要有这样一个稳压器来稳定电压。如果没有这个稳压器，那么受影响的控制单元就会重置并会记录下例如"车载供电电压，信号太小"这样的故障。而使用了稳压器就可避免出现这种情况。

思考与练习题

3.1 起动机由哪些部分组成？各部分的作用如何？

3.2 起动机的电动机为何采用直流串励式电动机？

3.3 如何检查起动机单向离合器的好坏？

3.4 根据图3-20(a)所示电路图描述典型起动线圈中吸拉线圈和保持线圈是如何工作的。

3.5 叙述永磁式起动机的优缺点。

3.6 绘图说明串励电动机的速度转矩特性。

3.7 起动系统中安装起动继电器的目的是什么？

3.8 简述几种新型起动机及其优点。

3.9 起动机若出现大小齿轮反复撞击现象，分析是什么原因。

3.10 为什么起动时运转无力故障多为线路接触不良所引起？分析其原因。

第四章 汽车点火系统

第一节 概述

点火系统用在汽油发动机中，由点火线圈产生的高压使火花塞两个电极间产生电火花，点燃汽缸内已被压缩的可燃混合气，从而产生发动机的动力。点火系统工作的好坏(点火是否可靠、点火时刻是否精准等)对于发动机的运行性能以及尾气排放都有重要的影响。

一、发动机对点火系统的基本要求

为了保证发动机的可靠运行，点火系统必须满足发动机在各种运行工况下可靠而准确地点火。以下从点火的物理过程出发，分析发动机对点火系统的基本要求。

1. 对点火电压的要求

点火系统必须能够产生足够高的电压，才能击穿火花塞的电极间隙产生电火花。我们知道，火花塞产生火花的过程就是电极间气体被高压击穿放电的过程，也就是气体分子被电离的过程。在实际工作中，火花塞击穿电压为1万V左右(一般范围在7～13kV)。为了保证各种情况下都能可靠点火，送到火花塞上的电压均高于火花塞的击穿电压值。但电压过高会导致高压线路的绝缘困难，增加线路成本，因此点火系统产生的高压通常在30kV以内。

能够击穿火花塞电极间隙的击穿电压，与火花塞间隙大小、电极形状、汽缸内混合气的温度与压力以及火花塞电极的温度等因素有关。

(1) 火花塞电极形状与间隙的影响

显然，电极间隙越大，同样电压下电场强度越小，气体分子被电离击穿所需电压越高。

电极形状对击穿电压也有直接的影响，例如尖端形状电极比圆柱形电极更容易发生击穿作用而产生火花。

另外，击穿电压与火花塞的电极极性有关。当火花塞比较热的中心电极为负极、侧电极为正极时，对电子发射作用较为有利，火花塞的击穿电压可降低15%～20%。

(2) 电极温度的影响

混合气温度越高，所需击穿电压越低；反之，温度越低，所需击穿电压越高。

(3) 缸内混合气压力的影响

气体击穿过程实际是缸内气体分子在高压电场作用下碰撞电离的过程。击穿电压与缸内混合气的压力有关，压力越高，密度越大，离子间自由运动距离越短，越不容易发生碰撞电离作用，故所需击穿电压就越高。

2. 对点火能量的要求

为了可靠地点燃混合气，仅有高的击穿电压还是不够的，火花塞产生的火花还应具有足够的能量。

在高压击穿可燃混合气体之后，气体分子被电离，成为可导电的离子状态，并且在正负电极之间形成火花(电弧)。所谓点火能量，就是混合气被击穿后的电压、电流和火花维持时间的乘积。

点燃混合气所需要的最低能量，与混合气成分、混合气浓度以及发动机运行状况等都有关系。在发动机正常运行时，由于混合气压缩终了时的温度已经接近自燃温度，维持火花所需要的电压并不高，只有1kV左右；火花维持时间一般为1～2ms，所需火花能量不大，为3～5mJ(毫焦)。在发动机起动、怠速、急加速以及采用稀薄燃烧技术时，都需要较大的火花能量，可能达到几十毫焦。

3. 对点火时刻的要求

对于某个汽缸来说，要选择最为有利的时刻点燃混合气，才能使燃烧过程最完善，发动机效率最高。

图4-1给出了混合气燃烧过程与活塞位置的相对关系。通常当燃烧产生的最大爆发力发生在压缩上止点后(ATDC)10°左右时，燃烧热能可以最有效地转化为活塞下行的推动力。由于混合气燃烧是需要一定时间的，显然开始点火的时刻要提早一些。

设活塞达到压缩上止点前(BTDC)的 A 点开始点火，A—B 之间是从火花出现到形成火焰中心的一段时间，称为“滞燃期”，B—C—D 期间称为“火焰传播期”，其中 B—C 段称为“速燃期”，可燃混合气迅速燃烧，速燃期结束的 C 点缸内压力达到最大。

点火开始时活塞位置到上止点之间所对应的曲轴转角称为点火提前角。点火提前角应是可以调整的。当发动机负荷增大时，缸内温度高、进气量大，混合气燃烧速度快，点火提前角应有所减小。而当发动机转速增加、曲轴转速加快，转过同样角度所需时间减小，因此点火提前角也应增加。选择确定最佳的点火时刻，称为“点火正时”。

点火提前角要选得合适，才能达到最佳效果。如果点火过迟，燃烧过程在活塞下行容积增大的情况下进行，汽缸内气体压力将下降，而且炽热气体与汽缸壁接触面积增大，热传导损失增加，导致发动机过热和功率减小。

若点火过早，由于混合气的燃烧在活塞上升的压缩行程中进行，汽缸内压力急剧上升，对活塞的上升形成阻力，不仅会导致发动机功率下降、燃料消耗增加，还会引起爆燃(爆震)，使发动机运行不稳定，也容易损坏运动部件。

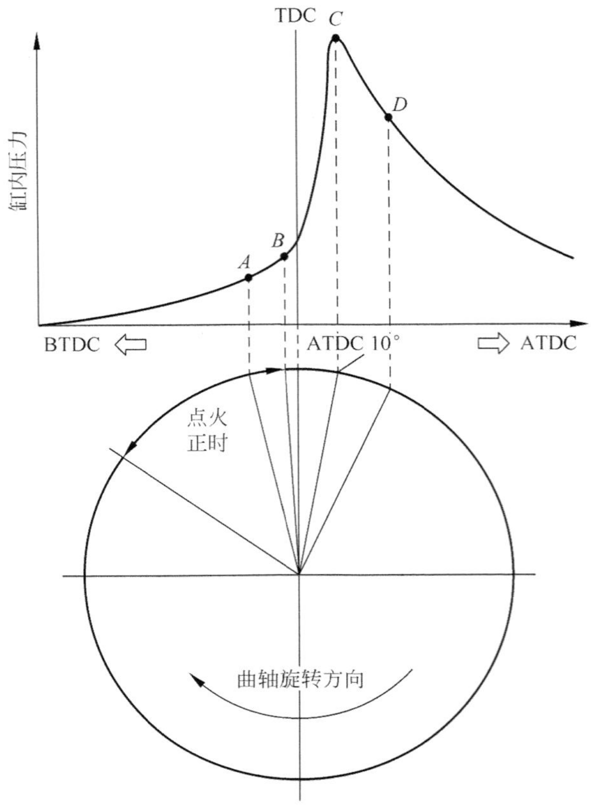

图 4-1　点火过程与活塞位置示意图

二、点火系统的基本组成

点火系统主要由高电压发生装置(点火线圈以及开关)、火花形成装置(火花塞)、高电压分配装置(分电器或计算机)以及点火提前控制装置(机械或计算机)等几部分组成。不同的点火系统的组成部件并不完全相同。在传统汽车的点火系统中,高压点火的控制和往各汽缸的分配高压是采用机械和电气装置,现代汽车点火系统中则普遍采用电子和计算机控制技术,从传统到现代,点火系统的组成以及部件都发生了很大变化。图 4-2 仅给出了普通电子点火系统基本组成示意图,以说明各组成部分的作用。

各主要部件的作用如下:

点火开关:用于接通或断开点火系统的电源。

点火线圈:相当于一个变压器,包括初级和次级线圈,初级线圈处于交替通电和断电状态。当初级线圈突然断电时,在次级线圈上会产生用于点火的高电压。

分电器:是控制初级线圈通电和断电以及分配次级高电压的装置,其转轴与凸轮轴同步转动。分电器内通常包括两部分,一部分称为“点火信号发生器”,用于产生瞬间点火信号;另一部分是称为“配电器”的高压分配装置,用于将点火线圈产生的高压分配到需要点火的汽缸。现代计算机控制的点火系统可以完全不用分电器,称为“无分电器点火系统”。

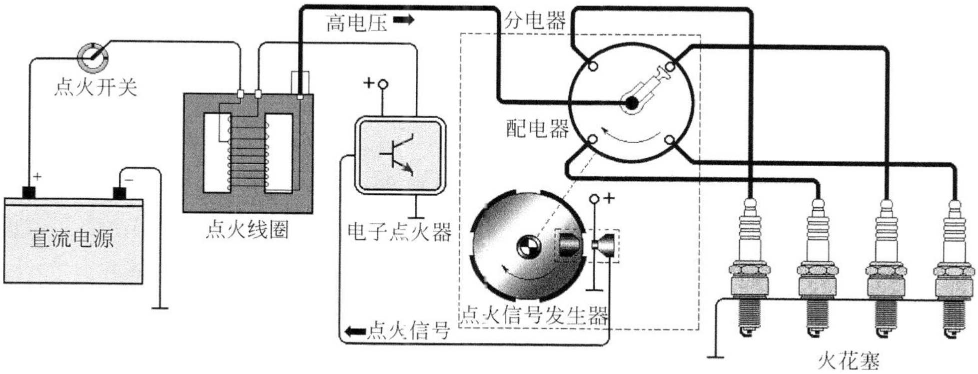

图 4-2 普通电子点火系统示意图

电子点火器：相当于一个电子开关，用于根据点火信号发生器产生的点火信号接通和断开点火线圈初级电流以使次级产生高电压。

火花塞：安装在汽缸内，由高电压产生电火花以点燃混合气。

三、汽车点火技术的发展

汽车点火系统大体经历了从传统的机械触点式点火系统、无触点电子点火系统到现代的计算机控制（电控单元，ECU）点火系统三个阶段。

1. 传统点火系统

早期传统点火系统是通过安装在分电器中称为“断电器”的机械触点开闭直接控制点火线圈次级产生高压，并通过分电器分配高压而实现各汽缸火花塞依次点火的系统。这种点火系统由于机械触点长期频繁地开闭点火线圈的初级电流，触点表面容易氧化烧蚀。同时，由于机械部件的磨损也会造成点火时刻的误差并影响点火系统的稳定。此外，传统点火系统很难兼顾发动机低速电流过大和高速电流过小的问题，这使点火能量的提高受到限制。

2. 电子点火系统

20 世纪 70 年代后出现了电子点火系统。最初的电子点火系统采用了称为电子点火器（或称电子点火模块或电子点火组件）的点火控制电路，保留了原来的断电器机械触点。触点的开关只作电子点火器电路的控制信号，经放大后由大功率开关晶体管控制点火线圈初级电流的通断，有效地改善了点火性能。这种点火系统称为有触点的电子点火系统。

随着电子技术的发展，20 世纪 80 年代前后出现了用点火信号发生器取代分电器内机械触点的点火系统，从而克服了机械触点和相关机械装置的所有缺陷。这种点火系统称为无触点电子点火系统。这种系统用电磁感应、光电耦合或霍尔效应等原理制成不接触式信号发生器，根据分电器轴的转动位置而产生信号电压，送到电子点火器，再控制点火线圈初级电流。近期出现了带集成电路的电子点火模块，可以利用较复杂的电子电路限制初级电流的过大（限流控制，也叫恒流控制）并控制通电时间（闭合角控制），从而同时解决了发动机低速运转时线圈容易过热和高速时点火的可靠性问题。无触点电子点火系统相对传统点火系统是一大进步，尤其是采用高能点火线圈和专用集成点火模块后，大大提高了点火系统的功能和各种工况下运行的可靠性。

3. 计算机控制的电子点火系统

随着社会的进步，人们对汽车发动机的动力性、燃油经济性和排放性能的要求越来越高，而这些综合性能与发动机在各种工况条件下可靠点火有密切关系，这就提出点火时刻精确控制的问题，需要根据发动机从起动、怠速到不同转速、不同负荷的各种工况，并考虑到温度、压力以及是否爆震等具体条件实施最佳控制方案，为此需要进行大量试验分析计算，取得各种条件下最佳点火时刻数据。也只有计算机才能完成多因素条件下的最优控制任务。于是自 20 世纪 80 年代后期出现了计算机控制的点火系统。这种系统有两种基本形式：一种是由计算机控制点火时刻(点火正时)，仍由分电器将高压分配到各汽缸，这称为有分电器的计算机控制点火系统；另一种是取消分电器，由计算机按照发动机点火顺序要求直接控制各汽缸点火的系统，称为无分电器的点火系统，英文缩写为 DLI(distributor-less ignition system)，也叫直接点火系统，英文缩写为 DIS(direct ignition system)。DLI 技术大约出现在 20 世纪 90 年代，开始出现的是一个点火线圈带两个火花塞点火的分组点火方式，后来进一步完善为每个汽缸单独点火的方式。

在硬件方面，除了点火线圈、点火器以及火花塞这些基本部件外，计算机控制的点火系统还采用了多种传感器，用于采集曲轴和凸轮轴瞬间转角位置以及与发动机运行相关的各种状态信息，大大提高了点火控制精度。

在软件方面，主要发展了点火提前角控制(electronic spark advance，ESA)和爆震控制(knock control)等技术，加上电子点火组件中的恒流控制和闭合角控制，成为发动机点火控制的主要技术。目前计算机控制的点火系统已成为汽车点火系统的主流。

第二节 点火系统基本组成部件

一、点火线圈

点火线圈是为火花塞提供足够高电压和点火能量的核心部件。点火线圈相当于一个变压器，主要由铁芯、初级和次级线圈以及外壳、低压引线端子和高压接线柱等部分组成。点火线圈常有不同的形状，用于不同类型的点火系统，如图 4-3 所示。

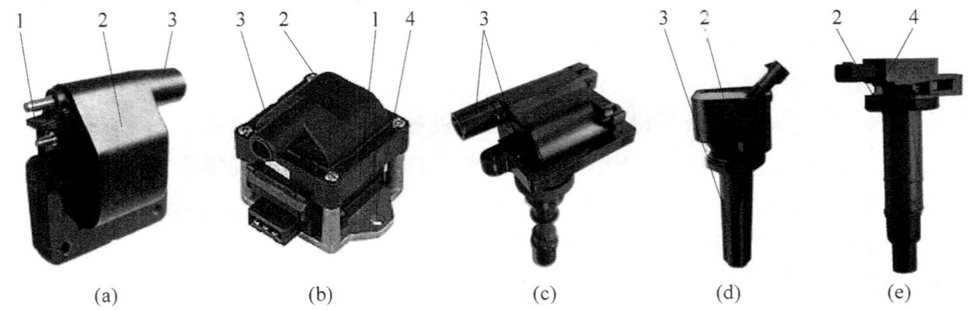

图 4-3 各种点火线圈外形

1—铁芯；2—塑料外壳(内有高、低压线圈)；3—高压接线柱；4—电子点火器其中，图 4-3(a)和图 4-3(b)均为普通电子点火系统用的点火线圈，不过图 4-3(b)中点火线圈是与电子点火器做在一起的。图 4-3(c)、(d)、(e)都是用于计算机控制的点火系统，其中图 4-3(c)的点火线圈有两个高压接线柱，用于“分组点火”，图 4-3(d)、(e)用于“独立点火”。

根据点火线圈铁芯结构的不同，点火线圈可以分为“开磁路”与“闭磁路”两类，闭磁路铁芯又分为“口”字形与“日”字形两种，如图 4-4 所示。

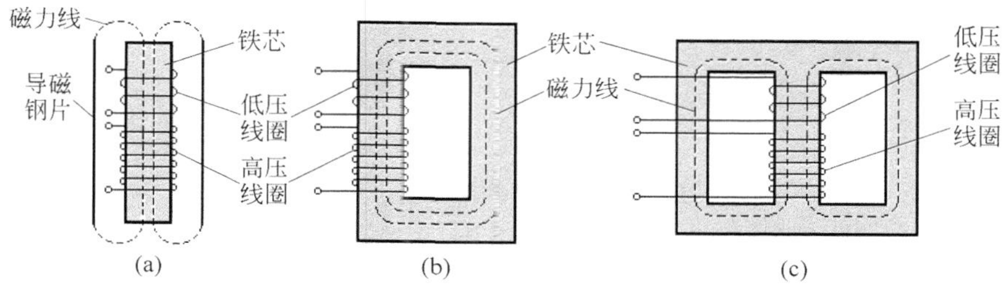

图 4-4 点火线圈的两种铁芯结构

(a) 开磁路铁芯；(b)“口”字形铁芯；(c)“日”字形铁芯

早期传统点火系统多使用柱状铁芯的开磁路铁芯，如图 4-4(a)所示。如今普遍使用的点火线圈多采用封闭型低磁阻的闭磁路铁芯，其中对于“口”字形铁芯(见图 4-3(a)、图 4-4(b))，初、次级线圈同时绕在某一侧的铁芯柱上；对于“日”字形铁芯(见图 4-3(b)、图 4-4(c))，初、次级线圈同时绕在“日”字形中间的铁芯柱上面。两者都能形成闭合磁路，比传统开磁路点火线圈体积小而效率高。现代计算机控制的独立点火系统中，有的点火线圈与点火器做成一体，因空间限制也采用开磁路点火线圈(见图 4-3(e)、图 4-4(a))，顶部是电子点火器模块，下面安装了柱状铁芯的点火线圈。

点火线圈初级线圈通常用较粗(直径 0.5～1mm)的漆包线绕上百匝，电阻通常小于 1Ω，电感在 5mH 左右。次级线圈则采用极细(直径约 0.1mm)的漆包线绕数万匝，线圈电阻也大得多，通常为 8～12kΩ，电感可达 30H 以上。由于次级与初级之间匝数比极大，当初级线圈断电时，次级线圈就能产生几万伏的高电压。

二、分电器

分电器的作用有两个：一是产生点火信号，二是用于分配点火线圈次级产生的高压。分电器的外形如图 4-5(a)、(b)、(c)所示。

分电器的中央是一根转轴，与发动机凸轮轴啮合并与凸轮轴转速相同。就是说，凸轮轴每转一圈，分电器也转一圈，要按照一定顺序对各汽缸点火一次，发动机完成一个工作循环。

分电器的内部如图 4-5(d)所示，上部是称为配电器的高电压分配装置，中间部分为点火信号发生装置(在普通电子点火系统中称为点火信号发生器，在计算机控制点火系统中称为传感器)，用于产生点火信号，下面和侧面是离心提前与真空提前装置，用于调整点火提前角。

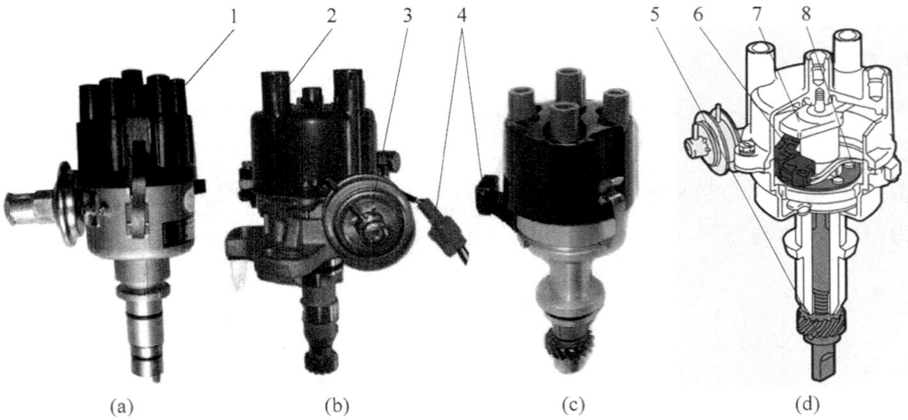

图 4-5　分电器外形与基本结构

1—分电器盖；2—高压接线柱；3—真空提前装置；4—信号线端子；
5—转轴；6—点火信号发生器；7—分火头；8—离心提前装置

1. 点火信号发生器/传感器

我们知道，当分电器轴随着凸轮轴转动一圈时，各汽缸火花塞应轮流点火一次。点火信号发生器就要根据各汽缸活塞的瞬间位置及时给出点火信号，经电子点火器将信号放大后再给点火线圈初级断电。不同厂家的点火信号发生器有不同种类，常用的有磁感应式、光电式和霍尔式等。

有关各种点火信号发生器的工作原理将在后面具体介绍。

2. 配电器

配电器由分电器盖和分火头组成，分别如图 4-6(a)和(b)所示。分电器盖由耐高压的塑料制成，盖内中心孔中装有带弹簧的炭精柱，圆周上装有与发动机汽缸数相等的旁电极。分火头装在分电器轴顶端，并随之转动，其上有导电片。分电器安装好后，分火头的导电片正好压在盖内炭精柱上，转动时导电片将依次靠近各旁电极以传送高电压。在分电器盖的上面有中心高压线和分缸高压线的接线柱，分别与盖内的中心炭精柱和旁电极相通。

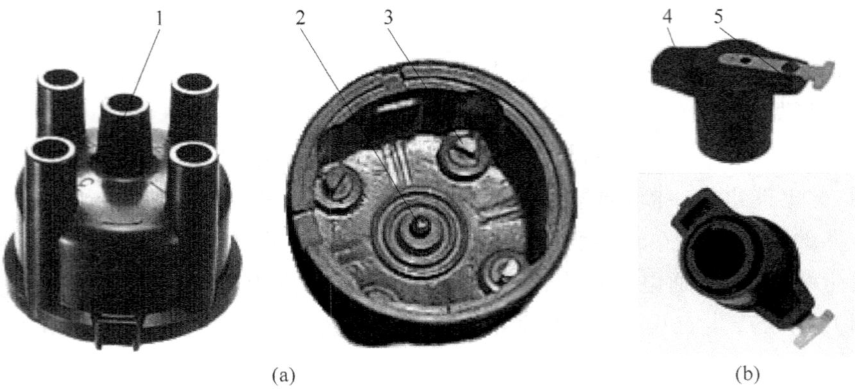

图 4-6　配电器的组成部分

1—高压接线柱；2—中心电极及炭精柱(内有弹簧)；3—旁电极；4—分火头；5—导电片

每当点火信号发生器产生点火信号的瞬间，点火线圈初级断电，次级产生一次高压，此时分火头的导电片恰正对准需要点火的汽缸对应的旁电极，于是次级高压经由中心高压线、炭精柱、分火头导电片跳到旁电极，再经分缸高压线送到汽缸上的火花塞。

3. 其他附件

除了计算机控制的点火系统外，传统点火与普通电子点火的分电器还带有离心提前与真空提前装置等附件。这是随发动机运行时转速、负荷变化而调节点火提前角的机械装置(有关点火提前角的严格定义见图 4-35 的说明)。

(1) 离心提前机构

离心提前机构是随发动机转速变化而调整点火提前角的装置。离心提前机构装在点火信号发生器下面，如图 4-7 所示。

在与分电器轴固定连接的固定板上，安装有一块活动板并有两个离心重块，通过弹簧被活动板拉住。当分电器轴转动时，在离心力作用下，两个重块将克服弹簧拉力向外甩开，带动活动板以及其上方的信号转子顺着转动方向再多转一个角度(图中 θ)，使得信号发生器提早产生点火信号。转速越高，离心力越大，相应的点火提前角也越大。

(2) 真空提前机构

真空提前机构是随发动机负荷变化而调整点火提前角的装置。真空提前机构装在分电器壳体外侧，内部结构示意图如图 4-8 所示。

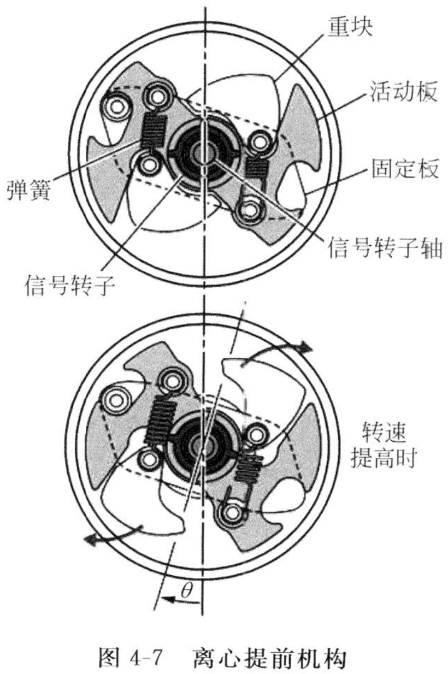

图 4-7　离心提前机构

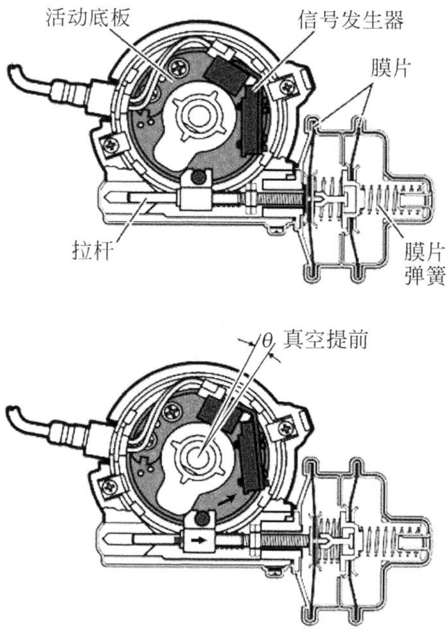

图 4-8　真空提前机构

真空提前机构主要是一个壳体，壳内装的膜片将其内部分为两个腔室，位于分电器侧的腔室与大气相通，另一个腔室为真空室，通过管路连接到节气门旁小孔处，感受节气门的真空度。

当发动机负荷较小时，节气门开度小，节气门后的真空度较高，由此吸动膜片克服弹簧的弹力向右弯曲，如图 4-8 下方所示。与膜片相连的拉杆随之右移，拉动分电器的活动底板，带动信号发生器逆着凸轮旋转方向转过一个角度（图 4-8 中 θ），使信号转子提早遇到信号发生器，从而提早产生点火信号，即增加了点火提前角。反之，当发动机负荷较大时，节气门开度大、真空度低，膜片受弹簧弹力作用向左弯曲，如图 4-8 上方所示。与膜片相连的拉杆随之左移，推动活动底板顺时针转过一个角度，使信号转子遇到信号发生器的时间被推迟，从而减小了点火提前角。

三、火花塞

火花塞的外形如图 4-9 所示，其作用是将点火线圈产生的高电压引入发动机燃烧室内并在其两个电极间形成电火花以点燃混合气。

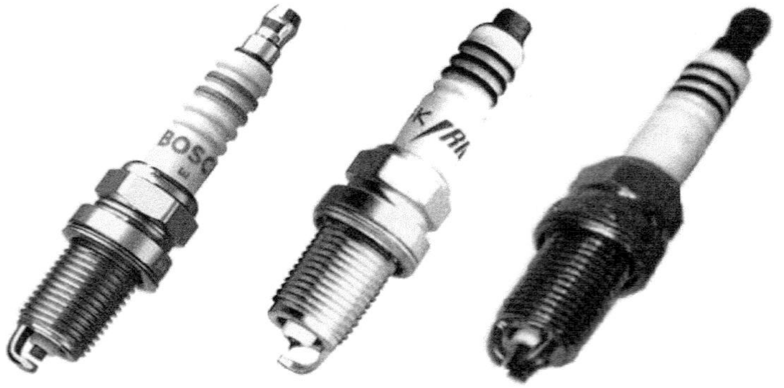

图 4-9　几种常用的火花塞

1. 对火花塞的要求

火花塞的工作条件十分恶劣。例如火花塞下部要承受 1500～2000℃ 的高温，高达 3000V 左右的电压，燃烧时突然产生的高达几十大气压[①]的巨大压力，燃烧室内多种气体的腐蚀作用等。火花塞的材料和结构必须要满足耐热、耐压、耐腐蚀以及高绝缘强度等方面的要求。

2. 火花塞的构造

火花塞的构造如图 4-10 所示。在钢制壳体 5 内部固定有高氧化铝陶瓷绝缘体 2，在绝缘体中心处有金属杆 3，上端有接线螺母 1 用于连接高压导线。金属杆下部有中心电极 10，在金属杆和中心电极之间用导电玻璃 6 密封。壳体 5 上部做成螺母形状，下部有螺纹用于旋入发动机汽缸盖内。壳体下部一侧有弯曲的侧电极 9。

目前电子点火系统的火花塞间隙为 1.0～1.2mm。电极间隙越大，所需点火电压和点火能量越高，也更适合稀薄燃烧的发动机使用，但对点火系统的要求也越高。

① 1 大气压＝101 325Pa。

火花塞电极的结构、间隙和形状对点火性能有极大的影响。通常火花塞有一个中心电极和一个侧电极，为了改善点火性能，有的火花塞有多个侧电极，称为多极火花塞。火花塞中心电极多做成圆柱形，一般来说，中心电极直径越小，放电越容易，点火越可靠，但也越容易烧蚀，所以中心电极越细的火花塞对材料的要求越高。火花塞电极材料耐温至少要在1000℃以上。

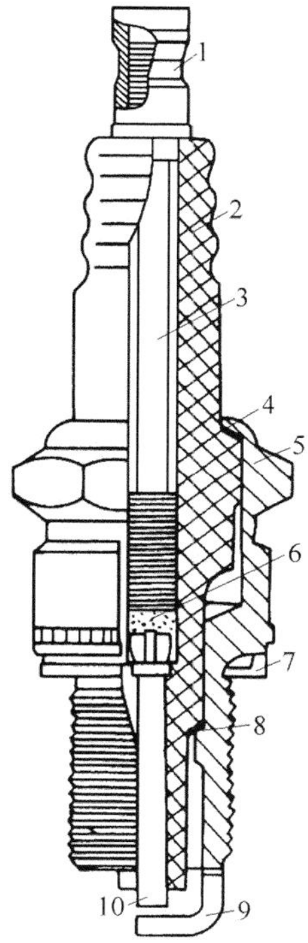

图4-10 火花塞的结构

1—接线螺母；2—绝缘体；3—金属杆；4,8—内垫圈；5—钢壳；6—导电玻璃；7—多层密封垫圈；9—侧电极；10—中心电极

图4-11给出了几种常用火花塞电极的形状。其中普通电极一般用耐高温(近1500℃)和耐腐蚀的镍锰合金钢制成，中心电极直径为2.5mm左右，使用寿命按汽车行驶里程计算，为1万～6万km，平均为3万km左右。而铂(俗称铂金或白金)电极耐温更高，其熔点超过1700℃，其稳定性和抗烧蚀比镍要好，中心电极可以做得比较细，直径为0.8～1mm。而金属铱的熔点更高达2400℃以上，所以铱金材料做的电极更适合高性能发动机在长时间、高转速情况下使用，其中心电极直径可小到0.6mm以下，铂金、铱金电极的火花塞的点火能力很强，可有效提高发动机的动力性能，使用寿命按行驶里程计可在10万km以上，但价格都比较贵。

3. 火花塞的热特性

火花塞的热特性是指发动机运行时，火花塞各部分的温度分布特性。火花塞的热特性对于发动机运行和火花塞的寿命等都有直接影响。

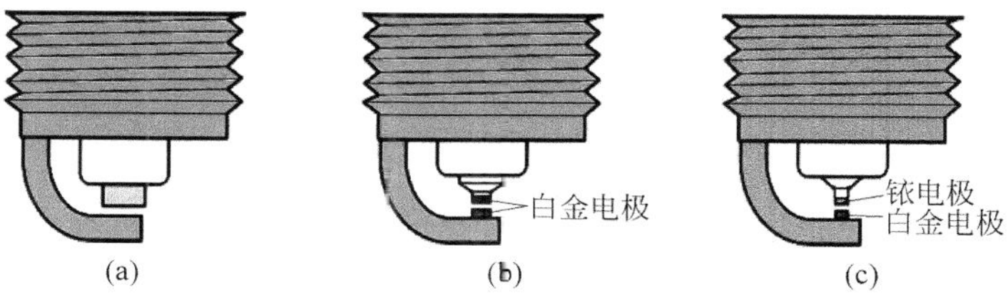

图4-11 火花塞不同电极的形状和材料

(a) 镍锰合金电极；(b) 白金电极；(c) 铱金电极

实践表明，火花塞绝缘体“裙部”(即包围中心电极的绝缘体表面部分)温度最好保持在500～600℃之间，称为火花塞的“自净温度”。在这种温度范围内，表面的油污可以立即烧掉而不致形成积炭。若绝缘体温度过高，达到950℃，则火花塞本身就可以点燃混合气而不需要用火花点燃，这个温度称为“自燃温度”。超过自燃温度就容易导致混合气早燃或称“炽热点火”(靠火花塞自身高温点燃混合气)，对发动机工作极为不利。然而火花塞温度过低也不好，容易使油污聚集而形成电极周围积炭，导致火花减弱以至不能点火。

发动机运行时火花塞绝缘体裙部温度与火花塞受热情况和散热条件有关。发动机运行时，电极附近温度最高，绝缘体裙部吸收的热量大部分经过与壳体相接触的上下铜垫圈传给壳体，再传到汽缸盖，如图 4-12 中虚线箭头所示，一小部分被进入汽缸的混合气冷却。

因而火花塞的热特性主要取决于绝缘体裙部的长度。如图 4-12 所示，绝缘体裙部较长的火花塞，其受热面积大而散热距离长，因而裙部温度较高，称为“热”型火花塞；反之，绝缘体裙部较短时，其受热面积小而散热距离短，因而裙部温度较低，称为“冷”型火花塞。热型火花塞比较容易发热，在车辆低速行驶时，由于绝缘体温度偏高，积炭容易被烧掉（即“自净”），这是其优点，但在高速、大负荷情况下，由于温度太高，容易发生炽热点火甚至烧坏火花塞。反之，冷型火花塞在车辆高速、大负荷时也不易发生炽热点火，但在低速、小负荷时因自身温度偏低却容易发生积炭。因此选择火花塞“冷”、“热”的原则是，高速、大负荷时不至引起早燃，低速、小负荷时又不至于积炭。一般来说，对于小功率、低压缩比、低转速的发动机，应采用热型火花塞；而对于大功率、高压缩比、高转速的发动机，则应采用冷型火花塞。

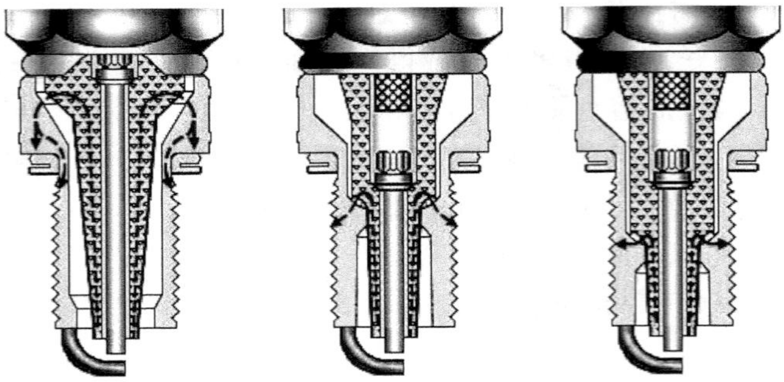

(a)　　(b)　　(c)

图 4-12　不同形状火花塞的散热路径

(a) 低热值(热型)；(b) 中热值；(c) 高热值(冷型)

火花塞的热特性用热值表示。热值的标定方法各国不尽相同，我国是根据火花塞绝缘体裙部长度标定热值，并以数字 1、2、…、11 来表示，见表 4-1。热值是火花塞的散热能力的相对值，热值越高的火花塞散热能力越强，火花塞越冷；反之，热值越低的火花塞散热能力越差，火花塞越热。在维修更换火花塞时，必须注意火花塞的热值，不能随意更换。

表 4-1　火花塞的热值

热值	1	2	3	4	5	6	7	8	9	10	11
范围	低热值			中热值			高热值				
热特性	热←→冷										

四、高压导线

1. 对高压导线的要求

高压导线是在点火系统中专门使用的导线，用于将点火线圈次级产生的高压传送到火花塞。对高压导线的要求与普通的低压导线有很大不同。

首先，高压导线传输的电压常常高达 15kV 以上，为避免漏电，高压导线必须具有良好的绝缘性能，所以高压导线都包有很厚的绝缘层。同时，绝缘层还需要有耐热和防止老化的性能。目前绝缘层多用合成橡胶或弹性塑料制成，常用的绝缘材料有氯丁橡胶、三元乙丙橡胶(EPDM，为乙烯、丙烯以及非共轭二烯烃的三元共聚物)、硅橡胶(SILICONE)以及热塑性弹性体(TPE)等。高压导线两端连接点火线圈、分电器和火花塞的部分通常使用酚醛树脂(胶木)或合成橡胶做成绝缘护套。图 4-13 为高压导线外形图。

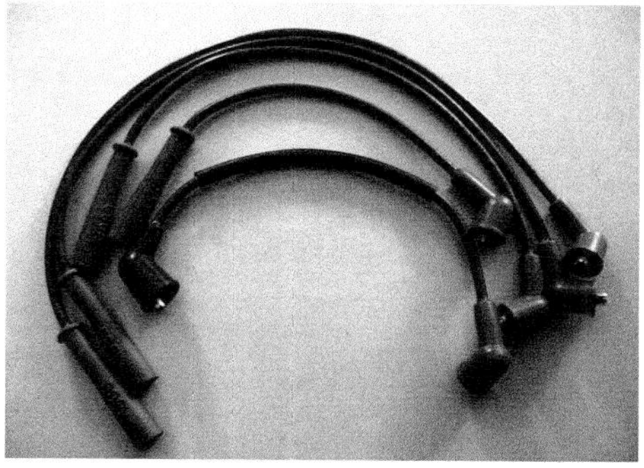

图 4-13 高压导线外形图

另外，必须尽量避免高压火花对周围电器设备造成的电磁干扰。我们知道，火花塞产生的火花是强烈的电磁干扰源。这是因为高压导线所传输的只是瞬间突变的电压，并不是稳定的直流电，从理论分析可知，瞬间突变的电压中包含了很多高频(频率可高达兆赫级)的交流成分，由于高压电路自身的电感和导线对地之间电容的存在，高频电压就会在电路中产生高频振荡并在火花塞电极处向空间发射电磁波，这不但会影响车内电器电子设备尤其是 ECU(电控单元)的正常工作，甚至会造成设备的永久损坏，而且会对汽车附近的收音机、电视机和其他无线电装置造成干扰。为了减少和消除这种电磁干扰，就需要在高压电路中串入一定电阻以限制高频振荡。这种电阻称为“阻尼电阻”。有了阻尼电阻，就可以吸收高频振荡使之迅速衰减，从而削弱火花产生的干扰电磁波。阻尼电阻值越大，抑制干扰效果越好，但阻尼电阻太大又会增加线路损耗，减少传送到火花塞电极间的火花能量。因此，优良的高压导线的线芯必须同时满足最少的电流损耗及避免产生电磁干扰的双重要求。

实际上，既可以将阻尼电阻加在高压导线的两端，也可以让高压导线线芯本身带有阻尼电阻，称为高压阻尼线。具体电阻值的大小根据各种不同汽车的点火系统设计而不同，通常是几千欧到几十千欧，例如丰田 LEXUS 400 汽车的高压线电阻为 25kΩ。

应该指出，由于高压电路上的阻尼电阻值远小于火花塞电极间的绝缘电阻(前者为千欧级，后者为几十兆欧级)，所以尽管高压电路上有阻尼电阻，但并不会显著影响加到火花塞电极间的击穿电压。

2. 常用的高压导线

目前汽车上常用的高压导线大多带有阻尼电阻。按照线芯的材料以及阻尼电阻的分布或集中形式，大致可以分为石墨浸渍纤维线芯式、镍铬合金丝磁芯式以及集中电阻式等几种。以下介绍几种有代表性的高压导线结构型式，见图 4-14。

(1) 石墨浸渍纤维线芯式

这种结构型式由纤维线来浸渍石墨等混合物，制成纯电阻的导电体，外包一层或二层耐高压的 EPDM 或 SILICONE 绝缘体和保护层，如图 4-14(a)所示。这种线芯电阻值可以根据各国不同的标准要求制成几 kΩ/m 至几十 kΩ/m，其优点是单位长度电阻大，限制无线电干扰能力较强。

(2) 镍铬合金丝磁芯式

这种结构型式采用直径 0.05～0.1mm 镍铬合金丝，镍铬合金丝有间隙并均匀地缠绕

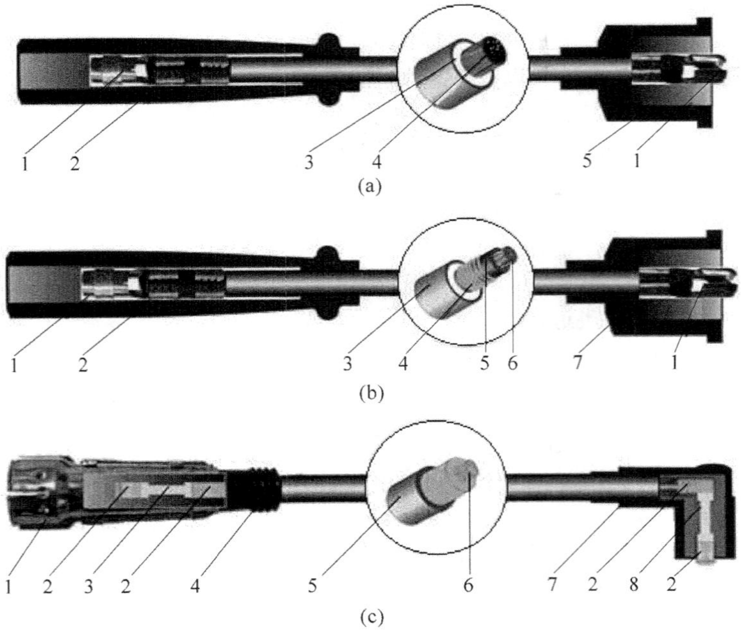

图 4-14　几种高压导线类型

(a) 1—金属端子；2—绝缘胶帽(火花塞端)；3—绝缘护套；4—浸渍石墨玻璃纤维线束；5—绝缘胶帽(分电器端)
(b) 1—金属端子；2—绝缘胶帽(火花塞端)；3—绝缘护套；4—镍铬合金丝；5—磁性橡胶；6—合成纤维；7—绝缘胶帽(分电器端)
(c) 1—金属屏蔽罩；2—铜接头；3—阻尼电阻(火花塞端)；4—绝缘胶帽(火花塞端)；5—绝缘层及护套层；6—铜导体线芯；7—绝缘胶帽(分电器端)；8—阻尼电阻(分电器端)

在带磁粉的绝缘胶线上，成为阻尼芯线，外包一层或二层耐高压的 EPDM 或 SILICONE 绝缘体和保护层，如图 4-14(b)所示，其电阻值在 1.5～16kΩ/m 之间，阻抗非常稳定。

(3) 集中电阻式

这种结构型式中，高压导线采用普通多股铜导线，两端接入阻尼电阻。阻尼电阻采用碳质材料或用直径 0.02～0.04mm 镍铬合金丝有间隙地绕在陶瓷棒上制成，再由热塑性或热固性材料注塑成阻尼电阻部件，外面安装 SILICONE 硅胶护套。并且在火花塞一端的阻尼电阻部件上还包上直接搭铁的金属屏蔽罩，以进一步屏蔽电磁干扰。这种结构型式有利于提高火花的能量，已为现代汽车所采用，例如德国大众车型多采用该种类型，如图 4-14(c)所示。

五、电子点火器

电子点火器也叫电子点火模块或电子点火组件。

图 4-15 给出几种电子点火模块的外形图。电子点火模块的安装位置并不固定，一般安装在分电器上，或安装在点火线圈上，或与点火线圈做成一体，如图 4-3(b)、(e)所示。

电子点火器内部为一套电子线路，末级一般都是一个大功率的开关晶体管，与点火线圈初级直接串联。除开关作用外，还常常包含诸如恒流控制、闭合角控制等功能电路。不同发

图 4-15　各种电子点火模块外形

动机所用的点火器内部结构也各不相同，有的发动机并不配置电子点火器，将大功率晶体管直接布置在电子控制单元(ECU)内部；有的点火器只有一只达林顿三极管，仅起开关作用，其他控制功能电路则与 ECU 做成一体。

电子点火模块内部电路与点火信号发生器的类型有关，将在第四节中具体介绍。

第三节　点火系统的基本工作过程与特性分析

一、基本工作过程

发动机工作时，电子点火器交替地接通和断开点火线圈的初级电流，所以点火系统的基本工作过程可以按照初级线圈的状态分为通电和断电两个阶段。点火系统的通电阶段是点火线圈储存点火能量的过程，断电阶段是点火线圈次级产生高压、火花塞放电的过程，如图 4-16 所示，其中 i_1、e_1 等表示初级线圈的电流和电动势，u_2、e_2 等表示次级线圈的电压和电动势，K 相当于电子点火器的末级开关晶体管，C_1 为与之并联的电容，C_2 为次级回路的分布电容(指高压导线以及火花塞对地之间分布的很小的电容，实际并不存在这个元件)，SP 为火花塞。

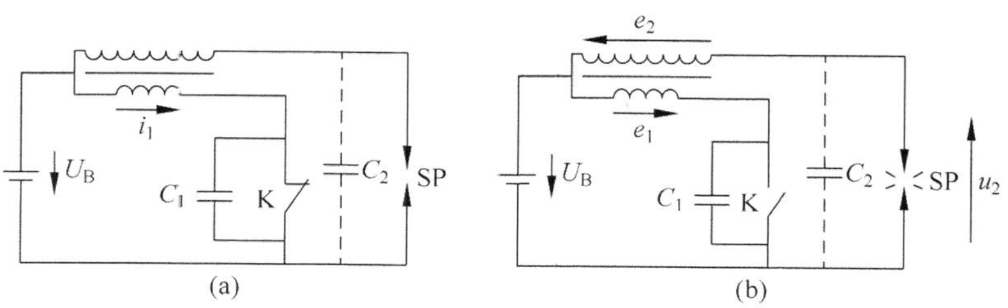

图 4-16　点火系统两种工作状态

(a) 初级线圈通电储能；(b) 初级线圈断电、次级线圈产生高压

1. 通电储能过程

如图 4-16(a)所示，当断电器触点闭合时，接通初级线圈通路，但由于初级线圈自身的电感以及电路中电阻(包括初级线圈的电阻和串联的附加电阻)的存在，初级电流将按照指数规律逐渐增加：

$$i_1 = \frac{U_B}{R}(1 - e^{-\frac{R}{L_1}t}) \tag{4-1}$$

其中，i_1——初级电流；

U_B——电源电压；

R——初级回路电阻；

L_1——初级线圈电感。

由式(4-1)可以看出，当时间足够长时，初级电流 i_1 将达到一个稳定值 U_B/R，如图 4-17(a)所示。汽车运行时，初级线圈通电时间很短，只有毫秒量级，i_1 远达不到稳定值。

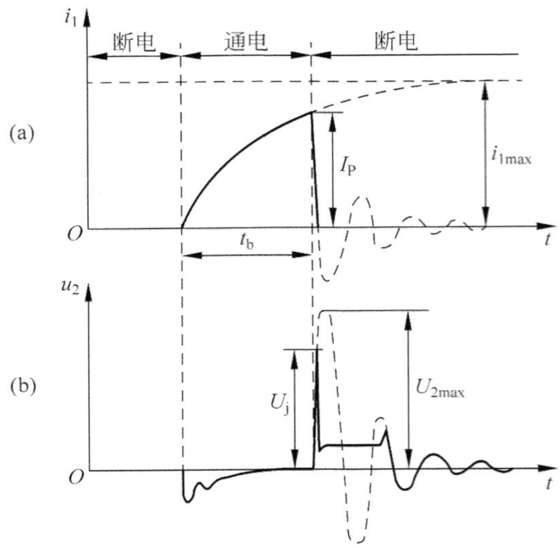

图 4-17　点火系统初级电流与次级电压变化过程

我们更要注意的是这一过程中点火系统所存储的能量，它与初级线圈的电流和电感有关。若通电时间为 t_b，在断电瞬间初级电流已增加到 I_P，则点火线圈中所储存的能量为

$$W = \frac{1}{2}L_1 I_P^2 \tag{4-2}$$

I_P 可称为初级断电电流。由上式可见，点火线圈中储存的能量与初级线圈的电感 L_1 和断电电流 I_P 有关，而储存足够的能量是火花塞可靠点火的必要条件。

在初级电流及磁场增加过程中，在初、次级两个线圈中都会感应电动势。但由于初级电流增长速度并不快，次级线圈感应的电动势只有几百伏，不足以击穿火花塞间隙。

2. 断电及放电过程

(1) 触点突然断开、次级电路产生高压的过程

如图 4-16(b)所示，当断电器触点突然断开时，随着初级电流以及磁场的迅速消失，在

初级线圈中产生自感电动势，在次级线圈中产生互感电动势，一般在初级线圈中为 300V 左右，在次级线圈中可高达 15 000～30 000V，造成次级电路出现高电压。次级电压的大小与线圈的圈数、触点断开时的初级电流 I_P 所建立的磁场强弱及磁场衰减的速度有关。

对于初级回路来说，初级线圈的电感、与触点并联的电容以及回路的电阻共同构成了衰减振荡电路。对于次级回路来说，次级线圈的电感、回路的电阻以及高压导线和火花塞的分布电容也构成了衰减振荡电路。在磁场消失的瞬间，全部磁场能量分别转化为初、次级电容的电场能量。假如火花塞不会被击穿(类似于变压器次级线圈开路的状态)，那么在初级和次级回路都会出现感应电动势先给电容充电、电容再给回路放电的过程，形成衰减振荡现象，如图 4-17(b)中的虚线所示。这一过程中，原来通电储存的能量反复在电容的电场能与线圈的磁场能之间相互转换，并且在回路电阻中逐渐被消耗。

(2) 火花放电过程

当触点断开瞬间，次级电压立即上升，上升时间很短，仅在微秒量级。次级线圈中感应的高压足以击穿火花塞间隙，因为击穿火花塞间隙所需电压 U_j 小于次级线圈可能产生的最高电压 U_{max}。火花塞电极间的气体一旦被击穿后就成为导电的离子状态并出现火花，此时次级回路就有放电电流，并立即结束衰减振荡状态而进入火花放电状态。此时在线圈电感上储存的磁场能量向火花塞释放，以维持所形成的火花。在这期间次级电压维持在几百伏到上千伏，维持时间比较长，大约为几毫秒，放电电流大约几十毫安，这就是电感能量释放过程。应该指出，维持火花所需电压、电流和维持时间的乘积代表了火花能量，这一能量的大小对于点火是否可靠具有重要的意义。

在火花维持过程中，线圈电感上储存的磁场能量逐渐减小，当储存的能量不足以维持火花时，火花熄灭。此时残余的磁场能量又在初、次级线圈中形成衰减振荡，与前述衰减振荡很类似，只是幅度要小得多。直到能量耗尽，振荡结束。

图 4-18 给出了次级点火电压的波形。图中，a—f 段为断电放电阶段，f—a 段为初级线圈通电储能阶段。其中 a—b 段为击穿电压，c—d 段为火花维持电压(也叫火花线)，d—e 段为残余能量引起的衰减振荡，f—g 段为通电初期的衰减振荡。

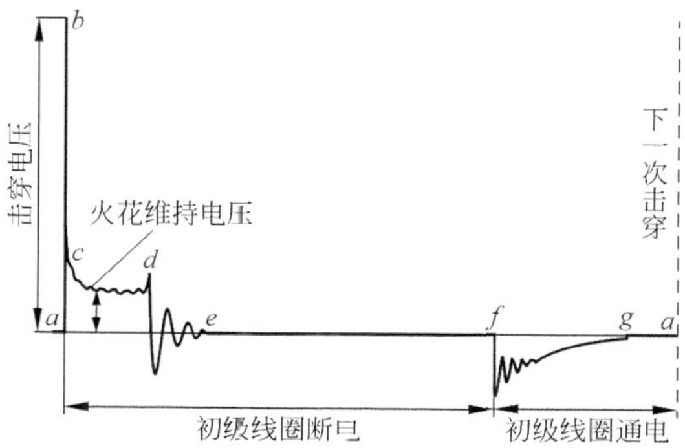

图 4-18　次线电压波形

我们应该注意到，第一，由于线圈通电时初级电流增长较慢而断电时电流消失极快，所以初级线圈通电时的初、次级感应电压明显小于断电时各自的电压；第二，由于通电与断电时线圈磁场变化趋势是相反的，所以通电时的次级电压方向与断电时相反。

二、影响点火可靠性的因素

点火系统的可靠性，与初级线圈储能以及次级放电电压有密切关系。

1. 初级断电电流 I_P、次级最高电压 U_{2max} 与发动机转速的关系

如前所述，点火能量与初级断电电流 I_P 所建立的磁场有关，而 I_P 的大小又与通电的时间或发动机转速有一定关系。由于初级电流 i_1 是随时间按指数规律增长的，如果一个点火周期内通电、断电时间的比例固定不变(传统点火系统就是如此，分电器中断电器触点开闭时间比例是固定的)，显然当发动机转速较低时，通电、断电时间都比较长，I_P 就比较大；反之，当发动机转速较高时，通电、断电时间都将缩短，I_P 就比较小，如图 4-19 所示。这就产生一个问题：如果发动机低速时初级断电电流 I_P 是合适的，那么当发动机高速运转时由于 I_P 减小，将会导致次级电压降低和点火能量不足，当转速超过一定数值后就可能造成“断火”(火花塞不能被击穿)现象；反之，若保证发动机高速时有足够的断电电流 I_P，那么当发动机在低速时由于通电时间较长，必然 I_P 过大，又会造成点火线圈过热以至损坏。

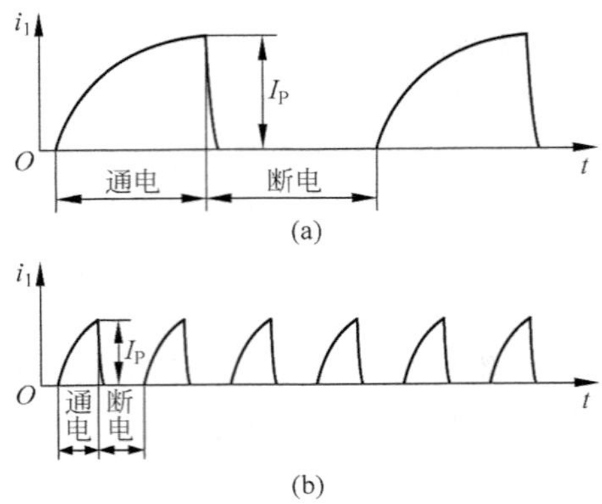

图 4-19　不同发动机转速下的初级断电电流 I_P
(a) 低速时；(b) 高速时

现代点火系统既要保证点火线圈具有足够的点火能量，又要限制低速时线圈不至于过热，这是通过点火线圈与电子点火器的配合设计并采用了“恒定电流控制”以及“闭合角控制”等技术实现的(后面第五节将有详细介绍)，从而既保证达到“低速不过热、高速不断火”的基本要求，又大大提高了点火系统运行的可靠性。

2. 火花塞积炭对次级电压的影响

火花塞积炭会降低次级电压，造成点火困难，甚至断火。这是因为积炭是有一定电阻的导体，当火花塞上有积炭时，会降低加到火花塞电极上的次级电压；而当积炭严重时，加在火花塞上的次级电压非常低，致使火花微弱、无法维持甚至无法形成火花，从而造成断火。从能量的角度看，当火花塞上有积炭时会导致点火能量严重不足。这也是点火系统常见的故障现象。

第四节　点火信号发生装置与电子点火器

在普通电子点火系统中，产生点火信号的装置称为点火信号发生器，在计算机控制的点火系统中则演变为凸轮轴位置传感器和曲轴位置传感器(或称为曲轴位置与转角传感器、发动机转速传感器等)，它们的种类和工作原理基本相同。点火信号发生器多安装在分电器内

随凸轮轴同步转动，每转一周产生与汽缸数相等的点火信号。而曲轴和凸轮轴位置传感器或安装在分电器内，或安装在曲轴或凸轮轴一端，其中凸轮轴位置传感器每转一周只产生1～2个信号，用于某缸点火的绝对起始信号。曲轴位置传感器转一周产生的信号要多得多，将曲轴瞬间转角细分后用于判断下一缸点火时刻，也可用于测量发动机转速。

常用的点火信号发生器或曲轴/凸轮轴位置传感器根据工作原理的不同，可分为磁感应式、霍尔式、光电式等多种。为了叙述方便，有时统称为传感器或点火信号发生装置。

电子点火器对来自位置传感器的点火信号进行功率放大，并控制点火线圈初级的通断。有些点火器中还包含诸如恒流控制与闭合角控制等功能电路。

点火信号发生装置与点火器两者常常合称电子点火组件。

一、点火信号发生装置

1. 磁感应式(或称磁脉冲式或磁电式)信号发生装置

磁感应式点火信号发生装置包括信号转子、感应线圈以及永久磁铁等部分，可安装在分电器内，或曲轴或凸轮轴一端。以丰田轿车发动机用的磁感应式点火信号发生器为例，其基本结构如图4-20所示。

图4-20 磁感应式点火信号发生器

1—信号引线；2—感应线圈(在塑料壳内)；3—信号转子；4—分电器转轴；5—永久磁铁；6—真空提前装置

点火信号发生器安装在分电器内，工作原理如图4-21所示。图中信号转子上有4个齿，对应于发动机的4个汽缸。信号转子安装在分电器轴上，由发动机凸轮轴驱动。永久磁铁产生的磁力线如图中虚线所示。由图中可见，当信号转子转动过程中，转子上的齿与铁芯之间的空气隙在随时改变，磁路磁阻的变化致使通过感应线圈的磁通量也不断变化，因而在感应线圈内便产生交变电动势。例如在图4-21(b)位置时，线圈铁芯正对信号转子齿，磁路磁阻最小，磁场最强；而在图4-21(a)和(c)位置时，转子齿与线圈铁芯有一定距离时磁路磁阻较大，磁场较弱。由于感应电动势的大小与磁通量的变化率成正比，所以感应电动势最大值出现在磁通量变化最快的时刻，图4-22给出线圈内磁通量Φ与感应电动势e随时间变化的波形。显然发动机转速越高，线圈感应电动势大小和频率都会提高。

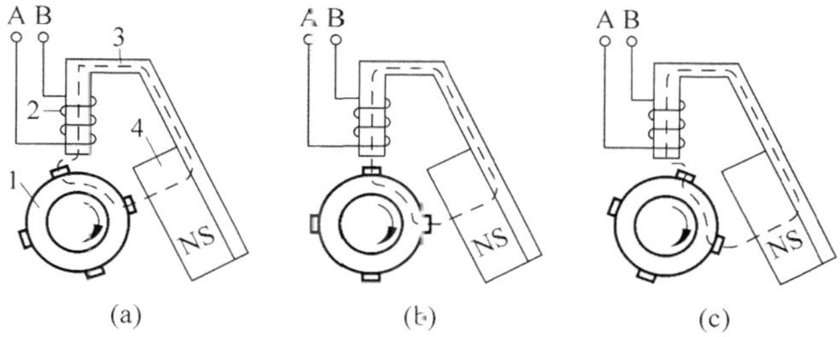

图4-21 磁感应式点火信号发生器工作原理

1—信号转子；2—感应线圈；3—铁芯；4—永久磁铁

磁感应式电子点火装置的优点是坚固耐用，但缺点是所输出的点火信号电压幅值和波形受发动机转速影响很大。在发动机转速范围内，点火信号发生器输出的信号电压可在0.5～100V之间变化。这样，在低速尤其在起动时，脉冲信号较弱，需要与之配套的电子点火组件具有足够的灵敏度；在转速大范围变化时，由于点火信号发生器输出的信号波形的变化，造成点火提前角和点火闭合角难以精确控制。

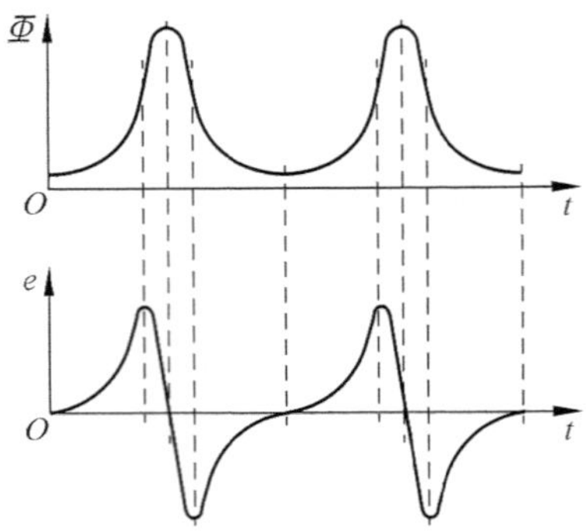

图4-22　线圈内磁通量与感应电动势波形

2. 光电式信号发生装置

光电式信号发生装置采用光电元件输入点火控制信号，其外形及结构原理如图4-23所示。其中图4-23(a)为去掉分电器盖后的外形图，图4-23(b)为剖面图，图4-23(c)为原理示意图。在结构上主要由信号盘和光电耦合器两部分组成。信号盘一般用金属或塑料制成，安装在分电器轴上，位于分火头下面。光电耦合器是发光元件(通常是发光二极管)与光敏元件(光敏二极管或光敏三极管)的组合。在信号盘外缘开有若干缺口或狭缝，将发光二极管和光敏三极管分置于信号圆盘两侧。

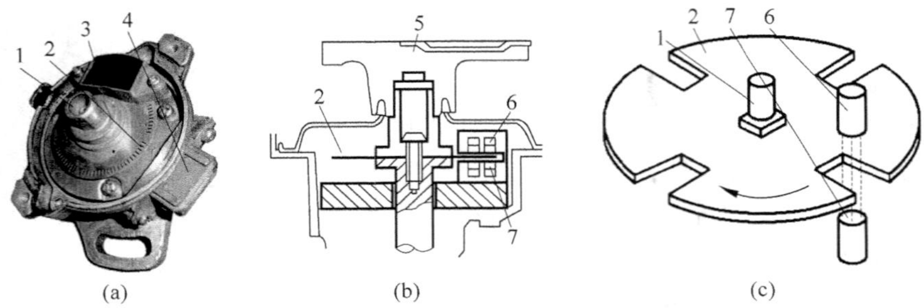

图4-23　光电传感器结构与原理示意图

1—转轴；2—信号盘；3—光电耦合器；4—接线端子；5—分火头；6—发光元件；7—光敏元件

当圆盘转动时将允许光线间断地通过，光敏三极管间断地受到照射而断续导通。用于点火信号发生器时，圆盘上缺口数与汽缸数相同，以此信号经电子点火器驱动放大后控制点火线圈初级电流的通断。圆盘每转一圈，各缸轮流点火一遍。作为计算机点火系统的传感器使用时，往往要兼作曲轴与凸轮轴位置传感器用，圆盘上的狭缝要密集很多。

光电式电子点火系统不仅结构简单、成本低，而且控制信号电压与发动机转速无关，点火时刻控制准确。但这种点火信号装置需要良好的工作环境，发光与受光元件都不能受到灰尘和油污覆盖，否则将影响其正常工作。所以光电式点火信号发生器需要良好的密封。

3. 霍尔式信号发生装置

(1) 关于霍尔效应

霍尔式传感器的工作原理是基于霍尔效应。霍尔效应原理如图4-24所示。某些半导体元件，当一个方向有电流 I 流过时，若与之垂直的方向上施加一个磁场 B，则在第三个方向上会产生一个电压 U，这就是霍尔效应。具有这种效应的半导体元件称为霍尔元件（霍尔片），所产生的电压就称为霍尔电压。

霍尔电压的大小与半导体基片厚度、所通过的电流和磁场有关，可用下式表示：

$$U_H = \frac{R_H}{d} I \cdot B \tag{4-3}$$

式中，R_H——霍尔系数，与半导体材料有关；

d——半导体基片厚度；

I——电流；

B——磁通密度。

在实际应用中，常常事先给霍尔片施加一个固定电流，这样，霍尔电压信号就将随着元件所在位置磁场的变化而变化。同时，由于霍尔元件产生的电压比较小（仅为毫伏级），因此霍尔元件常与放大电路做在一起组成霍尔放大器或霍尔集成电路元件。通常放大器输出电压与霍尔电压是反相的，即当有霍尔电压时放大器输出低电平，无霍尔电压时输出高电平。霍尔元件上感受磁场 B、产生的霍尔电压 U_H 以及输出电压信号 U_G 的波形如图 4-25 所示。

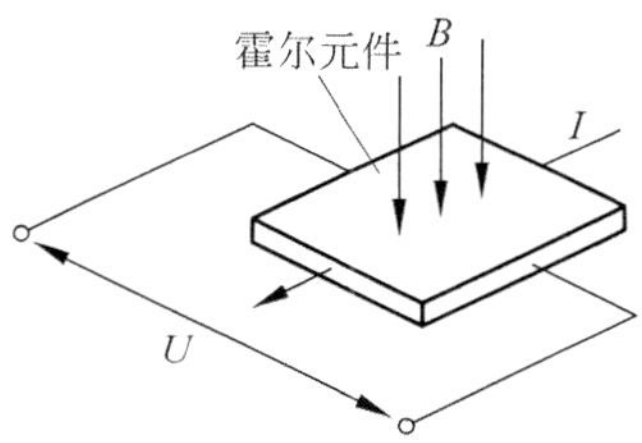

图 4-24 霍尔效应示意图

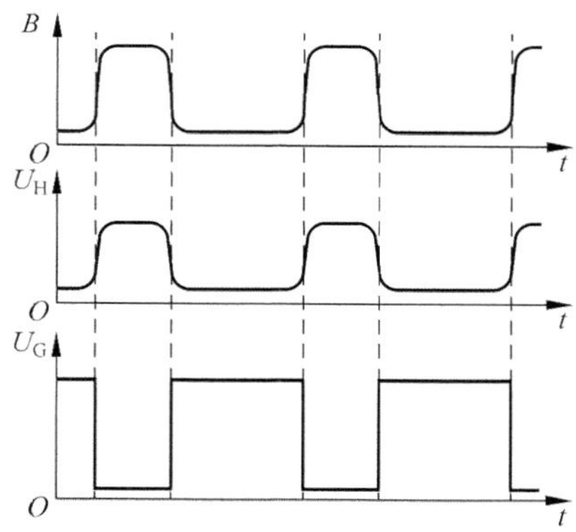

图 4-25 霍尔信号发生器的信号波形

(2) 霍尔式信号发生装置

霍尔式信号发生装置可安装在分电器上，也可能安装在曲轴或凸轮轴一端。与磁感应式信号发生装置不同的是，霍尔式信号发生装置需要电源，所以有三条引线。

图 4-26 给出霍尔信号发生器的外形以及在分电器上的安装位置。

它主要由触发叶轮、带导磁板的永久磁铁和霍尔元件（实际上是霍尔半导体元件与放大电路等集成在一起做成霍尔集成电路）等部分组成，如图 4-27(a)所示。其中触发叶轮与分电器轴一起转动，其他部分固定在分电器上。触发叶轮呈盘状，由导磁钢板压制而成，边缘带缺口，缺口数与发动机汽缸数相同。永久磁铁和霍尔集成电路块分置触发叶轮边缘两侧。

霍尔信号发生器的工作原理如图 4-27(b)和(c)所示。永久磁铁产生的磁力线的通路与附近的磁路情况有关，当叶轮的叶片部分转到磁铁与霍尔元件之间时（见图 4-27(b)），磁力线被导磁的叶片短路，霍尔元件上没有磁场，也就没有电压信号输出。而当叶轮的缺口部分转到磁铁与霍尔元件之间时（见图 4-27(c)），磁力线可以经过霍尔元件以及附近的导磁板形

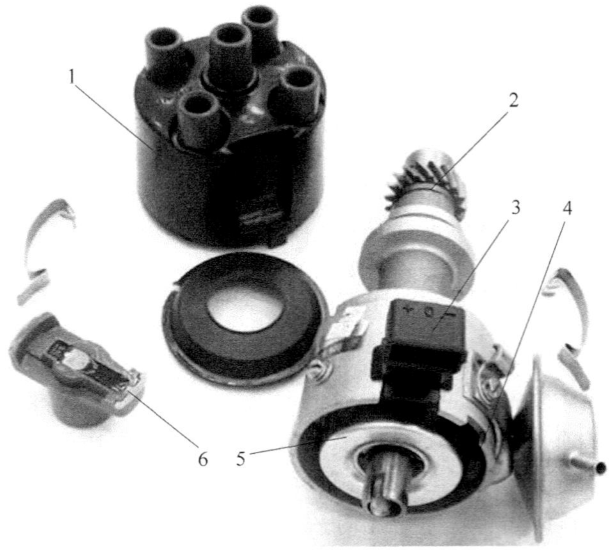

图 4-26　带霍尔信号发生器的分电器

1—分电器盖；2—分电器轴；3—接线端子；4—霍尔元件；5—叶轮；6—分火头

成磁路，于是霍尔元件上就产生了电压。因此，当触发叶轮随着分电器轴连续转动时，霍尔元件上就可以断续地输出脉冲电压信号，每转一圈所输出的脉冲信号数与发动机汽缸数相同。

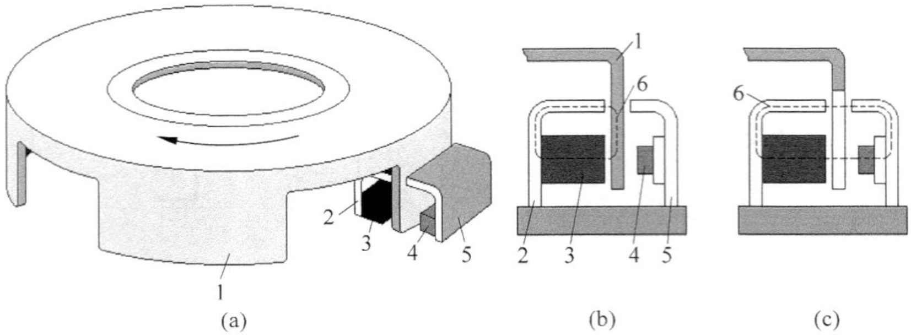

图 4-27　霍尔信号发生器结构

1—触发叶轮的叶片部分；2,5—导磁板；3—永久磁铁；4—霍尔元件；6—磁力线

霍尔式电子点火装置没有磨损元件，不受灰尘、油污的影响，工作可靠，并且所产生的霍尔信号电压与发动机转速无关，具有较高的点火正时控制精度，所以在汽车点火系统中得到广泛的应用。

二、点火器电路

以下介绍基于磁感应式、光电式及霍尔式信号发生器的点火器基本电路。

1. 磁感应式点火器电路的工作原理

丰田汽车的一个磁感应式电子点火器电路如图 4-28 所示。图中共有 5 个晶体管 $T_1 \sim T_5$，

不过 T_1 的基极与发射极接到一起，只相当于一个上端为正极、下端为负极的二极管，中间 $T_2 \sim T_4$ 各晶体管将信号发生器输入的不规则控制信号整理成开关信号，并进行逐级驱动放大，最后由功率开关管 T_5 控制点火线圈初级的通断。

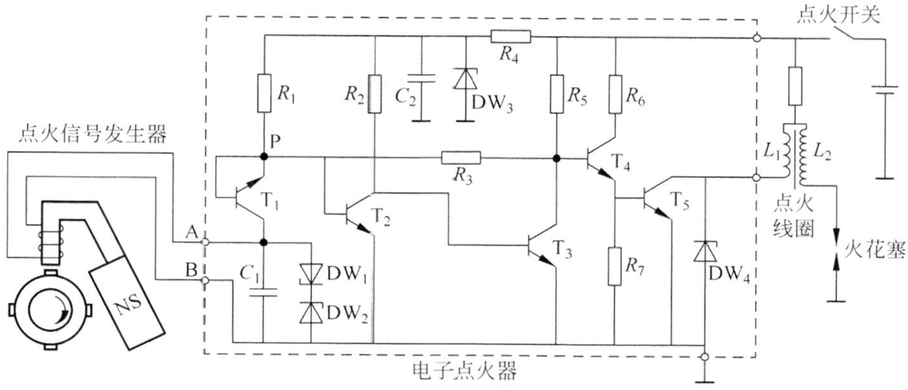

图 4-28　磁感应式电子点火控制电路

由图 4-28 可见，T_2 的基极（也就是 T_1 上端 P 点）的电位是决定 T_2 及后面各级晶体管工作状态的关键，而 P 点电位是由电源的直流电压和信号发生器产生的交变信号电压共同决定的。

在静态（发动机未转）时，信号转子不转，感应线圈无信号电压输出，P 点电位基本上由电阻 R_1 与感应线圈电阻的分压决定。设 P 点静态电压为 U_P，其设计值高于 T_2 的导通电压，因而 T_2 可以导通。T_2 导通时，则 T_3 因基极电位迅速降低而截止，T_3 的截止又提高了 T_4 的基极电位导致 T_4 导通，而 T_5 的基极是接在 T_4 的发射极，当 T_4 导通时，发射极电阻 R_7 有电流，提高了 T_5 的基极电位，T_5 也同时导通，于是点火线圈初级通电储能。

当发动机运转时，感应线圈产生交变信号，叠加在 P 点静态电压 U_P 上。当信号电压为正半周（图中 A 点为＋、B 点为－）时，A 点电位高于地电位，使 P 点电压进一步提高而 T_2 更容易导通，情况与发动机未转时类似，点火线圈初级仍然保持通电储能状态。而当信号电压为负半周（图中 A 点为－、B 点为＋）时，A 点对地的负电压使 P 点电位降低，导致 T_2 截止，引起 T_3 导通、T_4 和 T_5 同时截止，点火线圈初级断电，次级产生高压，经分电器分配到相应汽缸火花塞点火。

图 4-28 中稳压管 DW_4 的作用是保护开关晶体管 T_5 不被击穿。当 T_5 关断点火线圈初级电流时，因线圈有电感会产生上百伏的自感电动势，很容易损坏晶体管。有了 DW_4 后，就给自感电动势提供了释放能量的通路。其他元件的作用不再详细介绍。

2. 光电式点火器电路的工作原理

我们以英国鲁明兴（Lumention）公司设计的光电式点火控制电路为例说明其工作原理，电路如图 4-29 所示。在发动机运转时，分电器轴以及信号盘也随凸轮轴一起转动。当发光二极管 VD 的光线通过信号盘缺口照到光敏三极管 VT 上时，光敏三极管导通，三极管 T_1 有了基极电流而随之导通，并且 T_1 的导通提高了晶体管 T_2 的基极电位，T_2 也可以导通。T_2 导通后使 T_3 的基极电位降到接近于 0，T_3 将截止。此时 T_4 由 R_6、R_7 的分压而取得基极电流，所以 T_4 可以导通，点火线圈初级处于通电储能阶段。当发光二极管 VD 的光线被信号盘挡住时，光敏三极管 VT 截止，三极管 T_1、T_2 也随之截止。T_2 的截止提高了 T_3 的基极电位，T_3 将导通。T_3 导通后使 T_4 的基极电位降到接近于 0，所以 T_4 截止，点火线圈初级断电，次级产生高压，火花塞点火。

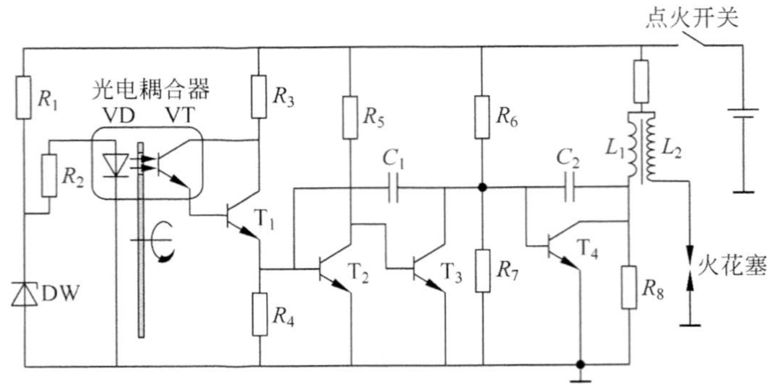

图 4-29 光电式电子点火控制电路

图 4-29 中其他元件的作用如下：

DW 是稳压管，给发光二极管 VD 提供一个约 3V 的稳定电压。电容 C_1 起正反馈作用，用于提高 T_2 的开关速度。R_7、R_8 和 C_2 起到保护晶体管 T_4 的作用，提供初级线圈断电时自感电动势的放电通路，并可滤除多余谐波。

3. 霍尔式电子点火器电路

图 4-30 给出博世(BOSCH)公司生产的霍尔式电子点火模块内部电路图。霍尔信号发生器有三条引线与电子点火器相连，其中一条经电阻 R_1 提供固定电流 I_G，一条输出信号电压 U_G，另外一条接地。信号电压 U_G 直接接到晶体管 T_1 的基极。当分电器旋转到永久磁铁的磁场被触发叶轮短路、没有磁场到达霍尔元件时，霍尔信号发生器输出电压 U_G 为高电平，此时 T_1 导通，后面的达林顿管 T_2、T_3 得到基极电流而饱和导通，使点火线圈初级通电储能；而当转到有磁场到达霍尔元件时，霍尔信号发生器输出电压 U_G 为低电平，此时 T_1 截止，后面的达林顿管 T_2、T_3 也随之截止，使点火线圈初级断电而次级产生高压给火花塞点火。

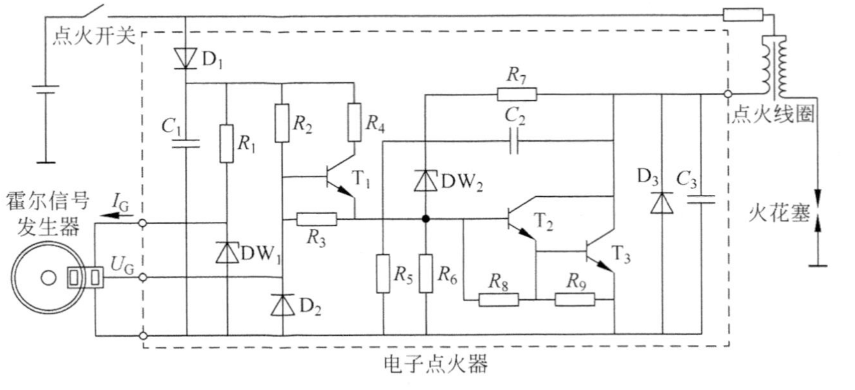

图 4-30 BOSCH 公司霍尔式电子点火器电路

三、带控制功能的集成电路电子点火器组件

目前电子点火器越来越多地采用了以集成电路为核心的混合电路点火器组件，这种点火组件的控制功能较强，工作可靠，而且体积小，安装使用方便。其中的核心器件以意大利SGS公司生产的点火专用集成电路L497最有代表性，广泛应用于我国生产的桑塔纳、奥迪100、捷达、高尔夫等车型中。下面以桑塔纳轿车为例，介绍以L497为核心的霍尔电子点火器。

L497是一种16引脚的集成电路，带有恒流控制、过压保护以及闭合角控制等多种功能。与L497配套的电子点火组件电路如图4-31所示，图中，集成电路部分的引脚用1、2、……表示；点火组件部分对外接线端共有6个引脚(实际模块上有7个，第7脚不用)，分别用①、②、……表示，其中①脚接点火线圈初级，②脚接地，④脚接电源，⑤、③、⑥脚分别接霍尔信号发生器的电源(＋)端、地端和信号端。

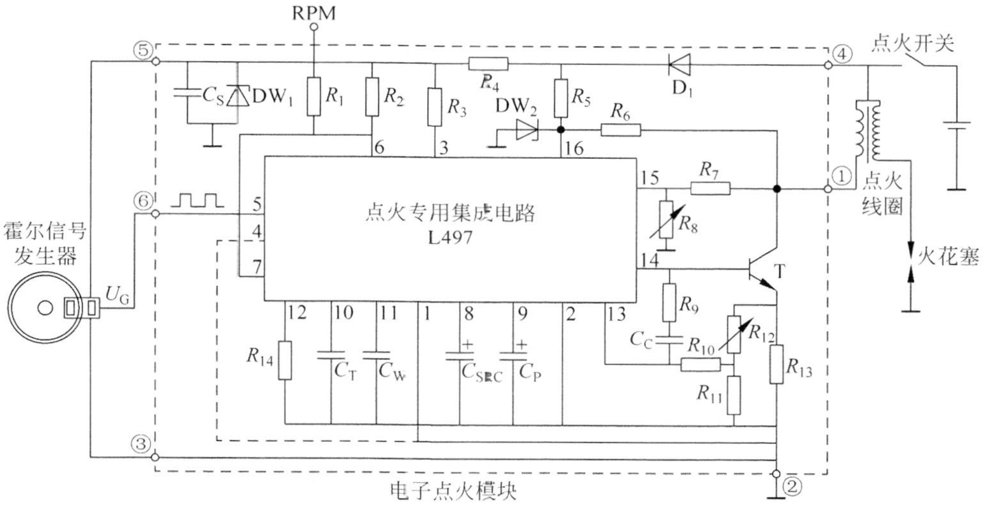

图4-31 桑塔纳轿车电子点火组件基本电路图

1. 基本点火控制功能

霍尔信号发生器的信号自L497的引脚5引入，经过放大处理最后送到驱动级经引脚14输出点火信号。与前面图4-30的电路类似，当霍尔信号电压U_G为高电平时，点火线圈初级通电，当U_G为低电平时初级断电，次级产生高压。引脚6用于输出转速信号RPM，当点火线圈初级有电流通过时该引脚为低电平，断电时为高电平。

2. 限流控制功能

现代汽车为了适应发动机高转速、高压缩比以及稀薄混合气燃烧条件下的可靠点火，常常使用高能点火线圈。这种高能点火线圈的特点是初级线圈电阻和电感都很小而匝数比很高，若不采取任何限制电流的措施，在发动机低速运转时初级线圈最大电流将可达20A左右，不仅会烧坏点火线圈，也浪费了不少能量。因此点火组件中必须有限制电流的电路。

限流控制也称为恒定电流控制，其基本原理可见图 4-32(图中做了简化)。电路中 T 为直接控制点火线圈初级电流的达林顿晶体管，电阻 R_S 作为采样电阻(或称反馈电阻)串接在晶体管 T 的发射极。将采样电压经集成电路 L497 的 13 脚接到其内部的一个运算放大器 F 的同相输入端，而运算放大器的反相输入端加上参考电压 U_{REF}，这样运算放大器就成为一个比较器。

在晶体管 T 饱和导通、点火线圈初级电流迅速增长过程中，若电流超过了规定限值，则采样电压 U_S 高于参考电压 U_{REF}，运算放大器将输出高电平，使 L497 内部的晶体管 T_1 趋于导通，其集电极电压降低，而 T_1 的集电极又经 L497 的 14 脚接到达林顿晶体管 T 的基极，基极电压的降低导致晶体管 T 由饱和状态过渡到放大状态，其管压降(ce 极间电压)显著增大，从而使点火线圈初级电流下降；反之，若初级电流低于规定限值，则采样电压 U_S 低于参考电压 U_{REF}，运算放大器输出低电平，使晶体管 T_1 趋于截止，其集电极电压升高，导致晶体管 T 由放大状态过渡到饱和导通状态，从而使点火线圈初级电流上升。如此反复，就可以保证初级电流被限制在某一规定值并保持稳定。

有了限流控制电路后，点火线圈初级电流 i_1 与霍尔信号电压 U_G 的波形对应关系如图 4-33 所示。可以看出，若没有限流措施，初级电流 i_1 将如图中虚线所示按指数规律增长。有了限流电路后，i_1 就被限制在预定的 I_P 值。由图可见，如果总的通电时间为 t，则初级电流上升时间仅为 t_1，而在 t_2 时间段内，初级电流都维持在 I_P 水平。

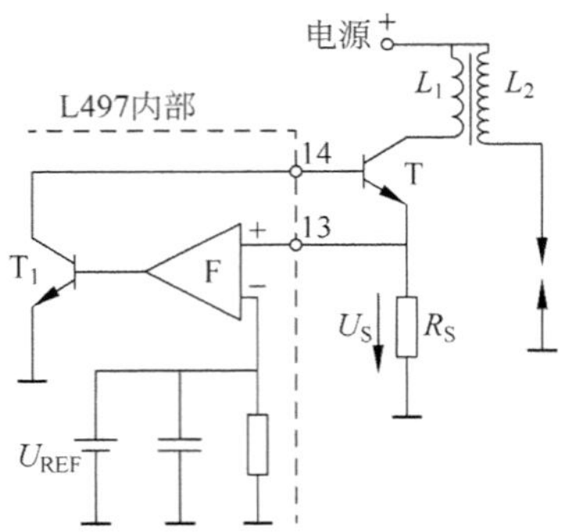

图 4-32　限流控制电路

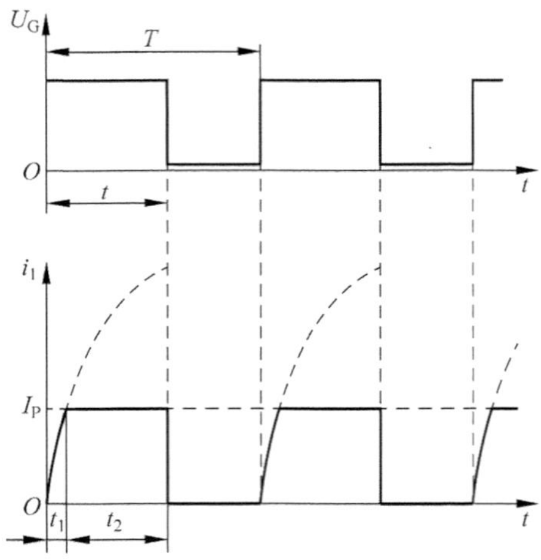

图 4-33　有限流时信号电压与初级电流波形

调整图 4-31 中电阻 R_{11}、R_{12} 的比例，可以精确地调整点火线圈初级的限流值。通常这类高能点火线圈初级电流被限制在 6～8A，如桑塔纳轿车的限流值为 7.5A。

3. 闭合角控制功能

闭合角是指点火线圈初级通电期间所对应的分电器轴转过的角度。闭合角控制也叫通电时间控制，目的在于限制初级线圈通电时间，避免低速时线圈过热并减小能耗。

在霍尔式电子点火系统中，初级线圈闭合与断开时间比例是由触发叶轮叶片与缺口宽度(圆弧长度，见图 4-27)的比例所决定的，与转速无关；但某汽缸的一个点火周期 T 以及其中闭合角所对应的时间 t（见图 4-33）的绝对值都与转速有直接关系。例如若发动机转速降低，点火周期 T 和闭合角所对应的时间 t 都将成比例地延长；转速提高后，点火周期 T、闭合角对应时间 t 以及其中的限流时间 t_2 都将缩短，然而初级电流实际上升时间 t_1 基本是个定值，不受转速影响。由于决定点火能量大小的只是 i_1 的限定值 I_P，而 I_P 是由时间段 t_1 积累的，在发动机高速运转时，不论转速有多高，只要 t_2 不减小到 0，就不致影响到 t_1，就可以保证足够的点火能量。而在低速运转时，时间 t_2 将变得很长，这段时间内初级线圈始终保持通电状态，尽管有了恒流控制，电流是稳定的，但无助于提高点火能量，反倒增加了点火系统的损耗。所谓闭合角控制，就是在保证通电储能时间 t_1 的前提下，通过对闭合角的调整，尽量缩短并稳定限流时间 t_2 的控制功能。

电路通过适当推迟末级达林顿晶体管 T 导通时刻的方法来实现闭合角控制功能，如图 4-31 中采用了电容器充放电电路（L497 的 10、11 脚所接电路），电容的充放电起始时间由霍尔信号 U_G 电平的高低决定。当 U_G 为高电平时，本应接通末级功率管 T，但由于电容的充放电作用，T 的导通时间被推迟，而断电时刻是严格确定的，从而点火线圈初级通电时间被适当缩短。另外，当发动机转速变化时，晶体管推迟导通的时间也随之调整，从而能使初级线圈通电时间不论转速高低都基本维持不变。

闭合角控制具体电路比较复杂，这里从略。

图 4-34 给出采用和不采用闭合角控制时，点火线圈初级电流的波形对比。由图可见，同时采用限流控制和闭合角控制时，不论发动机在高速或低速下运转，点火线圈初级通电的时间 t_b 都能基本保持不变，既可避免低速时线圈过热，又能保证高速点火的可靠性。在采用这种点火模块时，点火线圈初级无须再串附加电阻。

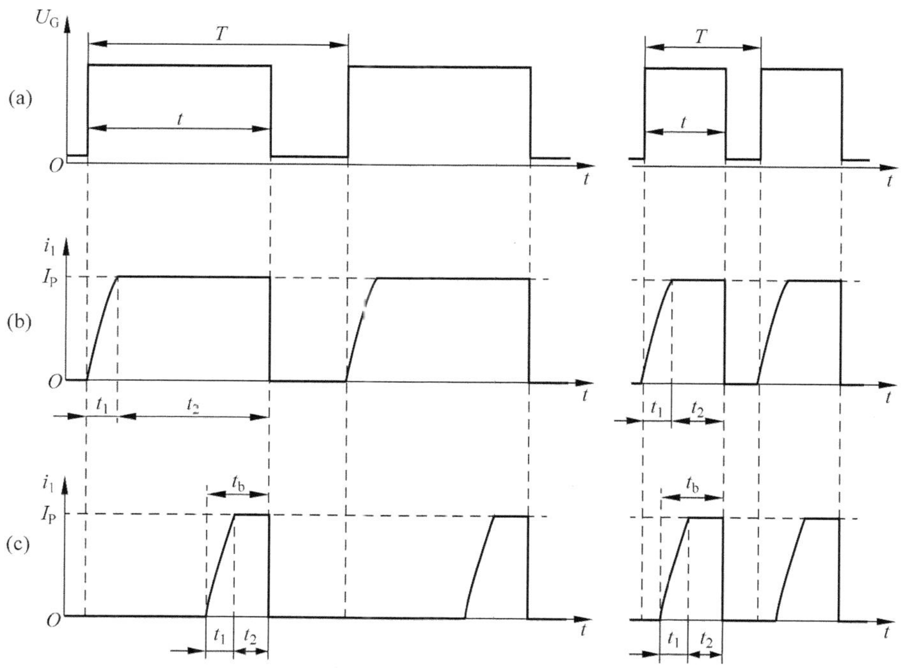

图 4-34 具有限流和闭合角控制时不同转速下初级电流波形

(a) 霍尔信号发生器输出电压；(b) 仅有限流控制时电流波形；(c) 同时具有限流和闭合角控制时初级电流波形

4. 初级电流上升速率控制

在采用闭合角控制后，由于初级电流 i_1 达到预定值 I_P 的时间 t_1 是固定的，若在某种特殊情况下霍尔信号电压 U_G 到达下降沿时 i_1 仍未达到规定的 I_P 值，则会影响正常点火。为了避免这种情况发生，图 4-31 中 L497 的引脚 8 外接了一个电容 C_{SRC}，该电容大小决定了点火线圈初级电流的上升速率。当输入的霍尔信号脉冲由高电平向低电平转换前，若测出初级电流尚小于规定值的 94%，控制电路便加大初级电流上升速率，以确保任何情况下都有足够的点火能量。

5. 停车慢断电保护

当汽车停驶后，发动机也停止转动，此时若驾驶员忘记关断点火开关，而霍尔信号发生器也正好输出高电平，那么点火线圈初级将长期处于通电状态，容易造成点火线圈过热和点火组件损坏。为了避免这种情况发生，该点火组件内设置了停车慢断电保护电路，该电路能够在发动机停止转动一定时间后自动缓慢关断末级达林顿晶体管，切断初级电流。

该电路由图 4-31 中 9 脚 C_P、12 脚 R_{14} 和内部电路组成。当汽车停驶后，若点火开关未关闭，并且霍尔信号发生器输出高电平的时间超过了规定时间，电容充电时间过长、充电电压超过某一定值时，停车保护电路即开始工作，令达林顿管 T 缓慢截止，初级电流逐渐下降到零。当汽车重新起动后，电容 C_P 又恢复正常充、放电的工作状态。

第五节　计算机控制的点火系统

计算机控制的点火系统简称电控点火系统。如本章概述中所提到的，电控点火系统能够根据多种发动机运行工况条件实施最佳点火时刻控制，使发动机在各种工况下都能够处于最佳工作状态，使汽车具有最佳动力性、经济性并达到最低排放污染水平。目前越来越多的汽车特别是轿车采用了计算机控制的点火系统。

一、计算机控制点火系统的基本功能

计算机控制的点火系统除了具有一般电子点火系统所具备的点火时间控制（即闭合角控制）和恒定电流控制等功能外，还具有点火提前角控制和爆震控制等功能。

1. 点火提前角控制

点火提前角就是点火时刻活塞所处位置到上止点（TDC）之间所对应的曲轴转角。点火提前角控制称为 ESA（electronic spark advance），也叫点火正时控制，是计算机点火控制的最主要和最基本的控制功能。为使最高燃烧压力出现在上止点后 10°左右，点火时刻应设置在上止点前一段范围，如图 4-35(a)所示。ECU 根据发动机工况条件确定最佳点火提前角，向点火器发出点火命令信号，也称为点火正时信号。点火命令信号常用 IGt 表示，其下降沿即点火时刻，见图 4-35(b)。

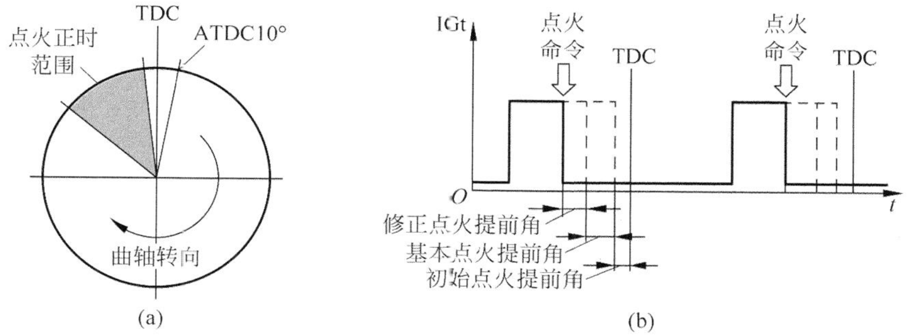

图 4-35 点火提前角的确定示意图

(a) 点火提前角的范围；(b) 点火正时信号的确定

实际的点火提前角由初始点火提前角、基本点火提前角和修正点火提前角三部分构成，又涉及起动期间与正常运行两种工况。

(1) 起动期间的点火提前角控制

发动机刚起动时转速很低(一般在 500r/min 以下)且进气流量或进气歧管压力信号不稳定，通常由 ECU 根据发动机特性预置一个固定的点火提前角，称为初始点火提前角。此时 ECU 按照初始点火提前角控制各汽缸点火。初始点火提前角因具体发动机而异，一般在上止点前(BTDC)10°左右。

(2) 正常运行期间的点火提前角控制

发动机正常运行期间，ECU 要根据相关传感器输入的发动机工况和各种状态信号计算最佳点火提前角，它由基本点火提前角和修正点火提前角两部分构成。

基本点火提前角由发动机的负荷数据(流量型电控发动机用空气流量计、压力型电控发动机用进气歧管压力传感器确定)和转速数据两个因素事先经过大量试验确定，制成双因素的三维数据表。画成立体图形，称为 MAP 图，如图 4-36 所示。此数据表存储于 ECU 的存储器中，发动机进入正常运行后，ECU 就根据实测的转速与负荷数据查表确定基本点火提前角。有些发动机根据燃料辛烷值的不同，在存储器中存储两种基本点火提前角数据表，驾驶员可根据使用燃料的辛烷值通过燃料选择开关或插头进行选择。

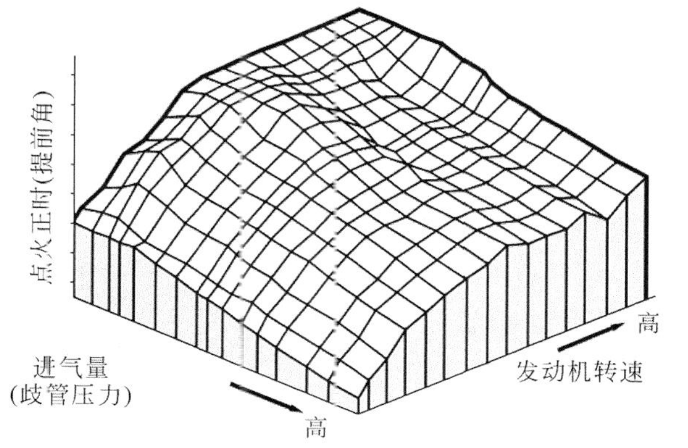

图 4-36 点火提前角 MAP 图

在发动机怠速运行时，节气门位置传感器上面的怠速开关闭合，ECU便得知发动机在怠速状态。此时ECU根据发动机转速及空调开关是否接通确定怠速基本点火提前角，如空调接通，则怠速转速将提高，基本点火提前角应加大。

(3) 修正点火提前角

发动机正常运行时，最佳点火提前角还与发动机冷却水温度、进气温度、混合气空燃比以及爆震等许多因素有关，ECU将根据从各种相关传感器取得的信息修正基本点火提前角。

① 暖机修正：发动机起动后，若冷却水温度较低，就应加大点火提前角以使发动机尽快暖机。暖机过程中随着冷却水温度升高，点火提前角又逐渐下降。

② 过热修正：发动机正常运行时，若冷却水温度过高，为了避免产生爆震，应减小点火提前角。

③ 空燃比反馈修正：电控发动机运行时，ECU会根据氧传感器的反馈信号随时修正空燃比。随着修正喷油量的增加和减少，发动机的转速也将在一定范围内波动。为了提高转速稳定性，在修正喷油量减少时，点火提前角相应增加，反之相应减小。

④ 怠速稳定性修正：发动机在怠速运行期间，由于发动机负荷变化会引起转速变化，造成怠速不稳定。为了避免怠速不稳，ECU不断计算发动机的平均转速，当发动机转速低于规定的怠速转速时，ECU将加大点火提前角；反之，当怠速转速高于规定值时将减小点火提前角。

2. 爆震控制

我们知道，爆震与点火时刻有密切关系。在一定范围内，点火提前角越大，越有利于发出最大扭矩，但也越容易产生爆震。当发动机出现爆震时，机体出现强烈振动，振动频率与发动机有关，典型数据为7000Hz左右。爆震现象十分有害，不仅造成发动机运行不稳，严重时还会损坏发动机。为了避免爆震现象而又不致损失发动机动力，采取的措施是，一旦出现爆震现象，ECU立即减小点火提前角，若不再有爆震，则又逐渐加大点火提前角，使发动机总是处于接近爆震的边缘状态，以便发挥最大的动力性能。

爆震传感器安装在汽缸体上，用于检测爆震状态，如图4-37所示。爆震传感器属于振动传感器，能够将发动机的振动转化为电压信号。爆震传感器主要有磁致伸缩式和压电式两类，其中压电式爆震传感器又分为共振型和非共振型两种。各种爆震传感器的结构原理和安装使用方法都有不同，使用时需要注意。

图4-37 安装在汽缸体上的爆震传感器

事实上，发动机运转时一直处于振动状态。为了正确检测出爆震信号并防止出现错误判断，ECU并非一直检测爆震信号，只是在某缸点火之后可能发生爆震的一段时间内检测爆震信号，在这段时间内，爆震传感器的信号才被输入比较判别电路。

爆震信号处理电路框图如图4-38所示。爆震信号经滤波后检测信号幅值，并与基准值比较以判断是否有爆震发生。

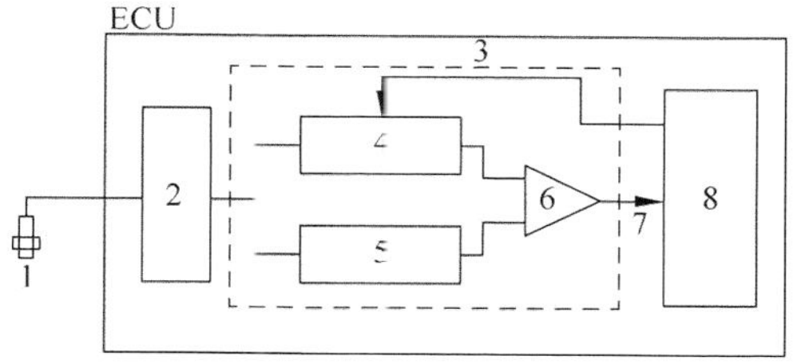

图 4-38 爆震传感器输出信号的处理电路

1—爆震传感器；2—滤波电路；3—爆震判别信号；4—峰值检测；5—比较基准；
6—爆震判定；7—爆震信号；8—中央处理器(CPU)

ECU 对爆震的处理如图 4-39 所示。当发动机出现爆震时，ECU 通过爆震信号处理电路进行滤波比较等分析处理后判断爆震强度，爆震强度以超过振动基准值的次数计量并积分，超过基准值的次数越多则爆震强度越大，积分值越大。ECU 根据爆震强度值决定对点火提前角的推迟处理。爆震越强，点火提前角推迟越多。每次推迟以固定的角度递减，直到爆震消失为止。爆震消失后，ECU 又以一固定的角度增量逐渐增大点火提前角，直到爆震再次出现，调整过程如此反复进行。

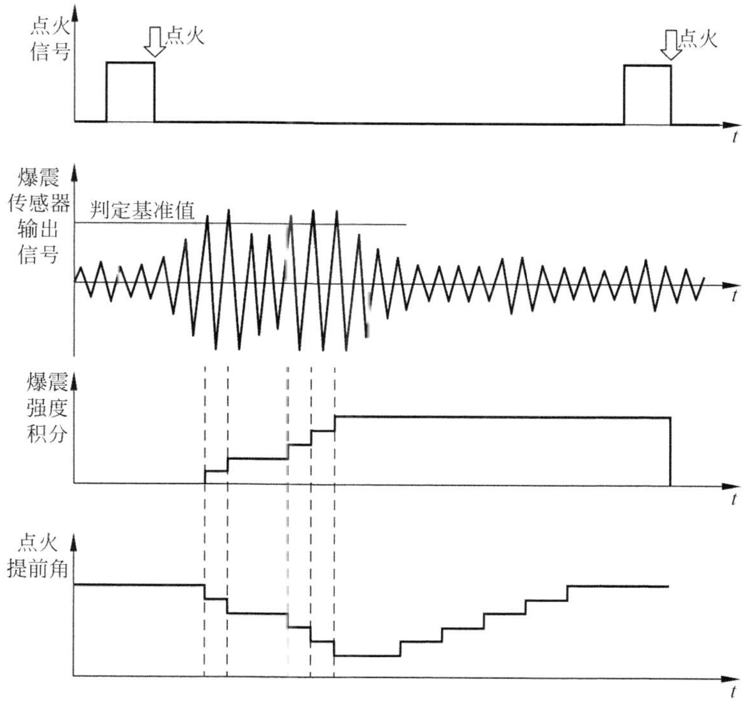

图 4-39 ECU 爆震控制示意图

当发动机的负荷低于一定值时一般不会出现爆震，这时就不采用控制爆震的方法调整点火提前角，即此时 ECU 不再检测分析爆震传感器的输入信号，只按其他传感器输入信息控制点火提前角。

有的发动机(如奥迪车的 V6、V8 等发动机)采用了两个爆震传感器,当一个爆震传感器信号中断时,ECU 将自动向延迟方向调整相应汽缸组的点火提前角;若两个爆震传感器信号都中断,发动机就进入爆震调节的应急状态,所有缸的点火提前角都将减小。

二、有分电器的计算机控制点火系统

有分电器的计算机点火系统示意图如图 4-40 所示。在前述普通电子点火系统中,根据分电器轴转动位置提供开关控制信号的是各种类型(磁感应式、光电式、霍尔式等)信号发生器,在计算机控制点火系统中,也需要类似的信号,不过由于计算机要准确地控制点火提前角,所以需要更加精细地反映曲轴和凸轮轴瞬间位置的传感器,如曲轴位置传感器、凸轮轴位置传感器或发动机转速传感器等,其工作原理与前述各种信号发生器相同,只是具体结构和安装位置或有不同。

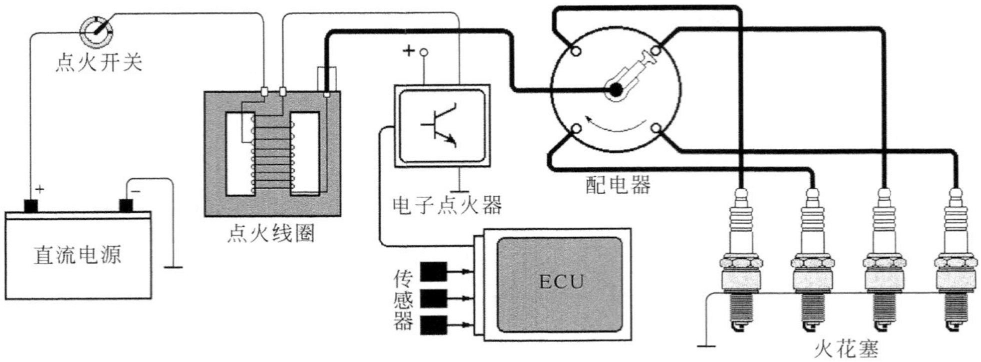

图 4-40 带分电器的计算机控制点火系统示意图

ECU 根据传感器提供的曲轴或凸轮轴瞬间位置,以及各种传感器提供的发动机工况和状态信息,经过综合分析处理后计算出最佳点火提前角,在准确的时刻向电子点火器发出点火命令信号。同时,还要根据发动机运行中是否有爆震随时调整点火提前角以防止爆震。电子点火器控制点火线圈初级电流通断的基本功能已如前述,一般都具有前述恒流控制、闭合角控制和过压保护等功能。

下面以丰田轿车 ESA 系统为例介绍这类带分电器的计算机点火系统。图 4-41 给出丰田皇冠轿车 ESA 控制系统框图。

1. 传感器部分

ECU 接入了很多传感器,这些传感器用于采集并监测与发动机点火有关的各种信息。

其中,安装在分电器内的两套磁感应式传感器,可分别称为曲轴位置传感器与凸轮轴位置传感器,用于确定曲轴与凸轮轴的瞬间转角与各缸活塞位置,其结构如图 4-42 所示。它由两部分组成,第一部分相当于凸轮轴位置传感器,信号转子只有一个齿,有两个感应线圈相对放置,产生的信号脉冲分别称为 G_1、G_2,与转子第 6 缸和第 1 缸上止点位置相对应,用于提供点火基准信号。第二部分的作用相当于曲轴位置传感器(因不少车是将这种传感器安装在曲轴一端,用于测量曲轴瞬间转角)。该传感器的信号转子有 24 个齿,配合一个感应

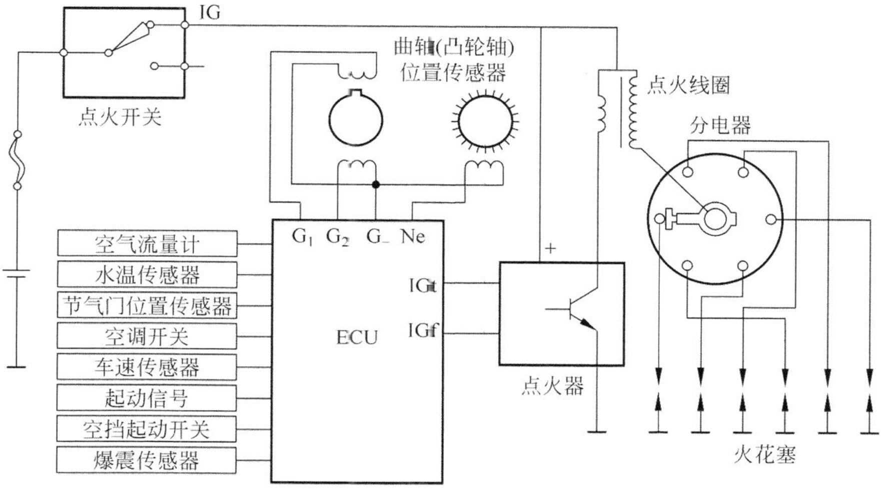

图 4-41　丰田轿车带分电器的计算机控制点火系统

线圈，有的车将这类传感器安装在曲轴上。分电器轴每转一圈（对应发动机转两圈）感应线圈产生 24 个信号脉冲，称为 Ne 信号，用于计算发动机曲轴转过的角度以便判断下一缸点火时刻。

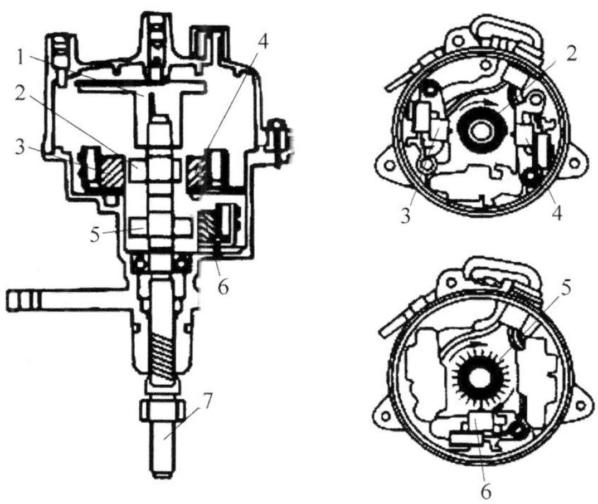

图 4-42　丰田磁感应式曲轴/凸轮轴位置传感器

1—分火头；2—G 信号转子；3—G_1 感应线圈；4—G_2 感应线圈；5—Ne 信号转子；6—Ne 感应线圈；7—分电器轴

G_1、G_2 与 Ne 信号的关系如图 4-43 所示。这样，当分电器轴每转一圈（凸轮轴也转一圈），就产生 1 个 G_1 信号、1 个 G_2 信号和 24 个 Ne 信号，G_1 与 G_2 信号之间相差 180°，两个 Ne 信号之间相差 15°。对于曲轴来说，这些角度都增大了 1 倍，例如 G_1 与 G_2 信号之间相差 360°，两个 Ne 信号之间相差 30°。为了得到更加精确的曲轴转角信号，在 ECU 内部再将两个 Ne 信号之间的 30°细分为 30 份或 60 份，就可得到曲轴 1°或 0.5°的信号。

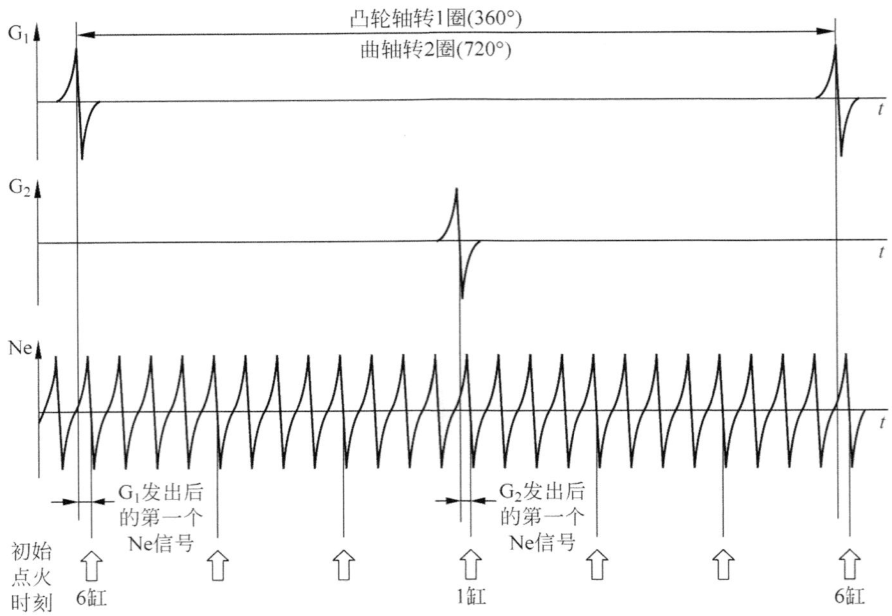

图 4-43　G_1、G_2 与 Ne 信号的关系

G_1、G_2 和 Ne 信号与曲轴的转动位置是严格对应的。随着发动机转动，在传感器出现 G_2 信号时，第 1 缸正处于压缩上止点前的一个位置(一般为 5°～10°)。在此后接着出现第 1 个 Ne 信号时即为第 1 缸的初始点火提前角对应位置，ECU 收到此信号后即向第 1 缸发出点火命令信号。以后 ECU 每收到 4 个 Ne 信号，就决定下一缸初始点火提前角，由分电器依次给第 5、3 缸点火。同样在传感器发出 G_1 信号之后的第 1 个 Ne 信号即为第 6 缸的初始点火提前角对应位置，由分电器给第 6 缸点火，以后每隔 4 个 Ne 信号发一次点火命令，由分电器依次给第 2、4 缸点火。

可见 G_1、G_2 属于"位置基准"信号，Ne 属于"转动角度"信号，两者都是很重要的。在发动机起动期间，按照 G_1、G_2 和 Ne 信号决定的初始点火提前角位置发出点火命令信号；发动机进入正常运行后，按照具体工况条件修正点火提前角，再给点火器发出点火命令信号。

应该说，计算机控制的点火系统都需要曲轴的"转动角度"和"基准位置"这两类信号，只不过对不同车型传感器的种类型式和安装位置并不相同。

图 4-41 中所示其他传感器提供辅助信号，例如 ECU 根据水温传感器、节气门位置传感器修正点火提前角。起动信号提示 ECU 发动机处于起动状态，点火提前角与正常运行时不同。空挡起动开关检测换挡手柄是否置于 N 或 P 挡。另外，空调是发动机一个很大的负荷，尤其是怠速时，空调运行与发动机运行彼此影响很大，所以需要向 ECU 输入空调的开关状态。当怠速运行有空调打开时，ECU 通常需要提升怠速以提高空调运行效果。对于上述系统，基本点火提前角会从 4°提高到 8°。

2. ECU 与点火器

发动机的喷油控制(EFI)与点火控制(ESA)由同一个 ECU 完成，两者之间以及与点火器之间都有密切的配合关系，如图 4-44 所示。

ECU 根据各传感器提供的信息计算出最佳点火提前角，向点火器输出的点火命令信号，也叫点火正时信号，即图 4-44 中的 IGt。IGt 信号是一个脉冲，其下降沿即点火时刻，也就是当信号变为低电平时点火线圈关断初级电流。

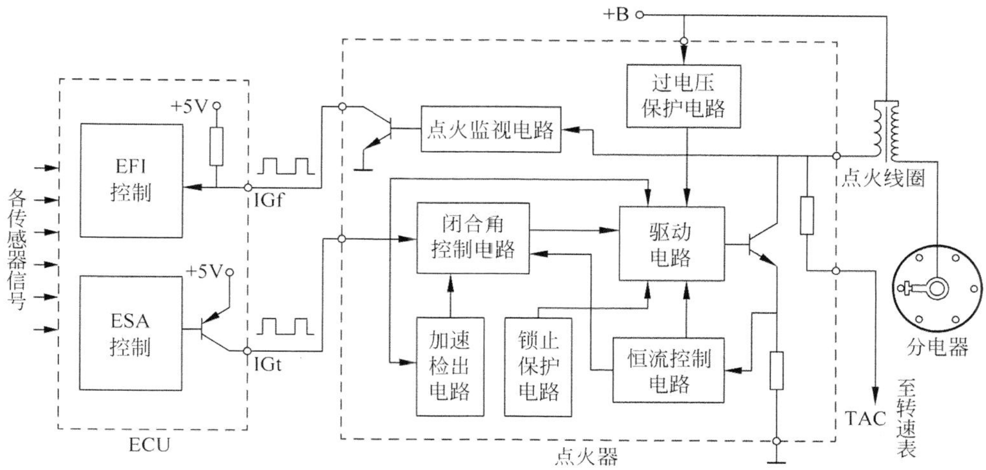

图 4-44　ESA 系统的 ECU 与点火器电路框图

点火器在切断初级电流的同时还给 ECU 发出一个反馈信号 IGf，称之为点火确认信号。它是在点火器中利用初级线圈断电时产生的反电动势触发产生的，经过点火监视电路送出。IGf 信号的作用是：由于电控发动机的喷油控制系统 EFI 的工作也由曲轴位置传感器控制，如果点火系统出现故障不能点火而喷油器仍继续喷油，就会造成燃料浪费、排放污染以及再起动困难等现象。为了提高电控发动机点火和喷油协调工作的可靠性，当 ECU 连续多次发出 IGt 命令而没有收到 IGf 反馈信号，就判断发动机未能点火，并向 EFI 系统发出中断供油指令。

点火器中的各种功能电路，如闭合角控制、恒流控制、过电压保护等电路，其功能已如前述。另外，点火器有一个引脚输出与发动机转速成比例的脉冲信号（TAC），用于仪表板上发动机转速表的输入信号。

三、无分电器的计算机控制点火系统

无分电器的计算机控制点火系统也叫直接点火系统，英文缩写为 DLI（distributor-less ignition system）或 DIS（direct ignition system）。由于取消了分电器，ECU 不仅要计算点火提前角，而且要直接控制各汽缸的点火顺序和准确点火时刻。

在硬件设备方面，点火线圈次级高压线直接接到各汽缸的火花塞上，减少了甚至完全取消了高压导线，但增加了点火线圈的数量。点火器电路的设计与前述有分电器的点火系统有很大不同，例如有的点火器内增加了汽缸判别电路，有的将恒流控制、闭合角控制等功能移到 ECU 内，点火器内基本只剩了功率驱动电路。

相对于有分电器的计算机点火系统，直接点火系统有如下优点：

（1）进一步改善了点火性能。由于多个点火线圈轮流点火，因而每个点火线圈都有足够的通电储能时间，即使在发动机高速运行时仍能保证可靠点火。

(2) 减少了电磁干扰。由于没有分电器，也就不存在分火头与旁电极间的间隙产生的火花放电现象，同时高压导线很短甚至没有高压导线，也减小了高压导线自身的电磁辐射干扰。

(3) 节省了安装空间。取消了分电器后，更有利于发动机室设备的合理布局，这对于小轿车有特别重要的意义。

直接点火技术发展迅速，如今大部分中高档轿车上都采用了这种直接点火系统。

1. 无分电器计算机点火系统的基本类型

无分电器的计算机点火系统的点火器、点火线圈可以有不同的结构，它们与火花塞之间就形成不同的组合方式，基本上可以分为以下两类：一类是每两个汽缸合用一个点火线圈，即一个点火线圈有两个高压输出端子，同时对两个汽缸点火，称为同时点火或分组点火方式，其中根据高压分配方式的不同又可分为二极管分配式和点火线圈分配式两种；另一类是每个汽缸配用一个点火线圈，给本缸点火，称为单独点火或独立点火方式。单独点火方式可用于任意汽缸数的发动机，同时点火方式只能用于偶数汽缸的发动机。图 4-45 给出各种无分电器点火方式的示意图，下面分别进行介绍。

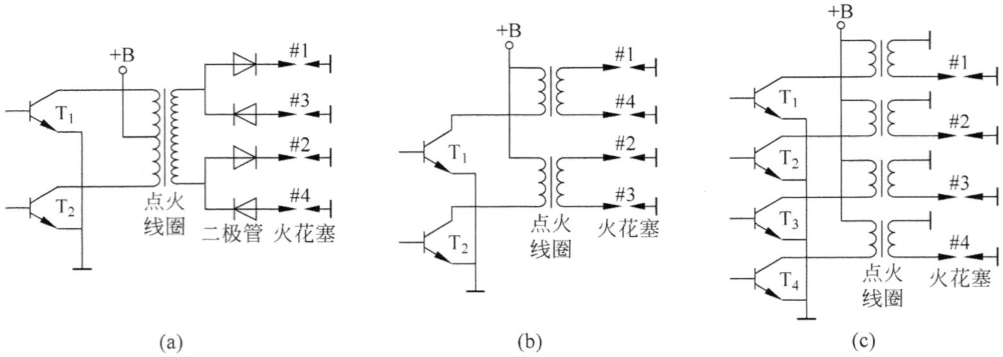

图 4-45 两种无分电器的计算机点火方式

(a) 二极管分配同时点火方式；(b) 线圈分配同时点火方式；(c) 单独点火方式

(1) 二极管分配同时点火方式

如图 4-45(a)所示，二极管分配方式采用特殊的、初级带中心抽头的点火线圈，两个功率晶体管 T_1、T_2 分别控制两段初级线圈的通电和断电，使次级交替产生极性相反的电压，并利用二极管的单向导电性，同时击穿两个汽缸火花塞，将其中一个有效点火。例如图中发动机为 4 缸，点火器的功率晶体管 T_1 控制点火线圈初级断电时，同时击穿 1、4 两个汽缸的火花塞。但由于压缩行程的 1 缸压力较高，击穿火花塞间隙放电比较困难，而排气行程的 4 缸压力接近大气压力，击穿放电容易，因此虽然是同时击穿两个火花塞，但是次级高压绝大部分降在压缩汽缸上，而处于排气行程的汽缸的点火属于“无效点火”，对压缩汽缸正常点火工作影响不大。大功率晶体管 T_2 控制 2、3 缸点火，同样其中有一缸火花塞属于无效点火。

(2) 点火线圈分配同时点火方式

图 4-45(b)为点火线圈分配的同时点火方式，各汽缸火花塞被分成两个一组，每组由一

个点火线圈点火，并由电子点火器的一个功率晶体管控制。同样以 4 缸发动机为例，当功率晶体管 T_1 断电时，第 1、4 缸火花塞同时点火，其中有一缸属于无效点火；当 T_2 断电时，第 2、3 缸火花塞同时点火，其中也有一缸是无效点火。

(3) 单独点火方式

单独点火方式如图 4-45(c)所示。对于这种方式，每个汽缸单独用一个点火线圈，并分别与点火器中相应的功率晶体管连接，ECU 单独控制每个汽缸的点火工作，这种单独点火方式的点火线圈用得最多，省去了高压导线因而减少了电磁干扰，并改善了点火性能。

2. 同时点火系统的点火线圈及安装方式

同时点火系统一般都采用小型闭磁路点火线圈，如图 4-46 所示。每个点火线圈有两个(对于二极管分配的同时点火系统有 4 个)高压接线柱，但不一定用两条高压导线，如图 4-46(a)所示的点火线圈可以直接安装在某个汽缸上方，其中一个高压端子不用高压线直接与火花塞相连，另外一个高压端子通过高压线连到另外一缸的火花塞。这种点火线圈在 4 缸发动机上的安装方式如图 4-47(a)所示，它使用了两个点火线圈，其中一个安装在第 1 缸上方，同时给 1、4 缸点火；另一个安装在第 3 缸上方，同时给 2、3 缸点火。

图 4-46(b)、(c)所示均为做成一体的两个点火线圈，通过 4 条高压线给 4 个火花塞提供高压。这种点火线圈在发动机上的安装方式如图 4-47(b)所示。图中有 3 个点火线圈，给 6 个汽缸火花塞提供高压。

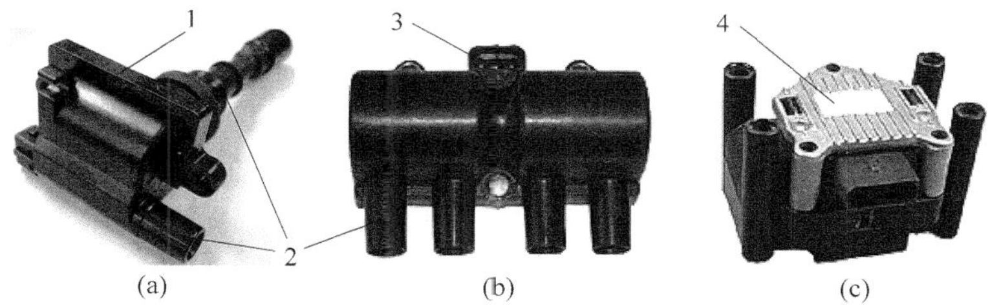

图 4-46　几种用于分组点火的点火线圈

1—铁芯；2—高压接线柱；3—低压接线柱；4—点火器

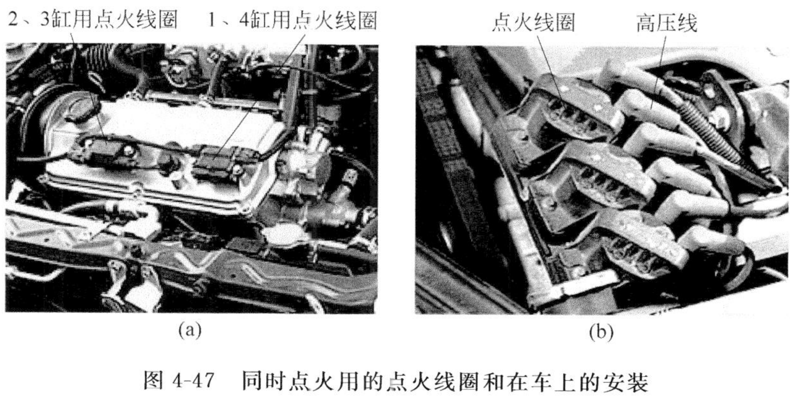

图 4-47　同时点火用的点火线圈和在车上的安装

(a) 两个点火线圈、4 个汽缸；(b) 3 个点火线圈、6 个汽缸

3. 点火线圈分配的同时点火系统

下面以丰田皇冠轿车为例介绍同时点火方式的工作原理，其系统框图如图 4-48 所示。

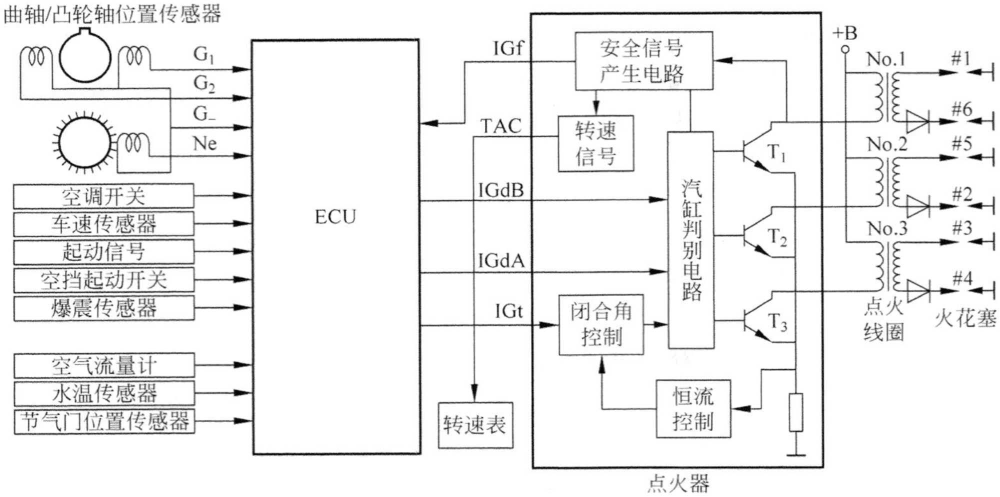

图 4-48　丰田皇冠轿车无分电器点火系统 DLI 框图

(1) 传感器部分

系统取消了分电器，采用曲轴与凸轮轴位置传感器，体积比分电器小了很多，其传感器仍然用磁感应式结构，也产生 G_1、G_2 和 Ne 信号，这些信号之间的关系与前面图 4-43 相同。对于曲轴而言，两个 G_1 信号之间相差 720°，G_1 与 G_2 信号之间相差 360°，两个 Ne 信号之间相差 30°。其他反映汽车运行工况的传感器如车速传感器、水温传感器等及其作用如前述。

(2) ECU 部分

为了提高点火提前角的控制精度，在 ECU 内部将 Ne 信号细分 60 个转角脉冲，每两个脉冲之间仅相当于 0.5°曲轴转角。

点火提前角仍以 G_1、G_2 和 Ne 信号为基准并根据其他传感器提供的车况进行修正后，向点火器发出点火正时信号 IGt，同时发出两个汽缸判别信号 IGdA 和 IGdB，如图 4-49 所示。IGdA 和 IGdB 是两个电平信号，它们高、低电平的组合决定该点火的汽缸组号，例如当 IGdA＝0，IGdB＝1 时，应为第 1、6 缸点火，经过 4 个 Ne 信号后，判缸信号将变为 IGdA＝0，IGdB＝0，对应给第 5、2 缸点火，下次再变为 IGdA＝1，IGdB＝0，给第 3、4 缸点火，如此反复。

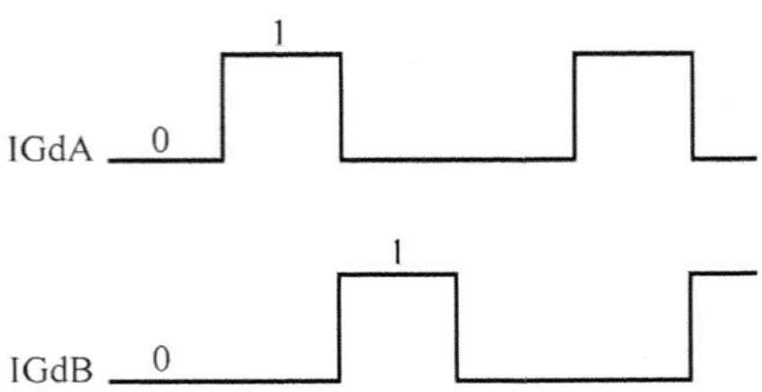

信号状态		点火汽缸组
IGdA	IGdB	
0	1	No.1、No.6
0	0	No.5、No.2
1	0	No.3、No.4

图 4-49　汽缸判别信号 IGdA、IGdB 的状态组合

（3）点火器

点火器内增加了汽缸判别电路，ECU 发出的两个汽缸判别信号 IGdA 和 IGdB 输入点火器的汽缸判别电路，驱动不同的功率晶体管。例如若 IGdA＝0，IGdB＝1，该电路经过判别后将点火正时信号 IGt 送功率晶体管 T_1，控制第 1 组点火线圈给第 1、6 缸同时点火，其中 1 缸点火有效。下次 IGt 到来时将同时有 IGdA＝0，IGdB＝0，由功率晶体管 T_2 控制第 2 组点火线圈给第 5、2 缸同时点火，其中第 5 缸有效，如此类推。点火器点火后，送给 ECU 一个反馈信号 IGf 确认点火正常，其作用见前面图 4-44 的说明。

（4）点火线圈

由图 4-48 所示的系统图可见，每个点火线圈次级回路中都串联了一个二极管，它安装在点火线圈内部，其作用如图 4-50 所示。当某个大功率晶体管接通点火线圈的瞬间，初级电流迅速上升，次级也可以感应约 1000V 的高压，此时将要点火的汽缸活塞正处于进气行程末期与压缩行程初期之间，缸内压力较小，若该高压引起火花塞跳火，则发动机不能正常运转并会产生回火。特别是火花塞间隙较小、电源电压较高时更容易发生这种误点火现象。为了避免此现象的发生，电路中增加了一个高压二极管，在大功率管导通瞬间，1000V 左右电压反向施加在二极管两端，二极管截止，无法形成火花塞放电回路。在大功率管截止瞬间，次级产生上万伏高压，方向与大功率管导通时相反，此时二极管可正向导通，使火花塞顺利跳火。带有分电器的点火系统并不存在这个问题，由于分火头与旁电极之间有一定间隙，在初级线圈通电期间次级感应的 1000V 左右高压基本都加在这个间隙上，不会造成火花塞误点火。

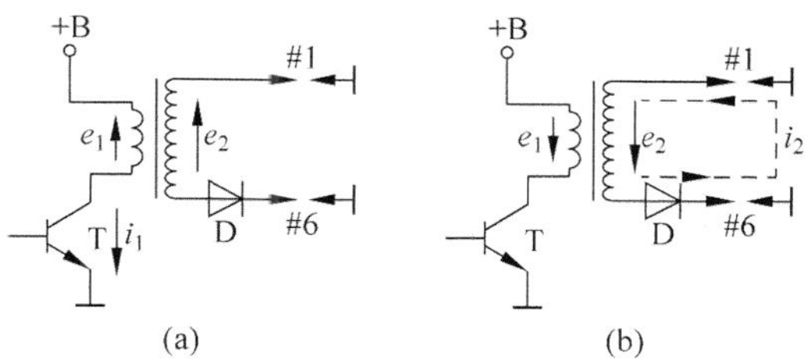

图 4-50 高压二极管的作用

（a）功率管 T 导通时；（b）功率管 T 截止时

需要注意，两个火花塞放电时的电流极性是不同的，例如图 4-50 中当第 1 缸火花塞放电时，电流从地（搭铁）端流到线圈端，即火花塞的侧电极到中心电极；而当第 6 缸点火时，电流相反，从线圈端到搭铁端，即从中心电极到侧电极。

这种同时点火的小型闭磁路点火线圈结构上还有一个特点，就是初级与次级线圈之间没有连接，电路上完全独立。

4. 二极管分配的同时点火系统

二极管分配式同时点火系统利用了二极管的单向导电性，将点火线圈次级高压引入需要点火的汽缸。所用二极管是能够承受高电压的高压二极管。

采用这种二极管分配同时点火方式的汽车主要有日产蓝鸟 1800 型发动机、日产 4 缸 DOHC（双顶置凸轮轴）型发动机和丰田 DRD 发动机等。下面以日产 4 缸发动机为例介绍这种同时点火系统。

(1) 传感器部分

日产汽车采用光电式传感器确定曲轴/凸轮轴瞬间角度位置，其原理与前面介绍的光电式信号发生器相同。信号盘如图4-51所示，传感器的信号盘外缘处均匀刻有360条狭缝，凸轮轴每转一圈产生360个脉冲信号，两个脉冲之间对应凸轮轴1°的角度，对于曲轴则为2°。稍靠圆盘内缘处另有4个矩形孔，彼此间隔90°，对于曲轴来说彼此相差180°。其中有一个孔最宽大，用于确定第1缸基准位置。当发动机转动时，光电耦合器(由发光二极管与光敏三极管构成的组件)将与曲轴角度和汽缸位置对应的2°信号和180°信号脉冲送入ECU，这4个180°信号分别对应于第1、3、4、2缸压缩上止点前70°的位置。

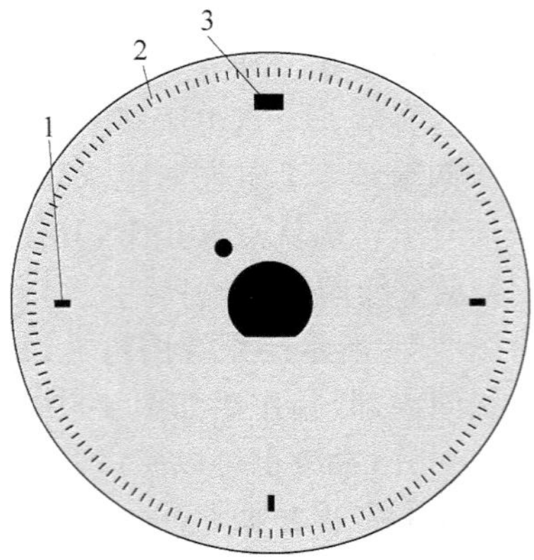

图4-51　光电式曲轴位置传感器的信号孔
1—90°信号孔；2—1°信号孔；3—1缸基准位置孔

其他相关传感器和开关信号如水温传感器、空气流量传感器、节气门位置传感器、转速传感器、爆震传感器以及起动开关等也都输入ECU，其原理与前面有分电器的计算机点火系统相同。

(2) 系统框图和工作原理

由电子控制单元(ECU)、电子点火器、专用带中心抽头的点火线圈组成了电子分电系统，电子分电系统框图如图4-52所示。

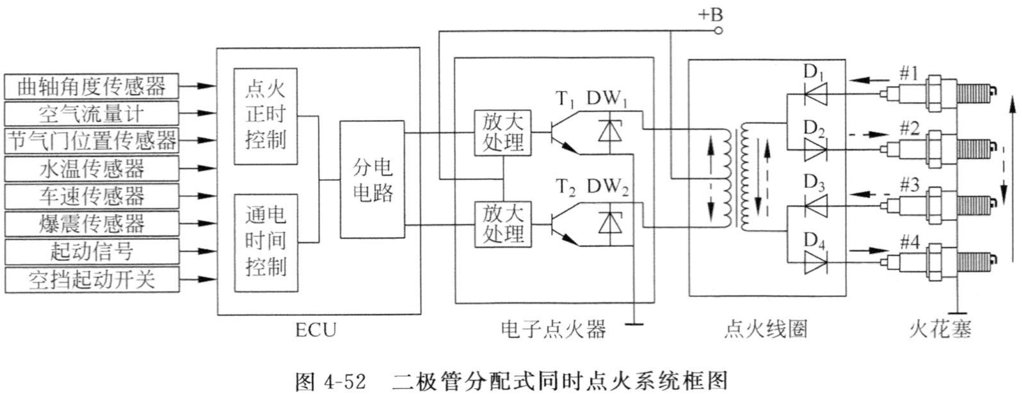

图4-52　二极管分配式同时点火系统框图

ECU取得曲轴角度传感器以及其他与发动机工况相关的传感器和开关信号后，经过计算确定最佳点火提前角，并向电子点火器发出点火信号。ECU内部包括了点火正时控制电路、通电时间控制(闭合角控制)电路和分电电路等部分。

电子点火器的功能比较简单，主要是功率放大电路和两个大功率晶体管 T_1、T_2，其功能是接收ECU的点火正时信号后，交替地接通和断开点火线圈内两段初级线圈的电流，使次级线圈交替地产生方向相反的高电压。两个稳压管 DW_1、DW_2 的作用是保护功率晶体管。

电子分电电路系统的工作原理如下：当ECU收到来自光电传感器1缸基准孔的脉冲

信号后，经过计算得出最佳点火提前角，由分电电路向电子点火器发出点火信号，使电子点火器的 T_1 截止，点火线圈上半段初级线圈的电流被切断，初、次级感应的电动势方向如图 4-52 中实线箭头所示。次级线圈产生高压经二极管 D_4→4 缸火花塞→1 缸火花塞→二极管 D_1 构成回路，1、4 缸同时点火，次级电流回路也如实线箭头所示。此时 1 缸处于压缩行程，4 缸处于排气行程，所以 1 缸为有效点火，4 缸为无效点火。在凸轮轴转过 90°即曲轴转过 180°后，ECU 会收到一个 180°信号脉冲，此时由分电电路向电子点火器发出点火信号，使电子点火器的 T_2 截止，点火线圈下半段初级线圈的电流被切断，初、次级感应的电动势方向如图 4-52 中虚线箭头所示。次级线圈产生高压经二极管 D_2→2 缸火花塞→3 缸火花塞→二极管 D_3 构成回路，2、3 缸同时点火，次级电流回路也如实线箭头所示。此时 3 缸处于压缩行程，2 缸处于排气行程，所以 3 缸为有效点火，2 缸为无效点火。当 ECU 再次收到 180°信号脉冲时，再次断开功率管 T_1，又是 1、4 缸火花塞点火，这次是 4 缸处于压缩行程，点火有效，1 缸属于无效点火，以此类推。

与点火线圈分配的同时点火系统类似，各火花塞击穿电流方向是不同的。如图 4-52 中，1、3 缸的火花塞击穿电流方向是从搭铁(地)端到点火线圈端，即由侧电极到中心电极方向；而 2、4 缸击穿电流方向是从点火线圈端到搭铁端，即由中心电极到侧电极方向。

5. 单独点火系统

单独点火方式或称独立点火方式，是目前发展最快的计算机控制点火方式，越来越多的乘用车都采用这种点火方式。

单独点火方式采用超小型闭磁路线圈，每个汽缸单独使用一个，直接连到下面的火花塞，有的还与点火器做成一体，如图 4-53 所示。为了避免初级线圈闭合通电期间次级高压给火花塞误点火，一般在安装时要求次级输出端与火花塞接线柱之间保留 3～4mm 间隙。

点火线圈在车上的安装如图 4-54 所示。一体化的点火器与点火线圈安装在发动机汽缸盖上方，下面直接连接火花塞，完全取消了高压导线。可以看出，这种独立点火方式有可能将点火线圈和火花塞布置在两根凸轮轴的中间，对于 DOHC(双顶置凸轮轴)发动机在空间布局上很容易实现。

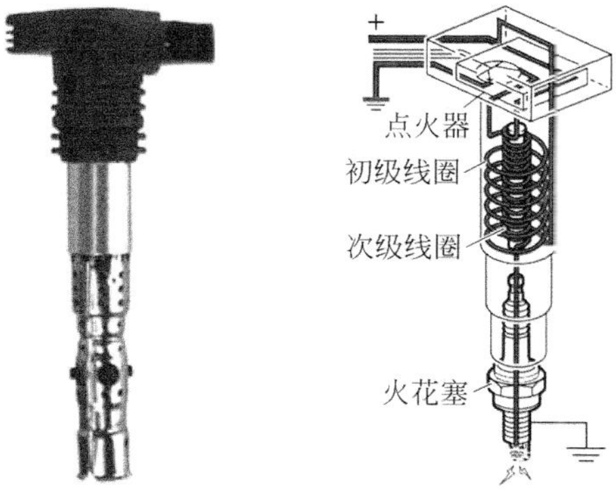

(a)　(b)

图 4-53　单独点火用的点火线圈

(a) 点火线圈外形；(b) 内部结构

图 4-54　单独点火方式点火线圈在车上的安装

单独点火方式的计算机控制方案对不同汽车可能有些差异。下面举两个例子。

(1) 日产轿车的单独点火系统

图 4-55 为日产地平线 2000 型汽车用 6 缸 DOHC 发动机的单独点火系统框图。该系统的各种相关传感器部分与日产汽车同时点火系统类似(见图 4-52),其中,检测曲轴位置和转角的也是与图 4-51 类似的光电式曲轴角度传感器,不过由于发动机是 6 缸,沿圆周分布有 6 个 180°信号。电控单元(ECU)内部电路包括点火正时控制电路、通电时间控制电路和分电电路,根据来自各相关传感器的信号,经过计算适时输出点火信号到点火器,由点火器中的功率晶体管分别接通和切断各缸点火线圈的初级电路。ECU 的功能主要可归结为判断点火汽缸、计算点火提前角和闭合角,以及将点火信号直接分配给指定汽缸。

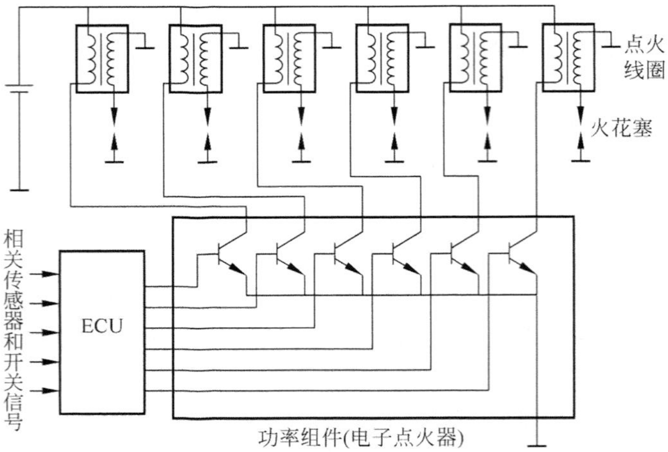

图 4-55 日产轿车无分电器单独点火系统框图

(2) 奥迪 A8 轿车的单独点火系统

奥迪 A8 轿车的独立点火系统线路如图 4-56 所示。该车采用 V8 发动机,发动机控制单元(ECU)J220 承担点火、喷油等诸多控制任务,连接有大量传感器与执行元件。该图做了不少简化,只画出了与点火控制相关的部分。

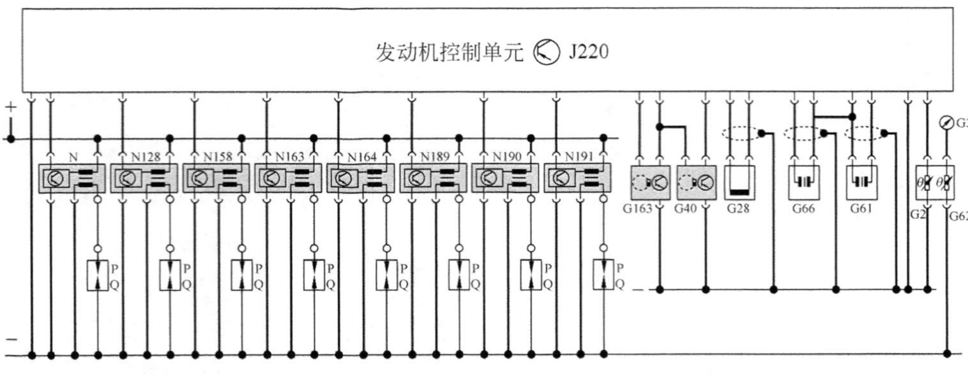

G2	冷却液温度传感器	G163	霍尔传感器2	N189	点火线圈6
G3	冷却液温度显示器	J220	Motronic控制单元	N190	点火线圈7
G28	发动机转速传感器	N	点火线圈1	N191	点火线圈8
G40	霍尔传感器1	N128	点火线圈2	P	火花塞插头
G61	爆震传感器1	N158	点火线圈3	Q	火花塞
G62	冷却液温度传感器	N163	点火线圈4		
G66	爆震传感器2	N164	点火线圈5		

图 4-56 奥迪 A8 轿车的独立点火系统

该点火系统采用的相关元件介绍如下：

带点火器的独立点火线圈：编号分别为 N、N128、N158、N163、N164、N189、N190、N191 共 8 个，分为两组置于发动机两侧，如图 4-57 所示。

发动机转速传感器(G28)：相当于前述曲轴位置传感器，为磁感应式，安装在汽缸体侧面，用于检测曲轴转速和瞬间转角。

两个霍尔传感器(G40、G163)：相当于前述凸轮轴位置传感器，安装在发动机正时链条盖板内，如图 4-58 所示，分别检测进气与排气凸轮轴瞬间位置。其作用是与转速传感器 G28 共同确定曲轴和凸轮轴相对位置并计算点火提前角。

图 4-57　奥迪 V8 发动机独立点火线圈布置

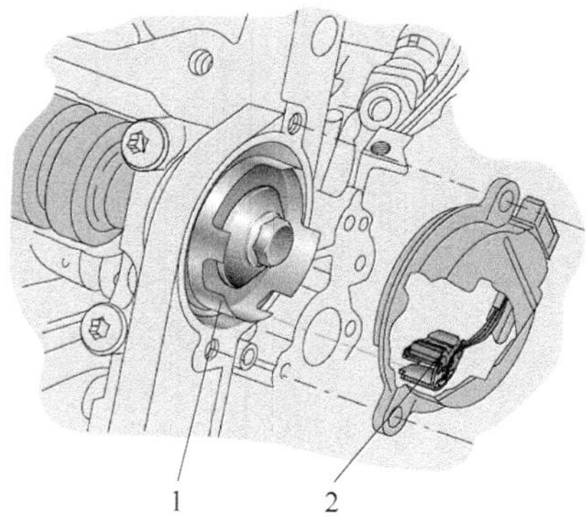

图 4-58　霍尔传感器的安装位置
1—信号盘；2—霍尔传感器

两个爆震传感器(G61、G66)：分别安装在 V 形发动机两侧。当一个爆震传感器信号中断时，ECU 将自动减小相应汽缸组的点火提前角；若两个爆震传感器信号都中断，发动机就进入爆震调节的应急状态，所有缸的点火提前角都将减小。

用示波器显示的 G28、G40 与 G163 的信号波形相对关系如图 4-59 所示。发动机起动与运转时，ECU 随时采集转速传感器 G28 与霍尔传感器 G40、G163 信号，根据各信号的相对关系就可以确定曲轴与凸轮轴瞬间位置。

与 G28 相配合的信号盘(称为"靶轮")圆周上有两个缺口，所以 G28 信号波形中也会出现两个缺口信号波形。与两个霍尔传感器 G40 与 G163 配合的信号盘上有大小不等的缺口，所以示波器上会显示出宽窄不等的脉冲，并且可以看出，G163 与 G40 信号电平是相反的。

ECU 首先根据 G28 的缺口信号与 G40 信号脉冲的相对关系，即可确定第 1 缸点火基准位置。如图 4-60 所示，缺口后第一个齿信号对应于第 1 缸上止点前 66°位置，软件以此信号为点火时刻的基准点，由此可推算 1 缸以及其他各缸上止点位置。

G163 的霍尔信号用于监控凸轮轴的正时调节，并且在 G40 损坏时起替代作用。

发动机刚刚起动时，根据 ECU 采集的 G28 与 G40 信号的相对关系，可以准确地识别出凸轮轴相对于曲轴的位置，迅速确定下一缸的点火上止点，从而实现发动机的快速起动。

奥迪发动机 ECU 还有"发动机渐停识别"功能，在关闭点火开关后的一段时间内，ECU 仍在工作，一直在监测 G28 信号，直到发动机完全停止。这样，发动机处于点火上止点的下

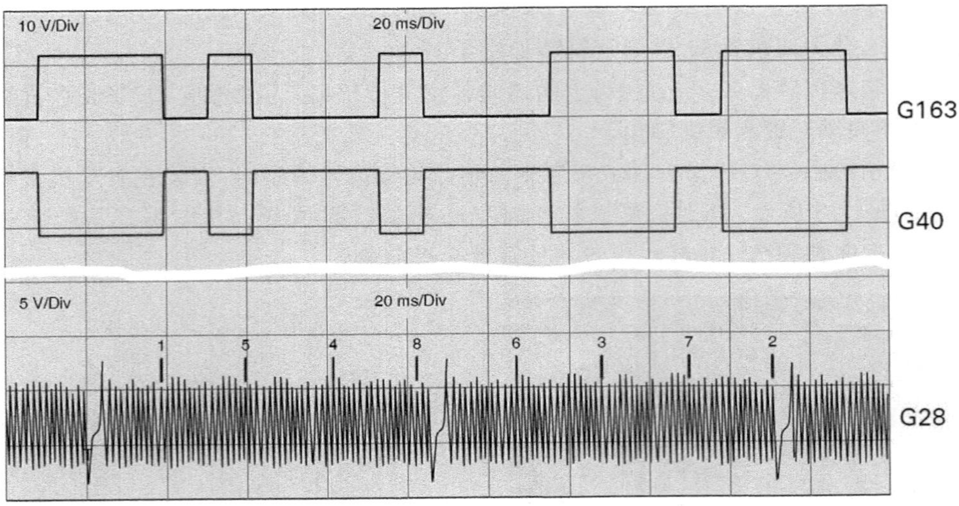

图 4-59　奥迪发动机 G28、G40 与 G163 的信号关系

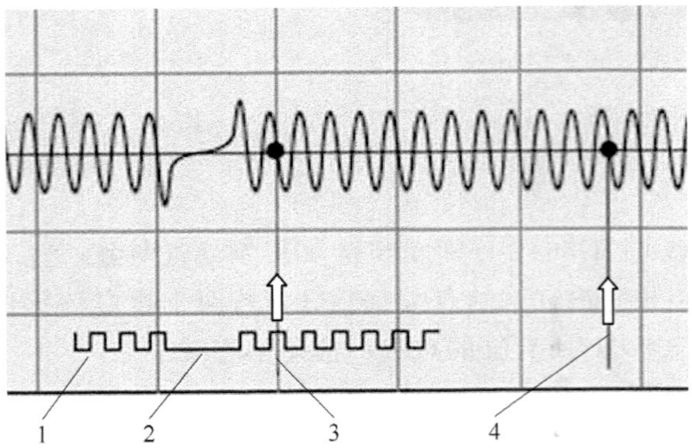

图 4-60　第 1 缸上止点位置的确定

1—靶轮；2—缺口；3—软件基准标记(1 缸上止点前 66°)；4—1 缸上止点

一缸的位置就被存储下来。下一次起动时，ECU 就可以马上为该点火的汽缸做好喷油准备，从而有助于提高起动性能。

第六节　点火系统的检修与故障诊断

目前汽车上广泛采用的都是电子点火系统，由于使用了大量电子元器件，有些还带有电控单元(ECU)，在使用维护和检修以及故障检查的方法手段等方面相对于传统点火系统来说有很大的不同。

一、电子点火系统的使用维护

与传统点火系统不同，电子点火系统中电子和控制部件较多而机械部件较少，机械磨损问题不大，一般来说，只要安装使用得当，通常很少出现故障，无须进行经常的维护修理。但是电子元器件和电子线路有自己的特点，使用中应注意以下问题。

(1) 电子元器件很容易被高压击穿，只要有超过规定的电压或瞬间高压干扰，都会造成元器件的永久损坏。因此电子点火装置的安装必须正确，接线必须牢固、搭铁可靠，尤其电源极性不可接错，否则很容易损坏电子元器件。

(2) 低压线路要与高压线分开。例如连接传感器和电子点火器的信号线要远离高压线，以免受到高压线的电磁干扰。

(3) 尽量避免在发动机运行中拆拔线路，当需要拆装电子点火装置的线路时，应该先关掉点火开关或拆下蓄电池的搭铁线。

(4) 在维修或洗车时，应该不要让水进入电子点火器和分电器内。

(5) 电子点火器和点火线圈应保持良好的通风散热，表面不可有导线或杂物覆盖。

二、电子点火系统的检查方法

1. 电子点火系统检查的一般方法

检查电子点火系统要小心，应尽量用万用表和示波器等仪器，注意尽量不要用传统点火系统中常用的“刮火”、“试火”之类的方法检查某线路是否有电或是否有高压，以免产生的瞬间高压损坏电子元器件。若有时不得已需要采用试火方法检查高压回路，也不应将高压线端直接对着发动机壳体打火，而应在高压线端接上一个火花塞观察火花情况。

常用的检查方法主要有：

(1) 检查线路通断

万用表是最常用的检查测量仪表。通过“通电测电压”和“断电测电阻(或线路通断)”的方法检查线路的通断或供电情况是否正常。

测量电压：在点火开关接通、系统供电情况下，用万用表电压挡测量线路各点电压是否正常。一般是沿从电源到用电器的方向或顺着信号流动的方向检查，以便发现故障点。

测量电阻：应在点火开关断开、系统无电的情况下检查。用万用表欧姆挡测量元器件的通断或电阻阻值大小以便判断元器件是否有断路或失效。

(2) 检查信号波形

可使用专门的示波器、示波表等仪器，在点火开关接通、发动机运转情况下测量，测量传感器、点火器和点火线圈输出信号波形以分析系统运行是否正常。

(3) 部件替换

使用性能相同或相近的元器件代替怀疑有问题的元器件，以判断该元器件是否有故障，这是最简单有效的检查方法。但必须注意不可随意使用替换部件，例如不能用传统点火系统用的点火线圈和火花塞去替换电子点火系统的高能点火线圈和配套的火花塞，因为两者的性能参数不同。

2. 使用专门仪器检查点火系统的运行状况

(1) 用示波器检查点火信号波形

利用示波器检测点火信号波形，是检查点火系统是否有故障的常用方法。我们可以利用汽车厂家提供的专用故障诊断仪器或通用的汽车电脑故障分析仪进行测量。通常是测量次级电压波形，具体接线和测量方法可参照仪器说明书进行，这里从略。

次级电压波形分析举例如图 4-61 所示。其中图 4-61(a)为标准电压波形。实测波形与标准波形比较，可以发现很多故障信息。例如若发现某汽缸的“火花线”太低、变短(如图 4-61(b)箭头处)，火花很快熄灭，说明点火系统储能不足，这可能是供电电压偏低、或初级电路导线接触不良等原因造成。又如若发现与其他汽缸相比，某缸次级击穿电压总是很低(如图 4-61(c)箭头处)，则可能是火花塞有积炭。

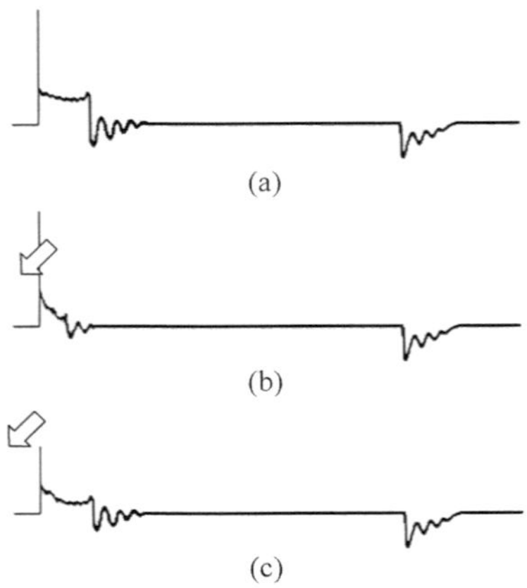

图 4-61　次级点火波形分析

(2) 用点火正时灯检查点火提前角

点火正时灯是测量发动机运行时点火提前角的专用仪器，可以测量发动机转速、点火提前角和闭合角等参数，其外形如图 4-62 所示。

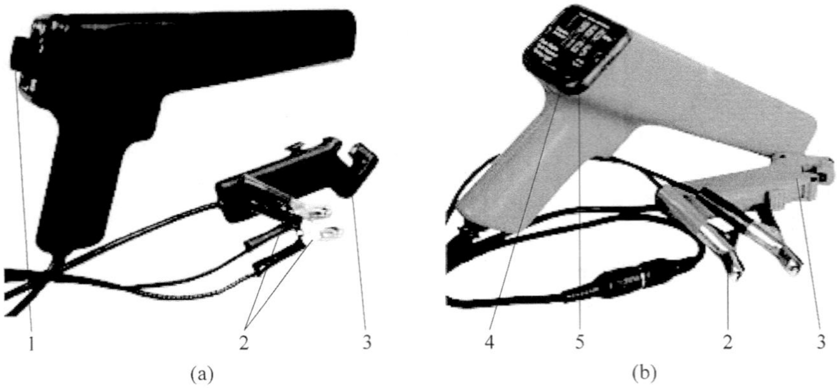

图 4-62　两种点火正时灯

1—调整旋钮；2—电源夹；3—一缸信号夹；4—调整按键；5—数字显示面板

使用时将两个电源夹子分别夹到蓄电池正、负极上，注意极性不能接反。将一缸信号夹子(感应夹)夹到第一缸的高压线上(使高压线穿过夹子上的缺口处)，夹子上通常有一个箭头标志，需指向火花塞一端，注意也不要接反。然后起动发动机进入怠速状态，打开正时灯光照到曲轴皮带轮上，对比观察曲轴皮带轮上的正时标记与皮带轮旁边的固定正时标记的相对差，即可测得点火提前角，如图 4-63 所示。

正时灯是一种频闪灯，闪亮频率与点火频率相同，其工作原理利用了人的“视觉暂留”效应。当发动机运转后，每次一缸点火时，正时灯的一缸信号线(感应线)将感应高压信号，触发正时灯内控制电路，瞬间点亮正时灯。这样，不论发动机转速高低，正时灯将总是与一缸

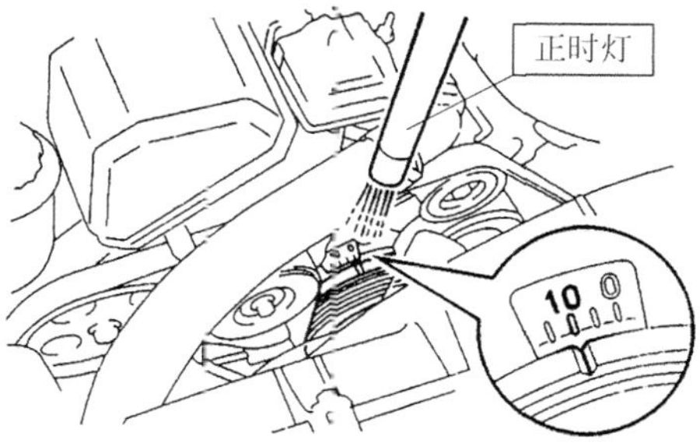

图 4-63 用正时灯测试点火提前角

点火时刻同步闪亮。若完全没有点火提前角，在每次正时灯闪亮瞬间，皮带轮上的旋转标记总是正好对准旁边的静止标记，尽管皮带轮高速旋转，由于人眼睛的视觉暂留现象，人所看到的就是两个标记一直对准的情形。若有点火提前角，则旋转标记还未到达静止标记处就已点火，所以正时灯闪亮时看到的两个标记将相差一个角度。

有的正时灯带有旋钮和刻度盘，如图 4-62(a)所示，通过调整旋钮可以人为改变触发正时灯闪亮的时间。使用时事先将旋钮指针指示到刻度盘的 0°位置，在观察正时标记位置的同时缓慢转动旋钮，可以看到旋转标记与静止标记逐渐靠近。当两个标记完全对准时，在刻度盘上读到的旋钮旋转的角度即为点火提前角。也有的带按键和数字显示面板，如图 4-62(b)所示，可以同时以数字显示发动机转速和点火提前角等数据，按键作用与旋钮相同。

3. 电子点火系统部件的检查方法

不论点火系统有没有计算机控制，点火装置的检查大体上都可以归纳为传感器(或点火信号发生器，以下统称为传感器)、电子点火器、点火线圈、火花塞等部件的检查。

(1) 磁感应式传感器的检查

磁感应(磁脉冲)式传感器常见的问题主要是感应线圈断线或铁芯与信号转子间隙有变化等。不论传感器安装在曲轴上、凸轮轴上还是分电器内，就车检查时，可用断电测量线圈电阻或通电运转测量信号波形的方法。现以丰田凌志 LS400 发动机为例说明。

如图 4-64 所示，测量磁感应线圈电阻时，先断开点火开关，取下曲轴/凸轮轴位置传感器的连接器，用万用表电阻挡测量感应线圈两端电阻。

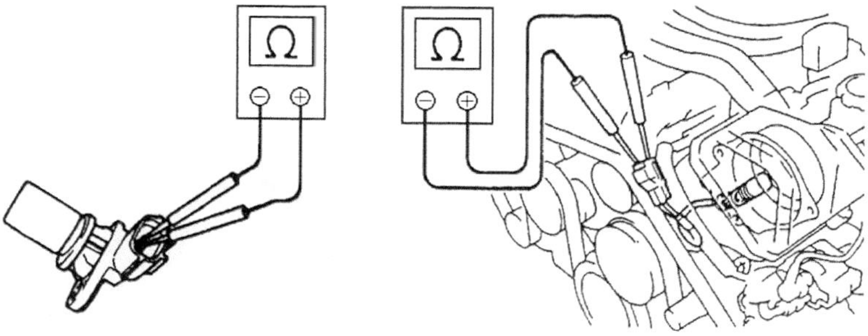

(a) (b)

图 4-64 曲轴/凸轮轴位置传感器检查

(a) 测量曲轴位置传感器；(b) 测量凸轮轴位置传感器

传感器线圈阻值应符合表4-2的规定。若不符合规定值或线圈不通,则需更换传感器。

表4-2　丰田凌志LS400发动机曲轴位置传感器的电阻值　　Ω

测量元件	冷　态	热　态
曲轴位置传感器	835～1400	1060～1645
1号凸轮轴位置传感器	835～1400	1060～1645
2号凸轮轴位置传感器	835～1400	1060～1645

也可以用示波器检查。在发动机盘转或怠速时,测量发动机ECU的G1+—G−、G2+—G2−、和NE—NE−之间的信号波形,应有如图4-43类似的信号波形。若没有信号输出,则说明传感器已经损坏,应予更换。

也可以用一个简单方法,将小的扁平螺丝刀插入信号转子凸齿与线圈铁芯之间的间隙,再迅速抽出,用万用表或示波器观察线圈输出信号。若信号极微弱或全无信号电压,则可能信号发生器已损坏。信号转子凸齿与线圈铁芯之间的间隙应符合规定,该间隙可影响信号的幅度。检查时,应该使用有色金属(非铁磁材料)做的薄厚规进行测量,否则薄厚规容易被磁铁吸引,影响操作。

(2) 光电式传感器的检查

光电式传感器结构比较简单,外表一般是密封的,不易受到外界干扰损害,所以工作比较可靠。检查时主要看光电耦合器(发光二极管和光敏三极管的组件)和信号盘表面有无尘土和污物,若有应该用酒精擦拭干净。光电式点火信号发生器是有源部件,工作时需要有电源供电。可以在光电耦合器通电情况下,在分电器转动时用示波器观察,输出端应输出清晰的脉冲信号。若没有脉冲信号,则可能是光电耦合器已经损坏。若信号盘已经变形则应更换。

(3) 霍尔式传感器的检查

霍尔式传感器也是有源部件,有正、负和信号三个引脚与点火器相连接(见图4-26接线端子上的+、−、0标记)。检查时接通电源,测量正、负端之间电压,应符合规定要求(一般为电源电压或在10V以上,具体数值与车型有关)。若电压不足或完全没有电压,说明点火器未能给信号发生器提供正常的工作电压,应检查点火器。若电源电压正常,可进一步检查输出信号,方法是缓慢转动分电器轴,用万用表电压挡测量信号端与接地端之间的电压,当转动触发叶轮时,信号端应交替输出高电平和低电平,不同车型的具体电平数值可能有不同,但与转速无关。也可以在运转时用示波器测量信号波形,若无信号输出,则可能是霍尔传感器已损坏。

(4) 点火线圈的检查

点火线圈常见的故障是接线端松动造成接触不良、断路或短路。由于工作环境温度较高,可能造成内部绝缘老化,同时汽车行驶时不可避免的振动,加上高压线非常细,这些因素都容易造成点火线圈的故障。检查时首先检查接线端有无松动,然后可用万用表测量初级和次级线圈的电阻。目前普通电子点火或计算机控制点火的点火线圈初级线圈电阻小于1Ω,次级线圈电阻多为8～12kΩ,具体数值可参阅维修手册。

仍以丰田凌志LS400发动机为例,点火线圈的检查如图4-65所示。分别用万用表欧姆挡测量点火线圈的初级线圈(IG+与IG−)之间以及次级线圈(IG+与高压端子之间)的电阻，其阻值应符合表 4-3 的规定。若有短路、断路或阻值不符合规定，则要更换点火线圈。更换点火线圈时应注意，一是极性不可接错，二是应选用同一型号。因为不同型号的点火线圈性能参数不同，可能会影响点火性能。

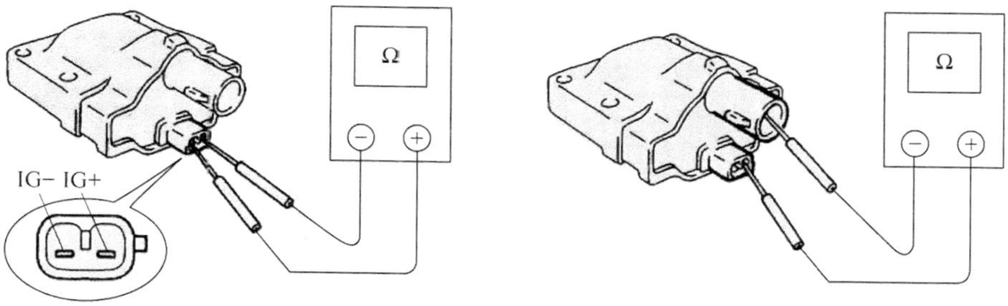

(a) (b)

图 4-65 点火线圈的检查

(a) 检查初级线圈；(b) 检查次级线圈

表 4-3 丰田凌志 LS400 发动机点火线圈的电阻值

线 圈	冷 态	热 态
初级线圈/Ω	0.35～0.55	0.45～0.65
次级线圈/kΩ	9.0～15.4	11.4～18.1

(5) 火花塞检查

从高压线上摘下火花塞，先用目测检查，正常的火花塞应电极干爽，没有或极少积炭，绝缘子良好无损坏，否则应更换。然后用薄厚规(塞尺)检查电极间隙，应符合规定值。

(6) 电子点火器的检查

电子点火器内部元件是固定的，只要使用得当一般不会有什么问题。主要问题是由于安装位置不当，运行时环境温度过高，造成元件老化失效或特性的改变影响点火性能，或因使用维修不当元件被过电压击穿。

电子点火器种类很多，与点火系统所接传感器种类、是否有计算机控制、是否有分电器以及采用什么点火方式等都有关系，所以不同点火器的性能和功能都有不同。

电子点火器的检查通常放在点火系统元件检查的最后一步，一般应该先检查点火系统的电源线、搭铁线和工作电压以及点火信号波形等，继而检查传感器和点火线圈，确认都无问题之后再检查点火器。检查电子点火器，首先应参考相关系统线路资料以及维修手册的说明弄清楚全部输入信号线和输出控制线的功能，然后才能着手检查。

一般来说，检查电子点火器常与点火系统的故障分析有关，若为了检查电子点火器本身的好坏，可将其与传感器和 ECU 脱开，采用简单的模拟点火信号测试点火器的输出状态。以下举两个例子。

① 丰田 ESA 系统电子点火器的检查

丰田 ESA 系统图见图 4-44，有的车型点火线圈与点火器是做在一起的，如图 4-66 所示。

其中点火线圈有两个初级线圈引脚，分别为 IG＋与 IG－，分别接＋12V 电源端与初级

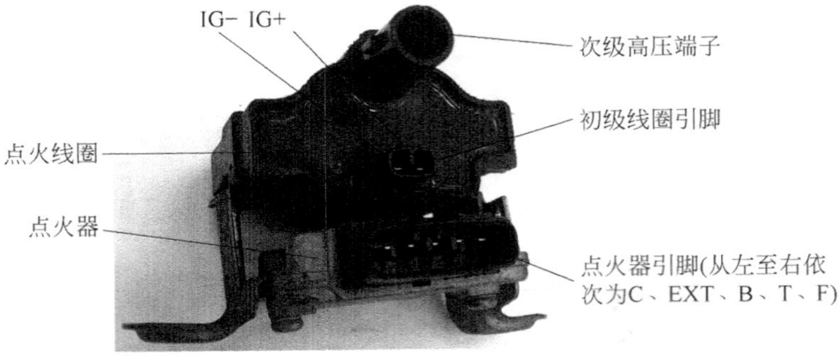

图 4-66　丰田点火线圈与点火器

线圈控制端。电子点火器有 5 个引脚，标号为 F、T、B、EXT 和 C，可在拔下线束插头后，在插座底部看到这些标记。其中 T 与 F 分别接 ECU 的 IGT 与 IGF 端，分别为点火控制信号与反馈信号；B 端接 12V 电源正极；EXT 端输出发动机转速表信号；C 端接点火线圈初级的控制端子 IG－。

为了检查如图 4-66 所示的电子点火器的好坏，需先确认点火线圈没有问题，然后搭接一个简化的线路，如图 4-67 所示。按图接好点火线路，除了 12V 电源外，另用一个电源，电压调到 3～5V 之间即可(或用两个 1.5V 干电池串联)，模拟磁式感应传感器作为点火器的触发信号。为简化线路，高压部分可不经过分电器，只用一个火花塞，用高压线直接接到点火线圈的高压端。将所有的接地端(电源的负极、点火器外壳以及火花塞侧电极)全部接到一起。

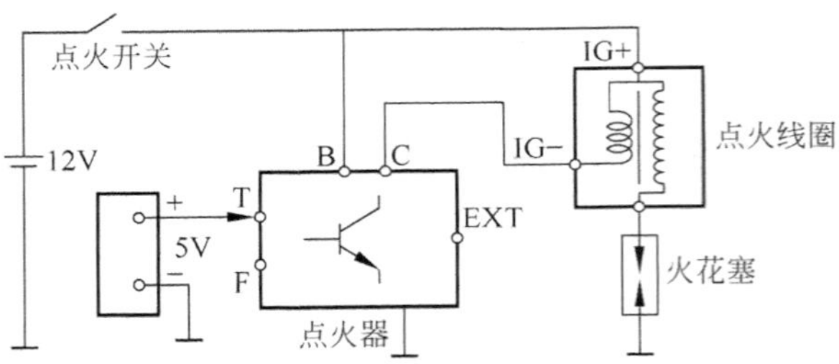

图 4-67　丰田电子点火器检查试验线路

给两个电源通电后，用 5V 电源的＋端引线碰触点火器 T 端子，观察火花塞应有火花产生。若没有火花，而点火线圈和火花塞都没有问题，则可能是点火器有故障，可以更换一个点火器再试验。

② 桑塔纳轿车电子点火器的检查

图 4-68 为检查桑塔纳轿车电子点火器的接线图，该车采用霍尔式传感器，系统线路可参见图 4-31。其基本检查方法如下：

首先检查供电电压情况。接通点火开关，用万用表电压挡测量点火模块 4 脚对地(2 脚)电压，其正常值为 12V。再拔下分电器上霍尔式信号发生器的信号线插头，用万用表正负表笔分别连接其“＋”、“－”两端(5 脚与 3 脚)之间电压，正常值为 10.5V 左右，此为给霍尔元件供电电压。5 脚与 2 脚之间的电压也是 10.5V，因为在模块内部 2 脚与 3 脚是连

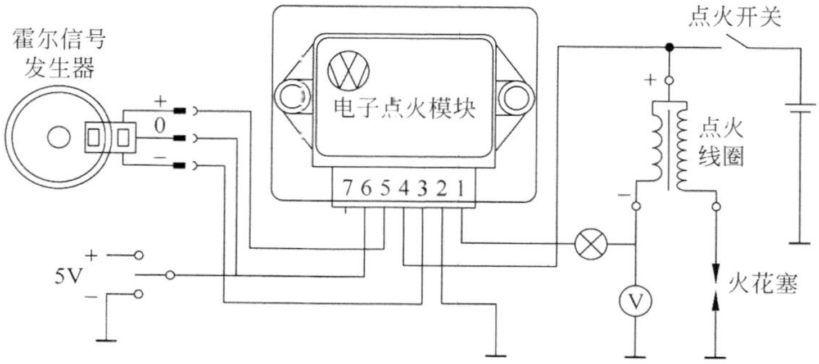

图 4-68　桑塔纳轿车电子点火模块检查接线图

在一起的。如这些电压值不正常，则点火电子模块可能有故障。

然后检查开关信号对点火模块的控制。一方面可以在发动机运转时用示波器观察点火线圈次级或初级电压波形是否正常，也可以静态测量检查。这时可不用霍尔信号发生器，拔下分电器上的信号线插头，用一台稳压电源，将电压调到约 5V。正负两端接一个双投开关，中间活动端接电子点火模块 6 脚即霍尔信号输入端。将开关反复接电源正极和地，给点火电子模块一个模拟点火信号，用万用表测量 1 脚对地电压，正常时应有高低电压的变化。若次级线圈接上一个火花塞，应能看到火花塞打火。也可以在点火线圈负极接线柱与 1 脚之间串接一个灯泡，当开关在正负极间切换时灯泡应有亮灭变化。若均无反应，则电子点火模块可能有故障。

三、点火系统的故障分析

电子点火系统，尤其是计算机控制的点火系统采用了各种不同的传感器、点火器和不同的点火控制方式等，要分析电子点火系统的故障，必须掌握前述相关部件和系统的工作原理，并需参考该车型的维修资料，还可借助于专门故障诊断仪器查阅系统运行的故障码，作为分析故障的参考依据。

1. 发动机不能起动或突然熄火

在点火系统方面，基本上可归纳为检查电源供电、低压电路和高压电路几方面的原因。

(1) 检查蓄电池供电是否正常

应首先测量蓄电池电压，检查电源供电是否正常。

(2) 检查高压回路

若电源供电无问题，可拔出中心高压线采用“试火”方法检查高压回路，不过应注意，尽量不要将高压线端直接对着发动机壳体打火，最好在高压线端接上一个火花塞观察火花情况。若中心高压正常，可能就是一个或多个汽缸高压分线或火花塞有问题。若各缸次级没有高电压，或时有时无或不稳定，则可能是低压回路的问题。检查高压电路需要注意操作安全，在插拔高压线时应先关闭点火开关，在发动机运转时不要触摸或拔下高压线。

(3) 检查点火部件

分别依次检查传感器、点火线圈和电子点火器。若曲轴位置传感器损坏、无信号送

ECU，则发动机通常会立即熄火。若点火信号正常，则应检查点火线圈、点火器以及连接线束和接插件有无短路、断路故障。

2. 运行性能不良

表现为发动机不易起动、怠速不稳、发动机动力不足、加速不良、排气管喷火（“放炮”）、容易爆燃等。出现这类故障除了空燃比等燃油方面的原因以外，点火方面往往与点火正时失准或火花塞损坏有关。为此可检查曲轴与凸轮轴位置传感器是否有损坏、正时皮带有无松动或跳齿、点火线圈次级电压是否正常，以及火花塞是否损坏造成点火不良等。

为了便于分析故障，常常需查阅 ECU 给出的故障码。故障码为分析故障提供了重要的参考信息，有利于缩小故障搜索的范围。不同车型的 ECU 设计了不同的故障码表，可从维修手册中查阅。仍以丰田凌志 LS400 发动机为例，若由于发动机运行不良查阅到故障码“13”，则可能有三个方面的原因，维修手册中给出了相应的故障部位如表 4-4 所示。

表 4-4　丰田凌志 LS400 发动机故障码查阅举例

故障码	故障码检查条件	故障部位
13	发动机转速不低于 1000r/min 时，无 Ne 信号输入到 ECU 达 0.1s	• 曲轴位置传感器电路开路或短路 • 曲轴位置传感器 • ECU
	G1 与 G2 脉冲间隔中，无 Ne 的 12 个脉冲信号输入至 ECU	• 曲轴位置传感器电路开路或短路 • 机械装置故障（正时皮带跳齿、皮带拉长） • 曲轴位置传感器 • ECU
	发动机预热后怠速运转时（节气门完全关闭），G（G1、G2）与 Ne 信号相对偏移持续 1s	• 机械装置故障（正时皮带跳齿、皮带拉长） • 1 号、2 号凸轮轴位置传感器 • ECU

根据故障码提供的信息分析，故障可能出现在曲轴位置传感器、两个凸轮轴位置传感器、正时皮带以及 ECU 等方面。可按以下顺序检查故障：

(1) 利用万用表欧姆挡或示波器检查曲轴位置传感器与两个凸轮轴位置传感器以及连接导线是否良好。

(2) 若无问题，检查传感器的安装和 Ne 信号板的齿有无损坏。

(3) 检查正时皮带有无松动或跳齿。

(4) 若都无问题，可以更换一个 ECU 再试。

应该指出，故障码只是提供了部分参考信息，并非全部信息。引起某种故障的因素往往有多种，排除故障也需要综合运用各种检查手段，还需要在维修实践中不断积累经验。

思考与练习题

4.1　简述普通点火系统的几个主要组成部分，以及各部分的作用。

4.2　说明发动机对点火系统的基本要求。

4.3 什么是火花塞的“自净”温度？发动机运行时火花塞温度过高、过低各有什么不利影响？

4.4 如何理解火花塞的热值？热值高低不同的火花塞工作时温度有什么差别？

4.5 高压导线的电阻和普通导线有什么不同？为什么有这种区别？

4.6 简述点火系统工作的两个基本过程。点火线圈初级通电时间过短或过长各有什么问题？

4.7 常用的曲轴/凸轮轴位置传感器有哪些种类？简单归纳各自的基本工作原理。

4.8 简述什么是电子点火系统的恒定电流控制和闭合角控制。

4.9 说明计算机控制的点火系统中主要输入哪些传感器和开关信号，以及各自的作用。

4.10 说明点火提前角的含义，什么是初始点火提前角、基本点火提前角和修正点火提前角？

4.11 计算机控制的点火系统为什么要实施爆震控制？当发动机出现爆震时，ECU如何调整点火提前角？

4.12 丰田汽车电子点火系统中的G信号和Ne信号各有什么功能？能不能少用其中一种信号？

4.13 说明丰田汽车电子点火系统中的IGt信号和IGf信号各自的功能。

4.14 在采用同时点火方式的电控点火系统中，同时点火的两个汽缸火花塞上的击穿电压是否相同？为什么？

4.15 说明计算机控制的点火系统中，与同时(分组)点火方式相比，单独(直接)点火方式有什么优点？

4.16 简述电子点火系统维修检查时应该注意的问题。

第五章 汽车照明与信号系统

第一节 汽车照明系统的种类和功用

汽车照明对交通安全有重要作用。由于交通密度增加，车速又越来越快，加之行驶条件越来越复杂，为了保证汽车的行驶安全，汽车上装有多种照明设备。汽车照明系统主要由照明设备、电源、线路、控制开关等组成，主要包括以下几种。

1. 前照灯

前照灯俗称“大灯”，也有资料翻译成“头灯”，英文名称 headlight。装在汽车头部两侧，包括近光灯与远光灯两部分，用来照亮车前的道路，让驾驶员能够监视道路情况，及时看清障碍物并作出反应。前照灯射出的灯光影像也可以给对面的来车作为识别信号。

2. 雾灯

雾灯有前雾灯和后雾灯两种。前雾灯装在汽车前部比前照灯稍低的位置，用于在雨雾天气行车时照明道路。后雾灯功率较大，装于汽车尾部，由于雾灯穿透性较强，因此雨雾天时需开启用来保证向后方车辆或行人提供本车位置信息。雾灯的光色规定采用黄色、橙色或红色。

3. 牌照灯

牌照灯用于夜间照亮汽车牌照，一般装于汽车尾部的牌照上方处。

4. 仪表灯

仪表灯装在仪表板上，用来照明仪表，以便驾驶员获取行车信息和进行正确的操作。不同的车仪表灯的数量和布局有所区别。

5. 顶灯

顶灯装在驾驶室或车厢顶部，用于车内照明。

6. 工作灯

工作灯用于排除汽车故障或检修时的照明。汽车上一般只装工作灯插座，并配带导线及移动式灯具。

目前，汽车上多将前照灯、雾灯等组合起来，称为组合前灯；将后转向信号灯、制动信号灯、倒车灯等组合起来，称为组合后灯。

在照明设备中，前照灯具有特殊的光学结构，比其他灯在光学方面的要求严格复杂得多。故本书中只着重讨论前照灯。

第二节　前照灯

一、对前照灯的照明要求

由于汽车前照灯的照明效果直接影响着夜间交通安全，故世界各国交通管理部门多以法律形式规定了汽车前照灯的照明标准，以确保夜间行车的安全。对前照灯远光和近光有不同的要求。其基本要求如下：

(1) 前照灯应保证车前有明亮而均匀的照明，远光应能使驾驶员看清车前 100m 以外路面上的障碍物。随着汽车行驶速度的提高，对汽车前照灯的照明距离也相应要求越来越远，现代高速汽车其照明距离应达到 200～250m。

(2) 前照灯近光主要照亮车前 40～50m 的路面，应能防止炫目，以免夜间两车相会时使对方驾驶员炫目而造成交通事故。

(3) 国家标准对前照灯远、近光布置有相关规定，对于四灯制汽车，中间两只为单一远光，两边两只为远、近光(双丝灯泡)；对于二灯制汽车，则每只都是远、近双丝灯，如图 5-1 所示。

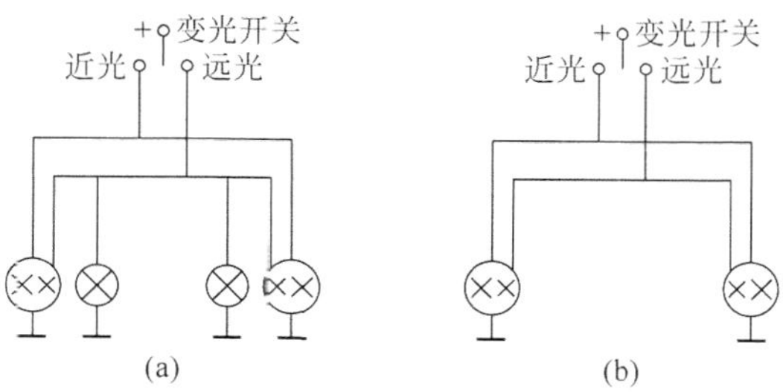

图 5-1　前照灯远近光布置
(a) 四灯制；(b) 二灯制

随着汽车行驶速度的提高，有些载重汽车、公共汽车，特别是轿车上，多采用四个前照灯，并排装在同一高度上。一般外侧灯为双丝灯泡、内侧灯为单丝远光。当需要远光时，四个前照灯都亮，以加强照明效果。

二、前照灯的光学系统

前照灯的光学系统包括灯泡、反射镜和配光镜三部分，如图 5-2 所示。

1. 灯泡

(1) 白炽灯泡

如图 5-3(a)所示，白炽灯泡的灯丝用钨丝制成（钨的熔点高、发光强）。但由于钨丝受热后会氧化，将缩短灯泡的使用寿命。因此制造时，要先从玻璃灯泡内抽出空气，然后充以约 86%的氩和约 14%的氮的混合惰性气体。现在的前照灯已很少使用白炽灯泡，而采用卤钨灯泡或其他种类的灯泡。

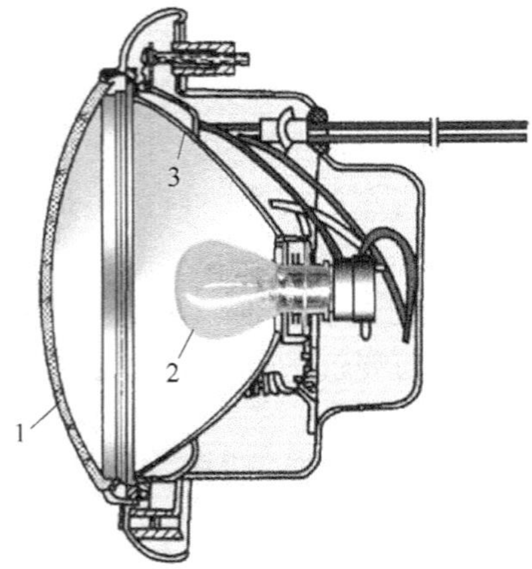

图 5-2 半封闭式前照灯

1—配光镜；2—灯泡；3—反射镜

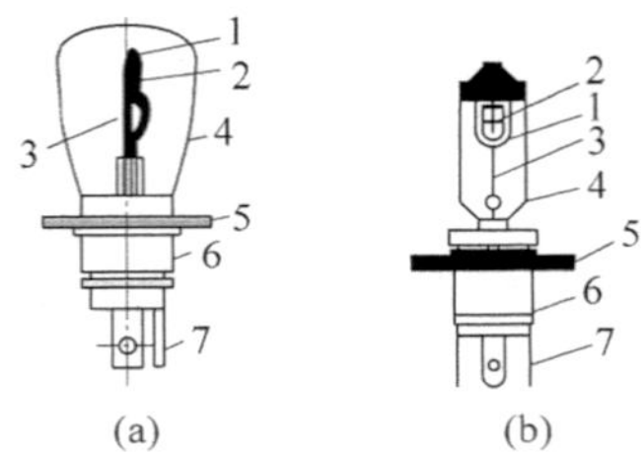

图 5-3 前照灯的灯泡

(a) 白炽灯泡；(b) 卤钨灯泡

1—配光屏；2—近光灯丝；3—远光灯丝；4—灯壳；5—定焦盘；6—灯头；7—插片

(2) 卤钨灯泡

虽然白炽灯泡的灯丝周围抽成真空并充满了惰性气体，但是灯丝的钨仍然要蒸发，使灯丝损耗。而蒸发出来的钨沉积在灯泡上，将使灯泡发黑。近年来，国内外已广泛采用了一种新型的电光源——卤钨灯泡（即在灯泡内所充的惰性气体中渗入某种卤族元素），其结构如图 5-3(b)所示。卤族元素（简称卤素），是指碘、溴、氯、氟等元素。

卤钨灯泡是利用卤钨再生循环反应的原理制成的。卤钨再生循环的基本作用过程是：从灯丝上蒸发出来的气态钨与卤素反应生成了一种挥发性的卤化钨，它扩散到灯丝附近的高温区又受热分解，使钨重新回到灯丝上，被释放出来的卤素继续扩散参与下一次循环反应，如此周而复始地循环下去，从而防止了钨的蒸发和灯泡的黑化现象。

卤钨灯泡尺寸小，灯泡壳用耐高温、机械强度较高的石英玻璃或硬玻璃制成，所以充入惰性气体的压力较高。而且因为工作温度高，灯内的工作气压将比其他灯泡高很多，故钨的蒸发也受到更为有力的抑制。在相同功率下，卤钨灯的亮度为白炽灯的 1.5 倍，寿命长

2～3倍。现在使用的卤素一般为碘或溴，称为碘钨灯泡或溴钨灯泡。我国目前生产的多为溴钨灯泡。

(3) 气体放电弧光灯

随着技术的不断进步，越来越多的汽车上开始使用气体放电弧光灯（gas discharge lamp，GDL）。气体放电（高强度放电、弧光放电）是电流通过某种气体时，使气体发出辐射的放电现象（例如高压汞灯、室内照明的日光灯），汽车上使用的放电灯是高压氙气灯。

根据气体放电原理做成的光源，在汽车上得到了新的发展应用。氙气灯亮度大，消耗能量小，寿命长，不受电压波动影响，和普通的白炽灯或卤钨灯相比，这种灯能较好地适应人眼，照射距离也比较远，既明亮，在路面的光分布也更为均匀。

氙气灯内有两个电极，并充入惰性气体氙和金属卤化物的混合物，为了产生高电压，氙灯电路中同时带有一个电子镇流器使它点火和工作。用10～20kV的点火电压使气体在电极之间发生电离，产生弧光放电，电弧本身也形成导电路径。灯管用可调的交流电源加热，使充入的金属物质蒸发，从而辐射出亮光。氙气灯亮度大，通常应该用于汽车远光灯的照明。

与常规灯泡相比，这种灯有几个优点：

① 由于没有固态金属的挥发，使用寿命长；

② 由于气态混合物色温极高（大于4000K），所以有高水平的光视效能；

③ 由于光视效能高，加之工作温度低，使能耗降低，所以总效率较高。

氙气灯分为单光和双光两种，单光氙灯如图5-4所示，每个氙灯总成或作近光，或作远光用，它的特点是：结构简单，但因氙气灯的开启需要一定的时间，因此远近光切换不方便。双光氙灯如图5-5所示，每个氙灯总成可兼作远近光用。它通过电磁变光机构实现远近光的切换。双光氙灯虽然远近光切换比较方便，但结构复杂，造价昂贵。

图5-4 单光氙灯

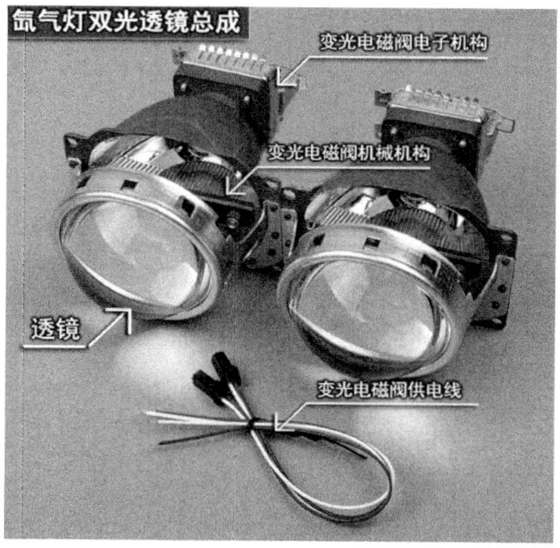

图5-5 双光氙灯

2. 反射镜

反射镜也称为反光镜，一般用0.6～0.8mm的薄钢板冲压而成，近年来已有用热固性塑料制成的反射镜。反射镜的作用是尽量把灯泡的光收集起来达到最远的照射距离。早先的反射镜的表面形状呈旋转抛物面，其内表面镀银、铝或镀铬，然后抛光。由于镀铝的反射系数可以达到94%以上，机械强度也较好，故现在一般采用真空镀铝。当今的设计为了适应不同需求采用了各种不同的结构，如阶梯式(渐变式)反射镜、五级自由型反射镜，以及根据光学成像技术设计的前照灯(PES多椭圆体系统)。

由于前照灯灯丝发出的光度有限，功率仅40～60W，如无反射镜，只能照清汽车灯前6m左右的路面。而有了反射镜之后，使前照灯照距可达150m或更远。因此反射镜的作用就是将灯泡的光线聚合并导向前方。如图5-6所示为抛物面形反光镜，灯丝位于焦点F上，灯丝的绝大部分光线向后射，经反射镜反射后变成平行光束射向远方，使光度增强几百倍，甚至上千倍，达20 000～40 000cd以上，从而使车前150m，甚至400m内的路面照得足够清楚。从灯丝射出的光线则向各方散射。散射向侧方和下方的部分光线，可照明车的5～10m的路面和路缘。而其余部分光线散向上方，则完全无用。

在汽车上常都采用双丝灯泡的前照灯。灯泡的一根灯丝为“远光”，另一根为“近光”。远光灯丝功率较大，位于反射镜的焦点；近光灯丝功率较小，位于焦点上方(或前方)。

3. 配光镜

配光镜又称外部光学散射透镜，它是用透光玻璃压制而成，是很多块特殊的棱镜和透镜的组合，其几何形状比较复杂，外形一般为圆形和矩形，如图5-7所示。配光镜的作用是将反射镜射出的光加以折射、扩散和会聚，在路面上形成所期望的光影图案。近年来为减轻重量，已开始使用塑料配光镜，不但重量轻且耐冲击性能好。

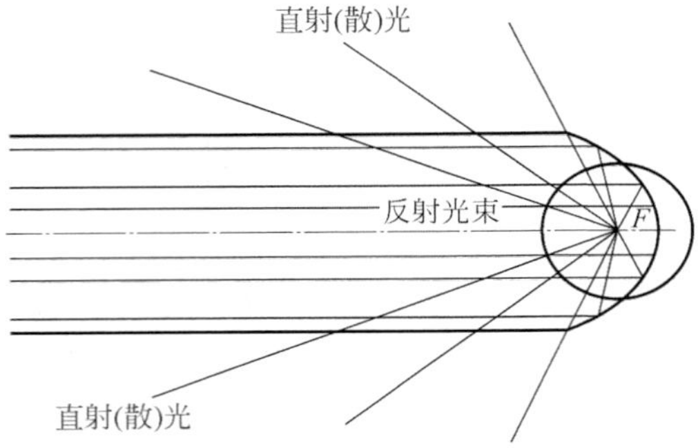

图5-6　抛物面形反光镜的聚光作用

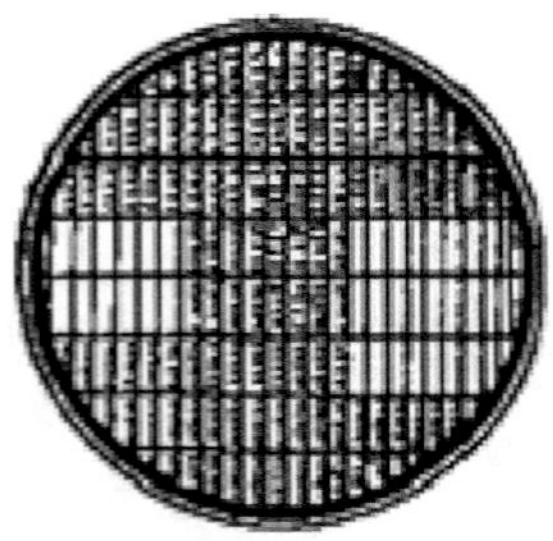

图5-7　配光镜

三、前照灯防炫目措施

前照灯射出的强光会使迎面来车驾驶员炫目。所谓“炫目”是指人的眼睛突然被强光照射时，由于视神经受刺激而失去对眼睛的控制，本能地闭上眼睛，或只能看到亮光而看不见暗处物体的生理现象。两车交会时若驾驶员眼睛受对方前照灯照射而炫目，很易发生交通事故。

前照灯一方面要保证车前路面照明，同时要让紧靠车前的光线分布与安全操作的需求相称，要尽量减少刺目的炫光，以免影响到迎面而来的车辆，但又必须兼顾两侧的照明，以便顺畅安全地通过弯道，也就是说光线必须向外延伸，照亮路面。虽然不可能做到整个路面照明绝对一致，但应当能够而且避免光照反差太强。

为了避免前照灯的炫目作用，保证汽车夜间行车安全，当夜间行驶无迎面来车时，可接用远光灯丝，使前照灯光束射向远方，便于提高车速。当两车相遇时，接用近光灯丝，使光束倾向路面，从而避免迎面来车驾驶员的炫目，并使车前 50m 内的路面也照得十分清晰。

国内外生产的双丝灯泡的前照灯，按近光的配光不同，分为对称形和非对称形两种不同的配光制。

1. 对称形配光(SAE 标准)

远光灯丝位于反射镜的焦点上，而近光灯丝则位于焦点的上方并稍向右偏移(从灯泡向反射镜看去)。其工作情况如图 5-8 所示。

当接用远光灯丝时，灯丝发出的光线由反射镜反射后，沿光学轴线平行射向远方(图 5-8(a))。当接用近光灯丝时，射到反射镜 bab_1 的光线由反射镜反射后倾向路面(图 5-8(b))，而射到反射镜 bc 和 b_1c_1(由焦点平面 bb_1 到端面)上的光线反射后倾向上方，但倾向路面的光线占大部分，从而减小了对迎面来车的驾驶员的炫目作用。美国和日本均采用这一配光方式。

2. 非对称形配光(ECE 标准)

这种非对称形的配光性能称为欧洲式配光，符合联合国欧洲经济委员会制订的 ECE 标准，所以又称 ECE 方式，是比较理想的配光，已被世界公认，我国已采用。

远光灯丝位于反射镜的焦点处，近光灯丝则位于焦点前方且稍高出光学轴线，其下方装有金属配光屏(即屏蔽罩)，其工作情况如图 5-9 所示。由近光灯丝射向反射镜上部的光线，反射后倾向路面，而配光屏挡住了灯丝射向反射镜下半部的光线，故没有向上反射能引起炫目的光线。

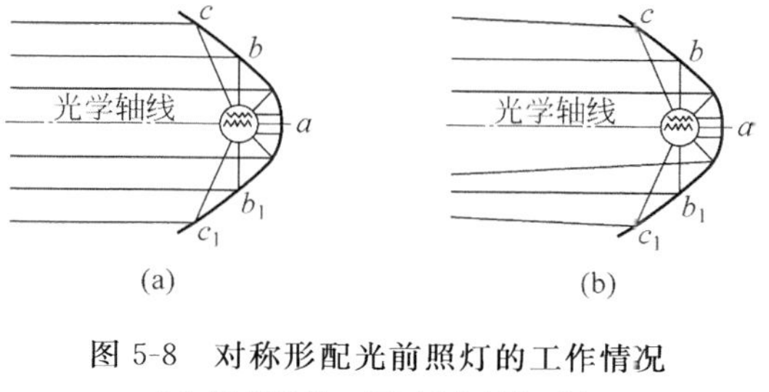

图 5-8　对称形配光前照灯的工作情况

(a) 远光平射；(b) 近光倾向下方

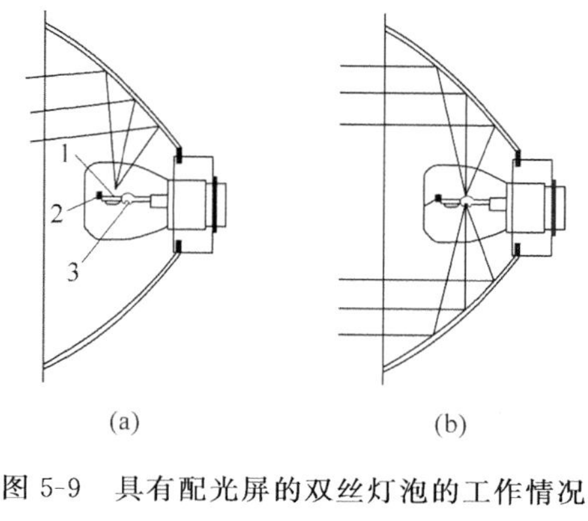

图 5-9　具有配光屏的双丝灯泡的工作情况

(a) 近光；(b) 远光

1—近光灯丝；2—配光屏；3—远光灯丝

配光屏安装时偏转一定的角度，左侧边缘倾斜 15°，使近光的光形有一条明显的明暗截止线，如图 5-10 所示，此配光性能是在前照灯基准中心前 25m，过 HV 点的铅垂配光屏幕上测定的。在配光屏幕上的照度限值应符合表 5-1 的规定。

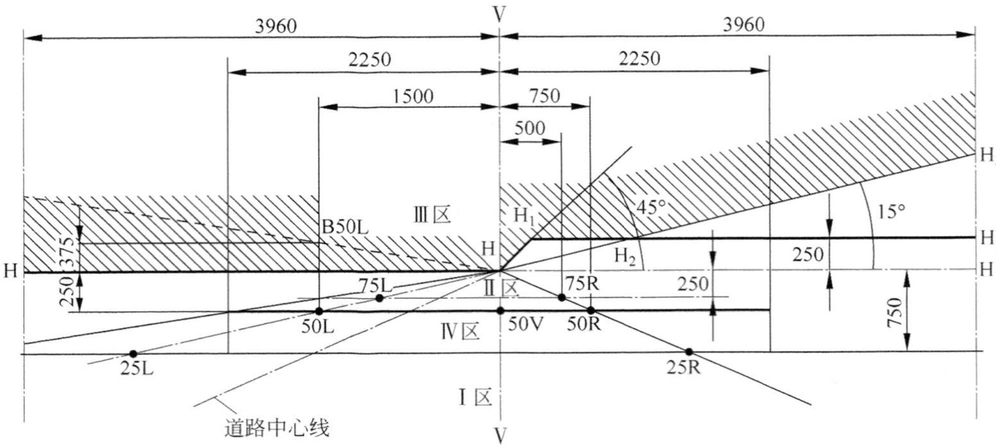

图 5-10　非对称形配光（ECE 方式）

尺寸：mm；测定距离：25m

表 5-1　配光屏幕上的照度限值　　lx

测试点或测试区域	白炽前照灯		卤钨前照灯	
	最大值	最小值	最大值	最小值
B50L	0.3		0.3、0.4[①]	
75R		6		12
75L			12	
50R		6		12
50L			15	
50V				6
25L		1.5		2
25R		1.5		2
Ⅲ区任何点	0.7		0.7	
Ⅵ区任何点		2		3
Ⅰ区任何点	20		$2E_{50R}$[②]	

注：① 单近光为 0.3；远近光为 0.4。

② E_{50R}为 50R 实测照度。

区域Ⅲ是一个明显的暗区，该区 B50L 点表示相距 50m 处迎面来车驾驶员眼睛的位置，由于此点光的照度值规定得很低（最大值为 0.3lx），所以可避免迎面来车驾驶员的炫目。

近来，国外又发展了一种更优良的光形，其近光光形如图 5-11 所示，也对应于图 5-10 中 H—H_1—H_2 折线。明暗截止线呈 Z 形，故称 Z 形配光，它不仅可以避免迎面来车驾驶员的炫目，还可以防止迎面而来的行人和非机动车使用者的炫目，更加保证了汽车夜间行驶的安全。

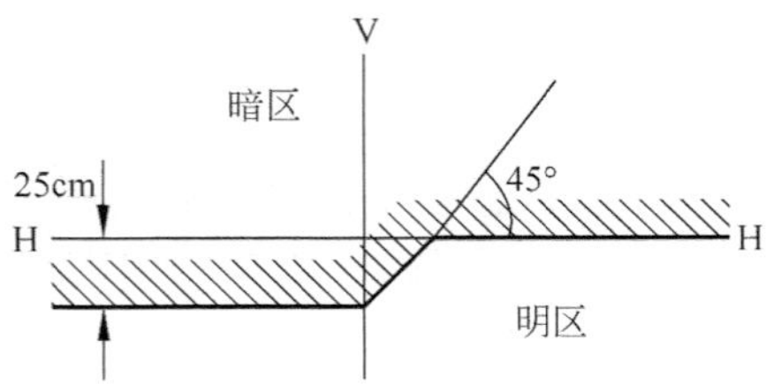

图 5-11　Z 形非对称配光示意图

四、前照灯控制电路

1. 捷达轿车前照灯工作电路

捷达轿车前照灯工作电路见图 5-12，它三要由蓄电池电路、熔断器电路、灯光开关及变光、超车灯开关电路组成。

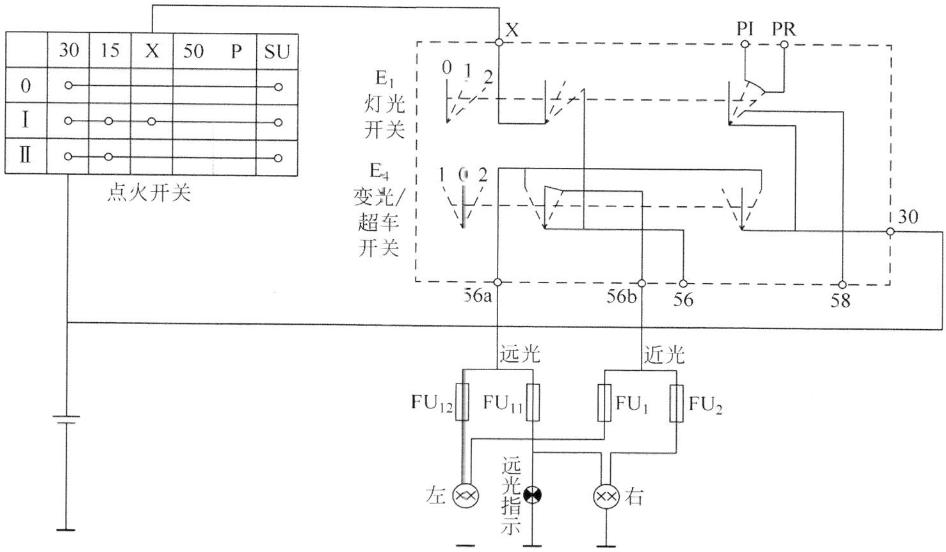

图 5-12 捷达轿车前照灯工作电路

FU_1、FU_2、FU_{11}、FU_{12}—熔断器

点火开关处于点火挡Ⅰ挡，车灯开关 E_1 处于 2 挡位置，变光开关 E_4 处于 0 挡位置时，前照灯电路中的工作电流由蓄电池(+)经点火开关 X 触点至灯光开关 X 触点，再经过变光开关 56 与 56b 触点到熔断器 FU_1 与 FU_2、前照灯近光灯再到蓄电池(—)。于是，两个前照灯的近光点亮。

近光工作时若想将近光转换成远光，只需把变光开关 E_4 朝转向盘方向拉过压力点(E_4 处于 1 位置)，这时前照灯电路的工作电流由蓄电池(+)经灯光开关触点 X 与 56 到变光开关 56 与 56a，又经熔断器 FU_{11} 与 FU_{12}、前照灯远光灯丝及仪表中远光指示灯到蓄电池(—)。于是两个前照灯远光点亮，同时仪表中远光指示灯也点亮。

超车灯电路工作时，只需将变光开关 E_4 朝转向盘方向拉至压力点(E_4 处于 2 位置)，这时超车灯电路工作电流由蓄电池(+)经变光/超车灯开关触点 30 与 56a、熔断器 FU_{11} 与 FU_{12}、前照灯远光灯丝及远光指示灯至蓄电池(—)。于是，两前照灯远光及仪表中远光指示灯同时点亮。当松开开关手柄时，前照灯远光及远光指示灯同时熄灭；再将该开关拉动，前照灯远光又被点亮，如此反复地操作变光/超车灯开关，即可得到前照灯远光闪亮的超车信号。

2. 带自动变光功能的前照灯电路

为了提高汽车夜间行驶的速度，确保行车安全，不少新型车辆都采用电子控制装置，对前照灯进行自动控制。带自动变光功能的前照灯在会车过程中能自动将前照灯的远光变为近光，或由近光变为远光。这种前照灯控制装置的明显优点是不需要驾驶员操纵那种机械式变光控制器，其次是体积小，性能稳定可靠，灵敏度高等。

汽车夜间行驶，一般相会两车距离为150～200m时，迎面驶来车辆的灯光一旦照射到本车自动变光器上，也即对方来车的灯光信号一旦被自动变光器上的光敏元件所接收，这种电子式变光器即刻自动变光，即把前照灯原来的远光变为近光，从而有效地避免了前照灯的远光给对方驾驶员所带来的炫目、看不清路面等危害安全的现象。待两车交会后，该变光器又自动恢复前照灯的远光，汽车即可恢复原来的速度在夜间进行正常行驶。图5-13是某种类型的带自动变光功能的前照灯电路图，其工作原理如下：

在夜间行车无迎面来车灯光照射时，灯光传感器(即图5-13中的自动光敏元件)内阻较大，使得V_1因基极没有导通所需的正向电压而截止，于是V_2、V_3、V_4的基极也都因无正向导通电压而截止，继电器J不通电，常闭触点接通远光灯。

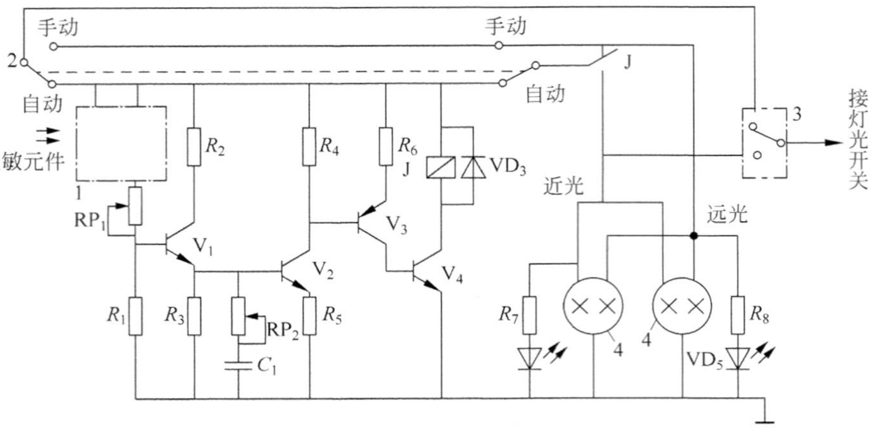

图5-13 前照灯自动变光控制电路

1—灯光传感器；2—手动与自动变光转换开关；3—变光开关；4—前照灯；J—继电器

当有迎面来车或道路有较好的照明度时，灯光传感器因受迎面灯光照射而使其电阻下降，使V_1基极电位升高而导通，V_2、V_3、V_4的基极也随之有正向偏置而导通，于是继电器线圈便通电，使其常闭触点打开、常开触点闭合，前照灯由远光自动切换为近光。

会车结束后，灯光传感器因无强光照射而电阻增大，使V_1又截止。此时，由于电容C_1的放电，使V_2、V_3、V_4仍保持导通，1～5s后，待电容放电至V_2不能维持导通状态时，继电器才断电，前照灯恢复远光照明。延时恢复远光可避免会车过程中由于光照突变而引起的频繁变光，以提高近光会车的可靠性。延时的时间可通过电位器RP_2进行调整。

该变光控制电路可使前照灯在150～200m处有迎面来车时，自动从远光转变为近光，待会车结束后，又自动恢复前照灯远光照明；在市区保持前照灯近光照明。自动/手动转换开关可以让驾驶员选择自动或手动变光，在自动变光器失效的情况下，通过此开关仍可实现人工操纵变光。

3. 前照灯关灯警告装置

车辆停止行驶后驾驶员如果关闭点火开关后忘记关灯，将使车辆白白消耗电能，前照灯电流较大，蓄电池若向前照灯持续放电数小时将导致下次无法起动及蓄电池故障，关灯警告装置是用于提醒驾驶员在停车时及时关闭车灯开关。

以图 5-14 所示的蜂鸣器报警关灯警告装置电路图为例。当驾驶员关闭点火开关时，如果灯开关还是接通的，三极管 V 的基极就有正向导通电压而使三极管导通，这样就接通了蜂鸣器电路，蜂鸣器发声，提醒驾驶员关掉灯开关。在行车时开灯，由于点火开关在接通状态，三极管的基极电位高而保持截止，因此蜂鸣器不会通电发声。

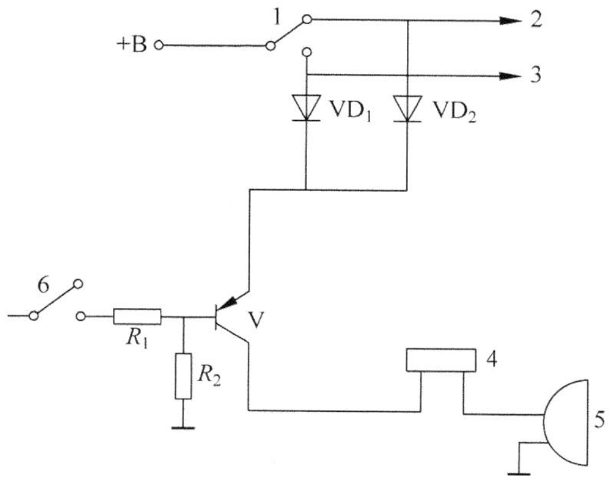

图 5-14　前照灯关灯警告装置电路

1—灯开关；2—接前照灯；3—接其他照明灯；4—蜂鸣器控制电路；5—蜂鸣器；6—点火开关

4. 计算机控制的前照灯系统

随着电子技术的进步以及总线技术在车辆上的应用和发展，越来越多的车辆开始采用计算机来控制前照灯。图 5-15 所示为奥迪车辆的车灯线路。

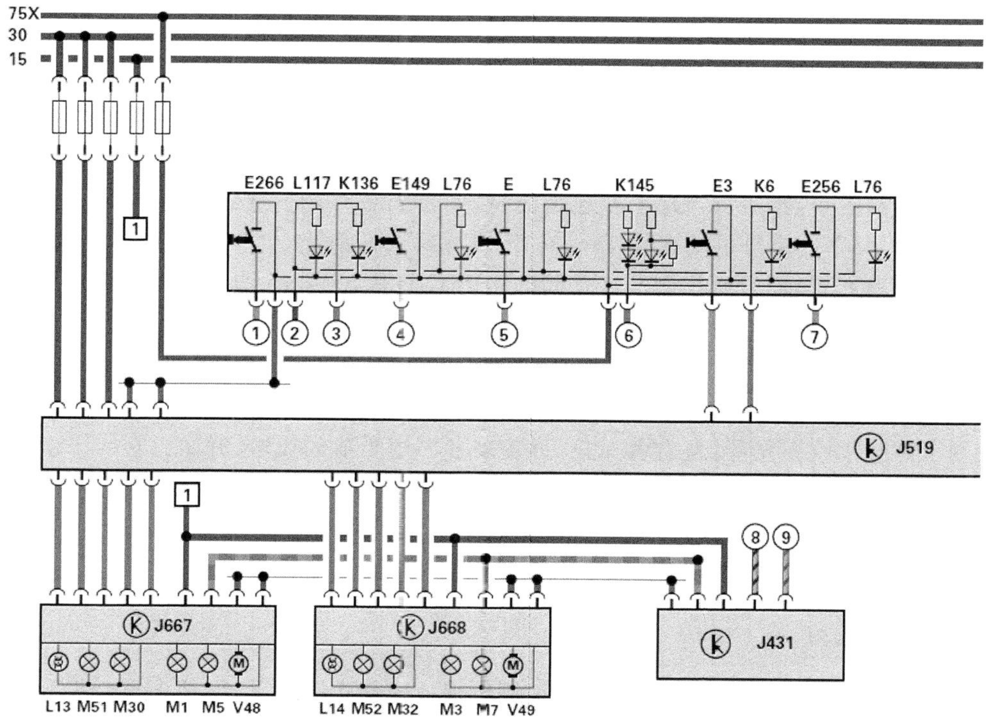

图 5-15　奥迪车辆车灯线路

图 5-15 中，J519 为中央电器控制单元，L13 为左侧近光灯，L14 为右侧近光灯，左右近光灯均为氙气灯。M30 为左侧远光灯，M32 为右侧远光灯，左右远光灯均为卤素灯。V48 为左大灯照程调节电机，V49 为右大灯照程调节电机。J431 为大灯照程调节单元，J667 为左大灯功率模块，J668 为右大灯功率模块。左右大灯功率模块 J667 和 J668 根据中央电器控制单元 J519 的指令对左右大灯照程调节电机 V48 和 V49 进行控制，从而实现对左右大灯的照程控制。

第三节　信号系统的种类与功用

信号系统主要用于向其他人或其他车辆发出警告和示意信号。其主要信号设备如下：

1. 位灯

位灯在轿车上又称小灯或示廓灯，装在汽车前后两侧边缘，用于在夜间行驶或停车时，标示汽车的宽度。前位灯又称示宽灯，一般为白色或黄色，每个灯泡的功率需大于 5W，大多数汽车的前位灯都属于前灯总成的一部分。后位灯又称尾灯，为红色，每个灯泡的功率也需大于 5W。

尾灯离汽车边缘的距离必须小于 400mm，两个灯之间的距离必须大于 500mm，离地高度必须在 350～1500mm 之间。

2. 转向信号灯

汽车转弯时，发出明暗交替的闪光信号，表示汽车向左或向右转向行驶，一般有前、后、侧转向信号灯之分。它一般为橙色。转向信号灯也兼做危险警报灯。

3. 制动灯

制动灯位于车后方，每当踩下制动踏板时，便发出较强的红光，以示制动。汽车必须有两个制动灯，每个制动灯的功率在 15～36W，其光线为漫射光。制动灯的离地高度在 350～1500mm，对称布置，同时两个制动灯之间的距离不小于 400mm。现在大多数轿车都安装了高位制动灯，与原来的制动灯同步工作。

4. 倒车灯

倒车灯装于汽车尾部，左右各一只，近年来各厂商为节约成本，开始只装一个倒车灯，一般为白色，用于照亮车后路面，并警告车后的车辆和行人，表示该车正在倒车。每个倒车灯的功率在 24W 左右，不能炫目，可以通过变速器自动工作，也可以与警报灯同步工作。现在很多汽车安装了倒车蜂鸣器，与倒车灯电路合成一体，特别是在大型汽车上用得更多。

5. 危险警报灯

危险警报灯与转向信号灯共用。当车辆出现故障停在路面上时，按下危险警报开关，全部转向灯同时闪烁，提醒后方车辆，避免出现追尾等恶性交通事故。

6. 雾灯

雾灯有前后之分，前雾灯的离地高度小于500mm，只能在起雾或者下雨的时候打开，用来照亮汽车近处的路面，并且不能引起反射，也不能引起炫目。后雾灯有一个或者两个，当只有一个后雾灯时，右行车必须位于汽车左方(左行车必须位于汽车右方)或者中心线上。后雾灯的离地高度为250～1000mm，距离制动灯的距离必须大于100mm，其功率一般为21W。只有在汽车的前照灯、位灯和前雾灯三者之一打开时，后雾灯才工作。

7. 喇叭

喇叭为声响信号装置，按下喇叭按钮，发出声响，警告行人车辆，以确保行车安全。

第四节　信号系统的结构与工作原理

一、转向信号灯的闪光器

为了指示车辆的行驶方向，便于交通指挥，汽车上都装有转向信号灯。转向信号灯的闪烁频率一般为1～2Hz。当汽车转向时，通过闪光器使左边或右边的前、后转向信号灯闪烁发光。近年来，绝大部分轿车在行驶中如遇见危险情况，使前、后、左、右转向灯同时发出闪光，作为危险警报信号。因此，闪光器按用途有转向和报警之分。

闪光器按结构和工作原理可分为电热丝式(俗称电热式)、电容式、翼片式、水银式、电子式等多种。电热丝式闪光器的结构简单，制造成本低，但闪光频率不够稳定，使用寿命短，信号灯的亮暗不够明显，已趋于淘汰。而电容式闪光器闪光频率稳定；翼片式闪光器结构简单、体积小、闪光频率稳定、监控作用明显、工作时伴有响声；电子式闪光器具有性能稳定、可靠等优点，故在各种车辆上得到了广泛的应用。

下面将分别介绍各种闪光器的结构及工作原理。

1. 电热丝式闪光器

SD56型电热丝式闪光器的结构与工作原理如图5-16所示。

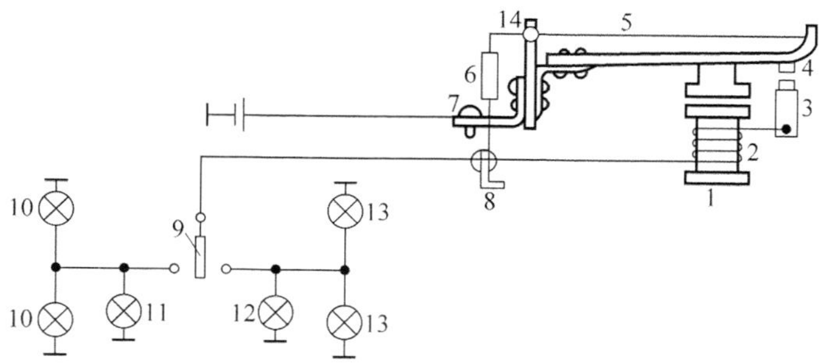

图5-16　电热丝式闪光器的结构与工作原理

1—铁芯；2—线圈；3—固定触点；4—活动触点；5—镍铬丝；6—附加电阻丝；7,8—接线柱；9—转向开关；10—左(前、后)转向开关；11—左转向指示灯；12—右转向指示灯；13—右(前、后)转向灯；14—调节片在胶木底板上固定着工字形的铁芯 1，其上绕有线圈 2，线圈 2 的一端与固定触点 3 相连，另一端与接线柱 8 相连，镍铬丝 5 具有较大的线膨胀系数，一端与活动触点 4 相连，另一端固定在调节片 14 的玻璃球上，附加电阻 6 也由镍铬丝制成。不工作时，活动触点 4 在镍铬丝 5 的拉紧下与固定触点 3 分开。当汽车向右转弯时，接通转向开关 9，电流便从蓄电池正极→接线柱 7→活动触点臂→镍铬丝 5→附加电阻 6→接线柱 8→转向开关 9→右（前、后）转向信号灯 13 和仪表板上的右转向指示灯 12→搭铁→蓄电池负极，形成回路。此时由于附加电阻 6 和镍铬丝 5 串入电路中，电流较小，故转向信号灯不亮。经过一段较短时间后，镍铬丝受热膨胀而伸长，使触点 3、4 闭合。触点闭合后，电流由蓄电池正极→接线柱 7→活动触点臂→触点 4、3→线圈 2→接线柱 8→转向开关 9→右（前、后）转向信号灯 13 和右转向指示灯 12→搭铁→蓄电池负极，形成回路。此时由于附加电阻 6 和镍铬丝 5 被短路，而线圈 2 中有电流通过产生电磁吸力使触点 3、4 闭合更为紧密，线路中的电阻小，电流大，故转向灯发出较亮的光。但镍铬丝因被短路逐渐冷却而收缩，又打开触点 3、4，附加电阻又重新串入电路，灯光又变暗。如此反复变化，触点时开时闭，附加电阻交替地被接入或短路，使通过转向信号灯的电流忽大忽小，从而使转向信号灯一明一暗地闪烁，标示车辆行驶的方向。

2. 电容式闪光器

电容式闪光器的结构与工作原理如图 5-17 所示。它主要由一个继电器和一个电容器组成。在继电器的铁芯 6 上绕有串联线圈 3 和并联线圈 4，电容器 7 采用大容量的电解电容器（约 1500μF）。电容式闪光器是利用电容器充、放电延时特性，使继电器的两个线圈产生的电磁吸力时而相加、时而相减，继电器便产生周期的开关动作，从而使转向信号灯闪烁。其工作原理如下：

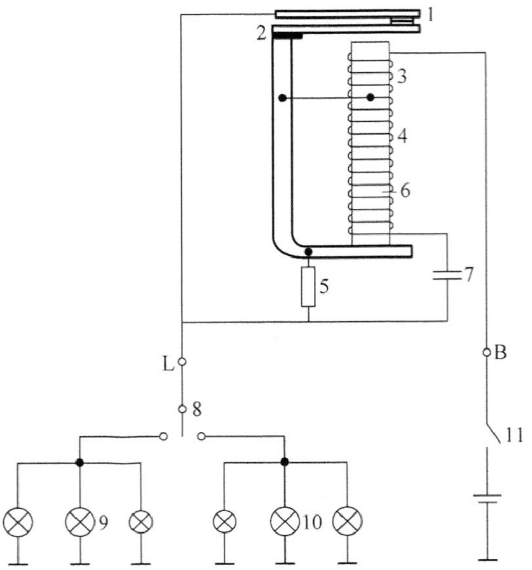

图 5-17 SG112 型电容式闪光器的结构与工作原理

1—触点；2—弹簧片；3—串联线圈；4—并联线圈；5—灭弧电阻；6—铁芯；7—电解电容器；8—转向灯开关；9—左转向信号灯和指示灯；10—右转向信号灯和指示灯；11—电源开关

当汽车向左转弯时，接通转向灯开关 8，左转向信号灯 9 就被串入电路中，电流从蓄电池正极→电源开关 11→接线柱 B→串联线圈 3→常闭触点 1→接线柱 L→转向灯开关 8→左转向信号灯和指示灯 9→搭铁→蓄电池负极，形成回路。此时并联线圈 4、电容器 7 及电阻 5 被触点 1 短路，而电流通过线圈 3 产生的电磁吸力大于弹簧片 2 的作用力，触点 1 迅速被打开，转向信号灯处于暗的状态(转向信号灯和指示灯尚未来得及亮)。

触点 1 打开后，蓄电池向电容器 7 充电，其充电电流由蓄电池正极→电源开关 11→接线柱 B→串联线圈 3→并联线圈 4→电容器 7→接线柱 L→转向灯开关 8→左转向信号灯和指示灯 9→搭铁→蓄电池负极，形成回路。由于线圈 4 电阻较大，充电电流很小，不足以使转向信号灯亮，则转向信号灯仍处于暗的状态。同时充电电流通过串联线圈 3 和并联线圈 4 产生的电磁吸力方向相同，使触点继续打开，随着电容器的充电，电容器两端的电压逐渐升高，其充电电流逐渐减小，串联线圈 3 和并联线圈 4 的电磁吸力减小，使触点 1 重又闭合。触点 1 闭合后，转向信号灯和指示灯处于亮的状态，此时电流由蓄电池正极经接线柱 B、串联线圈 3、常闭触点 1、接线柱 L、转向灯开关 8、左转向信号灯和指示灯 9，回到蓄电池负极。与此同时，电容器通过线圈 4 和触点 1 放电，其放电电流通过线圈 4 时产生的磁场方向与线圈 3 相反，所产生的电磁吸力减小，故触点仍保持闭合，左转向信号灯和指示灯 9 继续发亮。随着电容器的放电，电容器两端电压逐渐下降，其放电电流减小，则线圈 4 的退磁作用减弱，串联线圈 3 的电磁吸力增强，触点 1 重又打开，灯变暗。如此反复，继电器的触点不断开闭，使转向信号灯和指示灯发出闪光。灭弧电阻 5 与触点 1 并联，用来减小触点火花。

使用注意事项：

(1) 必须按规定的电压和灯泡的总功率使用；

(2) 接线必须正确，否则闪光器不闪光，且电容器易损坏。在负极塔铁的车辆上，接线柱“B”应接蓄电池，“L”接转向开关。

3. 电子式闪光器

电子闪光器的结构和种类繁多，常用的有全晶体管式无触点闪光器、由晶体管和小型继电器组成的有触点晶体管式闪光器以及由集成块和小型继电器组成的有触点集成电路闪光器。其中后两种电子闪光器应用较多。

(1) 带继电器的有触点晶体管式闪光器

带继电器的有触点晶体管式闪光器如图 5-18 所示。它主要由一个三极管的开关电路和一个继电器所组成。当汽车向左转弯时，接通电源开关 SW 和转向灯开关 K，电流由蓄电池正极→电源开关 SW→接线柱“B”→电阻 R_1→继电器 J 的常闭触点 J→接线柱“S”→转向灯开关 K→左转向信号灯→搭铁→蓄电池负极，左转向信号灯亮。当电流通过 R_1 时，在 R_1 上产生电压降，晶体管三极管 V 因正向偏压而导通，集电极电流 I_c 通过继电器 J 的线圈，使继电器常闭触点立即断开，左转向信号灯熄灭。

晶体三极管 V 导通的同时，V 的基极电流向电容器 C 充电。充电电路是：蓄电池正极→电源开关 SW→接线柱 B→V 的发射极 e、基极 b→电容器 C→电阻 R_3→接线柱 S→转向灯开关 K→右转向信号灯→搭铁→蓄电池负极。在充电过程中，随着电容器电荷的积累，充电电流 I_b 逐渐减小，三极管 V 的集电极电流 I_c 也随之减小，当此电流不足以维持衔铁的吸合而释放时，继电器 J 的常闭触点 J 又重新闭合，转向信号灯再次发亮。这时电容器 C 通过电阻 R_2、继电器的常闭触点 J、电阻 R_3 放电。放电电流在 R_2 上产生的电压降为 T 提供反向偏压，加速了 V 的截止，使继电器线圈 J 断电，常闭触点 J 保持导通，转向灯亮。当放电电流接近零时，R_1 上的电压降又为 V 提供正向偏压使其导通。这样，电容器 C 不断地充电和放电，三极管 V 也就不断地导通与截止，控制继电器的触点反复地闭合、断开，使转向信号灯发出闪光。

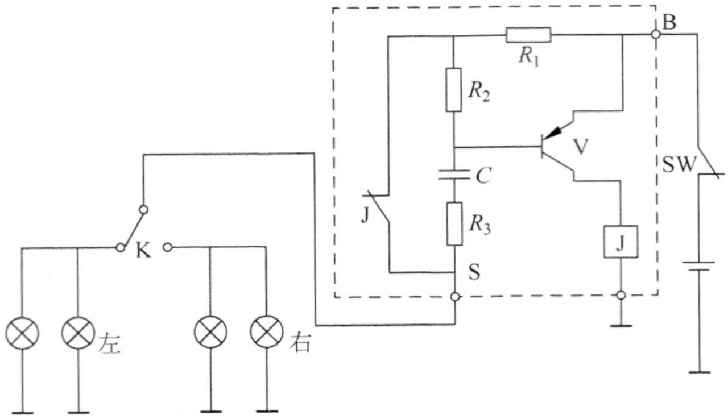

图 5-18　带继电器的有触点晶体管式闪光器

(2) 全晶体管式(无触点)闪光器

图 5-19 所示为国产 SG131 型无触点闪光器的电路图。它是利用电容器充放电延时的特性，控制三极管 V_1 的导通和截止，来达到闪光的目的。接通转向开关后，三极管 V_1 的基极电流由两路提供，一路经电阻 R_2，另一路经 R_1 和 C，使 V_1 导通，V_1 导通时，则 V_2、V_3 组成的复合管处于截止状态。由于 V_1 的导通电流很小，仅 60mA 左右，故转向信号灯暗。与此同时，电源对电容器 C 充电，随着 C 的两端电压升高，充电电流减小，V_1 的基极电流减小，使 V_1 由导通变为截止。这时 A 点电位升高，V_1 断开后，V_2、V_3 立即导通，于是转向信号灯亮。此时电容器 C 经过 R_1、R_2 放电，放电时间为灯亮时间。C 放电过程中，C 两端电压逐渐减小，V_1 的基极电位逐渐升高，当 C 放完电，V_1 再次导通使 V_2、V_3 截止，转向信号灯又熄灭，C 再次充电。C 的充电时间为灯灭的时间。如此反复，使转向信号灯发出闪光。改变 R_1 的电阻值，即可改变闪光频率。

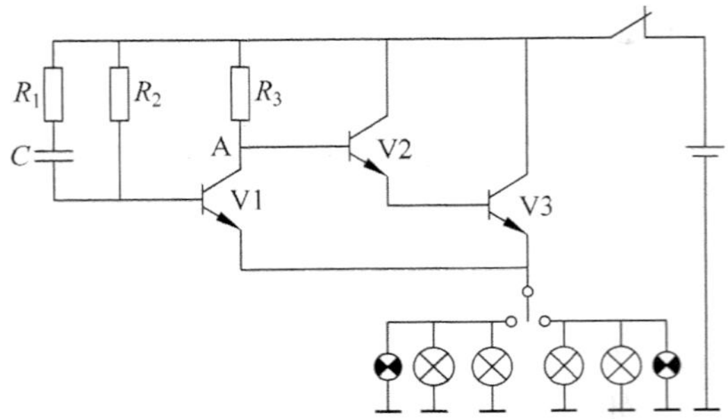

图 5-19　SG131 型无触点闪光器电路图

二、制动灯

1. 制动信号灯

汽车上采用的第一个信号灯就是制动信号灯，它装在汽车尾部。当汽车进行制动时，制动信号灯亮，给尾随其后的汽车驾驶员发出制动信号，以免造成追尾事故。现代轿车还装有高位制动灯，位于车后窗上。

制动信号灯是与汽车制动系同步工作的，它通常由装在制动系管路中的制动信号灯开关控制。由于汽车有液压制动和气压制动两种方式，因此制动信号灯开关也有液压和气压两种形式。一种是弹簧负载式常开开关，装在制动踏板的后面，当踏下制动踏板时，开关闭合，制动灯亮；另一种是液压或气压式开关，装在制动总泵出口处，当踩下制动踏板，液压管路(或气压管路)中压力增加时，经过开关薄膜的作用，开关闭合，制动灯亮，当释放制动踏板时，管路压力下降，开关又恢复到原来的常开位置。

如图 5-20 所示为液压式制动信号灯开关，装在制动总泵的前端。当踩下制动踏板时，制动系中油液压力增大，膜片 2 向上拱曲，克服弹簧 5 的作用力，使动触片 4 接通接线柱 6 和 7，制动信号灯通电发亮；松开制动踏板时，油液压力降低，动触片在弹簧 5 的作用下复位，制动信号灯熄灭。

近年来，越来越多的轿车上还装有高位制动灯，高位制动灯与制动灯并联，装在小轿车的后窗中心线的附近。这样，在前后两辆汽车靠得太近时，后面汽车驾驶员就能根据高位制动灯的工作状况，知道前面汽车的行驶状况。实践证明，装置高位制动灯对于防止相撞事故发生取得了相当好的效果。

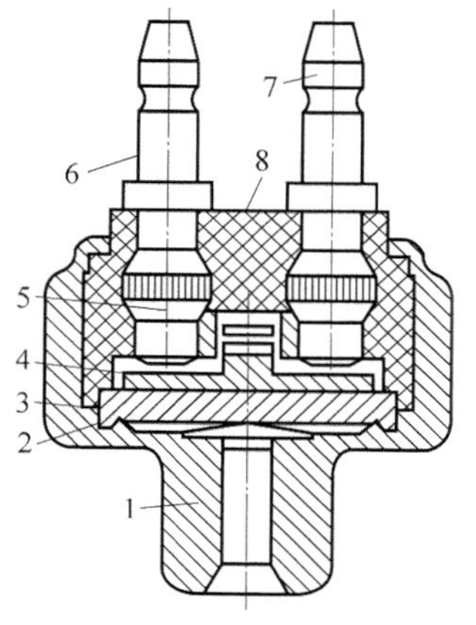

图 5-20 液压式制动信号灯开关

1—管接头；2—膜片；3—壳体；4—动触片；5—弹簧；6,7—接线柱及静触头；8—胶木底座

2. 制动信号灯监视电路

因为制动灯在汽车尾部，若信号灯丝烧断，不易被驾驶员发现，而一旦制动灯丝烧断，在紧急制动时，制动灯不亮，失去了对后面车辆驾驶员的警告作用，很容易发生追尾事故，因此危险性很大。

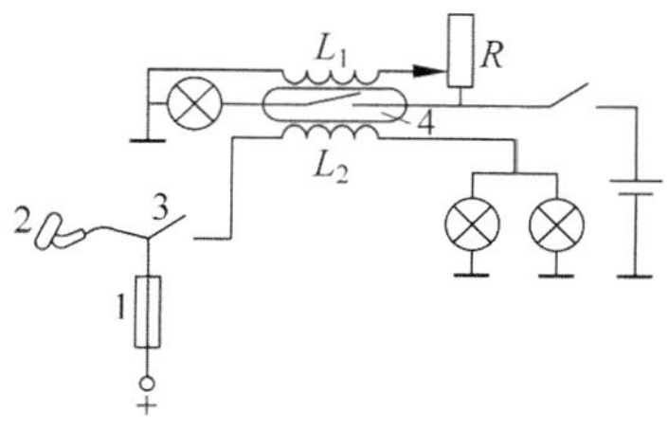

图 5-21 制动灯监视电路

1—保险丝；2—制动踏板；3—制动灯开关；4—干簧管继电器

图 5-21 所示为制动灯监视电路，用以监视制动灯的工作情况，其工作原理如下：当踩下制动踏板时，电源经保险丝、线圈 L_2 到制动信号灯搭铁成回路，制动灯亮，但线圈 L_2 所产生的磁场不足以闭合干簧管继电器触点。在点火开关接通的情况下，经可调电阻 R、线圈 L_1 搭铁成回路，使 L_1 中也产生磁场。这两个磁场叠加时，干簧管继电器触点才闭合 12V 电压加在指示灯上，指示灯亮表示制动灯工作正常。当一只制动灯损坏时，流过 L_2 的电流减小一半，磁场减弱，干簧管继电器触点不闭合，指示灯不亮，

表示制动灯有故障。

监视指示灯的灵敏度可一次调整好，踏下制动踏板时，制动灯开关接通，调整可调电阻R，直到干簧管触点闭合为止。为了模拟故障，可将一个制动灯拆下，这时，再踏下制动踏板时，指示灯应不亮。

在制动灯电路中，短路的情况比较少见，由于制动灯电路有保险丝，当短路时，保险丝烧断，这时踩下制动踏板，指示灯也不亮。

三、倒车灯

汽车倒车时，为了照亮车后的路面，同时警告车后行人和其他车辆驾驶员，在汽车后部常装有倒车灯，有的车辆还装有倒车报警器，它们均由装在变速器盖上的倒车灯开关自动控制。倒车灯开关结构如图 5-22 所示。当把变速杆拨到倒挡位置时，倒车灯开关中的钢球 9 被松开，在弹簧 5 的作用下，膜片 7 和金属盘 1 也向下移动，使触点 6 闭合，于是倒车灯便与电源接通。

图 5-23 所示为装有倒车报警器的倒车灯电路。当倒车灯开关闭合后，一方面倒车灯亮，另一方面倒车报警器也通电。由于继电器线圈 L_1 和 L_2 中的电流大小相等、方向相反，线圈电磁力抵消，继电器触点 4 保持闭合，所以倒车报警器喇叭 5 有响声。随着电容器 6 被 L_2 中的电流充电，两端电压逐渐升高，L_2 中的电流逐渐减小，当电流减小到一定程度时，两线圈电磁力差值逐渐增大，就能克服触点的弹簧力吸开触点 4，使电路断开，喇叭 5 便停止发声。触点 4 打开后，电容器 6 向两线圈放电，两线圈磁力之和使触点继续断开。随着电容器的放电，其电压下降，两线圈电磁力合力变小，触点 4 又闭合，喇叭又通电鸣响。如此反复，触点时开时闭，倒车报警器便发出陆续的鸣叫声。

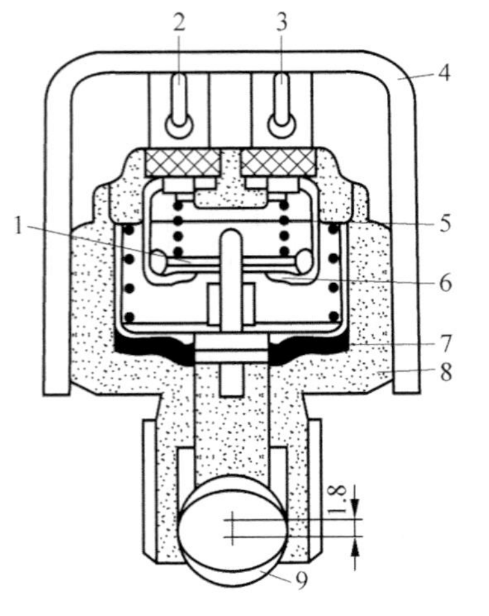

图 5-22　倒车灯开关

1—金属盘；2,3—导线；4—保护罩；5—弹簧；6—触点；7—膜片；8—壳体；9—钢球

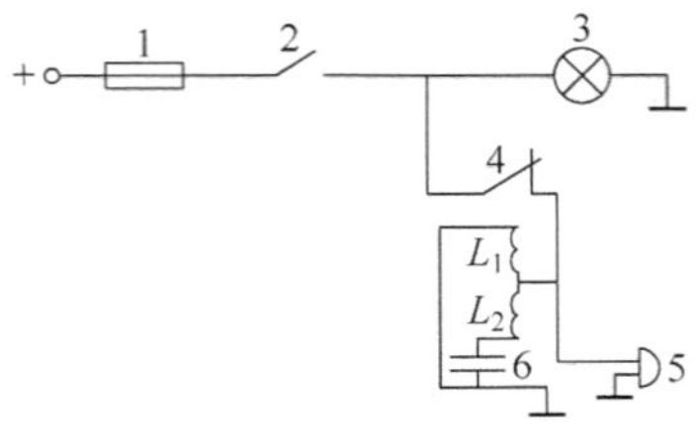

图 5-23　倒车报警器电路

1—熔断器；2—倒车灯开关；3—倒车灯；4—继电器触点；5—喇叭；6—电容器

四、喇叭

汽车上都装有喇叭，用来警告行人和其他车辆，以引起注意，保证行车安全。

喇叭按发音动力有气喇叭和电喇叭之分；按外形有螺旋形、筒形、盆形之分；按声频有高音和低音之分；按接线方式有单线制和双线制之分。

气喇叭是利用气流使金属膜片振动产生音响，外形一般为筒形，多用在具有气压制动装置的重型载重汽车上。电喇叭是利用电磁力使金属膜片振动产生音响，其声音悦耳，广泛使用于各种类型的汽车上。

电喇叭按有无触点又可分为普通电喇叭和电子电喇叭。普通电喇叭主要是靠触点的闭合和断开，控制电磁线圈激励膜片振动而产生音响的；电子电喇叭中没有触点，它是利用晶体管电路产生的电磁力激励膜片振动产生音响的。

在中小型汽车上，由于安装的位置限制，多采用螺旋形和盆形电喇叭。盆形电喇叭具有体积小、重量轻、指向好、噪声小等优点。

1. 普通电喇叭的构造与工作原理

(1) 筒形、螺旋形电喇叭

筒形、螺旋形电喇叭的构造如图 5-24 所示。其主要机件由山形铁芯 5、线圈 11、衔铁 10、膜片 3、共鸣板 2、扬声筒 1、触点 16 以及电容器 17 等组成。膜片 3 和共鸣板 2 借中心杆 15 与衔铁 10、调整螺母 13、锁紧螺母 14 联成一体。当按下按钮时，电流由蓄电池正极→线圈 11→触点 16→按钮 18→搭铁→蓄电池负极。当电流通过线圈 11 时，产生电磁吸力，吸下衔铁 10，中心杆上的调整螺母 13 压下活动触点臂，使触点 16 分开而切断电路。此时线圈 11 电流中断，电磁吸力消失，在弹簧片 9 和膜片 3 的弹力作用下，衔铁又返回原位，触点闭合，电路重又接通。此后，上述过程反复进行，膜片不断振动，从而发出一定音调的音波，由扬声筒 1 加强后传出。共鸣板与膜片刚性连接，在振动时发出陪音，使声音更加悦耳。为了减小触点火花，保护触点，在触点 16 间并联了一个电容器 17(或灭弧电阻)。

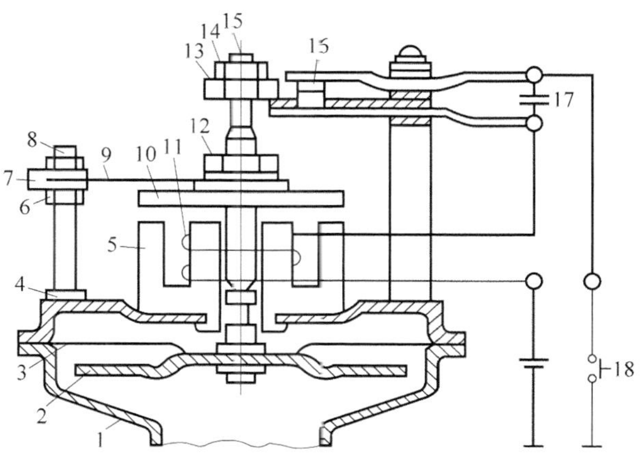

图 5-24　筒形、螺旋形电喇叭

1—扬声筒；2—共鸣板；3—膜片；4—底板；5—山形铁芯；6—线螺柱；7,13—调整螺母；8,14—锁紧螺母；9—弹簧片；10—衔铁；11—线圈；12—锁紧螺母；15—中心杆；16—触点；17—电容器；18—按钮

(2) 盆形电喇叭

盆形电喇叭的工作原理与上述相同，其结构如图 5-25 所示。电磁铁采用螺管式结构，

铁芯 9 上绕有线圈 2，上、下铁芯间的气隙在线圈 2 中间，所以能产生较大的吸力。它没有扬声筒，而是将上铁芯 3、膜片 4 和共鸣板 5 固装在中心轴上。当电路接通时，线圈 2 产生吸力，上铁芯 3 被吸下与下铁芯 1 碰撞，产生较低的基本频率，并激励与膜片一体的共鸣板 5 产生共鸣，从而发出比基本频率强得多，且分布又比较集中的谐音。

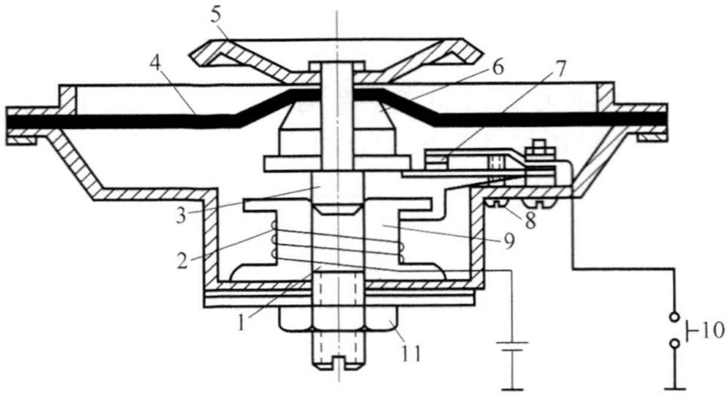

图 5-25　盆形电喇叭的结构

1—下铁芯；2—线圈；3—上铁芯；4—膜片；5—共鸣板；6—衔铁；7—触点；8—调整螺钉；9—铁芯；10—按钮；11—锁紧螺母

为了保护触点，在触点 7 之间，同样也并联了一只电容器(或灭弧电阻)。

2. 电子电喇叭

图 5-26 为盆形电子电喇叭的结构，其电路如图 5-27 所示。

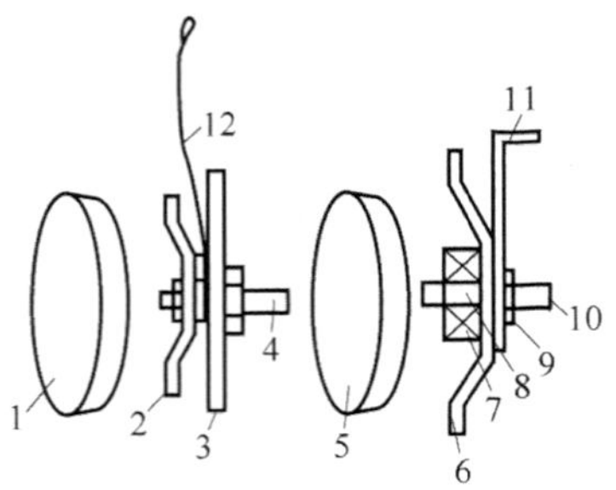

图 5-26　盆形电子电喇叭的结构

1—罩盖；2—共鸣板；3—绝缘膜片；4—上衔铁；5—绝缘垫圈；6—喇叭体；7—线圈；8—下衔铁；9—锁紧螺母；10—调节螺钉；11—拖架；12—导线

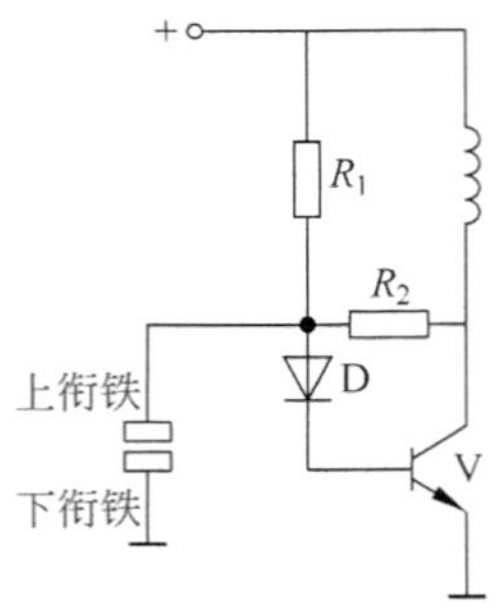

图 5-27　WDL-120G 型电子电喇叭的电路

当喇叭电路接通电源后，由于晶体三极管 V 加正向偏压而导通，线圈中便有电流通过，产生电磁力，吸引上衔铁，连同绝缘膜片和共鸣板一起动作。当上衔铁与下衔铁接触而直接搭铁时，三极管 V 失去偏压而截止，切断线圈中的电流，电磁力消失，膜片与共鸣板在弹力作用下复位，上、下衔铁又恢复为断开状态，三极管 V 重又导通，如此周而复始地动作，膜片不断振动便发出响声。

3. 喇叭继电器及控制线路

为了使喇叭的声音更加悦耳，汽车中常装有高、低音两个喇叭，其发音频率不同，两个喇叭在电路上并联，由喇叭按钮控制。车上的喇叭按钮大多装在转向盘的中心，喇叭的工作电流很大，如果喇叭电流直接由按钮控制，则按钮容易烧坏。为了避免出现这种情况，现在车上的喇叭电路中常会采用喇叭继电器，其构造和接线方法如图 5-28 所示。当按下按钮 3 时，蓄电池电流便流经线圈 2(因线圈电阻很大，所以通过线圈 2 及按钮 3 的电流不大)，产生电磁吸力，吸下触点 1，因而触点 1 闭合接通了喇叭电路。因喇叭的大电流不再经过按钮，从而保护了喇叭按钮。当松开按钮时，线圈 2 内电流被切断，磁力消失，触点在弹簧力作用下打开，即可切断喇叭电路，使喇叭停止发声。

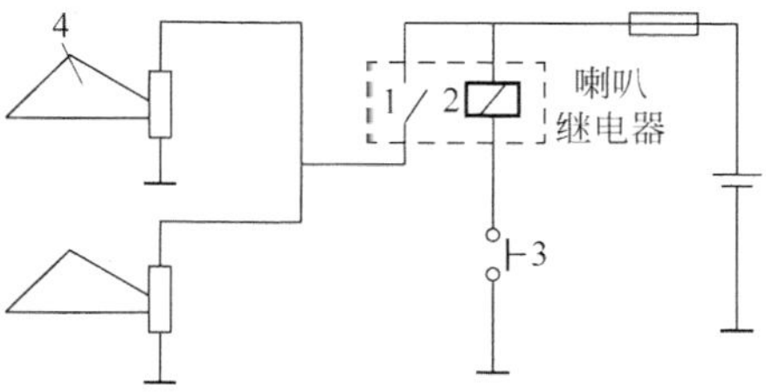

图 5-28　喇叭继电器

1—触点；2—线圈；3—喇叭按钮；4—喇叭

4. 喇叭维护与调整

喇叭触点应保持清洁，其接触面积不应低于 80%。如果有严重烧蚀应及时进行检修。

喇叭的固定方法对其发音影响极大。为了使喇叭的声音正常，喇叭不能作刚性的装接，而应固定在缓冲支架上，即在喇叭与固定支架之间装有片状弹簧或橡皮垫。

不同型式的电喇叭其构造不完全相同，所以调整方法也不一致。但其原理是基本相同的。喇叭的调整包括音调和音量的调整。

(1) 喇叭音调的调整

减小衔铁与铁芯间的间隙，可以提高衔铁振动频率从而提高音调。为此，可先旋松锁紧螺母 8 和 12(图 5-24)，再旋松调整螺母 7，并转动衔铁 10，减小衔铁与铁芯间的间隙；反之增大间隙，则音调降低。衔铁与铁芯的间隙一般为 0.5～1.5mm，间隙太小会发生碰撞，太大则会吸不动衔铁。调整时铁芯要平整，铁芯与衔铁四周的间隙要均匀，否则会产生杂音。

盆形电喇叭的调整方法是先松开锁紧螺母 11，再旋转下铁芯，改变其上、下铁芯间间隙即可调整音调的高、低。

(2) 喇叭音量的调整

电喇叭音量的大小与通过喇叭线圈中的电流大小有关。电流大，吸力大，吸动膜片振幅就大。需增大音量时，可先松开锁紧螺母 14(图 5-24)，再旋松调整螺母 13，使触点的压力增大。由于触点的接触压力大，要吸开触点，通过线圈的电流就比较大，所以音量也相应增大；反之喇叭音量就减小。

图 5-25 所示喇叭音量的调整是通过旋转调整螺钉 8 来改变触点 7 的接触压力，即可改

变音量的大小。

五、倒车雷达

倒车雷达系统在倒车时起到辅助报警作用，使安全性大大提高。当驾驶员挂入倒挡后，倒车雷达探测器进入自我检测。当自我检测通过后，就开始检测汽车后部障碍物，如：风神Ⅱ号轿车装备的雷达系统，当在汽车后部 50cm 处检测到表面积为 $25cm^2$ 以上的障碍物时就会发出报警声，以提醒驾驶员注意。

倒车雷达系统由倒车雷达探测器、控制器和蜂鸣器等组成。倒车雷达探测器安装在车辆后部保险杠上。它向汽车后部发射超声波，并接收反射回来的超声波。一般车辆在后部会安装 3～4 个探测器。

控制器接收从探测器传来的信号，经计算判断障碍物离车尾的距离。如达到报警位置，就传送信号给蜂鸣器。

倒车雷达系统利用声呐原理工作，见图 5-29。发射的超声波频率达到 40kHz，当超声波遇到障碍物时会有反射波产生，被传感器接收后，控制器会利用发射波与反射波之间的延迟时间计算出障碍物与雷达发射器的距离，并根据此采取相应的报警措施。

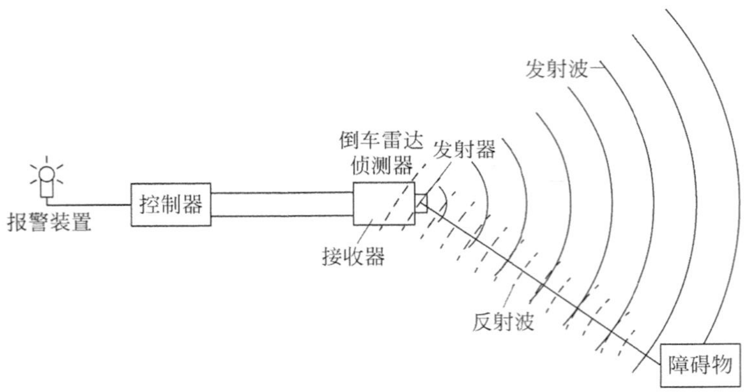

图 5-29　倒车雷达系统工作原理

倒车雷达系统能侦测到的区域见图 5-30 和图 5-31。

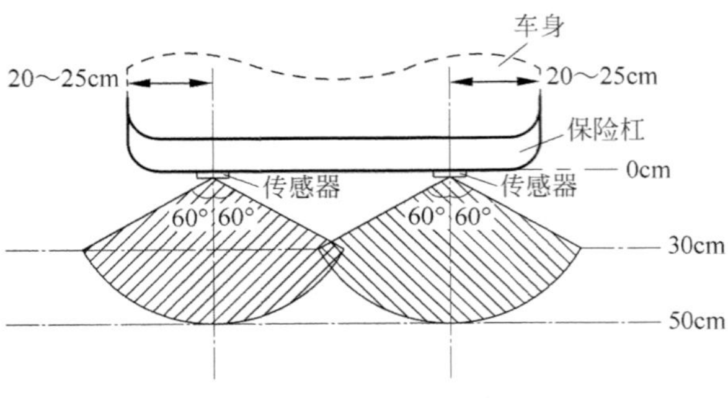

图 5-30　左右有效侦测范围

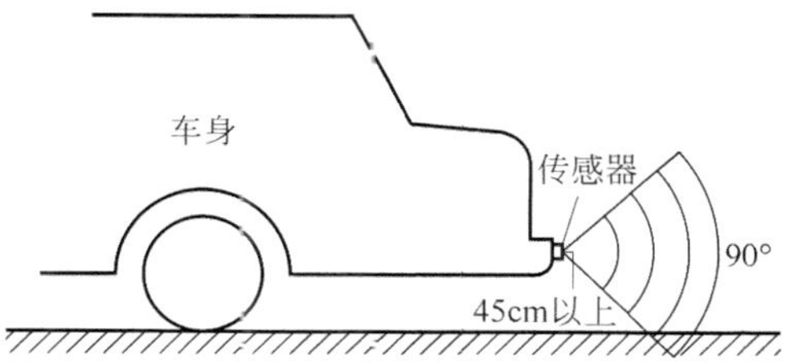

图 5-31 上下有效侦测范围

第五节 照明与信号系统使用、维护与检修

一、照明系统使用注意事项

(1) 由于大多数中低档轿车前照灯电路没有前照灯远近光自动切换功能，在会车时一定要注意远近光的及时切换，在具有较好照明条件的市区街道行驶时，为了不引起路人及对面车辆驾驶员炫目，必须使用近光灯进行照明。

(2) 一些汽车上设有手动前照灯近光灯垂直照射角度调节开关，应根据车辆的载重量及时调节前照灯的近光灯照射角度，以避免近光灯光束照射过高或过近而造成行车安全隐患。

(3) 在白天行车过隧道、树林等阴暗地区而开启照明灯后，应注意在驶离阴暗地区后及时关闭照明灯，以避免长时间开灯而导致发电机负荷过大和蓄电池亏电。

(4) 平时应注意前照灯配光镜表面的清洁，以免脏污从而降低夜间行车时的照明度，影响汽车的行车安全。

(5) 有些车辆并没有安装停车大灯未关闭报警系统，在停车后，应检查大灯是否仍处在接通状态，若处于接通状态一定要关闭，否则经过近数小时，车辆将很难再次起动。

二、照明系统的维护与检修

(1) 前照灯的安装应牢固，灯泡和线路连接应可靠。前照灯的灯泡及其线路连接松动容易引起的故障有：电路时通时断容易使前照灯的灯丝烧断而灯不亮；电路连接处氧化而使接触电阻增大，前照灯电路的电流减小，导致前照灯光照度变暗甚至不亮。

(2) 对于半封闭式前照灯，在检修和安装时应注意检查前照灯配光镜和反射镜之间的密封性；检查反射镜有无脏污，必要时应用压缩空气将其吹干净，如果不能吹干净，则要用蘸了热水的棉花轻轻地擦洗(镀铝或镀银反射镜)或用柔软鹿皮蘸少许酒精由反射镜中心向外以螺旋方式擦拭(镀铬反射镜)；清洁并晾干后的反射镜应安装到原位，不得倾斜倒置。

(3) 检修或更换前照灯后，应对前照灯的光束照射位置和光照强度进行检查和调整。

(4) 不能随意加大前照灯的灯泡功率，因为采用功率过大的灯泡，容易使前照灯线路、开关及发电机负荷过大而损坏。

(5) 不要随便更换不同类型的灯泡，比如为增强前照灯的照射亮度，更换了氙气灯泡，虽然提高了前照灯的亮度，但由于未经严格的匹配和调试，容易产生炫光，会造成行车安全隐患。

(6) 当照明系统出现了某种故障现象时，应根据故障现象分析可能的故障原因，然后再通过适当的诊断方法找到故障的确切部位，迅速准确地排除故障。盲目地拆卸和更换，容易造成故障检修成本提高或故障不能及时排除。

三、信号系统的维护与检修

1. 转向信号灯的维护与检修

(1) 车辆在行驶过程中如若一边转向灯出现灯光频率明显过快或过慢现象，应检查是否转向灯烧坏、线路连接是否存在故障等，以免发生交通事故。

(2) 当转向灯灯泡损坏时，要立即更换，更换灯泡的功率要选用与原装的规定值相同，相同功率的灯泡才能保证不会出现两边转向灯频率不同的情况。

(3) 当汽车两边的转向灯都不亮时，可能是其电路的熔断器烧断或闪光器发生故障导致的，但后者出现的几率较大。这时，首先要检修熔断器和闪光器。当出现单边转向灯不亮时，首先要检查不亮这边转向灯是否连接正常，灯泡是否烧坏。

2. 喇叭的维护与检修

喇叭本身的故障主要为以下几个原因：

(1) 触点烧蚀：如果长时间按喇叭易造成喇叭触点烧蚀而产生阻抗，流过电磁线圈的电流减弱，电磁吸力下降无法吸引衔铁带动膜片正常振动，导致发音沙哑、甚至不响。但不断按喇叭时，若瞬间强电流通过阻抗依然能正常工作，所以会时好时坏。

(2) 密封不严易受潮：虽然喇叭内部是密闭的，但如果密封不严洗车时进入雾气或内部空间空气中有水蒸气，水蒸气很容易导致触点受潮无法正常工作。

(3) 电磁线圈端子接触不良：有些喇叭内部电磁线圈漆包线端子接头是铝金属铆钉压接连接的，非牢靠焊接连接，如果端头漆包线上的绝缘漆处理不净或铆钉压接不牢靠很容易产生虚接故障，导致喇叭工作不良。此种故障是喇叭质量原因，无法修复，只能更换新件。

汽车喇叭使用中需要注意的事项有：

(1) 洗车时防止喇叭被淋湿，发现喇叭进水尽快用风枪吹干。

(2) 尽量不要总是长时间按喇叭，这样容易造成喇叭触点过早烧蚀。

第六节　照明与信号系统新技术

一、LED技术在信号与照明系统上的应用

目前发光二极管不仅用于仪表板的显示照明，而且用于转向灯、制动灯以及尾灯等的照明。现在安全法规中对照明设备的限定性词汇从“白炽灯”改成了“光源”，从而表明可以使用一些非白炽灯照明设备。

发光二极管最重要的优点是它能耗很低，并且具有非常好的稳定性。在正常使用的情

况下，发光二极管的寿命一般为 10 万小时，而一般钨丝灯只有几千小时。因此在汽车使用寿命期限之内，LED 发光器件是不需要更换的。

车用光源的工作环境异常恶劣，不仅温度、湿度变化非常大，还要经常承受剧烈冲击和振动。由于 LED 发光效率高、工作温度低，且发光体不是灯丝结构，使 LED 在承受恶劣工作环境方面表现出明显的优势。

发光二极管比白炽灯价格略高，但大批量生产后它的成本会大幅度下降，同时设计自由度要大得多，这些可以弥补其价格高的缺点。由于 LED 发光器件的快速性和高可靠性，许多汽车公司已经将 LED 用于车灯信号与照明，主要应用于转向灯、普通制动灯与高位制动灯。由于 LED 的工作温度非常低，甚至可以安装在皮质材料上，这对于没有后面板的敞篷跑车来说将是一种非常理想的灯具。

2008 年开始，奥迪在 A4 上使用了 LED 示宽灯，之后 LED 示宽灯被很多汽车生产厂商采用。如图 5-32 为采用了 LED 示宽灯技术的奥迪车。2010 年之后，奔驰和奥迪都推出了 LED 大灯。奔驰 CLS 近光灯采用了 16 个 LED，远光灯采用了 8 个 LED，虽然以 LED 灯作为大灯的技术仅有几款车型采用，但它代表了汽车车灯技术的发展方向。图 5-33 所示为奥迪车上采用 LED 作为大灯的效果。

目前，采用 LED 作为日间行车灯的车辆越来越多。日间行车灯不同于普通的近光灯，是专门为了白天行车安全而设计的，并非为了美观，它的作用在于提供车辆的辨识性。欧盟规定自 2011 年起，欧盟境内所有新车必须安装日间行车灯。据国外研究机构统计的数据表明，装有日间行车灯的车辆，可降低 12.4%的车辆意外，同时可降低 26.4%的车祸死亡率。采用了 LED 技术的日间行车灯，能耗仅为普通近光灯的 10%。当汽车发动机起动时，日间行车灯就自动开启，以引起路上其他机动车、非机动车及行人的注意。当夜晚降临时，驾驶者手动开启近光灯后，日间行车灯则自动熄灭。从图 5-33 可以看出 LED 作为日间行车灯的效果。

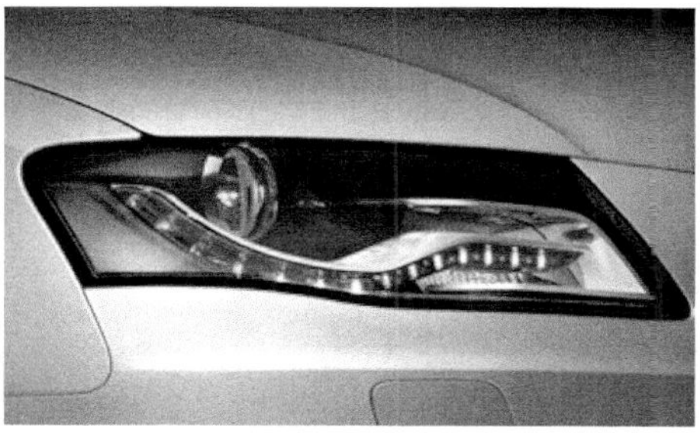

图 5-32 奥迪 LED 示宽灯

图 5-33 奥迪轿车 LED 大灯及日间行车灯效果

1—大灯；2—日间行车灯

二、奥迪车辆远光灯辅助系统

1. 功能概述

传统的远近灯技术需要驾驶员结合路面与天气状况手动切换小灯、远光与近光，有的车辆上出现了带有 AUTO 挡的灯光开关，但该挡位只能自动切换小灯与大灯，对于远近光的切换仍需人工操作。远光灯辅助系统的出现可提高黑暗中行车的舒适性，该系统根据当时的交通状况自动接通和关闭远光灯，为夜间行车提供更好的视野。远光灯辅助系统可以在黑暗中行车时最大程度地延长远光灯的接通时间，只有当对面车辆以及周围环境条件要求时才会切换到近光灯。在远光灯有可能会造成其他道路使用者炫目之前，远光灯可以及时自动地切换到近光灯。

如图 5-34 所示，远光灯辅助系统始终监测周围的灯光环境，当对面来车还在远光灯辅助系统的探测范围之内时，仍使用远光灯。当对面来车已经很接近本车了，即将引起对方驾驶员炫目时，远光灯辅助系统将大灯切换为近光，以免使对面驾驶员炫目。当远光灯辅助系统没有探测到对面来车的时间超过 1 秒钟之后，又将切换回远光状态，使驾驶员保持良好的视觉效果。整个过程中，驾驶员无须对周围环境进行判断和切换操作，能够专注于方向盘的操控。

对面来车时远光灯辅助系统的工作状态：

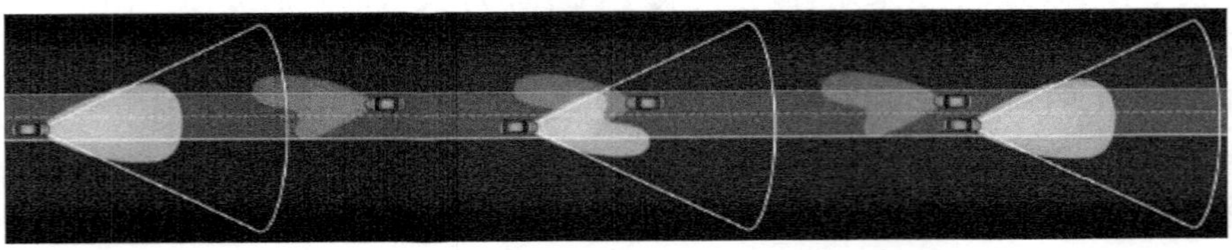

图 5-34　远光灯辅助系统工作状态图(1)

图 5-35 表示，车辆行驶在高速公路上，城镇分布在高速公路两边，当城镇还在远光灯辅助系统的探测范围之外时，远光灯辅助系统探测不到其他光源，因此接通了远光灯。当探测出城镇的照明亮度足够大了，远光灯被系统关闭，同时接通近光灯。同理，当汽车穿过了城镇，远光灯辅助系统在其探测范围内没有识别出有光源，远光灯又被接通了。

穿行城镇时远光灯辅助系统的工作状态：

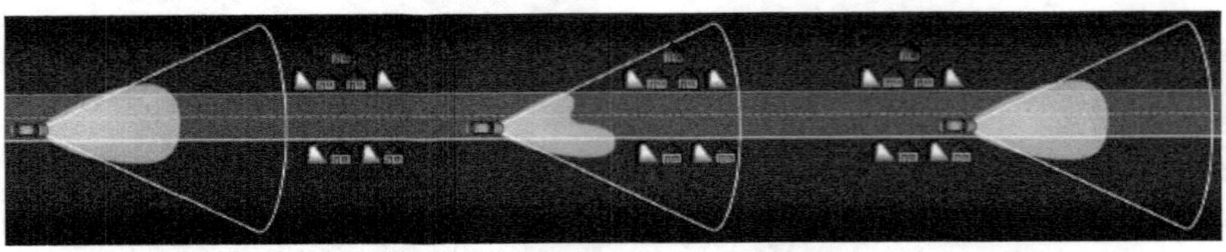

图 5-35　远光灯辅助系统工作状态图(2)

2. 部件介绍

远光灯辅助系统的电子元件和光学系统完全集成在车内后视镜内。如图 5-36 所示，远光灯辅助系统的摄像头在车内后视镜的镜座内，牢固地安装在挡风玻璃上，摄像头是专用的黑白摄像头。

图 5-36 远光灯辅助系统电子元件和光学系统安装位置及实物

3. 技术发展

远光灯辅助系统是直接进行远近光间的切换，也就是说，大灯的照射只有两种模式：远光或者近光，灯光射程也只有两种模式。随着技术的发展，该技术发展成为“可变照明距离”，与原有的技术相比较，大灯照射距离范围从原有的“两级式”演变为“无级式”。即“可变照明距离”功能可以根据当时的交通情况，对大灯照程进行无级调节，使照程在远光灯与近光灯之间连续调节。如图 5-37 所示，系统始终在监测周围环境，如果识别出对面来车，“可变照明距离”技术就会随着距离的接近逐渐减小大灯照程，最多可以降到近光灯的照程，这样可以避免对对面的驾驶员产生炫目。对面的车辆驶过后，只要交通状态允许，大灯照程会逐渐增大，最多可增至远光灯的程度。

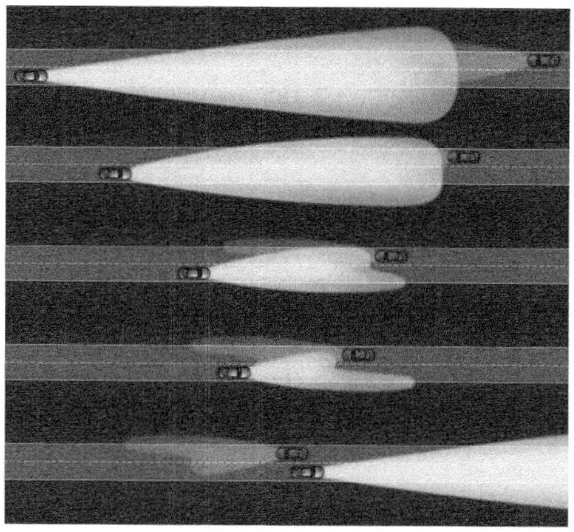

图 5-37 可变照明距离工作状态

“可变照明距离”工作过程如图 5-38 所示，当前的交通状况由控制单元 J852 内的摄像头来侦知，并在该控制单元内的运算器中进行分析处理。图像处理软件会在摄像头的图像中搜寻光源。如果准确判断出光源，那么控制单元 J852 就会在摄像头图像上确定出识别出的车辆的位置，并估算与本车的距离。这两个值通过扩展 CAN 总线被送到弯道灯和照程控制单元 J745。

图 5-38 可变照明距离工作原理

车辆左右两侧大灯中装有辊轮，用于照程调节。辊轮上有相应的轮廓形状，伺服电动机工作使得辊轮转动(图 5-39)，就可以根据需要来获得所要求的照明了。控制单元 J745 根据被识别出的车辆的位置和距离这两个输入量，来确定辊轮所在的位置。辊轮需要采用的位置信息通过专用 CAN 总线被传送到两个大灯。大灯电子系统根据 J745 的指令来启动伺服电动机开始工作，于是车道就会根据实际的交通状况获得理想的照明了。

图 5-39　伺服电动机及辊轮

1—辊轮；2—伺服电动机

可变照明距离技术与远光灯辅助技术相比，能够根据目前的环境条件来决定最佳的照明距离，照明距离的调节是无级的，总是处于最佳状态。

思考与练习题

5.1　前照灯的光学系统包括哪几部分？各部分分别有什么作用？

5.2　闪光器有什么作用？现代车辆常用的闪光器有几种？闪光器的频率范围是多少？

5.3　画出电子式闪光器与转向灯的接线示意图。

5.4　画出带继电器的高低音喇叭接线图。

5.5　说明倒车雷达的工作原理。

5.6　说出照明系统使用维护需要注意的事项。

5.7　说出信号系统使用维护需要注意的事项。

5.8　LED 在信号与照明系统上有哪些应用？

5.9　查阅资料，列举目前在轿车上出现的照明与信号新技术。

第六章　汽车仪表与报警指示系统

第一节　概述

汽车仪表与报警指示系统用来指示汽车运行以及发动机运转的状况，以便驾驶员随时了解各系统的工作情况，保证汽车可靠而安全地行驶。

传统仪表一般是机电式模拟仪表，只能为驾驶员提供汽车运行中必要而少量的数据信息，已远远不能满足现代汽车新技术、高速度的要求。因此，汽车电子化仪表已逐步取代常规的机电式模拟仪表。

现代汽车上常用的仪表与报警指示信号有水温表、燃油表、车速里程表、发动机转速表、燃油存量指示灯、机油压力指示灯、冷却液液面指示灯、制动液存量指示灯、车窗洗涤液存量指示灯、手制动灯、脚制动灯、安全气囊指示灯及充电指示灯等。

现代汽车多采用组合式仪表板总成。它是将各种仪表及仪表照明灯合装在一个表壳内，共用一块玻璃密封，如图 6-1 所示。

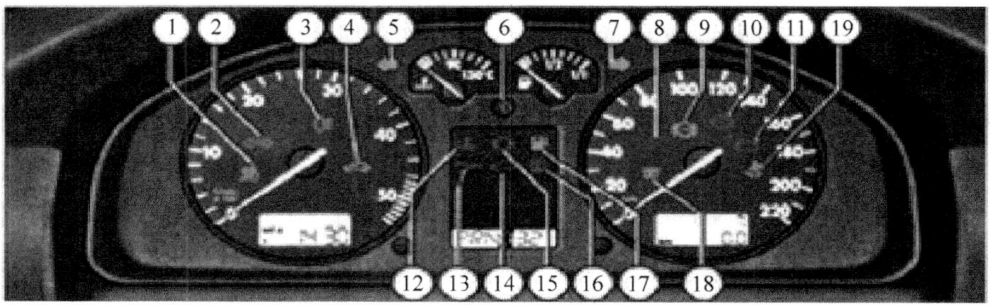

图 6-1　PASST B5 仪表面板

1—安全气囊灯；2—应急灯；3—后雾灯；4—电子防盗灯；5—转向灯(左)；6—远光灯；7—转向灯(右)；8—空位；9—ABS 防盗灯；10—手制动灯；11—充电灯；12—冷却液液面指示灯；13—机油压力指示灯；14—后行李箱盖指示灯；15—制动摩擦片磨损指示灯；16—车窗洗涤液存量指示灯；17—燃油存量指示灯；18—预热装置(柴油发动机)；19—安全带指示灯

第二节 仪表指示系统的工作原理

一、水温表

水温表用来指示发动机水套中冷却液的工作温度。它由装在仪表板上的水温指示表和装在发动机汽缸盖上的水温传感器(俗称感温塞)两部分组成,两者用导线相连。

水温表及其传感器按其组合方式可分为:双金属式水温表与双金属式传感器,双金属式水温表与热敏电阻式传感器,电磁式水温表与热敏电阻式传感器,动磁式水温表与热敏电阻式传感器等四种。其中以前两种应用最多,下面着重介绍前三种。

1. 双金属式水温表与双金属式传感器

汽车上所装用的双金属式水温表与双金属式传感器的构造如图 6-2 所示。其双金属式水温表与双金属式油压表的构造相同,仅刻度不同。

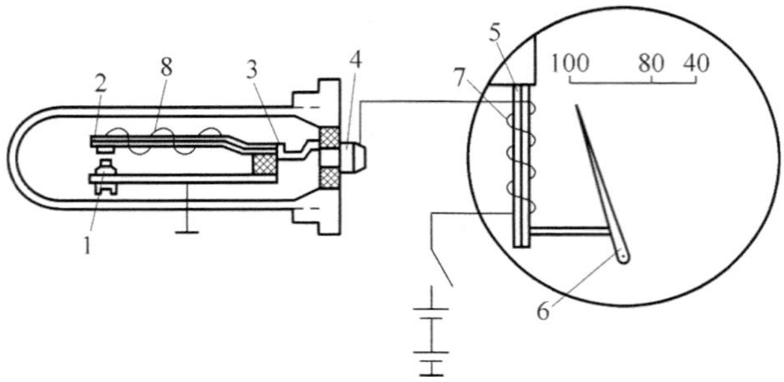

图 6-2 双金属式水温表与双金属式传感器

1—具有固定触点的螺钉;2,5—双金属片;3—接触片;4—接线柱;6—指针;7,8—加热线圈

传感器是一个密封的铜质套筒,内装有条形双金属片 2,其上绕有加热线圈 8。线圈的一端接双金属片的触点,另一端与接触片 3 相连接。固定触点 1 通过铜质套筒搭铁。其双金属片具有一定的初始压力,当水温升高时,向上翘曲使触点间的压力减弱。

当点火开关接通时,电流从蓄电池正极→点火开关→指示表中双金属片 5 的加热线圈 7→传感器双金属片 2 的加热线圈 8→触点 1→搭铁→蓄电池负极。双金属片 2 经加热线圈加热变形,使触点分离,切断电路。经过一段时间后,双金属片冷却伸直,触点重又闭合,电路又被接通,如此反复,电路中形成一脉冲电流。该脉冲电流的有效值则取决于水温。

当水温较低时,双金属片变形不大,使触点间压力较大,触点闭合时间长,且触点分离后双金属片很快冷却,使触点分离的时间减少,因此电路中电流的有效值较大,指示表的双金属片 5 变形也大,指针向右偏转大,指向低温。反之,当水温较高时,传感器中双金属片 2 向上翘曲,触点压力减弱,且触点分离的时间延长,电路中电流的有效值减小,指示表中双金属片 5 的变形不大,指针向右偏转小,指向高温。

2. 双金属式水温表与热敏电阻式传感器

有的汽车装用的双金属式水温表、热敏电阻式传感器与电源稳压器配套的工作原理如图 6-3 所示。热敏电阻式传感器的主要元件为负温度系数的热敏电阻(由镍、钴、锰、铜烧结而成),也称感温塞,其特性是温度升高,电阻值减小。利用热敏电阻可以将冷却液温度的变化转换成电阻的变化,从而控制电路中电流的大小,使水温表指针指出相应的温度。

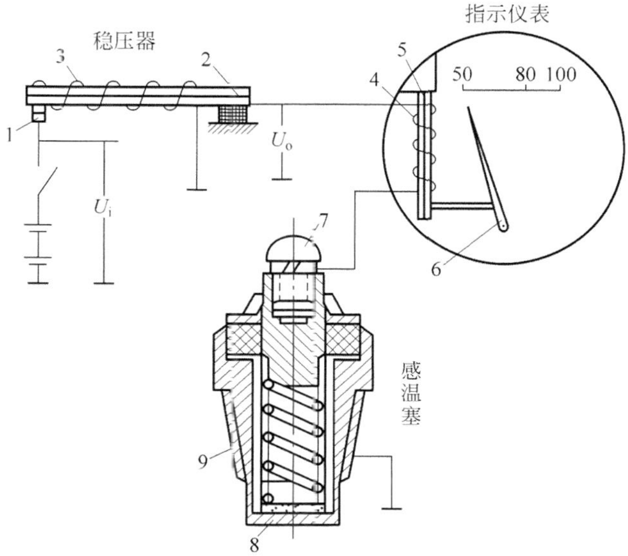

图 6-3 双金属式水温表、热敏电阻式传感器与稳压器配套的工作原理
1—触点；2,5—双金属片；3,4—加热线圈；6—指针；7—接线柱；8—热敏电阻；9—外壳

接通点火开关时,电流由蓄电池正极→点火开关→稳压器触点 1→分为二路：一路由稳压器加热线圈 3→搭铁,另一路由指示表的加热线圈 4→传感器接线柱 7→热敏电阻 8→外壳 9→搭铁→蓄电池负极。

当发动机冷却液温度较低时,传感器的热敏电阻阻值大,所以电路中电流的有效值小,则水温表中双金属片弯曲变形小,使指针指向低温。当冷却液温度升高时,热敏电阻阻值变小,电路中电流的有效值变大,水温表的双金属片弯曲变形增大,使指针指向高温。

电路中串接一个电源稳压器的目的是在当电源电压波动时,起稳压作用,以保证仪表读数的准确性。稳压器稳定工作电压的原理是：当稳压器触点 1 处于闭合状态时,输出电压 U_o 与输入电压 U_i 相等,即 $U_o=U_i$。此时,双金属片因加热线圈通电被加热而变形向上弯曲；触点 1 断开时,输出电压 $U_o=0$,双金属片因不再受热而逐渐冷却复原,于是触点重又闭合。如此反复变化,使稳压器输出脉冲电压,其电压波形如图 6-4 所示。当输入电压增加时,由于流过稳压器加热线圈的电流增大,产生热量大,因此用较短的时间就可使触点打开。而触点打开后,却需较长的时间才能使触点闭合,这样尽管输入电压 U_i 增加,但因触点闭合时间减短,打开时间增长,则输出电压 U_o 仍可保持稳定。反之,当输入电压降低时,因流过稳压器加热线圈的电流减小,产生热量小,于是触点闭合时间增长,打开时间减短,则输出电压有效值 U_o 仍保持稳定。

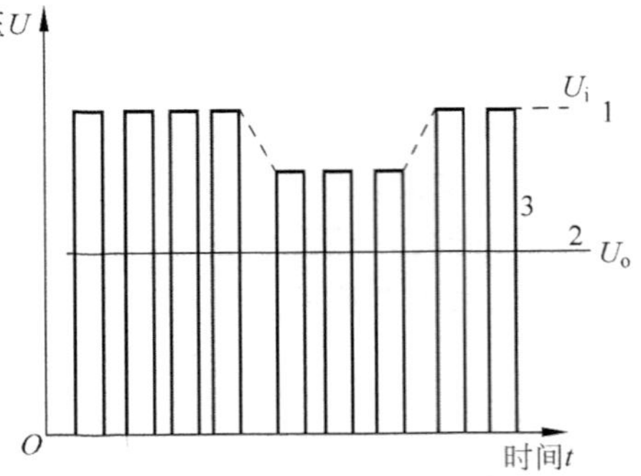

图 6-4　电源稳压器的电压波形图

1—输入电压 U_i(电源电压)；2—输出电压 U_o；3—输出波形

3. 电磁式水温表与热敏电阻式传感器

在美、日进口的汽车上和目前国内生产的合资车型中，多装用电磁式水温表，它与热敏电阻式传感器配套工作，其工作原理如图 6-5 所示。

电磁式水温表内有左、右两只铁芯，铁芯上分别绕有左线圈 1 和右线圈 2，其中左线圈 1 与电源并联，右线圈 2 与传感器串联。两个线圈的中间置有铁转子，转子上连有指针。

当接通点火开关时，电流从蓄电池正极→(一路到左线圈 1，另一路到右线圈 2→传感器热敏电阻)→搭铁→蓄电池负极。这时左、右线圈各形成一个磁场，同时作用于铁转子，转子 3 便在合成磁场的作用下转动，使指针指在某一刻度上。

当电源电压不变时，通过左线圈 1 的电流不变，因而它所形成的磁场强度是一个定值。而通过右线圈 2 的电流则取决于与它串联的传感器热敏电阻值的变化。而热敏电阻为负温度系数。当水温较低时，热敏电阻值大，右线圈中电流变小，磁场减弱，合成磁场主要取决于左线圈，使指针指在低温处。当水温升高时，传感器的热敏电阻减小，右线圈中的电流增大，磁场增强，合成磁场偏移，转子便带动指针转动指向高温。图 6-6 为水温表的等效电路图。

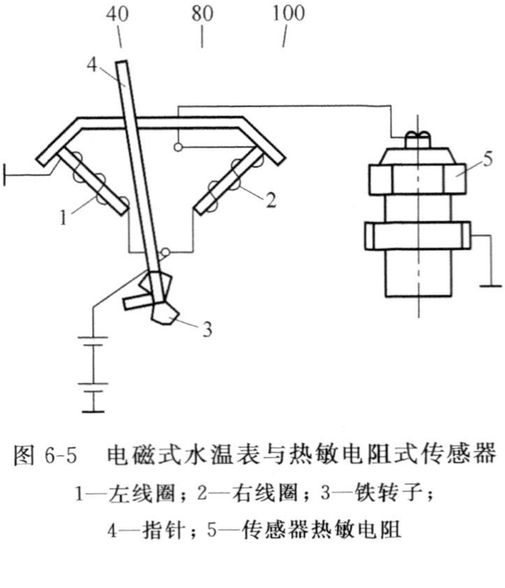

图 6-5　电磁式水温表与热敏电阻式传感器

1—左线圈；2—右线圈；3—铁转子；
4—指针；5—传感器热敏电阻

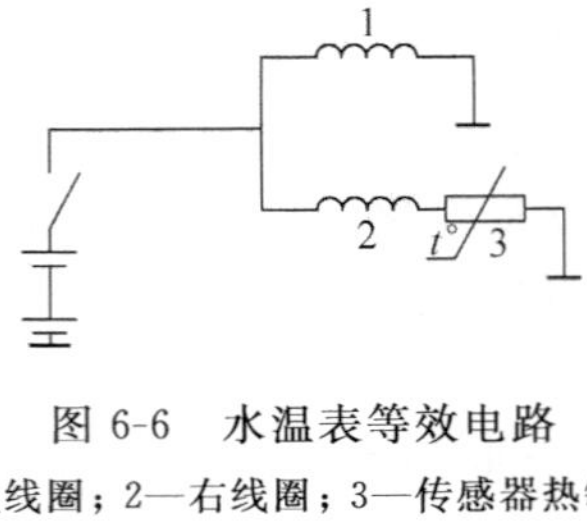

图 6-6　水温表等效电路

1—左线圈；2—右线圈；3—传感器热敏电阻

二、燃油表

燃油表用来指示燃油箱内燃油的储存量。它由装在仪表板上的燃油指示表和装在燃油箱内的传感器两部分组成。燃油表有电磁式、动磁式、双金属电热式三种，传感器均为可变电阻式。

1. 电磁式燃油表与可变电阻式传感器

电磁式燃油表与可变电阻式传感器的构造及工作原理如图 6-7 所示。

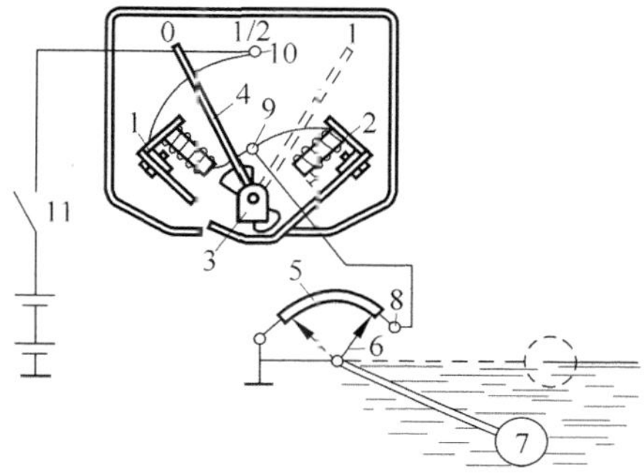

图 6-7 电磁式燃油表与可变电阻式传感器

1—左线圈；2—右线圈；3—转子；4—指针；5—可变电阻；6—滑片；7—浮子；8，9，10—接线柱；11—电源开关

指示表中有左、右两只铁芯，铁芯上分别绕左线圈 1 和右线圈 2，中间置有转子 3，转子上连有指针 4。传感器由可变电阻 5、滑片 6 和浮子 7 组成。浮子浮在油面上，随油面的高低而改变位置。

当接通电源后，燃油表中的电流回路是：蓄电池正极→电源开关 11→燃油表接线柱 10→左线圈 1→接线柱 9(一路到右线圈 2，另一路到接线柱 8→可变电阻 5→滑片 6)→搭铁→蓄电池负极。电流通过左线圈 1 和右线圈 2 时，产生电磁吸力并形成合成磁场，于是，转子 3 就在合成磁场的作用下转动，使指针指在某一刻度上。

当油箱无油时，浮子 7 下沉，可变电阻 5 被短路，故此时右线圈 2 的两端均搭铁，也被短路，无电流通过，因此左线圈 1 在全部电源电压的作用下通过的电流达最大值，产生的电磁吸力最强，吸住转子 3，使指针停在最左面的“0”位上。

随着油箱中油量的增加，浮子 7 上浮，便带动滑片 6 移动，可变电阻 5 部分接入，此时左线圈 1 由于串联了电阻，线圈内电流相应减小，使左线圈电磁吸力减弱，而右线圈 2 中有电流通过，产生磁场。因此转子 3 在合成磁场的作用下向右偏转，带动指针指示油箱中的燃油量。如当油箱半满时，在合成磁场的作用下，指针便指在“1/2”的位置上；当油箱满时，在合成磁场的作用下，指针便指在“1”的位置上。

有些燃油表中，与左线圈 1 并联一个分流电阻，使通过左线圈 1 的电流减小，而右线圈 2 的电流增大，使转子 3 偏转角增大，以提高指针 4 的灵敏度。

传感器可变电阻 5 的末端搭铁，可避免滑片 6 与可变电阻接触不良时产生火花，引起火灾。

2. 动磁式燃油表与可变电阻式传感器

动磁式燃油表与电磁式燃油表的主要不同之处在于两个线圈不是绕在铁芯上，而是互相垂直地绕在同一个矩形塑料架上，塑料套筒轴承和金属轴穿过交叉线圈，金属轴上装有永久磁铁转子，转子上连有指针。其构造如图 6-8 所示，工作原理与电磁式燃油表基本相同。

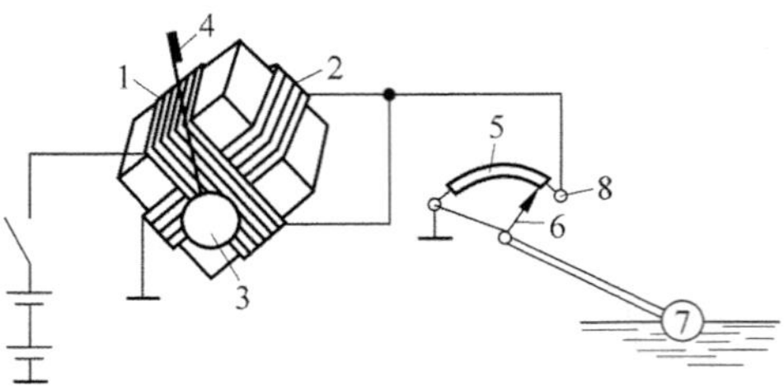

图 6-8　动磁式燃油表与可变电阻式传感器

1—左线圈；2—右线圈；3—永久磁铁转子；4—指针；5—可变电阻；6—滑片；7—浮子；8—接线柱

当油箱无油时，浮子 7 下沉、可变电阻上的滑片 6 移至最右端，可变电阻 5 被短路，右线圈 2 也被短路，永久磁铁转子 3 在左线圈 1 磁力作用下偏转，带动指针 4 指示油位为“0”。随着油量的增加，浮子 7 上升，可变电阻 5 部分接入，使左线圈 1 中的电流相对减小，右线圈 2 中的电流相对增大，永久磁铁转子 3 在合成磁场作用下转动，使指针 4 向右偏转，指示与油箱油量相应的标度。

电磁式、动磁式燃油表的优点是当电源电压波动时，通过左、右两线圈的电流成比例地增减，使指示值不受影响。动磁式燃油表由于线圈中没有铁芯，因此没有磁滞现象，指示误差小。

3. 双金属电热式燃油表与可变电阻式传感器

双金属电热式燃油表与双金属电热式油压表、水温表的结构相同，仅刻度不同，传感器仍为可变电阻式。为了稳定电源电压，在电路中也需串联一个稳压器。其工作原理如图 6-9 所示。

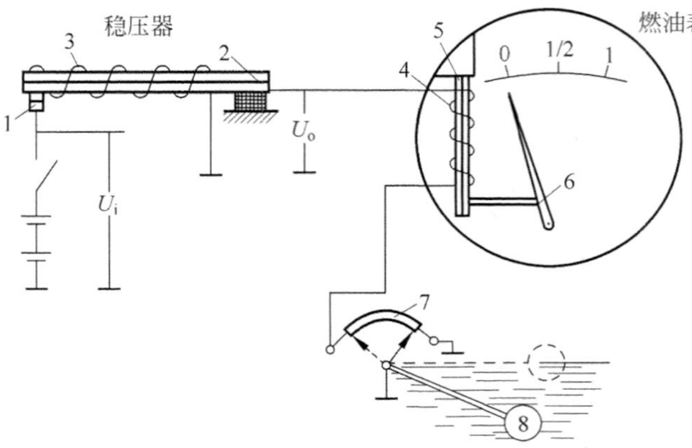

图 6-9　双金属电热式燃油表、可变电阻式传感器与稳压器配套工作原理

1—触点；2,5—双金属片；3,4—加热线圈；6—指针；7—可变电阻；8—浮子

当油箱无油时，浮子 8 下沉，滑片处于可变电阻的最右端。当点火开关接通时，由于传感器的电阻全部串入电路中，此时电路中电流最小，燃油表加热线圈 4 只发出微小的热量，使双金属片 5 只产生很小的热变形，带动指针 6 指在“0”处，表示油箱无油。当油箱内油量增加时，浮子 8 上升，滑片向左移动，使部分电阻被短路，因此只有部分电阻被接入电路，于是流入加热线圈 4 的电流增大，双金属片 5 受热变形增大，带动指针向右边偏转指出相应的读数。当油箱充满时，滑片移至最左端，将可变电阻短路，此时电路中电流最大，指针便偏到最右边指在“1”处。

有些汽车上还装有副油箱，这时在主、副油箱中各装一个传感器，在传感器与指示表间装有转换开关，可分别测量主、副油箱的油量。

三、车速里程表

车速里程表是用来指示汽车行车速度和累计汽车行驶里程数的仪表，常用的车速里程表有机械式和电子式两种。

1. 机械式车速里程表

机械式车速里程表由车速表和里程表两部分组成。二者装在共同的壳体中，并由同一根轴驱动，其结构如图 6-10 所示。主动轴由变速器(或分动器)传动蜗杆经软轴驱动。

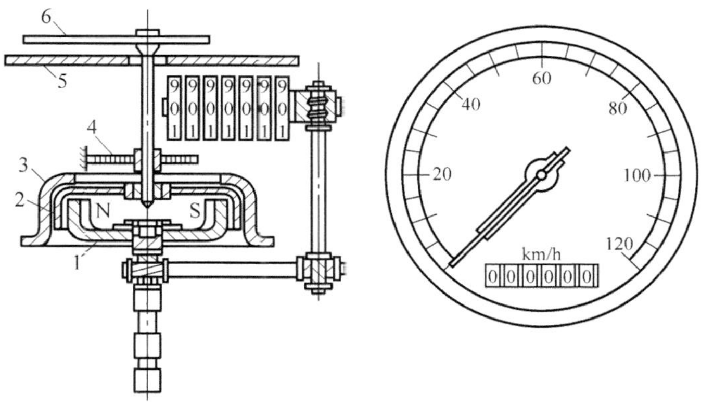

图 6-10 机械式车速里程表

1—永久磁铁；2—铝罩；3—罩壳；4—游丝(盘形弹簧)；5—刻度盘；6—指针

车速表由与主动轴紧固在一起的永久磁铁 1、带有轴与指针 6 的铝罩 2、罩壳 3 和紧固在车速里程表外壳上的刻度盘 5 等组成。不工作时，铝罩 2 在游丝 4(也称盘形弹簧)的作用下，使指针位于刻度盘零的位置。当汽车行驶时，主动轴带着永久磁铁 1 旋转，磁力线在铝罩 2 上引起涡流，涡流产生的磁场与旋转的永久磁铁磁场相互作用产生转矩，克服游丝 4 的弹力，使铝罩 2 朝永久磁铁转动方向转过一个角度，与游丝 4 的弹力相平衡。铝罩 2 带动指针 6 转过的角度与主动轴转速大小成比例，指针 6 便在刻度盘上指示相应的车速。车速越高，永久磁铁 1 旋转越快，铝罩 2 上的涡流越强，因而转矩越大，指针 6 指示的车速也越高。

里程表则由蜗轮蜗杆机构减速并用数字轮显示。蜗轮蜗杆具有一定的传动比，汽车行驶时，软轴带动主动轴，并经三对蜗轮蜗杆驱动里程表右边第一数字轮。第一数字轮上所刻数字为 1/10km、两个相邻的数字轮之间又通过本身的内齿和进位数字轮传动齿轮形成 1/10 的传动比，即当第一数字轮转动一周，数字由 9 翻转到 0 时，使相邻的左面第二数字轮转动 1/10 周，成十进位递增，这样汽车行驶时，就可累计出其行驶里程数。

2. 电子式车速里程表

现在越来越多的车辆上采用电子式车速表，电子式车速里程表由车速里程表传感器、信号处理电路、车速表和里程表组成，如图 6-11 所示。

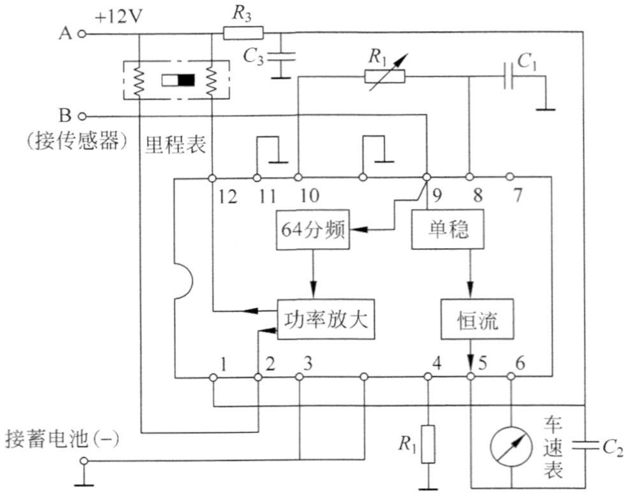

图 6-11 电子式车速里程表电路示意图

车速里程表传感器安装在组合仪表内，传感器由具有一对或几对触点的舌簧开关和转子组成，并由变速器经过软轴驱动。每当转子的 N 极或 S 极转到靠近舌簧开关的触点位置时，舌簧开关的触点闭合，因此汽车行驶时能够产生正比于汽车行驶速度的通断信号。车速里程表传感器如图 6-12 所示。

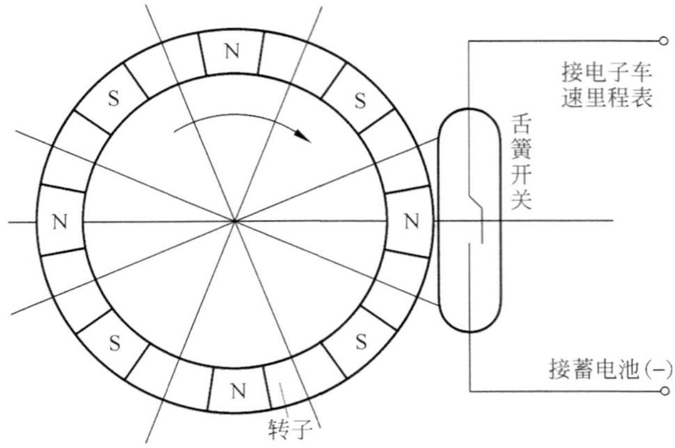

图 6-12 车速里程表传感器

信号处理电路一般采用专用芯片，内部包括单稳态触发电路、恒流电路、64 分频电路、功率放大电路及电源稳压等电子电路。汽车运行时，它将车速传感器输入的脉冲信号整形和处理转变成电流信号，并加以放大，以驱动车速表指示车速；同时它还将脉冲信号经分频和功率放大，转变成一定频率的脉冲信号，以驱动里程表步进电动机的轴转动，记录汽车的行驶里程。

车速表以一个磁电式电流表作为指示表。汽车以不同的车速运行时，信号处理电路将车速传感器输入的脉冲信号转变成与车速成比例的电流信号，使电流表的指针偏转，指示相应的车速。

里程表由步进式电动机、六位十进制计数器及内传动齿轮等组成。汽车运行时车速传感器输出的脉冲信号经信号处理电路分频和功率放大转变成较低频率的脉冲信号，作用于步进电动机的电磁线圈。步进电动机将这一脉冲信号转变成角位移信号，使步进电动机轴转动，驱动里程表十进制计数器的六个计数轮依次转动，记录汽车行驶的总里程和单程行驶里程。当需要消除短程里程时，只需按一次复位杆，短里程表就会归零。

四、发动机转速表

汽车仪表板上装有发动机转速表，利用发动机转速表，驾驶员可以实时了解汽车运行状况，把握变速箱换挡点等信息。

发动机转速表有机械式和电子式两种，机械式转速表的结构和原理与磁感应式车速表基本相同。由于电子式转速表指示平稳、结构简单、安装方便，所以被广泛采用。汽油发动机电子式转速表都是用点火系的初级电路的点火信号作为触发信号，对于柴油发动机，则必须单独安装无触点车速传感器产生触发信号。

电子式转速表的线路型式较多，现只介绍电容放电式转速表。如图 6-13 所示为利用电容器充放电的脉冲式电子转速表。其工作原理如下：当初级点火线圈 N_1 有电时，三极管 T 无偏压而处于截止状态，电容 C_2 被充电。其充电电路为：蓄电池正极→R_3→C_2→D_2→蓄电池负极，构成回路。

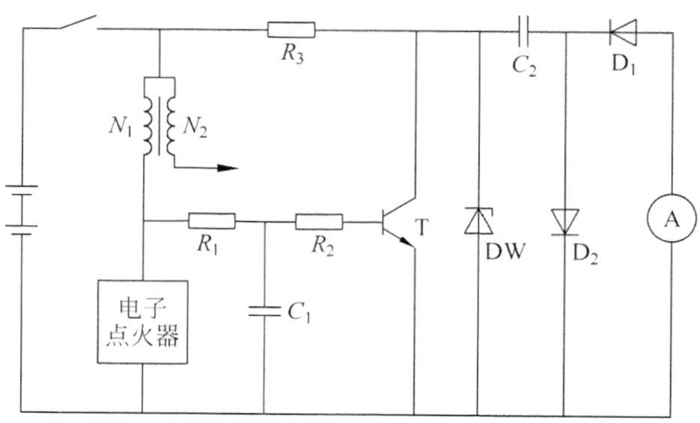

图 6-13 电子式发动机转速表电路

当初级点火线圈断电时，三极管的基极得正电位而导通，此时 C_2 便通过导通的三极管 T、电流表 A 和 D_1 构成放电回路，从而驱动电流表。

当发动机工作时，初级点火线圈不断通断电，其通断电次数与发动机转速成正比，所以当初级点火线圈不断通断电时，对电容 C_2 不断进行充放电，其放电电流平均值与发动机转速成正比，于是将电流表刻度值标定成发动机转速即可。

第三节　报警指示系统的工作原理

一、水温警告灯

水温警告灯的作用主要是当冷却液温度不正常时发出灯光信号，以示警告。其传感器与水温传感器相似，由双金属片作为温度敏感元件。如图 6-14(a)所示，当冷却液温度升高到 100～105℃或以上时，双金属片 1 向静触点 4 方向弯曲，使两触点接触，红色指示灯亮；图 6-14(b)则是加以改进的水温警告灯。双金属片开关可单刀双掷动作。当水温低于 60℃时，开关电路经绿色警告灯搭铁，绿色警告灯亮，向驾驶员提供发动机过冷的警告，使驾驶员不至于突然加速。随着冷却水温度的升高，双金属开关臂脱离“冷”触点，处于“冷”和“热”触点之间的某一位置。当发动机水温超过 100～105℃时，双金属片 1 向“热”触点 6 方向弯曲，与“热”触点闭合，红色警告灯亮，表示发动机过热。

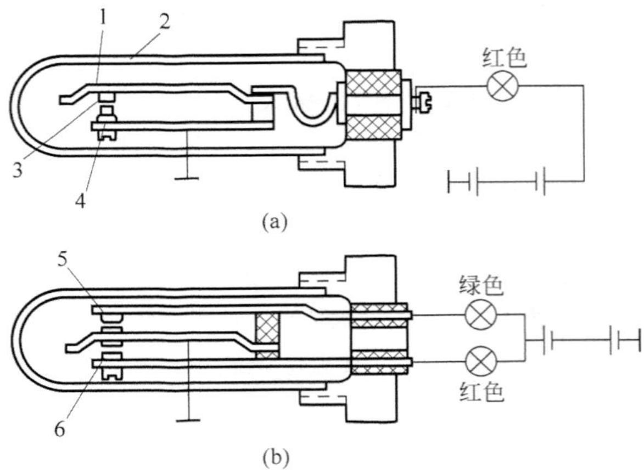

图 6-14　水温警告灯电路

(a) 单触点；(b) 双触点

1—双金属片；2—壳体；3—动触点；4—静触点；5—冷触点；6—热触点

二、机油压力警告灯

在现代多数汽车上，一般配有一个红色警告灯，用来指示机油压力低于安全值的情况，即当机油压力降到规定值以下时，仪表板上的警告灯点亮，以引起驾驶员注意。图 6-15 所示为膜片式机油压力警告灯电路。该电路由机油压力开关、红色机油压力警告灯和导线等组成。发动机机油压力开关装在发动机主油道上，机油压力开关外壳搭铁，机油通过压力开关的孔道连通到膜片下方。机油压力正常时，机油压力推动膜片向上拱曲，触点开关打开，指示灯不亮；当机油压力过低时，膜片在弹簧压力作用下使触点闭合，红色的机油压力警告灯亮，提示驾驶员机油压力过低。

图 6-16 所示为弹簧管式机油压力警告灯电路，它由装在发动机主油道的弹簧式传感器和装在仪表板上的红色警告灯组成，传感器外壳搭铁，传感器的管形弹簧 4 的一端经管接头 1 与发动机主油道相连，另一端与"动"触点 2 相连，"静"触点 3 经接触片与接线柱 5 相连。当电源开关闭合后，机油压力低于 50～90kPa 时，管形弹簧 4 变形很小，触点闭合，电路接通，警告灯亮，表示油压过低；当油压超过此值时，管形弹簧 4 产生的变形较大，使触点分开，电路切断，警告灯熄灭。

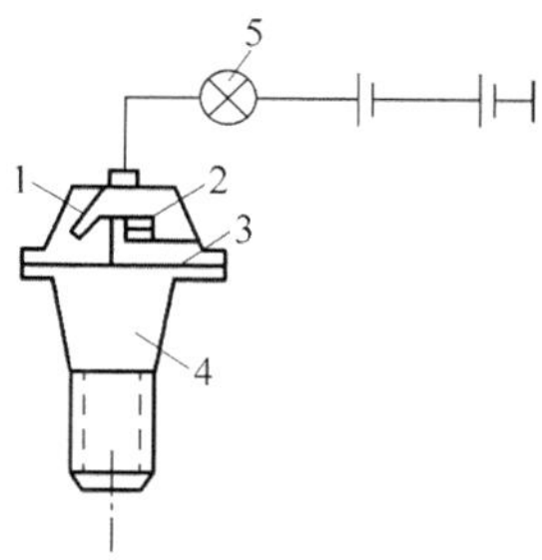

图 6-15 膜片式机油压力警告灯电路

1—弹簧片；2—触点开关；3—膜片；
4—机油压力开关；5—机油压力警告灯

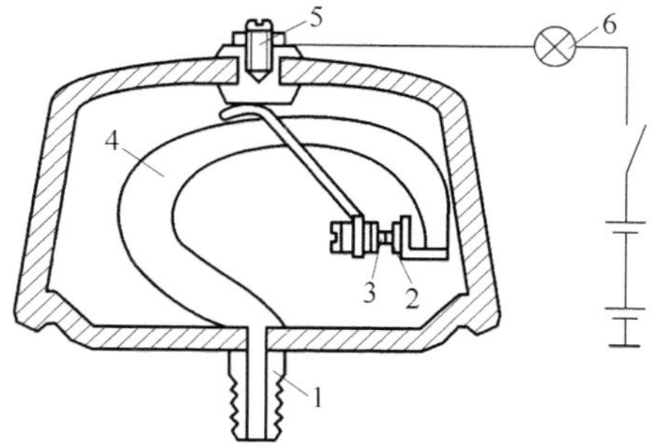

图 6-16 弹簧管式机油压力警告灯电路

1—管接头；2—动触点；3—静触点；
4—管形弹簧；5—接线柱；6—机油压力警告灯

三、燃油液位警告灯

有些汽车除了在仪表板上有燃油表之外，还有一个燃油液位警告灯，它的作用是当燃油箱燃油液面降到规定值以下时，仪表板上的燃油液位警告灯点亮，以引起驾驶员注意。不同车型警告灯刚点亮时所存的油量不一样，但大多均在 7～10L 之间。

图 6-17 所示为热敏电阻式燃油液位警告灯电路图。热敏电阻安装在油箱底部，当燃油箱油液存量多时，浸在燃油中，因散热面积大，所以散热较快，其温度较低，电阻值大，所以电路中电流很小，警告灯不亮。当燃油减少到规定值以下时，热敏电阻露出油面，散热面积减小，散热变慢，温度升高，电阻值减小，电路中电流增大，警告灯亮，以示警告。

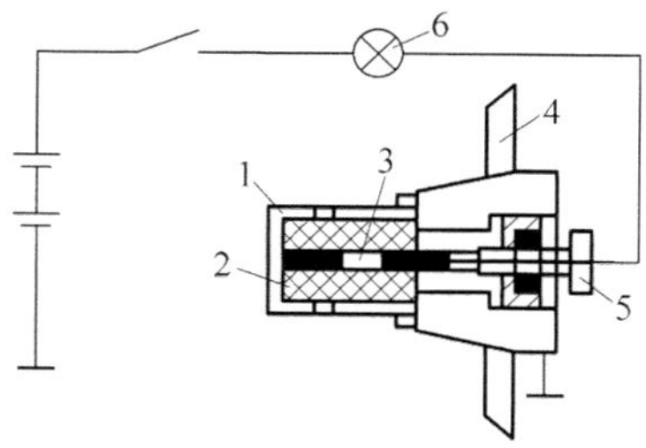

图 6-17 热敏电阻式燃油液位警告灯电路

1—外壳；2—金属网丝；3—热敏电阻；
4—油箱外壳；5—接线柱；6—报警灯

四、制动系统低压警告灯

在采用气压制动的汽车上，如货车、公交车等，当制动系气压过低时，制动系低气压警告灯即发亮，以引起汽车驾驶员注意。低气压报警传感器(开关)装在制动系储气筒或制动阀压缩空气输入管路中，红色警告灯安装在仪表板上。其线路如图 6-18 所示。低气压报警传感器的结构如图 6-19 所示。

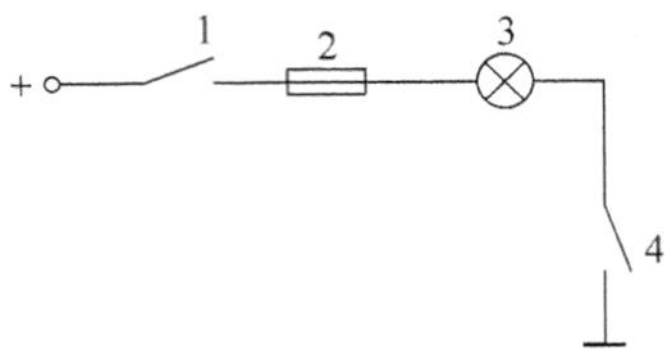

图 6-18 低气压警告灯接线图

1—点火开关；2—熔断丝；3—警告灯；4—低气压报警传感器(开关)

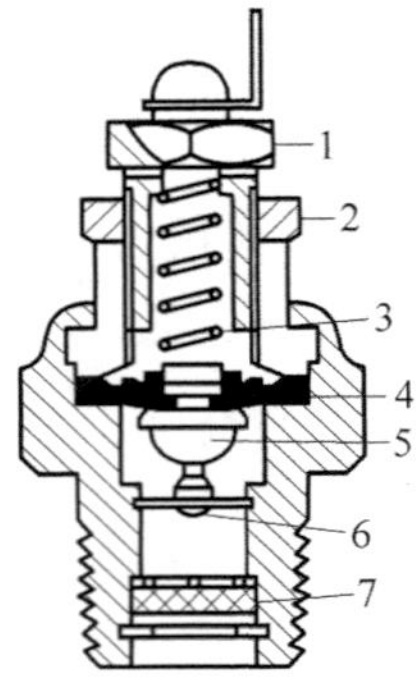

图 6-19 低气压报警传感器(开关)

1—调整螺钉；2—锁紧螺母；3—复位弹簧；4—膜片；5—动触点；6—静触点；7—滤清器

电源接通后，当制动系储气筒内的气压下降到 340～370kPa 时，由于作用在报警传感器膜片 4 上的压力减小，于是膜片 4 在复位弹簧 3 的作用下向下移动使触点闭合，电路接通，低气压警告灯发亮。当储气筒中的气压升高到 400kPa 以上时，由于传感器中的膜片 4 所受的推力增大，使复位弹簧 3 压缩，触点打开，于是电路切断，低气压警告灯熄灭。因此，低气压警告灯突然亮时，说明制动系中气压过低，应予以注意。

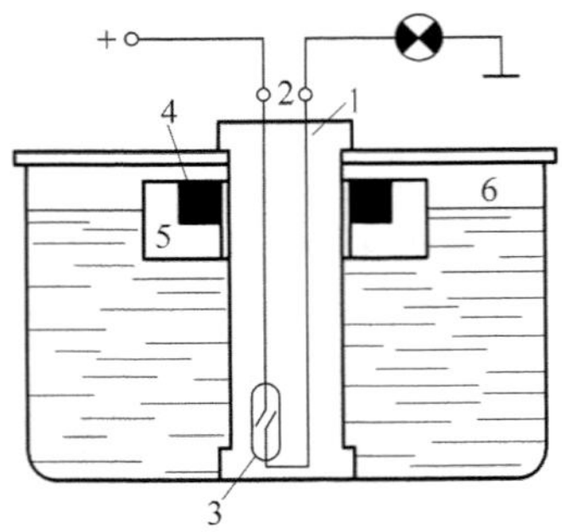

图 6-20 制动液面警告电路

1—外壳；2—接线柱；3—舌簧开关；4—永久磁铁；5—浮子；6—液面

五、制动液面警告灯

制动液面警告灯的传感器装在液罐内，其结构如图 6-20 所示。外壳 1 内装有舌簧开关 3，舌簧开关 3 的两个接线柱 2 与液面警告灯、电源相接，浮子 5 上固定着永久磁铁，舌簧开关固定在液罐内。

当浮子 5 随着制动液面下降到规定值以下时，永久磁铁 4 的吸力吸动舌簧开关 3，使之闭合，接通警告灯亮，发出警告；制动液面在规定值以上时，浮子 5 上升，吸力不足，舌簧开关 3 在自身弹力的作用下断开警告灯电路。

六、奥迪轿车报警指示

奥迪轿车的报警指示采用了控制单元进行控制。如图 6-21 所示，J285 为组合仪表控制单元，J519 为中央电器控制单元。F1 为机油压力传感器，当机油压力过低，F1 产生的信号被控制单元收到后，组合仪表控制单元将控制机油压力报警灯 K3 点亮，提醒驾驶员机油压力过低，车辆不可继续行驶，加注机油后方可运行发动机。G33 为风窗洗涤液液面高度传感器，当液面高度降低到一定量，组合仪表控制单元根据 G33 的信号判断液面过低，将使得风窗洗涤液液面警告灯 K37 点亮，提醒驾驶员及时添加风窗洗涤液。G32 为冷却液液面高度传感器，当液面高度降低到一定量，组合仪表控制单元根据 G32 产生的信号判断液面过低，将使得冷却液液面警告灯 K28 点亮。冷却液液面警告灯同时也是冷却液温度警告灯，当冷却液温度超过正常值时也会点亮。G34 为左前制动摩擦衬块磨损传感器，当制动摩擦衬块磨损到一定量时，控制器判断制动摩擦衬块磨损严重，仪表控制单元将制动蹄片磨损报警灯 K32 点亮，提醒驾驶员需要尽快更换制动摩擦衬块。

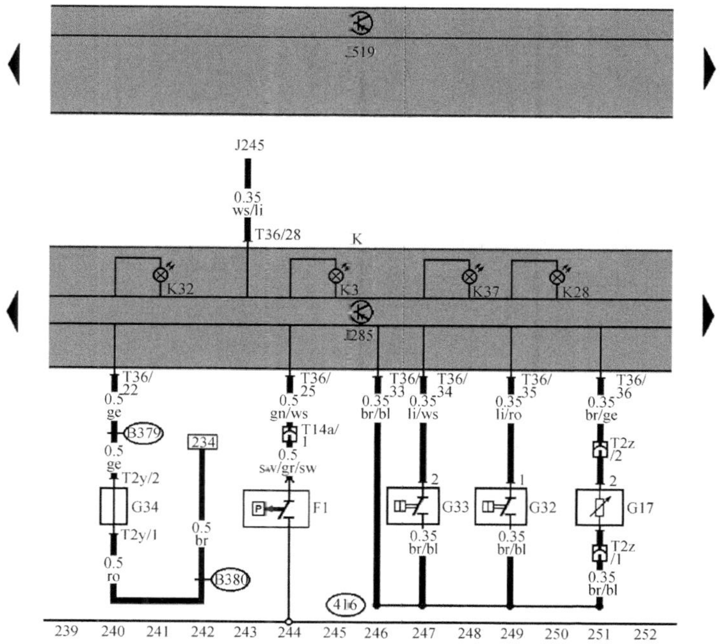

图 6-21　奥迪汽车辆组合仪表控制

第四节　其他仪表报警指示灯

汽车上除了前面几节所述主要的仪表及报警指示灯外，还有如图 6-22 所示的其他指示灯。下文将对它们进行简单介绍。

图 6-22(a)为安全气囊警告灯。安全气囊警告灯与安全气囊 ECU 相连，用来指示安全气囊系统的自检情况。当点火开关处于 ON 挡或起动后，该警告灯将亮起，同时安全气囊将进行系统的自检。若系统正常则安全气囊警告灯约 6s 后将熄灭，如果不正常将保持亮的状态。如果行车途中该警告灯亮起，则意味着安全气囊系统有问题，提醒驾驶员需要尽早维修。

图 6-22(b)为安全带警告灯。安全带警告灯通常在驾驶员没有系安全带的情况下会亮起，有的车辆还有警示的声音发出。一旦安全带系上，该指示灯将熄灭。近年来，仪表板上同时安装了副驾驶位安全带警告灯的车辆越来越多。

图 6-22(c)为手刹指示灯。停车时，手刹指示灯在手刹被拉起之后会亮，如果驾驶员起步后未放下手刹，那么亮着的手刹指示灯提醒驾驶员放下手刹行驶，以免损坏车辆。当手刹放下后，该指示灯熄灭。

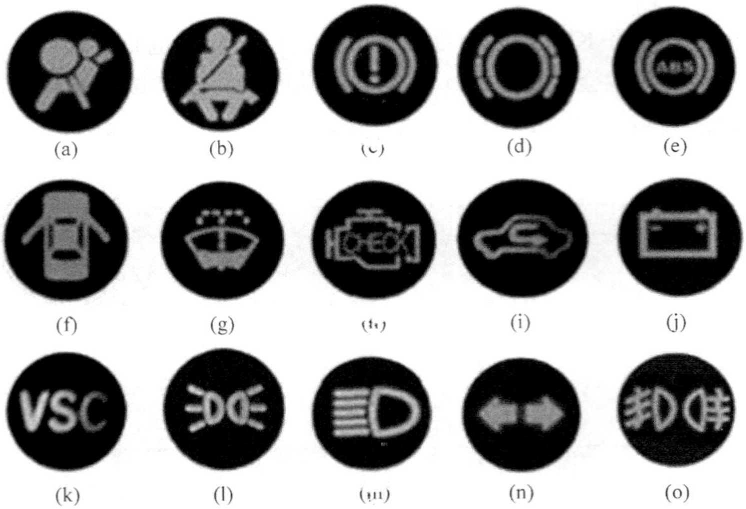

(a) (b) (c) (d) (e)
(f) (g) (h) (i) (j)
(k) (l) (m) (n) (o)

图 6-22 其他仪表报警指示灯

图 6-22(d)为制动摩擦片指示灯。目前越来越多的车辆安装了制动摩擦片指示灯，该指示灯在制动摩擦片磨损允许范围内不会常亮，一旦制动摩擦片磨损到极限，需要更换时，该指示灯会亮起，提醒驾驶员尽早更换制动摩擦片。

图 6-22(e)为 ABS 指示灯。如果发动机起动后常亮或者行车途中突然亮起意味着 ABS 系统出现问题，提醒驾驶员尽快进行检修。

图 6-22(f)为车门状态指示灯。该指示灯指示车门状态，若亮起说明某侧车门未关闭好，提醒驾驶员或乘客将未关闭好的车门关闭，关闭后该指示灯熄灭。

图 6-22(g)为雨刮洗涤液液面指示灯。当雨刮洗涤液液面下降到非正常高度时，该指示灯亮起，提醒驾驶员添加雨刮洗涤液，加注洗涤液后该指示灯熄灭。

图 6-22(h)为发动机故障指示灯。该指示灯正常情况下在供电自检时会亮几秒钟，随后熄灭。如果该灯没有熄灭或者在汽车行驶过程中突然亮起，说明发动机有故障，提醒驾驶员尽快维修。

图 6-22(i)为空调内循环指示灯。该指示灯亮起时，告诉驾驶员此时空调系统处于内循环状态，驾驶员可以通过空调相关按键或开关切换内外循环模式。

图 6-22(j)为充电指示灯。充电指示灯用来指示汽车电源系统的工作状态。当电源系统正常工作时，该指示灯不会点亮。如果该灯在发动机起动后常亮或者行车途中突然亮起，说明充电系统出现故障，提示驾驶员尽快检修。

图 6-22(k)为汽车车身电子稳定系统指示灯。该指示灯亮起时，提醒驾驶员车身稳定系统已被关闭。需要指出的是，车身电子稳定系统在日系车辆上经常标识为 VSC，但在欧洲车辆上通常标识成 ESP。该指示灯一般可以人为打开或关闭。

图 6-22(l)为小灯指示灯。当驾驶员打开小灯时，该指示灯亮起；关闭小灯时，该指示灯熄灭。

图 6-22(m)为远光灯指示灯。当驾驶员打开远光灯时，该指示灯点亮；关闭远光灯时，该指示灯熄灭。

图 6-22(n)为转向指示灯。当驾驶员打开某侧转向灯时，仪表板上相应方向的转向指示灯闪烁。当驾驶员打开警报开关时，该指示灯全部闪烁。

图 6-22(o)为雾灯指示灯。当雾灯打开时，该指示灯点亮，显示雾灯开始工作。

第五节　仪表报警指示系统的使用、维护与检修

一、仪表报警指示系统使用注意事项

1. 机油警报灯亮

行车途中若该灯亮或闪烁则必须立即停车熄火，检查机油油位，视需要添加机油至合适位置；若油位正常，该灯仍闪烁，则切不可继续行驶，也不可让发动机怠速运转，需请专业人员检修。

2. 制动系统警报灯亮

行车途中若该灯亮则必须立即停车熄火，检查制动液液位情况。若液位低于"min"标记，就切不可继续行驶，需请专业人员检修。若液位正常则表明刹车系统电控部分可能出现故障，如刹车蹄片磨损超标等，此时应谨慎驾驶，尽快到就近的特约服务站检修制动系统。

3. 发电机警报灯亮

行车途中若该灯突然亮起，应立即停车熄火检查。检查发电机传动带是否损坏。若传动带松动或破损，则切不可继续行驶，应修复后再行驶。如果传动带未损坏或松动，但该灯仍亮，应尽快到特约服务站检修。途中若无绝对需要切勿使用电气设备，将空调系统关闭，否则若为发电机损坏则蓄电池将持续放电，如继续使用将对蓄电池的性能造成很大影响。

4. 发动机水温警报灯亮

行驶中该灯点亮或闪亮，则表明冷却液温度过高，或液位偏低，需立即停车熄火，检查冷却液液位，视需要添加冷却液，添加中谨防被烫伤。若冷却液液位正常，则可能是冷却风扇故障导致，应检查冷却风扇或保险丝。若冷却液液位、冷却风扇及其保险丝均正常，但警报灯仍不熄灭，切不可继续行驶。若液位正常，故障是由风扇引起的，则车辆仍可行驶，但需尽快到就近特约服务站检修。行驶中应充分利用迎面气流的冷却效应，同时可以将空调开到最大暖风位置，利于散热。避免使发动机怠速运转或低速行驶。

二、仪表报警指示系统维护与检修

1. 燃油表指针总指向无油位置故障

(1) 故障现象

无论油箱内燃油有多少，燃油表的指针总指向无油位置不动。

(2) 故障原因

①燃油表自身故障；②稳压器工作不正常；③线路有断路处；④燃油表传感器故障或浮子机构被卡住。

(3) 诊断方法

以图6-7所示电磁式燃油表与可变电阻式传感器为例，首先拔下燃油表传感器接线插头，使该导线直接搭铁，打开点火开关，观察燃油表指示情况。如果指针开始向满油刻度移动，说明故障在燃油表传感器；若仍没有反应，则说明故障在仪表自身、稳压器或线路有断路。需进一步采用排除法进行诊断。

2. 冷却液温度表指针不动故障

(1) 故障现象

发动机工作时，冷却液温度表指针不动，反映不出发动机冷却液温度。

(2) 故障原因

①稳压器工作不正常；②冷却液温度表自身故障(如双金属片发热线圈断路或脱落)；③冷却液温度表传感器故障(如热敏电阻失效)；④线路有断路。

(3) 故障诊断

以图6-5所示的电磁式水温表为例，将冷却液温度表传感器的接线插头拔下，使该导线直接搭铁，打开点火开关，观察冷却液温度表的指针情况，如指针开始移动，则说明故障在传感器；如表针仍无指示则说明故障在仪表自身、稳压器或线路有断路。如果冷却液温度表与燃油表同时出现故障，稳压器或线路出现故障的可能性较大，应首先检查稳压器工作是否正常。在排除稳压器和线路故障之后即可断定故障发生在仪表自身。

3. 冷却液温度报警灯常亮故障

(1) 故障现象

汽车在行驶过程中，发动机无论冷态还是热态，冷却液报警灯常亮。

(2) 故障原因

①冷却液温度报警开关故障；②线路有搭铁处；③储液罐中冷却液液面过低(带冷却液液位监测)；④冷却液液位开关故障。

(3) 故障诊断

首先检查发动机冷却液温度是否真的过高，储液罐液面是否过低。如果这些都正常而仍然报警的话，可拔下储液罐液位开关插头，如果报警灯熄灭说明故障在液位开关；若仍然亮，则接好液位开关插头，拔下冷却液温度报警开关插头，如果报警灯熄灭，说明故障在冷却液温度报警开关；若仍然亮，则说明线路有搭铁处。

第六节 仪表报警指示新技术

一、驾驶员抬头显示技术

目前，汽车设计中通常将液晶显示屏放在中控台顶端，为的是让驾驶员用余光就可以看到所需信息(时速、转速、油量、水温、CD、MP3、空调信息等),这意味着几乎所有的汽车显示设备都存在一个共同的问题,就是驾驶员必须将视线从道路上转移下来,才能看清楚仪表板数据。这样,有些情况下驾驶员没有来得及转移视线,从而错过了某些非常重要的警报,例如发动机水温过高、发动机润滑油过少等。此外,阅读屏幕上的信息至少要1s时间。如果是50km/h的车速,这1s的时间就意味着车向前走了14m的距离;而100km/h的情况下就是28m,稍有疏忽这个距离就可能发生追尾甚至更严重的交通事故。还有一些情况,例如车载或是加装GPS导航,常常要低下头瞄一眼这些数据和线路,就这几秒钟的时间,也会发生类似事故。

近年来在某些高档车上出现的驾驶员抬头显示技术(heads up display,HUD)在车上的应用可以解决这个问题。该技术又称为风窗玻璃仪表显示,或叫平视显示系统,它可以把重要的信息映射在风窗玻璃上的全息半镜上,使驾驶员不必低头就能看清楚重要的信息。

图6-23是抬头显示技术在汽车挡风玻璃上的显示,从图中可以清楚看到,重要的驾驶信息出现在挡风玻璃上,驾驶员无须低头就能够获取这些信息。同时,这些信息在挡风玻璃上的显示并不会影响驾驶员对车外情况的观察和判断。

图6-23 抬头显示技术

抬头显示技术的前身是战斗机上的光学瞄准器。这种瞄准器将环状瞄准圈投射在座舱前端的一片玻璃上。这样一来,就不需要飞行员在瞄准目标的时候转移视线。瞄准器最早出现在第一次世界大战期间,到了第二次世界大战的时候渐渐开始广泛运用。第一架使用抬头显示器的飞机是美国海军的A-5舰载机。在20世纪70年代中期以后,抬头显示器在军事上得到了普及使用。除了美国以外,其他国家也开始陆续购买或者研发相关的系统。虽然抬头显示技术的应用已经成熟,但由于以前的车辆电子化程度不高,仪表板上需要阅读的数据和信息量相对较小,所以汽车公司一直没有将它应用在汽车上。但随着电子技术的发展和车用信息量的剧增,汽车生产厂商开始将抬头显示技术应用于新研发的车辆上。

抬头显示技术的原理是从一个阴极射线管(CRT)发出的信号投影到一个部分反射镜上,然后再进入驾驶员的眼睛。这一系统要求阴极射线管上的信号正好与实际的图形、文字信息反向,这样,经过反射后驾驶员才能得到正确的信息。在正常情况下,驾驶员可以透过半反射镜看清前方路面的情况,半反射镜的亮度还必须根据环境光线的强弱进行自动调节。

应用了抬头显示技术的优点有:

(1) 驾驶员不必低头就可以看到信息,从而避免分散对前方道路的注意力;

(2) 驾驶员不必在观察远方的道路和近处的仪表之间调节眼睛,可避免眼睛的疲劳。

总之,这种显示系统的作用是提高汽车的安全性。当然这种系统成本昂贵,目前只在一些高档车中采用。

传统的抬头显示技术只能在一小块透明平板上投射少量信息,往往采用一块与驾驶员视线等高的透明平板作为显示媒介。这种方式很大程度上限制了显示的范围,而新一代抬头显示技术则把整块风挡作为媒介,也就是说,整块风挡都会镀上一层荧光粉,只要受到紫外线激光刺激，就可以在特定位置显示出图像。这比起传统技术来说，提供的显示范围就要宽泛得多了。

图 6-24 是通用汽车公司最新开发的激光抬头显示系统效果图，这套系统可以在雨天、雪地甚至视线相当恶劣的大雾情况下在前挡玻璃上显示出路面状况。这套系统在大雾的情况下，利用红外线摄影机来侦测前方的道路边缘，然后用激光投影的方式将路缘标示在挡风玻璃上。它的挡风玻璃内侧有一层荧光材质，而在接收到激光束照射时，就会将路缘显示出来。这个设计在任何光源下都有效果，同时也可以显示行车信息，而且还不阻碍驾驶的正常视线。

图 6-24 通用汽车的抬头显示系统

二、夜视辅助系统

事故统计表明：夜间行车的危险性非常大。虽然只有 25%的交通事故发生在夜间，但死亡性事故中有约一半是发生在夜间的。因此，与白天行车相比，夜间行车发生事故的危险性就翻倍了。尤其是行人和骑自行车的人最容易造成夜间的交通事故。比如着装不易辨识的慢跑者和照明亮度不足的骑自行车的人，采用传统的灯光技术不易及时发现，尤其是上述人或者车不在光束中时，司机则更加难以及时识别他们并做出相应的反应。黑暗中发生事故的原因主要有以下几点：

(1) 街道视野不好或者视野受到很大限制；

(2) 有障碍物或者急转弯，近光灯来不及识别；

(3) 司机缺少定位标记作为参考，因此对车速和距离估计有误；

(4) 相向车道的车辆造成炫目；

(5) 车速过高。

夜视辅助系统的出现使得司机能够在黑暗中及时识别出车辆前部区域的行人，从而能够帮助驾驶员及时避免危险情况。奥迪公司将夜视辅助系统装备在奥迪的某些车型上。该系统将车辆前部的热敏图像显示在组合仪表显示屏上。

自然界的一切物体，只要它的温度高于热力学温度(−273℃)就存在分子和原子无规则的运动，其表面就不断地辐射红外线。红外线是一种电磁波，它的波长为 0.78～1000μm，不为人眼所见，它反映了物体表面的红外辐射场，即温度场。物体温度不同，其辐射出的红外线能量不同，温度越高，辐射出的红外线能量越大。人的眼睛虽然不能识别红外线，但夜视辅助系统中摄像头的感光元件能够接收红外信号并且将其转换成电信号再处理成图像。摄像头安装在奥迪车前部的圆环中。由于人或者动物会产生热辐射，因此其图像比周围环境要亮，司机也就很容易在显示屏上将它们识别出来。如果该系统将某物识别为人，那么图像还会加上颜色。热敏图像不仅能识别生物，还能识别车道和建筑物轮廓。

夜视辅助系统控制单元还会对热敏图像进行进一步分析，根据图像推测已识别出的行人的下一步运动方向。同时，夜视辅助系统还根据车辆当前速度和偏摆率预测车辆下一步的运行轨迹。如果根据这两个预测而判断有碰撞的危险，系统将会响起警告信号，以便驾驶员做出相应的反应。

在视野良好时，夜视辅助系统的作用距离可以达到 300m，而即使是远光灯，照射距离也只有 200m，低于夜视辅助系统的作用距离（如图 6-25 所示）。在识别人或者动物时，由于夜视辅助系统的作用距离比近光灯甚至远光灯都大，还能够形成影像投射在仪表板上，因此能为驾驶员赢得宝贵时间，降低交通事故发生的概率。

夜视辅助系统的主要电气连接如图 6-26 所示，夜视辅助系统控制单元为图中的 J853，

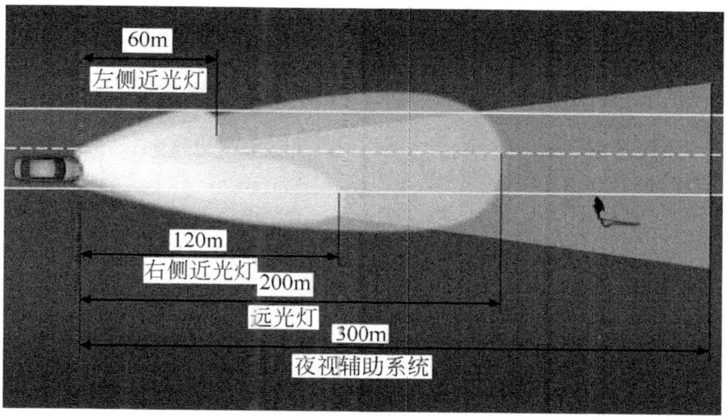

图 6-25 夜视辅助系统作用距离

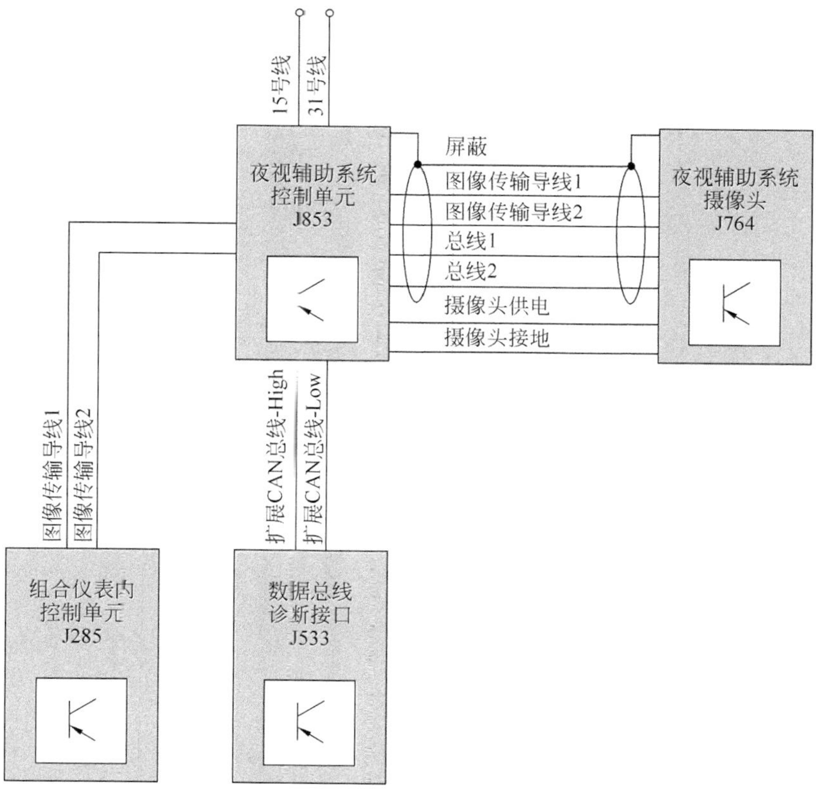

图 6-26 夜视辅助系统电气连接

它通过两条专用总线(总线 1 与总线 2)与夜视辅助系统摄像头 J764 进行通信联系,通信内容包括诊断信息、数据和命令等。摄像头 J764 的原始图像通过两条图像传输导线(图像传输导线 1 和图像传输导线 2)传给控制单元。两条专用总线和两条图像传输导线都采用了屏蔽隔离技术进行处理。控制单元通过摄像头供电线和摄像头接地线给摄像头提供蓄电池电压,使得摄像头能够正常工作。控制单元 J853 与组合仪表内控制单元 J285 之间的图像传输导线 1 和图像传输导线 2 为双绞线,模拟的图像信号通过这条双绞线被送入组合仪表控制单元,并显示到仪表显示屏上。控制单元 J853 与数据总线诊断接口 J533 之间的线为扩展 CAN 总线,用于与其他控制单元进行数据交换。这个诊断接口在扩展 CAN 总线和其他总线之间交换信息,使得不同的总线系统之间可以进行数据交换。

思考与练习题

6.1 列举汽车上常用的仪表,并说明它们各自的作用。

6.2 说明以可变电阻为传感器的电磁式燃油表的工作原理。

6.3 为什么有的仪表要串接一个电源稳压器?哪些仪表不需要串接此设备?

6.4 说明电磁式水温表的工作原理。

6.5 说明电子式车速表的工作原理。

6.6 列举汽车上常用的报警指示灯,并说明它们各自的作用。

6.7 说明机油压力警告灯的工作原理。

6.8 说明液位指示灯的类型和各自的原理。

6.9 查阅相关书籍与资料,列举近年出现在车辆上的仪表报警指示新技术,并了解它们的原理。

第七章 汽车辅助电器与电子设备

汽车辅助电器与电子设备实现了汽车最基本的舒适和安全功能，其中包括了电动车窗、后视镜、座椅、防盗门锁、雨刮、安全气囊与安全带等。

第一节 电动车窗、后视镜、座椅的结构、线路控制及检修

电动车窗、电动后视镜及电动座椅这些部件的操作方法都很类似，都是控制直流电动机的正反转操作。

一、电动车窗

1. 电动车窗的结构及其线路控制

电动车窗可使坐在座位上的驾驶员或乘员利用开关使车门玻璃自动升降，操作简便并有利于行车安全。许多轿车选装了这种装置。一般电动车窗系统都装有两套控制开关。一套装在仪表板或驾驶员侧车门扶手上，为主开关，它使得每个车窗的升降都可以由驾驶员控制。另一套分别装在每一个乘客门上，为分开关，可由乘客自行操纵各自的车窗升降。一般在主开关上还装有断路开关或称锁止开关，如果它断开，分开关就不起作用，如图 7-1 所示。

图 7-1 车窗主开关

电动车窗系统由车窗升降器、电动机、继电器、开关等装置组成。车窗升降器常见的有钢丝滚筒式(见图 7-2)和交叉臂式(见图 7-3)两种。

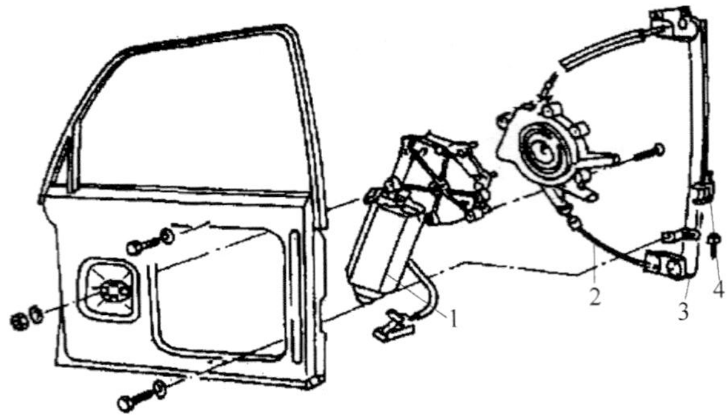

图 7-2　钢丝滚筒式升降器

1—电动机；2—钢丝；3—滑动支架；4—玻璃安装卡

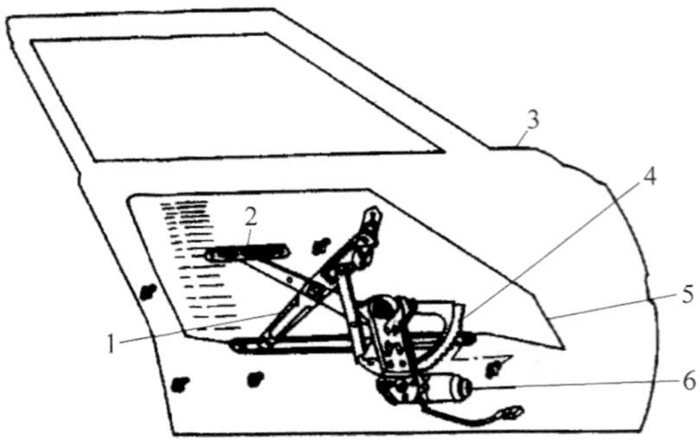

图 7-3　交叉臂式升降器

1—交叉臂；2—支架和导轨；3—车门；4—驱动齿扇；5—车窗玻璃；6—电动机

钢丝滚筒式升降器的电动机上装有一个滚筒,滚筒上绕有钢丝,玻璃安装卡座固定在钢丝上并可在滑动支架上作上下移动。当电动机转动时,钢丝便带着卡座沿滑动支架上下移动,使车窗玻璃上升或下降。

交叉臂式升降器的电动机带动齿扇旋转,从而带动安装在导轨上的玻璃上升或下降;齿扇上装有螺旋弹簧,当车窗上升时,弹簧伸展,放出能量,减轻电动机负荷;当车窗下降时,弹簧被压缩,吸收能量,从而使车窗无论是上升还是下降,电动机的负荷基本相同。

电动车窗使用的直流电动机是双向的,有永磁型和双绕组串励型两种。每个车窗都装有电动机,通过开关控制它的旋转方向,使车窗玻璃上升或下降。永磁型电动机的磁场极性是不变的,当要改变这种电动机转子旋转方向时,只需要改变转子线圈通电的电流方向即可。而双绕组串励型电动机,其内部有两组磁场线圈,电动机一端直接搭铁,通过接通不同的线圈使电动机的转向相反,实现车窗的上升和下降动作。具体可见本节后面的电路图分析。

采用永磁式直流电动机的电动车窗通过改变电动机电枢的电流方向来改变电动机的旋转方向使车窗玻璃上升或下降。图 7-4 所示为某一车型的永磁式电动机的电动车窗控制系统线路图。

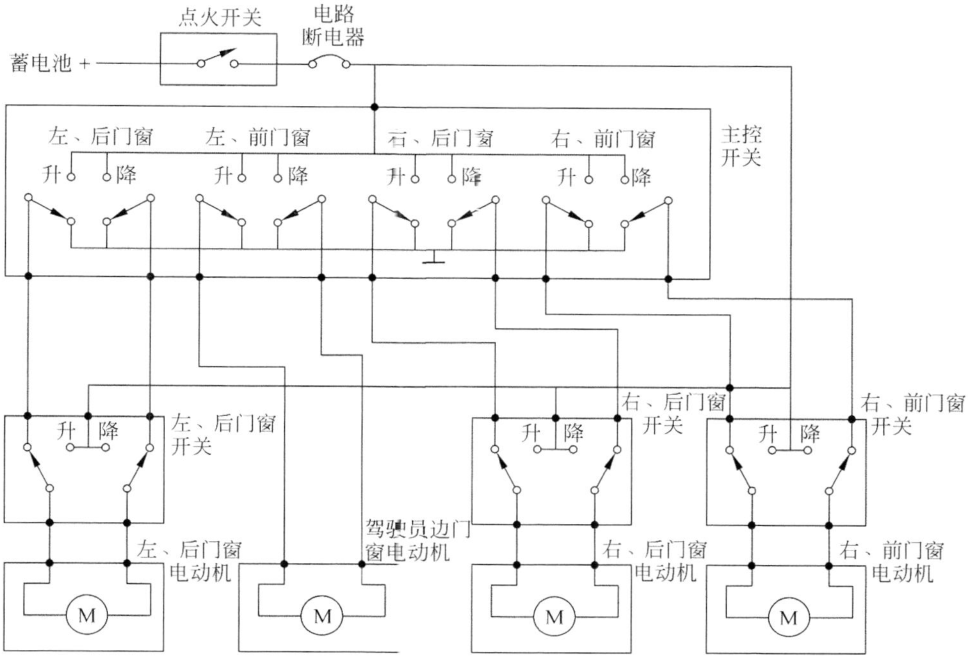

图 7-4 永磁式电动机的电动车窗升降电路图

当点火开关打至点火挡时，给电动车窗提供了电源；车窗电动机的两端在任何开关都静止不动的情况下都接地。主控开关和分开关在有人操纵的时候，被操纵的开关这时是将电动机的一端和电源连接到一起，给电动机的一端提供＋12V 的电源。驾驶员侧的车窗开关由点触式电路控制，驾驶员要使车窗玻璃下降时，只要点触一下下降开关，车窗玻璃就全自动下降到最低点，在下降过程中，如果要使玻璃停在某一位置时，只要再点触一下开关即可。

双绕组串励式直流电动机有两个绕向相反的磁场绕组，一个称为“上升”绕组，一个称为“下降”绕组，在给不同绕组通电时，会产生相反方向的磁场，电动机的旋转方向也就不同，从而使车窗玻璃上升或下降。典型控制电路见图 7-5。

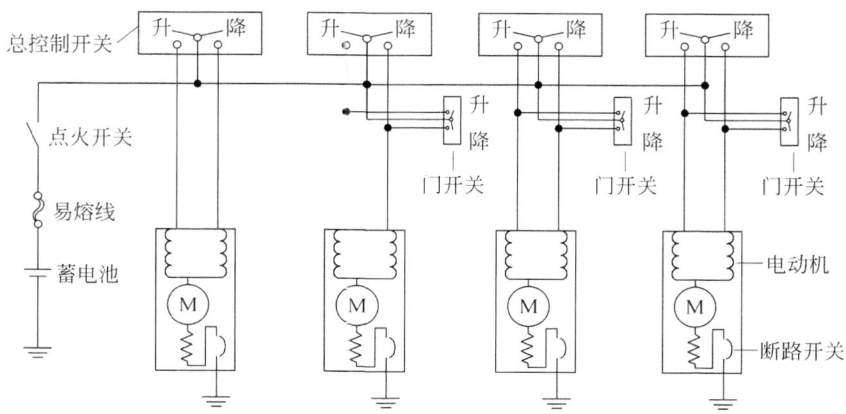

图 7-5 双绕组串励式电动机的电动车窗升降电路图

为了防止电路过载，电路或电动机内装有一个或多个断路开关，用以控制电流，当车窗完全关闭或由于结冰等原因使车窗玻璃不能自如运动时，即使操纵开关没有断开，断路开关也会自动断路。大多数电动车窗的断路保护开关是双金属触点臂结构，当电动机超载电路中电流过大时，双金属片因温度上升产生翘曲变形，打开触点，切断电路。电流消失后，双金属片冷却，变形消失，触点再次闭合。如此周期动作，使电动机电流平均值不超过规定值，以免导致过热而烧坏。

有的车上还专门装有一个延迟开关，在点火开关断开后约 10min 内，或在车门打开以前，仍有电源提供，使驾驶员和乘客能有时间关闭车窗。

2. 电动车窗其他技术

(1) 一触式电动车窗

一触式电动车窗是指只需一次按下车窗控制按钮，车窗便会自动升起或降下的功能。一触式车窗能够极大地方便车内乘客的操作，有些厂家为了节约成本，只在驾驶员一侧安装一触式车窗。一触式电动车窗的实现一般是在车窗的操作按钮上集成一个电路，让车辆车窗的按钮实现两个挡位的控制，轻拉或轻压即普通的升降车窗操作；重拉或重压实现一触式的车窗升降。

(2) 防夹车窗

现在越来越多的汽车车窗都是由电动开关控制。但专家发现有部分车辆电动车窗存在缺陷，而这些缺陷严重威胁到儿童生命安全。车窗防夹功能是指在车窗玻璃上升过程中，如果遇到阻力，它会自动下降防止夹手等。一般轿车上的车窗防夹手功能都是靠“触觉”来控制的，控制系统在玻璃上升过程中一旦检测到玻璃遇到压力时，它便会停止玻璃上升并指令玻璃下降，以防止夹伤人。

其工作原理如图 7-6 所示，当霍尔传感器检测到转速有变化时就会向 ECU 报告信息，ECU 向继电器发出指令，使电动机停转或反转（下降），防夹电动车窗也就停止移动或下降。

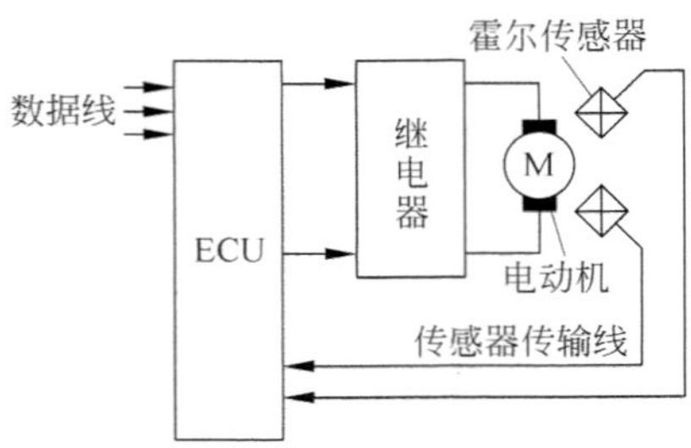

图 7-6　车窗防夹原理图

在高级轿车上还配备一种靠“视觉”来控制防夹功能的系统。在玻璃上升过程中发现玻璃上方有任何异物，它都会自动停止上升而改为下降，因此无须异物直接接触到玻璃。这种系统由红外线发射器和接收器组成，安装在车窗内饰件上，它能连续精确地扫描指定的区域，在距离车窗开口框上边缘 4～200mm 内，一旦检测到有异物便会立即停止玻璃上升，所以有人称之为“智能无接触防夹玻璃”。

3. 电动车窗的常见故障及其检修

电动车窗常见故障有：所有车窗均不能升降、某车窗不能升降或只能一个方向运动。

(1) 所有车窗均不能升降

主要故障原因：熔断器断路；连接导线断路；有关继电器、开关损坏；电动机损坏；搭铁点锈蚀、松动。

诊断步骤：首先检查熔断器是否断路。若熔断器良好，则应将点火开关接通，检查有关继电器和开关相连接线柱上的电压是否正常。如电压为零，应检查电源线路；如电压正常，则应检查搭铁线是否良好。搭铁不良时，应清洁、紧固搭铁线；若搭铁良好，应对继电器、开关和电动机进行检测。

(2) 某车窗不能升降或只能一个方向运动

主要故障原因：该车窗按键开关损坏；该车窗电动机损坏；连接导线断路；驾驶员侧锁止开关故障。

诊断步骤：如果车窗不能升降，首先检查驾驶员侧锁止开关是否工作，该车窗的按键开关工作是否正常，再通电检查该车窗的电动机正反转是否运转稳定。若有故障，应检修或更换新件；若正常，则应检修连接导线。如果车窗只能一个方向运动，一般是按键开关故障或部分线路断路或接错所致，可以先检查线路连接是否正常，再检修开关。

二、电动后视镜

1. 电动后视镜的结构及其线路控制

汽车上的后视镜位置直接关系到驾驶员能否观察到车后的情况，与行车的安全性有着密切联系。而后视镜的调整一般来说比较麻烦，采用电动后视镜，可通过电动开关进行调整，操作起来十分方便。

电动后视镜的背后有两个小电动机和减速小齿轮，可分别实现对后视镜垂直、水平方向的调节。通过改变某个电动机及该电动机的电流方向，就可完成后视镜的上下及左右位置的调整。

以图 7-7 所示的 LS400 后视镜的电路图为例，后视镜开关为半联动开关。在左/右调整开关中，当调整左后视镜的位置时，触点 D_1/E_1 闭合；反之，当调整右后视镜的位置时，触点 D_2/E_2 闭合。在控制开关中，当对某个后视镜向上调时，B_1 触点和 A_1 触点闭合；当对某个后视镜向下调时，B_2 触点和 A_2 触点闭合；当对某个后视镜向左调时，A_1 和 C_1 触点闭合；反之，当对某个后视镜向右调时，A_2 和 C_2 触点闭合。

利用后视镜开关对左后视镜往下调。此时，左/右调整开关中，触点 D_1、E_1 闭合。同时上面的控制开关中 B_2、A_2 闭合。

在调整过程中，电源经过图 7-7 中的点火开关，经过控制开关的 A_2 触点，经过 1 号触点进入左后视镜的上下调整电动机，左后视镜的 2 号触点和后视镜的调整开关中的 D_1 触点导通，经过 B_2 触点搭铁。

其他调整过程与向上调整过程类似，通过接通不同的开关即可完成。

2. 其他电动后视镜技术

(1) 可折叠后视镜

有的电动后视镜还带有伸缩功能(见图 7-8)，由伸缩开关控制伸缩电动机工作，使整个后视镜回转伸出或缩回。

电动后视镜的伸缩是通过电动镜开关上的伸缩开关控制的，该开关控制继电器动作，使左右两镜伸缩电动机工作，来完成伸缩功能。个别车的后视镜还有一项很实用的功能，就是

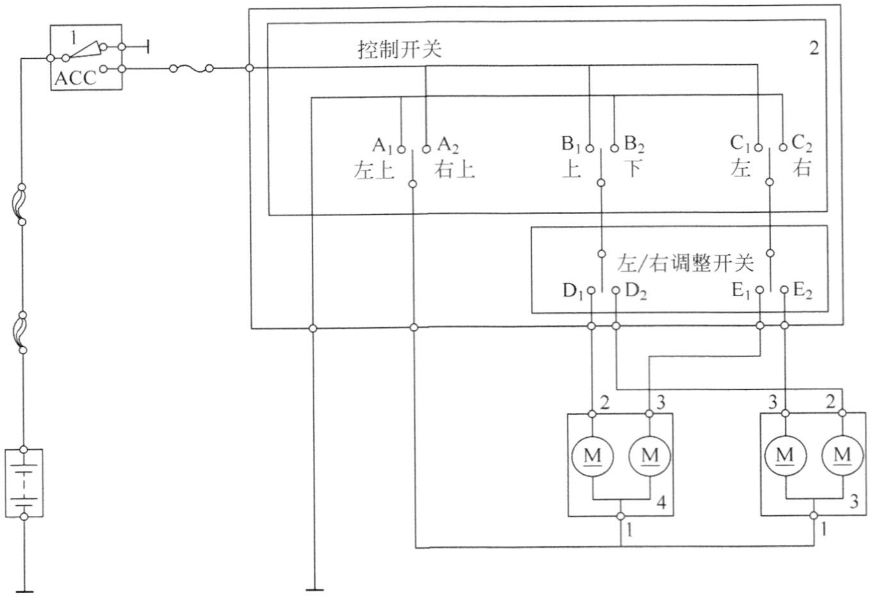

图 7-7　LS400 后视镜电路图

1—点火开关；2—后视镜开关；3—右后视镜电动机；4—左后视镜电动机

在倒车的时候右侧后视镜可以自动向下调节，使驾驶者容易观察到轮胎的情况，这在路侧停车的时候尤其实用，可以防止划伤轮胎或者轮毂。

图 7-8　可折叠后视镜

(2) 防炫光后视镜

利用防炫光功能会将车后射来的强光吸收掉很大一部分，这样便于驾驶员看清车后的情况，如图 7-9 所示。内后视镜一般优先拥有防炫光的功能，外后视镜也有部分车有防炫光功能，其原理都是一样的。它有两个光敏二极管，一个安装在后视镜正面，一个在背面，它们分别接收汽车前面及后面射来的光线。当后车的大灯射在车内后视镜上时，从两个光敏二极管的信号比较可以判断后面的光强于前面的光，于是电子控制器就会施加电压给后视镜镜面的电离层，将它的颜色变深，后面射来的强光就会被镜面吸收掉很大一部分，余下反射到驾驶员眼内的光线就变得柔和多了。自动防炫光后视镜固然能防炫光，但在从车库倒车出来时，由于车后面的光线较强而车前面光线弱，此时后视镜如变暗就不利于倒车时看清车后情况，因此一些汽车便设计成当汽车挂倒挡时能自动取消防炫光功能，或者也可以用开关手动取消该功能。

很多电动后视镜的镜片后都布置了一种尺寸很小的加热元件，它们一般与后窗加热电路相连。在雨雪天气时，车主打开后视镜电加热功能，电热片会在几分钟内迅速加热至一个固定的温度，一般在35～60℃之间，从而起到对镜片加热、除雾除霜的效果，如图7-10所示。一些车辆的电动后视镜设有记忆功能，这种功能经常跟座椅的调整相结合，当电动后视镜位置有所改变时，系统会根据位置寄存器的记录对后视镜进行自动调整。

图7-9 防炫光功能对比图

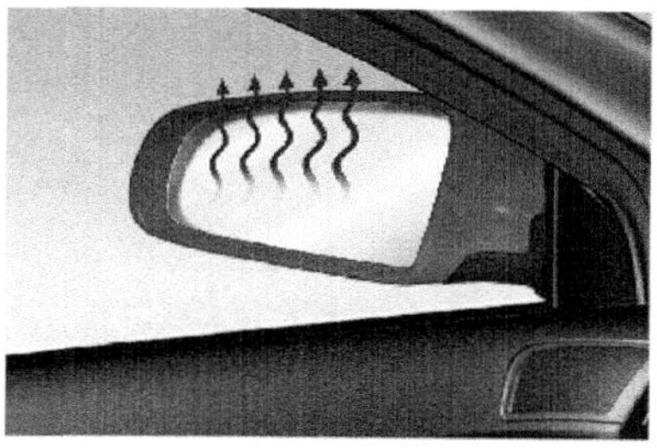

图7-10 加热后视镜

3. 电动后视镜的常见故障及其检修

电动后视镜的常见故障有：电动后视镜调节全部失灵和电动后视镜部分功能不正常。

故障主要原因有：保险装置及线路短路、开关及电动机有故障等。

如果电动后视镜调节都不工作，往往是由于保险装置或电源线路、搭铁线路断路引起，也可能是控制开关有故障。可以先检查保险装置是否正常，然后检查控制开关线头有无脱落、松动，电源线路或搭铁线路是否正常，最后检修控制开关。

如果电动后视镜部分功能不正常，通常是由于个别电动机及控制开关对应部分有故障、对应线路断路或接触不良。可以先检查线路连接情况，再检查开关和电动机。

三、电动座椅

汽车座椅的主要功能是为驾驶员提供便于操作、舒适而又安全的驾驶位置；为乘员提供不易疲劳、舒适而又安全的乘坐位置。电动座椅通过控制电动机的正反转来调节座椅的空间位置。电动座椅前后方向的调节量一般为100～160mm，座位前部与后部的调节量为30～50mm。全程调节所需时间为8～10s。

座椅的调节正向多功能化发展，使座椅的安全性、舒适性、操作性日益提高。其种类很多，可以有不同的组合方式。如图7-11(a)所示为大众辉腾的12方向座椅，该座椅具有：纵向调节(1)、高度调节(2)、靠背调节(3)、倾斜度调节(4)、4方向脊柱前凹(向上/向下，向前/向后)(5)等12方向调节功能。相对应功能的控制电动机如图7-11(b)所示，其中1为纵向调节电动机；2为高度调节电动机；3为靠背调节电动机；4为倾斜度调节电动机；5为水平方向脊柱前凹电动机；6为垂直方向脊柱前凹电动机；7为座椅记忆控制单元；座椅通过安装在前座椅侧面的按钮来操作，如图7-11(c)所示。另外辉腾也有18方向调节的座椅，比

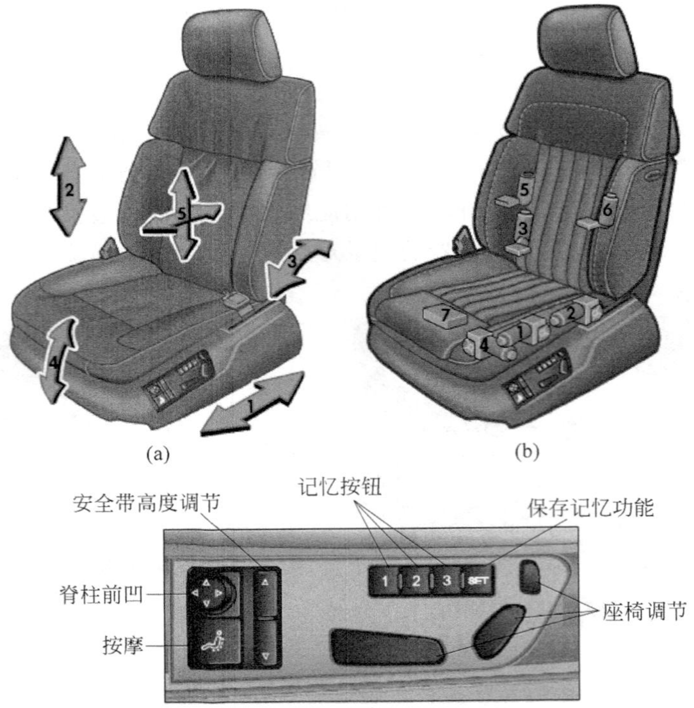

图 7-11 12 方向可调座椅

之 12 个方向的调节增加了头靠的前后调节、头枕的上下调节以及座椅深度的调节等。功能越多的座椅，其所需的控制电动机也就越多。

1. 电动座椅的结构及其线路控制

电动座椅一般由座椅开关、双向电动机、传动机构及控制装置等组成。

电动机的数量取决于电动座椅的类型，通常 12 方向调节座椅装有 6 个电动机，如前面所讲的 18 方向调节的座椅，最多可达 9 个电动机。大多数电动座椅使用永磁式电动机，通过开关来操纵电动机按所需方向旋转。为防止电动机过载，大多数永磁式电动机内装有断路器。

传动机构的作用是把电动机的旋转运动转变成座椅的上下、前后移动或靠背的倾斜摆动。蜗轮蜗杆机构一般是其核心部件，因为它具有较大的传动比且自锁性能良好，故应用最为广泛。

广州本田雅阁轿车驾驶席座椅有 4 种 8 个方向的可调方式：前端上、下调节；后端上、下调节；前、后调节；向前、向后倾斜调节。其原理见图 7-12。

通过电动座椅调节开关，即可完成不同的调节功能，如电动座椅前端上、下调节，当向上调节时，其电路回路为：

蓄电池→黑线→(发动机盖下熔断器/继电器盒)No. 42 (100A)、No. 55(40A)→黄/绿线→(前乘客席侧仪表板下熔断器/继电器盒)No. 2(20A)→红线→电动座椅开关端子 B_2→前端上、下调节开关端子 A_3→红/黄线→前端上、下调节电动机端子 1→前端上、下调节电

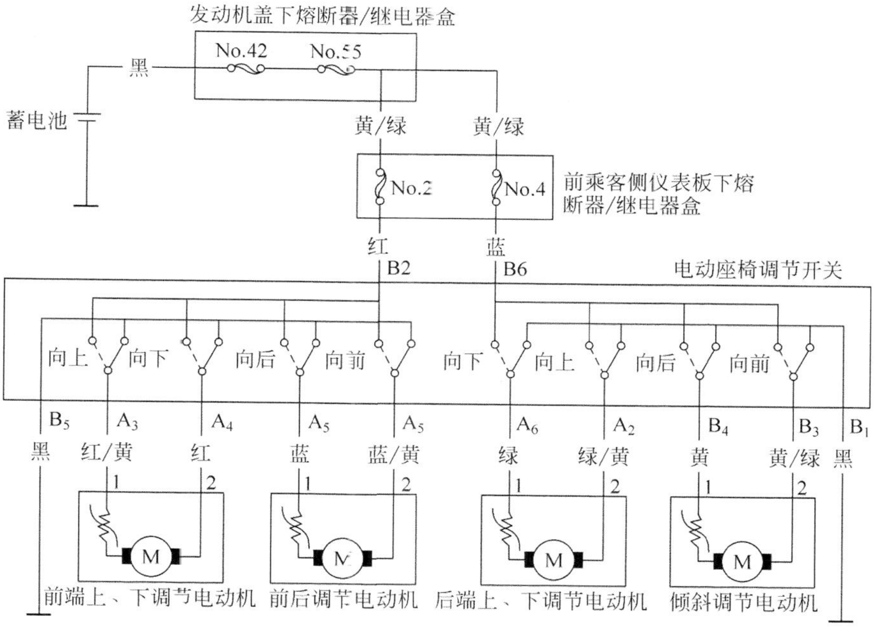

图 7-12 广州本田雅阁轿车驾驶席电动座椅电路

动机→前端上、下调节电动机端子 2→红线→A_4→B_5→黑线→搭铁→蓄电池负极。前端上、下调节电动机工作，座椅前端向上移动。

2. 电动座椅其他技术

(1) 带记忆功能的电动座椅

带记忆功能的电动调节座椅是将电动座椅与车载电脑结合在一起，增加了记忆功能，当座椅调节好后，驾驶者可以通过操作键设定记忆存储当前的座椅位置，这样即便在座椅位置经过多次调整，下次在上车前，只要按指定的按键开关，座椅便可以恢复到之前设定好的位置，避免了重复调整的麻烦。一般的记忆电动座椅可以记忆两组或两组以上座椅数据。带记忆功能的电动座椅控制示意图见图 7-13。

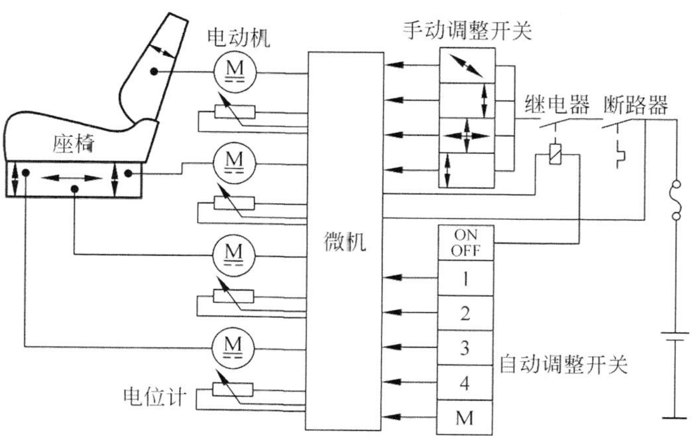

图 7-13 带记忆功能电动座椅控制示意图

该系统有一个存储器，存储装置通过四个电位计来储存座椅的调定位置。只要座椅位置调定后，驾驶员按下存储器的按钮，电子控制装置就把这些电压信号存储起来，作为重新调整位置时的基准。使用时，只要一按按钮，就能按存储时的状态来调整座椅位置。

(2) 座椅加热

座椅中集成的座椅加热装置与风扇一起使经过温度调节的空气通过空气通道均匀地穿过穿孔的皮革，如图7-14所示。座椅加热和记忆位置的存储由座椅控制单元控制。所需要的加热和通风位置将通过座椅加热电位计调整。如果驾驶员侧的座椅加热被激活，方向盘也将同时被加热。当车载电网过载时，方向盘加热以及座椅加热和通风将通过车载电网控制单元关闭。

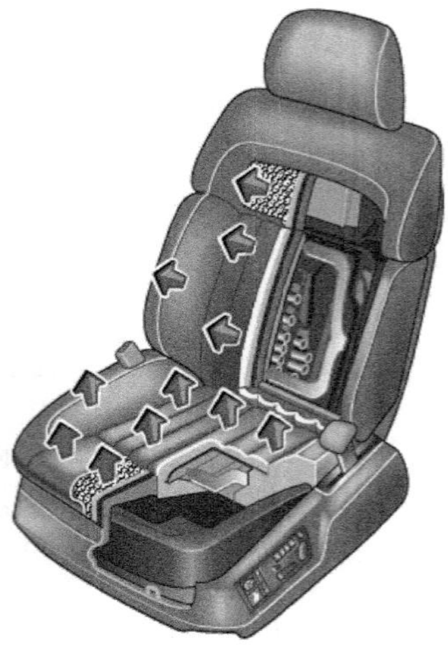

图7-14 座椅加热功能

3. 电动座椅的常见故障及其检修

电动座椅常见故障有：完全不动作或某个方向不能工作。

电动座椅完全不动作的主要原因有：熔断器断路；线路断路；座椅开关有故障等。可以首先检查熔断器是否断路。若熔断器良好，则应检查线路连接是否正常，最后检查开关。对于有存储功能的电动座椅系统，还应检查控制单元(ECU)的电源电路和搭铁线是否正常，若开关、线路等都正常，应检查控制单元。

电动座椅各个方向不能工作的主要原因：该方向对应的电动机损坏、开关或连接导线断路。可以先检查线路是否正常，再检查开关和电动机。

第二节 电控中央门锁、防盗系统的结构、线路控制及检修

一、中控门锁

中控门锁或电控门锁是用电控制的中控车门锁定机构。现代汽车都安装了中央门锁系统，使汽车的使用更为方便和安全。

1. 中控门锁系统的功用

中控门锁系统主要有以下几方面优越性。

(1) 当驾驶员用一个按键或钥匙来锁住整个车的几个车门，包括后车门或行李箱都能自动锁住。

(2) 开锁的情况与锁门的过程正好相反。

(3) 为方便起见，除中央系统控制外，乘客仍可以利用各车门边的分控开关或者车身外部的机械式弹簧锁开关车门。

2. 中控门锁系统的结构及组成

中控门锁一般由控制开关、门锁执行器和控制器组成。

门锁控制开关(见图 7-15)的作用是控制各车门和行李箱锁的锁止和开启。门锁控制开关安装位置一般在驾驶员侧(主开关)和乘员侧。在车外的门锁控制开关也称为钥匙控制开关(见图 7-16)。

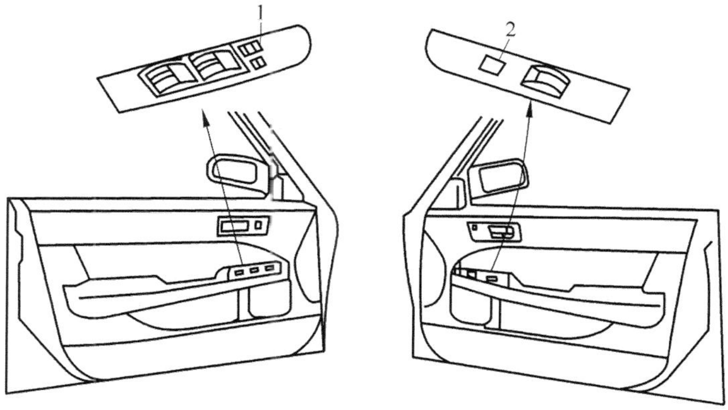

图 7-15 门锁控制开关

1—驾驶员侧车门门锁控制开关;2—乘员侧车门门锁控制开关

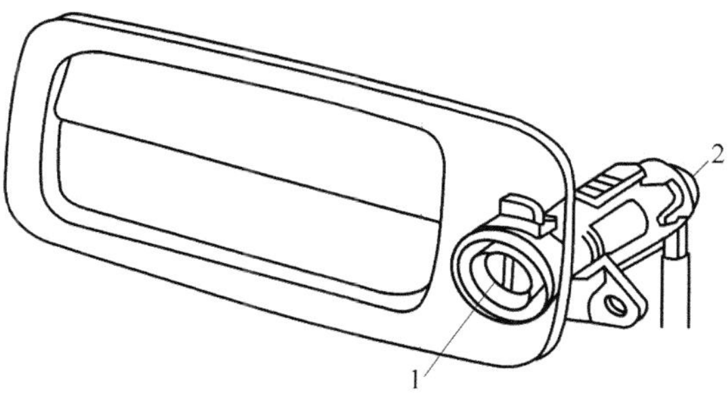

图 7-16 钥匙控制开关

1—门锁锁芯;2—钥匙控制开关

门锁执行器是电磁力操纵的拨动车门门锁扣的驱动装置,能使门开锁或闭锁。中控门锁使用的门锁执行器有电磁线圈和电动机两种,它们都是通过改变电磁阀或者电动机的运动方向来实现门锁的开、关动作的。

图 7-17 所示为双线圈电磁式门锁执行器结构,其分别对锁门线圈和开门线圈进行通电,即可使门闭锁和开锁。

图 7-18 所示为电动机式门锁执行器结构,它由双向永磁电动机以及齿轮和齿条等组成。电动机通过旋转带动齿条伸出或缩回来完成开锁或闭锁动作。

为门锁执行机构提供锁/开脉冲电流的控制装置称为门锁控制器。一般轿车使用电动机式门锁执行器为多,为防止电控门锁开关过载,一般增装继电器,通过门锁开关控制继电器,再控制电动机。下面介绍一种门锁控制器的控制原理。

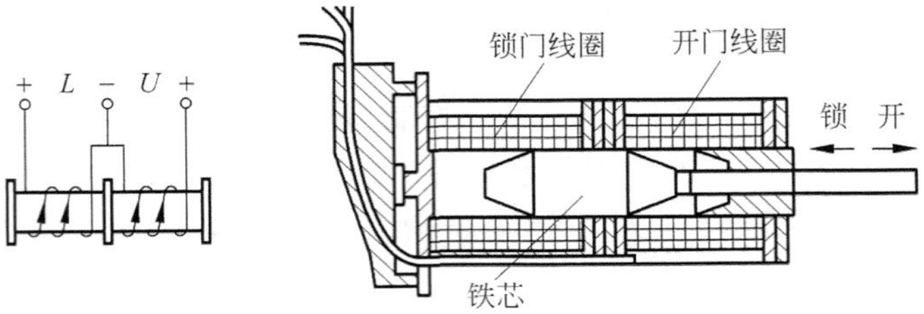

图 7-17 双线圈电磁式门锁执行器结构原理

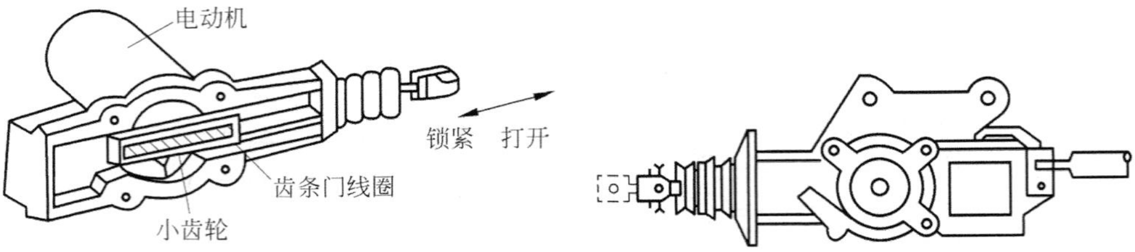

图 7-18 电动机式门锁执行器结构

如图 7-19 所示为自动门锁电路。驾驶人员或乘客可以通过门锁开关接通或断开门锁继电器，门锁继电器包括锁定和开锁两个继电器。将该电路工作分为 3 种情况：

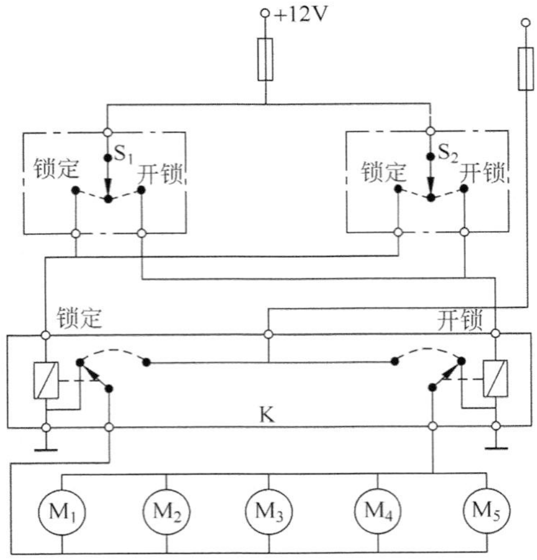

图 7-19 自动门锁电路原理图

(1) 当门锁开关都不闭合即不工作时，所有电动机两端都通过继电器直接搭铁，电动机不运转。

(2) 门锁开关接通开锁时，开锁继电器线圈通电，继电器吸合。电源电压经闭合的开锁继电器的常开触点和该继电器的公共端触点施加于电动机，电动机电枢另一端经锁定继电器的公共触点和常闭触点接地，电动机转动，门锁打开。当开关断开，回到中间位置时，开锁继电器失去作用。

(3) 当开关在锁定位置时，电源给锁定继电器供电，继电器动作，其常开触点闭合，电源电压经此触点施加给所有门锁电动机。电动机电枢另一端经开锁继电器常闭触点接地，电动机旋转并将车门锁住。门锁电动机的转向是可逆的，其转动方向由流经电枢电流的方向决定，电动机通过两个继电器与电源构成回路而通电运转。不同的继电器工作可以改变电动机中电流的方向使门锁电动机的转向改变，实现开锁和锁定。

3. 中控门锁系统的常见故障及其检修

常见故障有：所有门锁均不工作和某个门锁不能工作。

(1) 全部门锁都不能工作

原因有熔断器断路,继电器故障,门控开关触点烧蚀,搭铁点锈蚀或松动和连接线路断路等。检修时首先检查熔断器是否良好,将门控开关接通,检查电动机接线柱上的电压是否正常。若电压为零,应检查继电器和电源线路;如电压正常,则应检查搭铁线是否良好;若搭铁良好,应对开关和电动机进行检测。

(2) 某个门锁不能工作

检查该门锁电动机是否损坏或对应开关、连接电缆线的线路是否正常,再检查开关和电动机。

二、汽车防盗装置

1. 汽车防盗装置的功能

为防止汽车被盗,现代汽车大多安装了防盗系统。汽车防盗装置的任务,必须达到使偷盗者放弃偷盗汽车的企图。理想的防盗装置的电路应安装在隐蔽的地方,当偷窃者一进入汽车或企图发动汽车时,汽车应发出一种音频信号,给偷盗者一种心理上的冲击。另外,防盗装置应能起到使盗窃者不能开动汽车,使之迷惑不解的作用。汽车电子防盗器是指防止汽车被盗窃或被破坏而嵌入汽车主电路的一种电子控制系统。1993 年 12 月国际电工委员会(International Electrician Committee,IEC)和国际标准化组织(International Standardization Organization,ISO)联合制订了"道路车辆防盗技术标准",该标准要求防盗报警系统应当具备以下功能。

(1) 报警功能

当使用不正当的方法将车门、行李箱盖或发动机舱盖打开时,传感器(或检测器)就能检测到有关信息,并通过 ECU 控制音响报警装置进行报警。

(2) 阻止车辆行走功能

阻止车辆行走装置具有独立的执行功能,是独立的控制装置,一般都由发动机 ECU 进行控制。阻止车辆行走的方法一般应有两种以上,如切断点火电路和供油油路等。该装置与报警装置的调制和解除无关。即使阻止车辆行走装置发生故障,也不会影响其他装置的性能。当发动机正常工作或点火开关位于接通位置时,阻止车辆行走装置将停止工作。

(3) 调制/解除功能

报警调制是指报警系统处于预警状态。一般采用三种方法完成报警调制功能:

① 不用汽车钥匙锁定车门的"自动锁定操作"完成报警调制;

② 使用汽车钥匙锁定车门的"通常锁定操作"完成报警调制;

③ 使用遥控按键锁定车门的"电子锁定操作"完成报警调制。

防盗系统的报警解除是指报警系统处于不能报警的状态。解除报警功能由车门钥匙、遥控开关或专用控制键等完成。

(4) 供给功能

报警装置的电源就是车辆上已经装备的蓄电池。音响报警装置和阻止行走装置等执行动作时,需要电源提供电能,这些电能均由汽车蓄电池供给。

2. 汽车防盗装置的分类

常见的汽车防盗装置有三类：机械式、电子式和网络式。

(1) 机械式防盗装置

机械式防盗装置是比较常见而又古老的防盗方式，就是在开车所必须用到的零件上加锁，其结构和原理也比较简单，只是将转向盘、控制踏板、钢圈或挡柄锁住。当代汽车对这种较简单却行之有效的防盗手段进行重新设计，使其集成在汽车原有部件中，配合电子式防盗装置，起到了较好的保护作用。比如图 7-20 所示为大众汽车的方向盘锁。

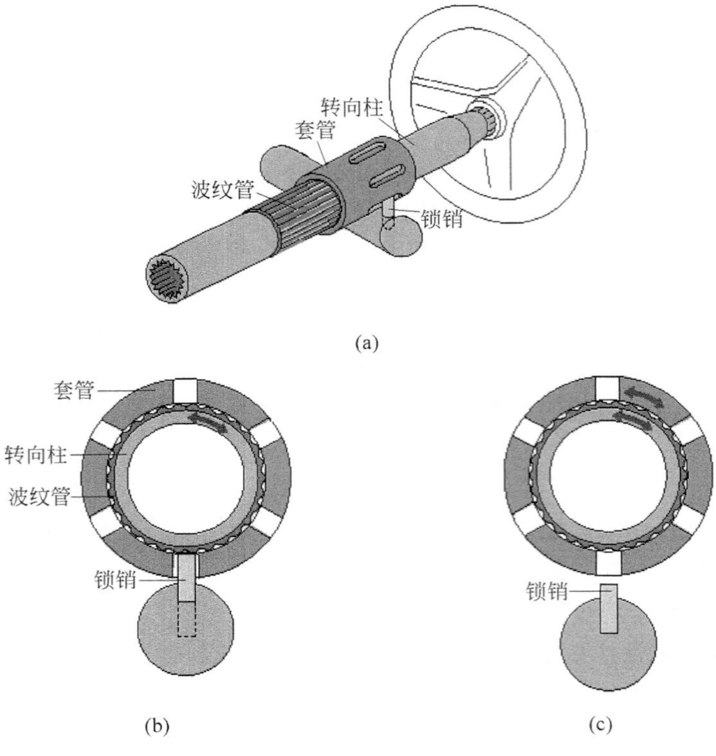

图 7-20　大众汽车的方向盘锁

当点火钥匙不在点火开关内时，锁销将转向柱锁住，如图 7-20(b)所示。只有当点火开关插入正确位置，方向盘才可以解锁，如图 7-20(c)所示。

(2) 电子式防盗装置

传统的汽车锁就是点火开关锁，它与钥匙一样没有防盗功能，任何人只要将点火开关锁拆卸下来，用导线将点火锁的接线柱连通，即可起动汽车。随着电子软件和遥感技术的发展，汽车防盗装置日趋严密和完善，不断有新产品推出。电子式防盗装置具有强大的安全性能。

电子式防盗装置按照密码输入方式的不同可分为以下几种：

① 按键式/拨盘式电子锁

这种电子锁采用键盘(或组合按钮)或机械式拨盘输入开锁密码，操作方便。

② 电子钥匙式电子锁

这种电子锁使用电子钥匙输入(或作为)开锁密码,电子钥匙是构成控制电路的重要组成部分,因为其作用主要是输送密码,因此也称送码器。电子钥匙可以由元器件或由元器件构成的单元电路组成,做成小型手持单元形式。如图 7-21 所示,为电子钥匙送码器。同时根据电子钥匙传送密码的类型,分为固定码和可编码。对于发送固定码的送码器,使用解码器搜得该车的对应防盗码,其防盗效果相应较差一些。

图 7-21 电子钥匙送码器

③ 生物特征式电子锁

这种电子锁将声音、指纹等人体生物特征作为密码输入,由计算机进行模式识别控制开锁。因此,生物特征式电子锁的智能化程度相当高。

(3) 网络式防盗装置

该类系统目前大体有两种:一是利用车载台(对讲机)通过中央控制中心进行定位监控;二是利用卫星进行定位跟踪(GPS)。这两种防盗系统的技术含量都很高,但必须在没有盲区的网络(包括中国移动 GSM、中国联通 CDMA)支持下才能工作,更主要的是需要政府配合公安部门设立监控中心。该类系统在发达国家已开始试用,随着智能交通(ITS)和通信技术的发展、成熟,该技术必将广泛应用在汽车领域。

3. 汽车电子防盗装置的基本原理

如图 7-22 所示为现代汽车常用的汽车电子防盗系统的基本结构,其中送码器(电子钥匙)插入点火开关钥匙孔后,该点火开关中集成的读写线圈开始发射一段密码给防盗器的控制单元,防盗器控制单元确定密码匹配无误后,发送起动信号给该车发动机的控制单元,发动机控制单元接收到信号后发送控制信号给点火和喷油执行机构,汽车开始起动。倘若信号不匹配,该车防盗器控制单元就会禁止发动机控制单元发送起动信号给各执行机构。

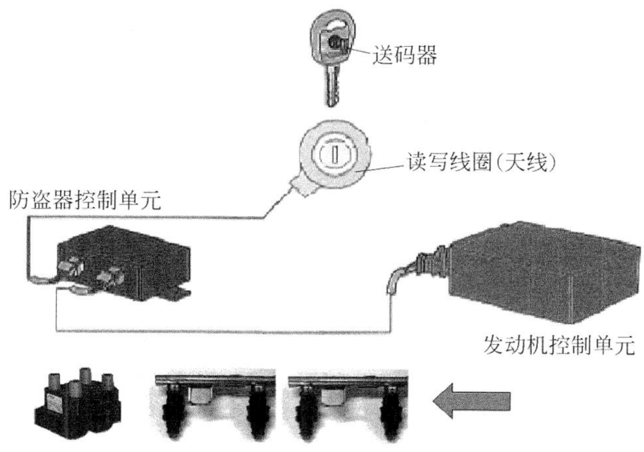

图 7-22 汽车电子防盗系统的基本结构

图 7-23 所示为铁将军防盗器电路图,该系统主要包括一些开关、指示灯、传感器、报警喇叭、中控门锁等部件,其主要功能包括进入预警、报警、解除报警以及遥控寻车、遥控开行李箱等。

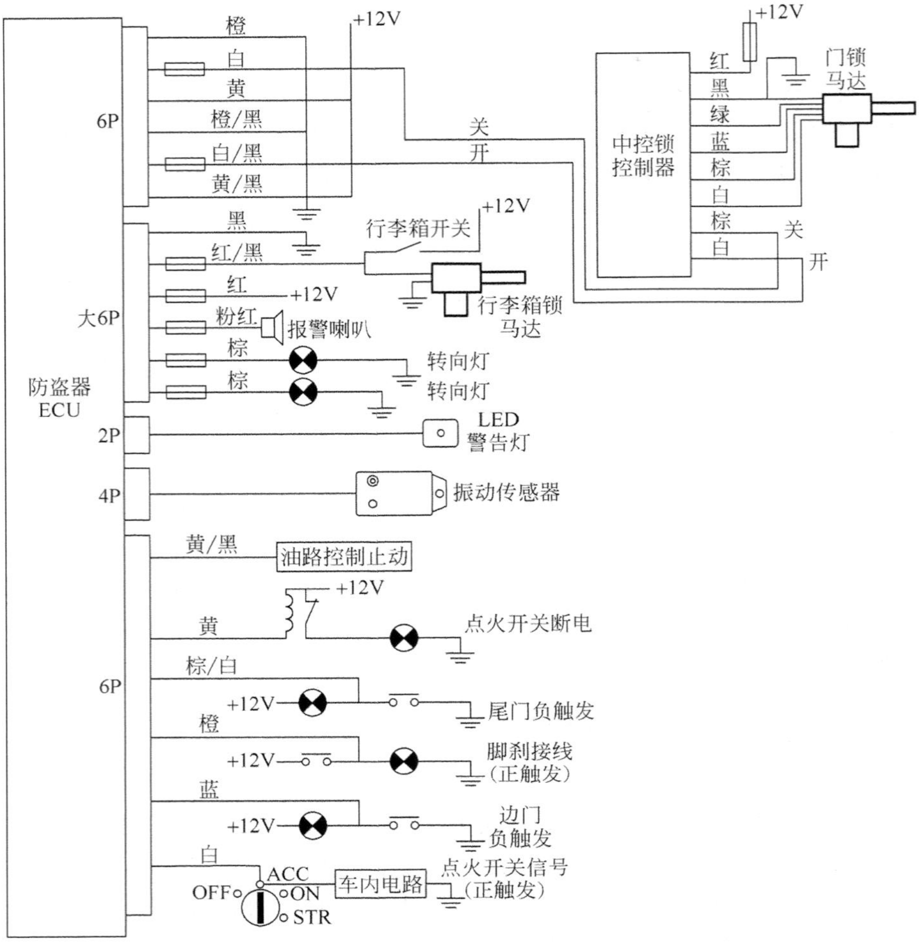

图 7-23 铁将军防盗报警电路图

6P 为 6 针接插头；大 6P 为大的 6 针接插头；2P 为 2 针接插头；4P 为 4 针接插头

使 ECU 工作的触发信号有正触发和负触发等几种方式，如尾门和边门的触发为负触发，当在设防状态下，有人强行打开尾门或边门，相应的开关闭合，给防盗 ECU 一个负触发信号，防盗 ECU 据此报警。

4. 汽车电子防盗装置常见故障诊断及其检修

由于各种车型的防盗系统不同，因此常见的故障也不尽相同。一般来说汽车电子防盗装置分为两大类，一类是车辆出厂时自带的防盗系统；另一类是一些车辆出厂时没有安装防盗系统，为安全起见，车主往往加装上防盗系统。总的来说自己加装的防盗系统出现故障的概率比较大。下面进行分析。

(1) 厂家自带的防盗系统出现故障

① 故障现象：警告灯(指示灯)不亮

可能原因：

a. 电路故障。

b. 警告灯损坏。

处理方法：

a. 检查电路的电压、电阻，查看线路有无断路和短路情况，如有则修理。

b. 更换警告灯。

② 故障现象：警告灯闪，发动机不能发动

可能原因：

a. 使用了非法钥匙或钥匙转发器损坏。

b. 识读线圈故障。

c. 发动机控制单元与防盗控制单元的连线断路或短路。

d. 更换了新的发动机控制单元而未进行匹配。

e. 防盗控制单元故障。

处理方法：

a. 使用合法有效的钥匙。

b. 检查识读线圈与防盗控制单元的连接是否可靠，更换识读线圈。

c. 检查发动机控制单元与防盗控制单元之间的连线并修理。

d. 重新进行发动机控制单元与防盗控制单元的匹配。

e. 更换防盗控制单元并进行全部钥匙的匹配。

(2) 加装的防盗系统出现故障

加装的防盗系统价格便宜，功能齐全，性能可靠，因此深受广大用户认可。但在安装或使用中不免会出现故障，常见故障如下：

① 故障现象：车辆停放进入防盗状态后，每当大型车辆经过或行人走过就触发警报。

可能原因：振动传感器调整太过灵敏。

处理方法：调整振动传感器的旋钮，降低灵敏度。

② 故障现象：当警报触发时，喇叭不鸣叫。

可能原因：

a. 喇叭故障。

b. 喇叭与主机连接线路故障。

c. 喇叭接地线接触不良。

d. 主机故障。

处理方法：

a. 检查喇叭，将喇叭正负极接至蓄电池上，如不工作，则更换防盗报警喇叭。

b. 检测喇叭与主机的连线，如线路无误，在报警触发状态下，测量该连线的电压值，应为蓄电池电压。

c. 检查喇叭接地线连接情况。

d. 如以上检查均无故障，则故障点在主机上，更换主机。

③ 故障现象：当使用遥控器时，指示灯不亮或无法进行遥控操作。

可能原因：

a. 遥控器电池电压不足。

b. 遥控器损坏。

c. 防盗系统连线故障。

d. 主机故障。

处理方法：

a. 检测遥控器电池电压，应不低于10V。

b. 如另外一个遥控器正常，则更换或废弃该遥控器，重新设定。

c. 检查防盗系统连线。

d. 如以上检查均无故障，则故障点在主机上，更换主机。

④ 故障现象：遥控中控锁时无法正常动作或无法动作。

可能原因：

a. 门锁电动机故障。

b. 门锁机械故障导致电动机无法带动其动作。

c. 中控锁线路故障。

d. 中控锁系统与防盗系统的连线存在故障。

e. 防盗系统的熔断器损坏。

f. 防盗系统线路存在断/短路故障。

g. 中控锁系统的控制模块故障。

h. 防盗系统的遥控器故障。

i. 防盗系统的主机故障。

处理方法：

a. 通电检查不动作门锁车门的电动机，确定其故障后更换门锁电动机。

b. 检查车门锁的机械故障，如存在，先排除故障再试验该车门锁的动作情况。

c. 检查中控锁的连接线路，如有故障则予以修复。

d. 检查中控锁系统与防盗系统的连线的正确性。

e. 检查防盗系统的熔断器有无烧毁，如有则更换后再试验。

f. 检查防盗系统的线路是否存在故障。

g. 检查中控锁的控制模块，必要时更换。

h. 检查遥控器本身是否存在故障。

i. 如以上检查均无故障，则故障点在主机上，更换主机后重新设定，进行试验。

第三节　雨刮与洗涤装置的结构、控制与检修

一、刮水器

1. 刮水器的作用

为了保证汽车在雨天、雪天行驶时驾驶员有良好的视线，确保行车安全，利用刮水器刮除风窗及前照灯玻璃上的雨、雪和脏物。

2. 刮水器的组成

刮水器既可以装在汽车的前、后挡风窗上，也可以装于前照灯灯具上，只是它们在操作挡位数量上有所不同(后挡风玻璃、前照灯具上的刮水器通常只设一个速度挡位)，或者是形状大小的差异而已。以下重点介绍风窗玻璃电动刮水器，它由刮水器电动机、蜗轮蜗杆装置、自动停位器滑片、连杆机构、刮水片架和刮水片等组成，如图 7-24 所示。

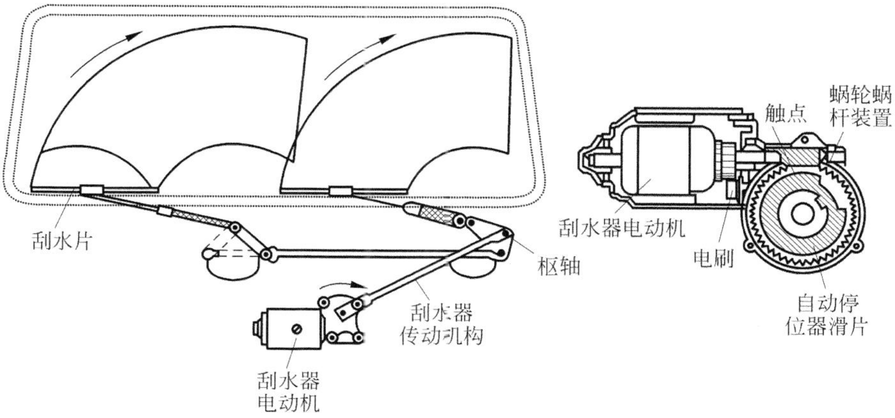

图 7-24　电动刮水器的组成

3. 刮水器的工作原理

电动刮水器由刮水电动机和一套传动机构组成，如图 7-25 所示。电动机 11 旋转时，通过蜗杆蜗轮减速，便与蜗轮上偏心相连的拉杆 8 作往复运动，通过拉杆 7、3 和摆杆 2、4、6 带动左、右两刷架 1、5 作往复摆动，使固定其上的橡皮刷刷去风窗玻璃上的雨水、雪或灰尘。

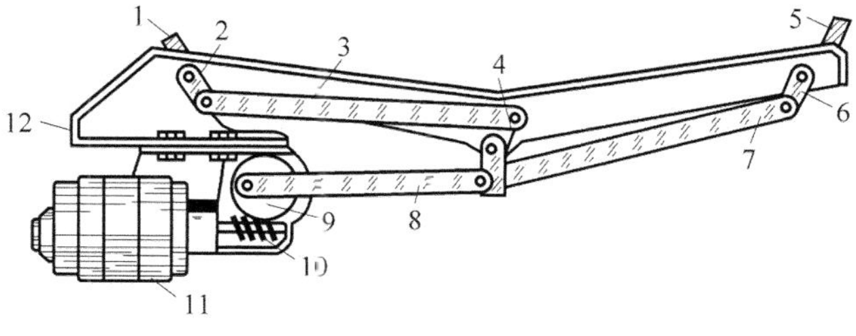

图 7-25　电动刮水器的工作原理

1,5—刷架；2,4,6—摆杆；3,7,8—拉杆；9—蜗轮；10—蜗杆；11—电动机；12—底板

汽车风窗玻璃刮水器的电动机一般采用永磁三刷电动机，其上装有 3 只电刷。刮水器工作时，利用电动机改变正负电刷之间串用的线圈数，以实现电动机的变速，即当对称电刷通电时，电动机为低速；当偏置电刷通电时，电动机为高速。而刮水器的不同工作速度即由电动机的高低转速来实现。

永磁式三刷电动机的磁极为铁氧体永久磁铁。铁氧体具有陶瓷的脆性、硬性和不耐冲击的特点，但它不易退磁，且低廉，所以在汽车上得到广泛使用。

4. 刮水电动机的控制

为了不影响驾驶员的视线，要求刮水器片能够自动复位，即不管在什么时候切断电源，刮水器的橡皮刷都能自动停止在风窗玻璃的下部。

图 7-26 是一双速刮水电动机的控制电路示意图。通过控制开关，可实现刮水器的低速运转、高速运转及停机复位等功能。其结构及工作原理如下：直流电动机减速器的蜗轮 8（由尼龙制成）上嵌有铜环 9，此铜环分为两部分，其中面积较大的一片与电机外壳相连接而搭铁。触点臂 3、5 用磷铜片制成（有弹性），其一端分别铆有触点 4、6，与蜗轮端面或铜环 7、9 接触。

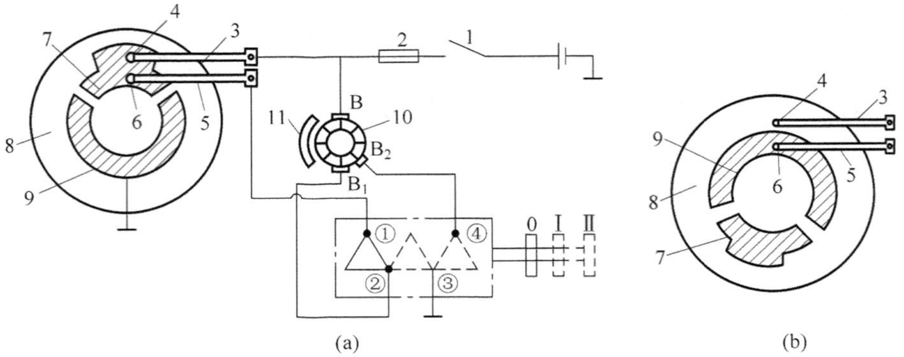

图 7-26　双速刮水电动机自动复位装置原理图

(a) 工作电路；(b) 复位原理

1—电源总开关；2—熔断丝；3,5—触点臂；4,6—触点；7,9—铜环；8—蜗轮；10—电枢；11—永久磁铁

当电源总开关 1 接通，把刮水器开关拉到“I”挡（低速）时，电流从蓄电池正极→开关 1→熔断丝 2→电刷 B→电枢绕组→电刷 B_1→接线柱②→接触片→接线柱③→搭铁，电动机以低速运转。

当刮水器开关拉到“Ⅱ”挡（高速）时，电流从蓄电池正极→开关 1→熔断器 2→电刷 B→电枢绕组→电刷 B_2→接线柱④→接触片→接线性③→搭铁→蓄电池负极，形成回路，电动机以高速运转。

当刮水器开关推到“0”挡（停止）时，如果刮水器的橡皮刷没有停到规定的位置，由于触点 6 与铜环 9 接触，见图 7-26(b)，则电流继续流入电枢。此时电流从蓄电池正极→开关 1→熔断丝 2→电刷 B→电枢绕组→电刷 B_1→接线柱②→接触片→接线柱①→触点臂 5→铜环 9→搭铁→蓄电池负极，形成回路。电动机以低速运转，直至蜗轮转到如图 7-26(a)所示的特定位置。触点 4 和触点 6 通过铜环 7 接通，由于电枢转动时的惯性，电机不能立即停下来，电动机以发电机方式运行而发电。因为电枢绕组所产生的反电动势的方向与外加电压的方向相反，所以电流从电刷 B→触点臂 3→触点 4→铜环 7→触点 6→触点臂 5→接线柱①→接触片→接线柱②→电刷 B_1，形成回路，产生制动转矩，电动机迅速停止转动，使橡皮刷复位到风窗玻璃的下部。

二、洗涤器

1. 洗涤器的作用

（1）清洗掉风窗玻璃和前照灯玻璃上的灰尘、稀泥和脏污。

（2）洗涤器作为刮水器的辅助装置，能提高刮水器刮片的刮刷性能。

2. 洗涤器的组成

洗涤器通常由洗涤液罐、电动泵、软管、刮水器开关和喷嘴等组成，如图 7-27 所示。洗涤液罐用于存储洗涤液，电动泵是泵水的动力装置，一般由永磁直流电动机和叶片泵组成，喷射压力为 70～88kPa。电动泵直接安装在洗涤缸上，有的安装在管路内。电动泵的进水口装有滤清器。洗涤喷嘴通常装在发动机盖表面，对着挡风玻璃。

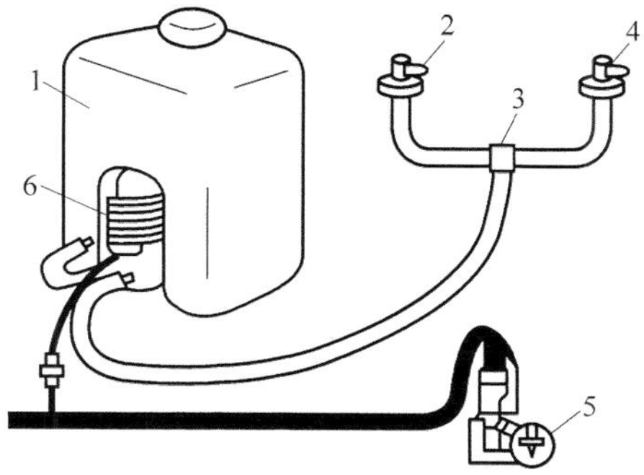

图 7-27 风窗玻璃洗涤器

1—洗涤液罐；2，4—喷嘴；3—三通；5—刮水器开关；6—电动泵

3. 洗涤器的工作原理

当刮水器洗涤电动机开关按下时，接通电动泵电路，电动泵将储液缸里的洗涤液喷射到挡风玻璃上，将脏污湿润，然后电动刮水器利用刮水片的摆动将尘污刷掉（使用时，电动泵连续工作时间不应超过 1 分钟。无洗涤液不要开动电动泵）。

三、带电子间歇继电器的洗涤器、刮水器控制电路工作原理

如图 7-28 所示为奥迪轿车电动刮水器与洗涤器电路图，该控制电路的工作原理是：

当点火开关转动至 ON 位时，间歇继电器线圈导通，触点被吸合，于是电流从蓄电池通过闭合的间歇继电器、闭合的触点对刮水器控制电路供电。

（1）低速挡：当刮水器开关位于挡位“1”时，电流由蓄电池正极（经卸荷继电器触点）→熔断丝→刮水器开关 53a、53 端子→刮水器电动机 53 端子→搭铁，此时刮水器电动机低速运转。

（2）高速挡：当刮水器开关位于挡位“2”时，电流由蓄电池正极（经卸荷继电器触点）→熔断丝→刮水器开关 53a、53b 端子→刮水器电动机 53b 端子→搭铁，此时刮水器电动机高速运转。

（3）自动停机复位：当刮水器开关位于“0”挡时，若此时刮水片没有回到规定位置，则刮水器电动机自动复位。开关触点 K_3 与 K_5 相接通，电流由蓄电池正极→熔断丝→刮水器电动机 53a、K_5、K_3 接线柱和 31b 接线柱→间歇控制器的 31b 接线柱→常闭触点 K_2 和 53e 接线柱→刮水器开关 53e 接线柱→刮水电动机 53 接线柱→搭铁，电动机继续旋转，直到刮水片到达规定位置时，复位开关中触点 K_3 与 K_5 断开而与 K_4 接通，电动机被短路，产生制动转矩，刮水器回到规定的位置。

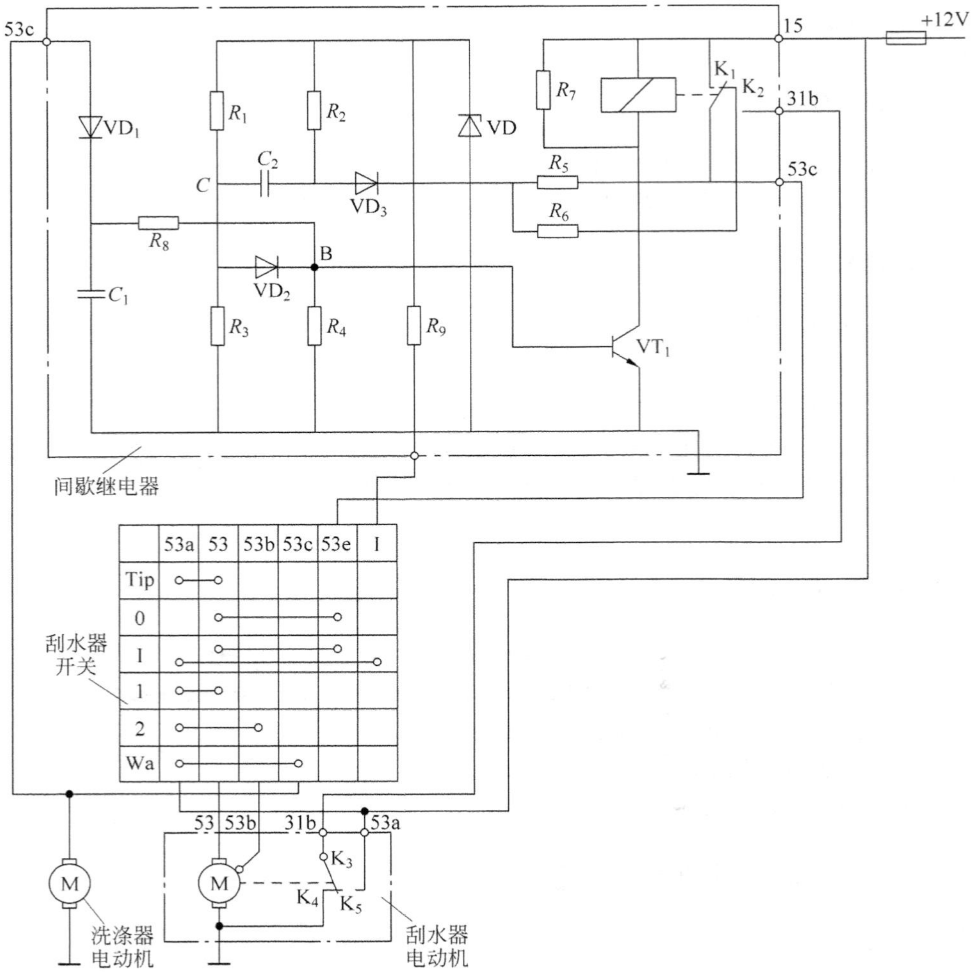

图 7-28 奥迪轿车电动刮水器与洗涤器电路图

(4) 间歇挡：当刮水器开关位于“Ⅰ”挡时，三极管 VT_1 导通，间歇控制器中的触点 K_2 打开 K_1 闭合，电流由蓄电池正极→熔断丝→间歇控制器接线柱 15 端子→触点 K_1→接线柱 53e→刮水器开关 53 接线→电动机→搭铁，此时刮水器以低速运转。

此时，间歇控制器触点 K_1 闭合，C_2 充电。而当刮水器到达规定位置时，复位开关中触点 K_3 与 K_4 接通，即 K_3 搭铁，使间歇控制器中 31b 接线柱为低电位，C 点电位下降，三极管 VT_1 截止，间歇控制器触点 K_1 断开，刮水器电动机停止工作。此时 C_2 处于放电状态. 随着放电过程的进行，C 点电位升高，三极管 VT_1 又导通，刮水器电动机再次以低速工作。由于 C_2 的不断充电、放电，三极管 VT_1 就会导通、截止反复翻转，因此形成间歇刮水过程。刮洗时间为 2～4s，间歇时间为 4～6s。

(5) 点动挡：当刮水器开关位于“TiP”挡时，刮水器电动机低速运转，松开刮水器开关手柄，开关自动跳回“0”挡，刮水器在复位开关的作用下，回到规定的位置。

(6) 风窗洗涤：当刮水器开关位于“Wa”挡时，风窗洗涤器和刮水器同时工作。洗涤器电动机的电路为：蓄电池正极→熔断丝→刮水器开关 53a、53c 接线柱→洗涤器电动机→搭铁，于是洗涤器电动机带动水泵运转，将洗涤液喷洒到风窗玻璃上。在此挡位工作，当松开刮水器开关手柄时，刮水器开关自动回到"0"挡，洗涤泵立刻停止喷水工作，但这时间歇继电器中的电容器 C_1 开始向电阻 R_8 及电阻 R_4 放电，使三极管 VT_1 继续导通，刮水器电动机仍慢速工作 4s，即电容器 C_1 放电的时间，其目的是为了刮干前风窗玻璃上的水滴。

四、刮水器新技术

下面以大众汽车最新的风挡玻璃刮水器为例，其刮水器新技术包括：

(1) 一台不带刮水器连杆(小型曲柄连杆机构)的双电电动机刮水装置；

(2) 通过降低刮水器电动机的转速减小刮水器橡胶在转向位置转向时的噪声；

(3) 根据车速和风压状况，提供均匀的刮水质量；

(4) 根据车速调节的刮水周期；

(5) 在向上和向下方向上利用支撑位置的变化来保护刮水器橡胶。

调节双刷式刮水器电动机转速的电子控制装置集成在刮水器电动机传动外壳中，并控制刮水器电动机。驾驶员侧刮水器电动机(主)通过 CAN 接口接收到刮水请求。驾驶员和副驾驶员侧电动机(从)之间的通信是通过一串行单线接口完成的。

刮水器柄的上下运动是通过刮水器电动机(主)反向来实现的。它的反向则是通过在转向位置变换电动机接入电压的极性来实现。为了控制刮水速度，用电枢和驱动轮上的霍尔传感器探测电动机转速和刮水器柄的位置。

晴雨传感器通过组合开关上的"间歇式"和"自动"位置被激活。雨天时，晴雨传感器在识别出下雨 10s 以后，汽车照明借助红外线测量将一只晴雨传感器打开。如果连续 200s 内没有识别出下雨，它重新又被关闭。晴雨传感器还能识别下雨的强度并自动激活车窗玻璃刮水器及控制刮水频率。

图 7-29 为带晴雨调节器的车窗玻璃刮水器操纵杆，和普通刮水器的挡位类似，0 表示基本位置，此时刮水/清洗功能关闭；2 为快速刮水；3 为自动刮水；4 表示拉起刮水器柄时，将会清洗风挡玻璃 5s 左右。1 为间歇刮水，根据雨量控制车窗玻璃刮水器的刮水周期。当调节轮位于下面"间歇刮水"所给定的范围内时，晴雨传感器将激活。调节轮越向上转动，晴雨传感器的灵敏度越高。

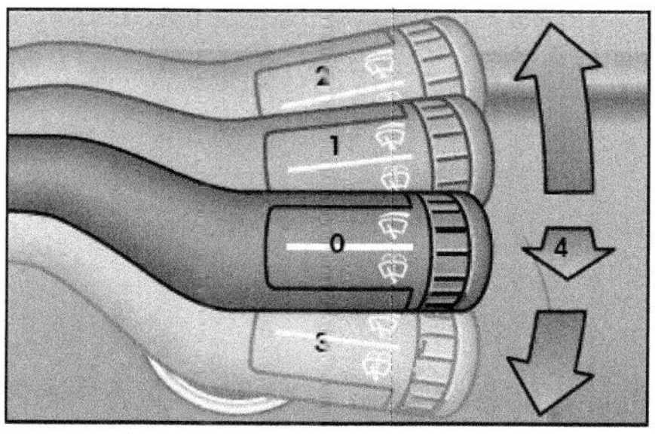

图 7-29 带晴雨调节器的车窗玻璃刮水器操纵杆

另外，现在的氙气大灯也需要清洗，在大众辉腾系列车型中，当操作刮水器 3s 及以上时，大灯清洗装置的提升喷嘴被激活，两只大灯会被先后清洗。

五、电动刮水器的常见故障及其检修

电动风窗刮水器系统常见的故障有：刮水器不工作、间断性工作、刮水片不能复位等。除此以外，还有一些与刮水片调整有关的故障，例如刮水片拍打风窗下方排水槽或一个刮水片低于另一个刮水片的停止位置等。在对风窗刮水器系统的故障进行检修之前，需要确定是电气故障还是机械故障。最简单的方法就是从电动机上拆下连接刮水片的机械臂，接通刮水器系统，观察电动机的运行。如果电动机工作正常，则是机械问题，否则是电气系统有故障。

大多数导致刮水器动作慢的电路故障是由于接触电阻大而引起的。如果故障表现为所有的速度挡都慢，应检查电源到刮水器开关之间的电路，主要是中间继电器、熔断器和刮水器开关连接线端子插接是否牢固可靠。

如果刮水系统只是在间歇挡位工作不正常，首先应检查间歇继电器的搭铁是否良好。如果搭铁正常，则利用欧姆表检查继电器到刮水器开关之间的电路，如果连接线路也是良好的，则应更换间歇继电器。

造成刮水器不能复位的故障可能是复位开关的原因，也可能是刮水器开关内接触片变形所致。最常见的与复位开关有关的故障是当开关断开时，刮水器就停在当前所在位置。

许多风窗清洗装置的故障都是因输液系统故障而引起的。因此检修故障时应首先拆下泵体上的水管，然后使电动泵工作。如果电动泵能够喷出清洗液，则故障在输液系统；否则，按照下列步骤查找故障：

(1) 目测储液罐内的液体存储量。检查熔断器和线路连接是否良好。

(2) 打开洗涤器开关，同时观察电动机。如果电动泵工作但不喷液，检查泵内有无堵塞，排除泵体内的异物；如果没有堵塞，须更换电动泵。

(3) 如果电动泵不运转，用电压表或试灯检查开关闭合时洗涤器电动机上有无电压。若有电压，用欧姆表检查搭铁回路，若搭铁回路良好，须更换电动泵。

(4) 在第(3)步中，如果电动机上没有电压，须沿线路向开关查找，检测开关工作是否正常。如果开关有电压输入，但没有输出，须更换开关。

第四节　安全气囊和安全带的结构、原理与检修

一、安全气囊的应用和发展

安全气囊(supplemental restraint system，SRS)，也称辅助乘员保护系统，是汽车的一种被动安全保护装置。安全带和安全气囊是目前在严重事故中最有效的限制系统。当车速较高时，仅靠安全带是不够的。根据对许多事故的研究表明，超过 60%的事故，安全气囊可以起到非常关键的作用。安全气囊在汽车遇到碰撞而急剧减速时迅速膨胀，成为一个缓冲垫，以保护车内乘员不致碰到车内硬物。随着国内外汽车工业的迅速发展，轿车越来越普

及，交通事故也就相应增多。随着人民生活质量的不断提高，人们的安全意识越来越强，因此对汽车的安全设施的要求越来越完善。

安全气囊系统之所以应用非常普遍，是因为其大部分部件被集中为一体，这可以大大减少导线及接头的数量，从而提高了可靠性。

随着科技水平不断提高，高新技术不断发展，更安全、更可靠、多功能、智能化的安全气囊会不断地为保护人们的安全而推陈出新。

根据气囊适用的碰撞类型不同可分正面碰撞防护安全气囊、侧面碰撞防护安全气囊、膝部碰撞防护安全气囊等。正面碰撞防护安全气囊有较高的安全性，对正面碰撞事故中的司机和前排乘员起到了很好的安全保护作用。随着对乘车安全性要求的提高，侧面碰撞防护安全气囊和膝部碰撞防护安全气囊的使用也将逐渐增多。

二、安全气囊的工作过程

当车速在 35km/h 时，发生前部碰撞冲击，安全气囊的工作过程如图 7-30 所示。

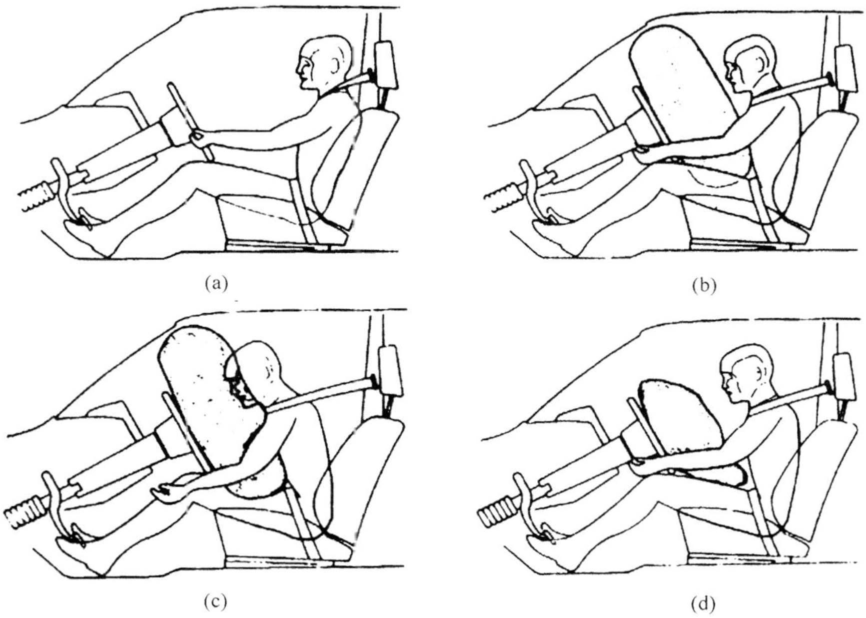

图 7-30　安全气囊的工作过程

碰撞后 0ms 的时间，遭受碰撞，驾驶员在正常的位置上。

在碰撞后 10ms 的时间，汽车触发安全气囊工作，气囊点火引爆，开始充气。

在碰撞后 40ms 的时间，气囊充满，人体前移；在碰撞后 60ms 时，气囊开始泄气节流，释放能量，缓冲保护乘客。

在碰撞后 110ms 的时间，人体复位，恢复视野；碰撞后 120ms，危害解除，车速为零。

当车辆经受碰撞时，传感器发出信号给 ECU，经 ECU 判别后发出点火信号使点火器工作，气体发生装置在极短的时间内产生大量气体通过滤清器充入卷收在一起的气囊，使其膨胀，见图 7-31。

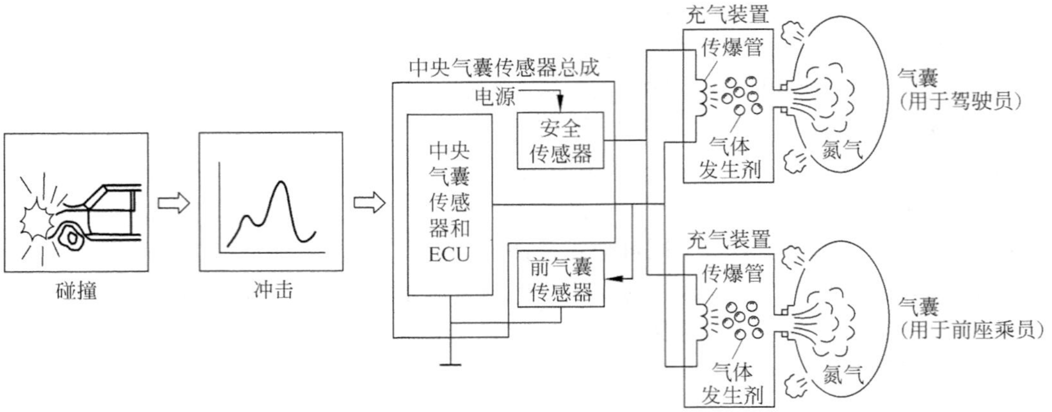

图 7-31　安全气囊系统的工作原理

三、安全气囊的组成及电路

安全气囊系统主要由气囊、气囊组件、警告灯、传感器、中央安全气囊 ECU 等组成，如图 7-32 所示。

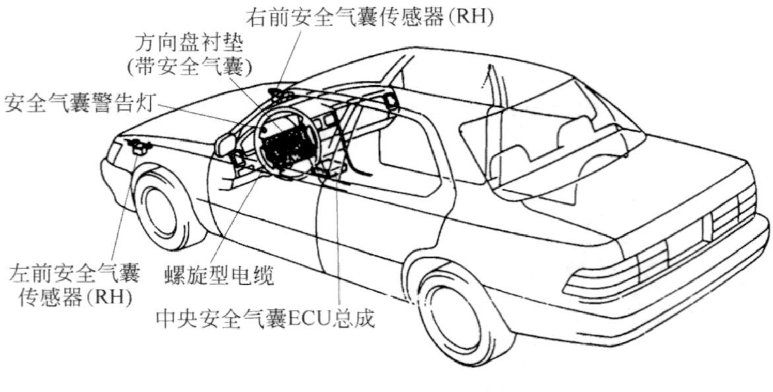

图 7-32　安全气囊的组成

1. 气囊及气囊组件

驾驶员侧的气囊多采用尼龙布涂氯丁橡胶或有机硅制成。橡胶涂层起密封和保护作用，气囊背面有两个泄气孔。乘客侧气囊没有涂层，靠尼龙布本身的孔隙泄气。充气前，气囊折叠在气囊盖内，驾驶员侧气囊组件位于方向盘中心处，乘客侧气囊组件位于仪表板右侧杂货箱上方。驾驶员气囊的容积为 60L，而乘客的为 160L。

气囊组件主要由气体发生器、点火器、饰盖和底板等组成。气体发生器的作用是在有效的时间内产生气体，使气囊张开，具结构如图 7-33(a)所示。气体发生器是利用热效反应产生氮气而充入气囊。点火器由充电电容器组成，可发出电火花。在点火器引爆点火剂瞬间，点火剂会产生大量热量，固体燃料叠氮化钠药片受热立即分解，产生氮气并从充气孔充入气囊，如图 7-33(b)所示。虽然氮气是无毒气体，但是叠氮化钠的副产品有少量的氢氧化钠和碳酸氢钠(白色粉末)。这些物质是有害的,因此在清洁膨胀后的气囊时,应保持良好的通风并采取防护措施。

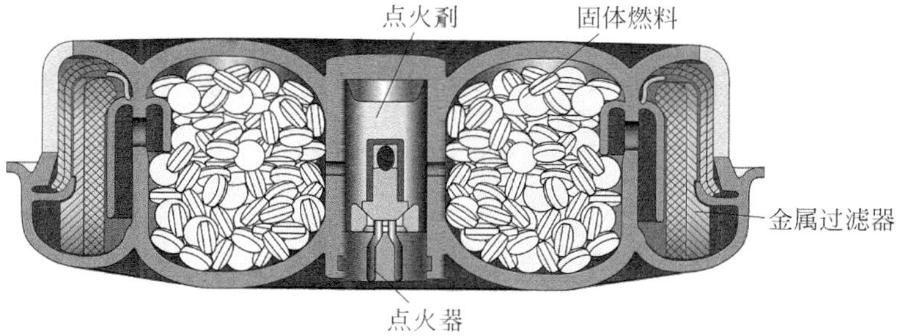

(a)

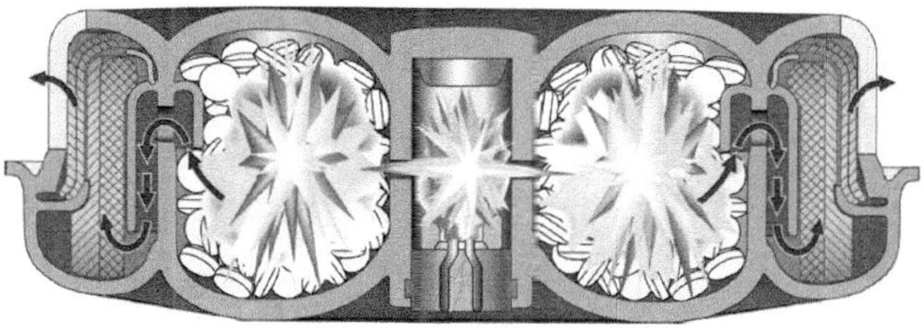

(b)

图 7-33　气体发生器的工作过程

2. 警告灯

警告灯为系统检测电路的组成部分,可对系统的可能故障给出提示,是电路的一个重要部分。其位于仪表板上,接通点火开关时,诊断单元对系统进行自检,若点亮 6s 后熄灭,表示安全气囊系统正常;若 6s 后 SRS 指示灯依然闪烁或一直不熄灭,表示安全气囊系统有故障,提示驾驶员应进行维修。

3. 传感器

传感器用于检测、判断汽车发生事故后的撞击信号,以便及时起动安全气囊。安全气囊系统所用的碰撞传感器,根据所承担的任务不同分为车前传感器、中央传感器与安全传感器。车前传感器用来感测汽车正面低速所受到的冲击信号,中央传感器用来感测汽车发生高速碰撞的信息,安全传感器用来防止系统在非碰撞状况引起安全气囊误动作。安全气囊点火及点火的判断条件如图 7-34 所示。

传感器按其结构可分为机械式、机电式和电子式三种。其中,当机械式传感器中感应块的减速度达到某一特定值时,感应块便将其机械能直接传给引发器使气囊膨开。该传感器用于机械式安全气囊系统,现在已不多用,下面介绍几种机电式的传感器。

(1) 重锤式传感器

这种传感器安装在保险杠后或左右翼板前部,其结构和电路如图 7-35 所示。其工作原理是:汽车正常行驶时,扭力弹簧将重锤、动触点定在止点位置,传感器没有触发信号给 ECU。当汽车发生碰撞时,惯性力克服弹簧的扭力使其产生运动,带动触桥转动,使动、静

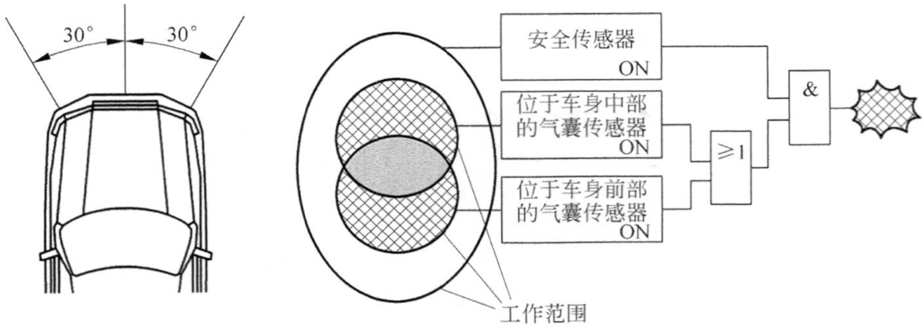

图 7-34　安全气囊点火判断条件

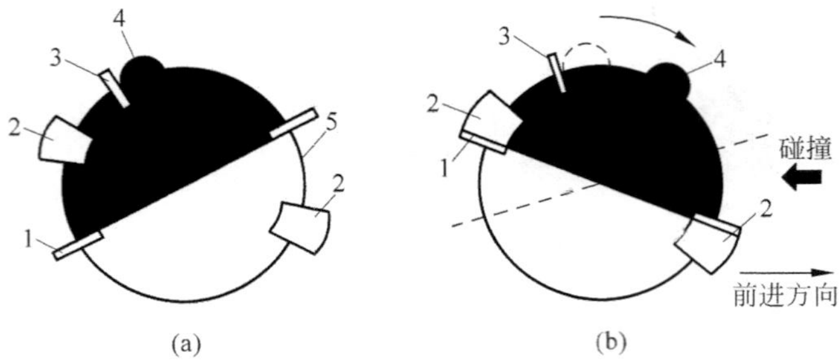

图 7-35　重锤式传感器的工作过程

(a) 不工作时；(b) 工作时

1—动触点；2—静触点；3—止动块；4—重锤；5—扭力弹簧

触点接合。此时，传感器向 ECU 输出信号。

在车速小于 10km/h 时，驾驶员的反应能力以及制动性能足以使汽车避免发生碰撞，因此，重锤式传感器的减速度以 10km/h 的碰撞速度为基准。这个基准的减速度比制动最大减速度大得多，不用担心紧急制动时会产生误动作信号。

(2) 滚柱式传感器

这也是一种车前传感器，其结构如图 7-36 所示。在充满惰性气体的金属盒内，滚柱缠绕在卷簧上，卷簧的弹性力把滚柱推向右侧，当汽车前方受到强力冲击时滚柱向左转动，使触点将冲击信号传给安全气囊控制装置。

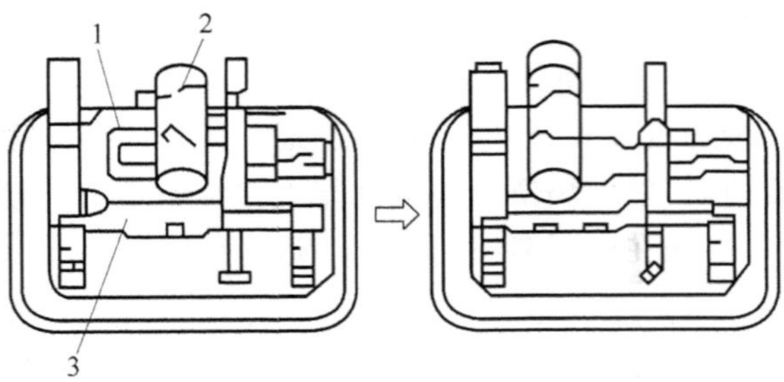

图 7-36　滚柱式传感器的工作原理

1—静触点；2—滚柱；3—卷簧

(3) 滚球式传感器

图 7-37 为滚球式传感器的结构。一般情况下，球体被磁铁吸向右侧，当汽车受到强力冲击时，球体克服磁铁的吸引力和导向筒与球体间间隙的空气黏性阻力，移至接点处使触点闭合。

(4) 水银开关式传感器

水银开关式传感器的工作原理如图 7-38 所示。它一般用作安全传感器，用来防止系统在非碰撞状况引起气囊误动作。它们装在中央控制器内，当汽车发生碰撞时，足够大的减速度将水银上抛，接通电路。

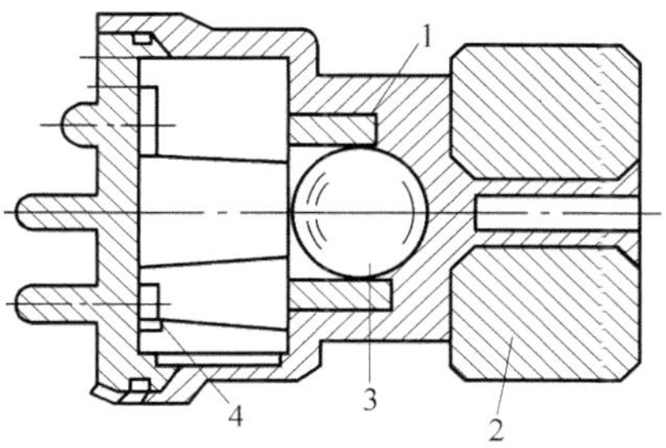

图 7-37 滚球式传感器的工作原理
1—导向筒；2—磁铁；3—球体；4—触点

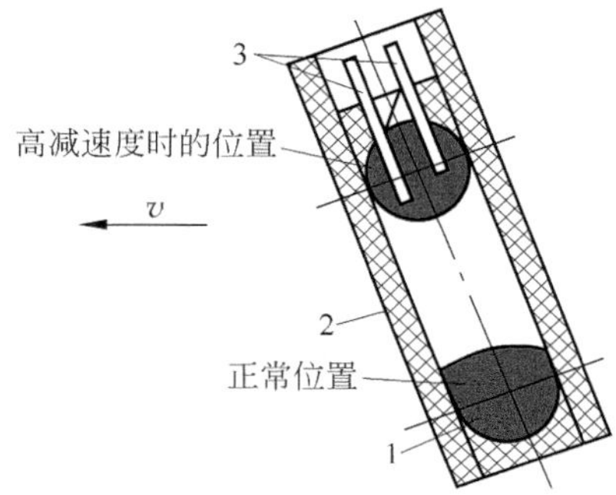

图 7-38 水银开关式传感器的工作原理
1—水银块；2—壳体；3—触点

(5) 电子传感器

电子式传感器通常是一个半导体压力传感器。常用作安全碰撞传感器，碰撞后产生减速度的力越大，则输出的电压越大。由于半导体压力传感器的输出特性受温度影响较大，故应用晶体管的基极-发射极间电压的温度变化来消除传感器输出特性的变化。所以半导体压力传感器要求有稳定的电源。

4. 电子控制单元(ECU)

ECU 主要由 SRS 逻辑模块、信号处理电路、备用电源电路、保护电路和稳压电路等组成，安全传感器一般与 SRS ECU 一起被制作在 SRS 控制组件中。福特汽车公司林肯城市轿车 SRS 控制组件的内部结构见图 7-39。

(1) SRS 逻辑模块

SRS 逻辑模块主要用于监测汽车纵向减速度或惯性力是否达到设定值，控制气囊组件中的点火器引爆点火剂。在汽车行驶过程中 SRS ECU 不断接收前碰撞传感器和防护碰撞传感器传来的车速变化信号，经过数学计算和逻辑判断后，确定是否发生碰撞。当判断结果为发生碰撞时，立即运行控制点火的软件程序，并向点火电路发出点火指令引爆点火剂。

除此之外，SRS ECU 还要对控制组件中关键部件不断进行诊断测试，并通过 SRS 指示灯和存储在存储器中的故障代码来显示测试结果。仪表板上的 SRS 指示灯可直接向驾驶员提供安全气囊系统的状态信息。逻辑存储器中的状态信息和故障代码可用专用仪器或通过特定方式从串行通信接口调出，以供维修时参考。

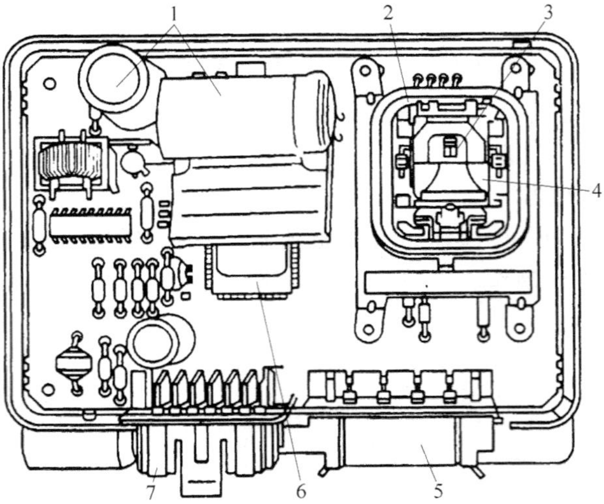

图 7-39　安全气囊 ECU 工作原理图

1—能量储存装置(电容)；2—安全传感器总成；3—传感器触点；
4—传感器平衡块；5—四端子插接器；6—逻辑模块；7—SRS ECU 插接器

(2) 信号处理电路

信号处理电路主要由放大器和滤波器组成，用于对传感器检测的信号进行整形、放大和滤波，以便 SRS ECU 能够接收、识别和处理。

(3) 备用电源电路

安全气囊系统有两个电源：一个是汽车电源，另一个是备用电源。备用电源又称为后备电源或紧急备用电源。备用电源电路由电源控制电路和两个电容器组成。备用电源用于当汽车电源与 SRS 逻辑之间的电路切断后，在一定时间内维持安全气囊系统供电，以保持安全气囊系统的正常功能。

(4) 保护电路和稳压电路

在汽车电气系统中，电气开关多，电气负载变化频繁，许多电气部件有电感线圈。当线圈电流接通或切断、开关接通或断开、负载电流突然变化时，都会产生瞬时脉冲电压即过电压。若电压加到安全气囊系统电路上，系统中的电子元件就可能因电压过高而导致损坏。为了防止安全气囊系统元件遭到过压损害，SRS ECU 中必须设置保护电路。同时，为了保证在汽车电源电压变化时安全气囊系统能够正常工作，还必须设置稳压电路。

5. 安全气囊系统保险机构与线束

为了便于区别电气系统线束插接器，安全气囊系统的插接器与汽车其他电气系统的插接器有所不同。过去曾采用过深蓝色插接器，目前安全气囊系统的插接器绝大多数采用黄色插接器。安全气囊系统的插接器采用导电性能和耐久性能良好的镀金端子，并设有防止气囊误爆机构、插接器双重锁定机构和电路连接诊断机构等，用以保证气囊可靠工作。

(1) 防止 SRS 气囊误爆机构

防止气囊误爆机构主要用于当插接器拔下时，短路片自动将靠近 SRS 点火器一侧的插头或插接器两个引线端子短接(见图 7-40)，防止静电或误通电将电热丝电路接通而造成气囊误膨开。

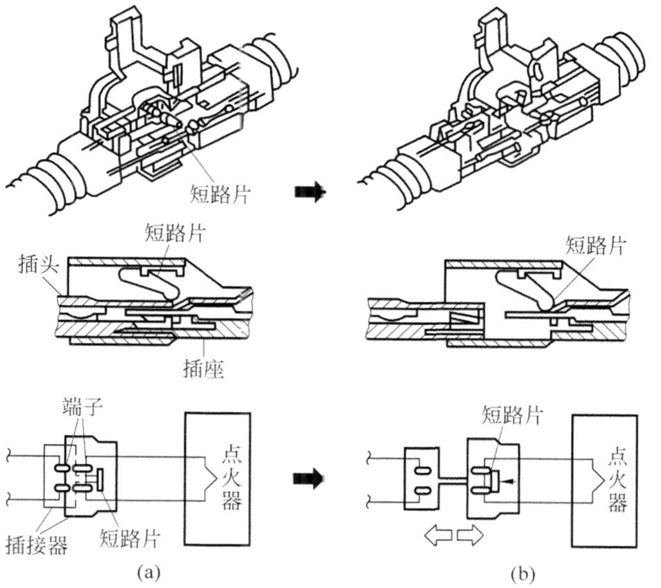

图 7-40　防止气囊误膨开机构的结构与原理

(a) 插接器正常连接，短路片与端子脱开；(b) 插接器拔下时，短路片端子短接

(2) 电路连接诊断机构

电路连接诊断机构用于监测插接器的插头与插接器是否连接可靠。与 SRS ECU 连接的插接器采用了电路连接诊断机构，其结构见图 7-41。

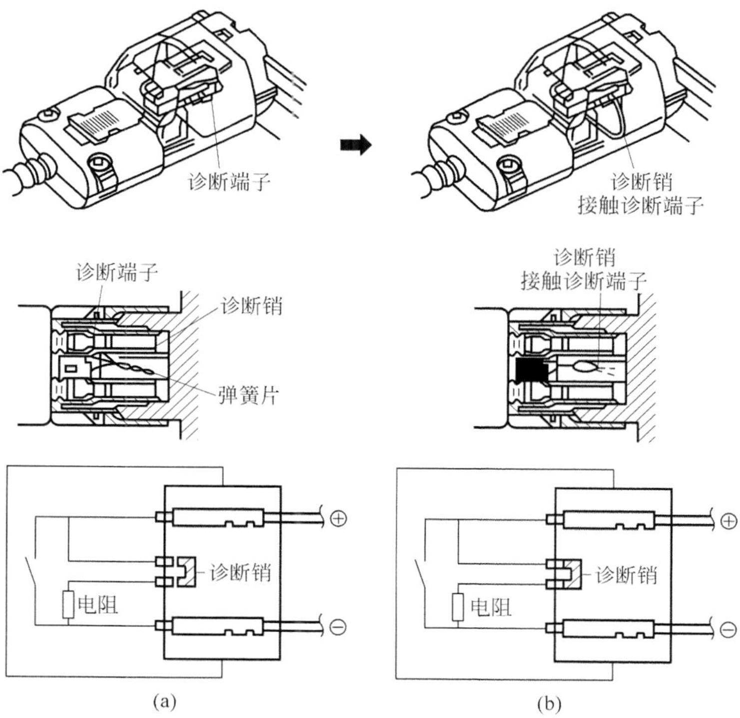

图 7-41　电路连接诊断机构的结构与原理

(a) 半连接；(b) 可靠连接

插接器插头上有一个诊断销，插接器上有两个诊断端子，端子上有弹簧片。其中一个诊断端子与碰撞传感器触点的一端相连，另一个诊断端子经过一个电阻与碰撞传感器触点的另一端相连。

前碰撞传感器触点为动合触点，当传感器插头与插接器半连接(未可靠连接)时，诊断端子与诊断销尚未接触，见图 7-41(a)，此时电阻尚未与传感器触点构成并联电路，插接器引线"＋"与"－"之间的电阻为无穷大。因为"＋"、"－"引线与 SRS ECU 插接器的插头连接，所以当 ECU 监测到碰撞传感器的电阻为无穷大时，即诊断为插接器连接不可靠，自诊断电路便控制 SRS 报警灯闪亮报警，同时将故障编成代码储存在存储器中。

当传感器插头与插接器可靠连接时，诊断端子与诊断销可靠接触，见图 7-41(b)，此时电阻与碰撞传感器触点并联。因为传感器触点为动合触点，所以，当 SRS ECU 检测到的阻值为该并联电阻的阻值时，即诊断为插接器连接可靠。

(3) 插接器双重锁定机构

线束的重要连接部位，其插接器都采用此种结构，用于锁定插接器的插头与插座，防止插接器脱开。

当主锁未锁定时，插头上的两个凸台阻止副锁锁定，见图 7-42(a)；当主锁完全锁定时，副锁锁柄方能转动并锁定，见图 7-42(b)；当主锁与副锁双重锁定时，防止插接器插头与插座分开见图 7-42(c)。

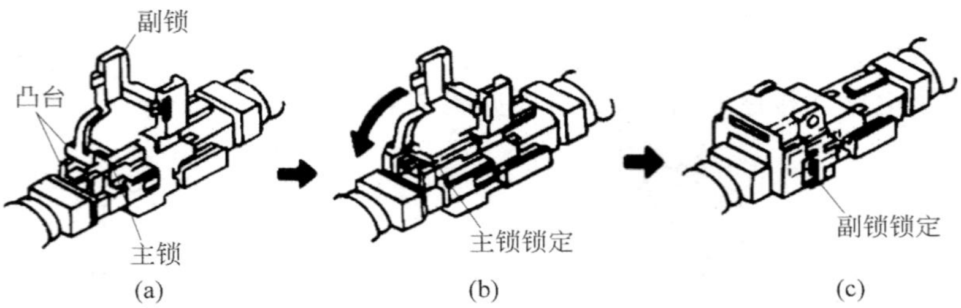

图 7-42 插接器双重锁定机构

(a) 主锁打开，副锁被挡住；(b) 主锁锁定，副锁可以锁定；(c) 双重锁定

四、安全气囊的使用注意事项

(1) 气囊系统只能工作一次，发生事故被引爆后的气囊必须更换，为安全起见，气囊系统的所有元件也需更换。

(2) 气囊系统经 10 年后必须送维修厂更换，更换日期一般贴在工具箱的标签上或在遮阳镜的下面。

(3) 拆装具有气囊系统的转向盘(转向盘中央标有 Airbag 字样)时，必须由维修厂进行。

(4) 气囊系统不能用测试灯、电压表或欧姆表测试，因为有被测试电流引爆的危险，必须使用气囊测试仪。

(5) 为防止意外引爆，对气囊系统进行任何操作时，必须拆下蓄电池的搭铁线并拔出中央接线盒后面的供电装置插头。

(6) 从车上拆下气囊装置时，其缓冲垫必须始终朝上放置，摆放位置不正确时，如果被引爆，气囊装置会向上垂直飞起。

(7) 气囊装置或引爆装置严禁敲打，如从高于 0.5m 处掉在地上，就不能再装车使用，因为气囊元件受机械损伤(裂纹、凹痕)后，就会导致印刷电路板损坏，而使系统失灵。

(8) 报废气囊装置时，必须将车窗关闭，从车外(最小距离 10m 处)用专用的引爆设备引爆，不允许使用如气割等方法对气囊装置进行操作。

五、安全气囊系统故障检修

1. 安全气囊系统检修注意事项

(1) 安装与维修工作只能由专业人员来完成。

(2) 为了防止气囊的意外引爆，在对气囊系统进行任何操作时，均应摘下蓄电池的负极导线，等 30s 以后方可进行操作。

(3) 不要使安全气囊系统部件受到 85℃以上的高温。

(4) 安全气囊主件及控制单元应避免受到磕碰和振动。

(5) 检测时不可使用检测灯、电压表和欧姆表，以免造成气囊误爆。

(6) 不得擅自改动安全气囊系统的线路和元件。

(7) 气囊装置从车上拆下时，缓冲垫必须始终朝上放置。

(8) 若在事故中气囊被引爆，为安全起见，所有元件都需要更新。

(9) 气囊装置不允许打开或修理，只允许更换新的装置。

(10) 安全气囊不能沾油脂及清洁剂等。

(11) 气囊装置有更换日期，即使不撞车，到期后也需更换。

2. 安全气囊系统检修方法

安全气囊系统的传感器、充气装置和中央气囊传感器等元件均不能分解修理，所以安全气囊系统的故障诊断主要是电器方面的故障诊断。由于安全气囊系统平时不使用，一旦使用之后便报废，所以安全气囊不像汽车上的其他系统那样，在使用过程中出现故障会表现出来。因为没有异常现象的出现，安全气囊系统的故障就难以发现。为此，安全气囊系统本身设置了自诊断系统，若系统出现故障，即可通过故障报警灯反映出来。这样，安全气囊系统的故障报警灯和故障代码就成了最重要的故障信息来源和故障诊断依据。

由于安全气囊系统是一个独立系统，与汽车上的其他系统都没有关系，所以若系统中存在故障，只需按照故障代码所指示的内容进行诊断，找出故障是出在元件还是在导线或插接器。因为各充气装置的点火器不允许测量其电阻，点火器的开路或短路的判断必须利用自我诊断系统来进行。这是安全气囊系统故障诊断的特殊性。

安全气囊系统的故障诊断可按图 7-43 所示进行。

SRS 报警灯只有在存储器中的故障代码全部清除后才能恢复正常显示。读取故障代码时，如 SRS 报警灯显示有故障代码，说明安全气囊系统发生过故障，但是无法显示故障是发生在现在还是过去。因此，每当排除故障后必须清除故障代码，并在清除故障代码之后再次读取故障代码，确认故障代码已经全部清除。

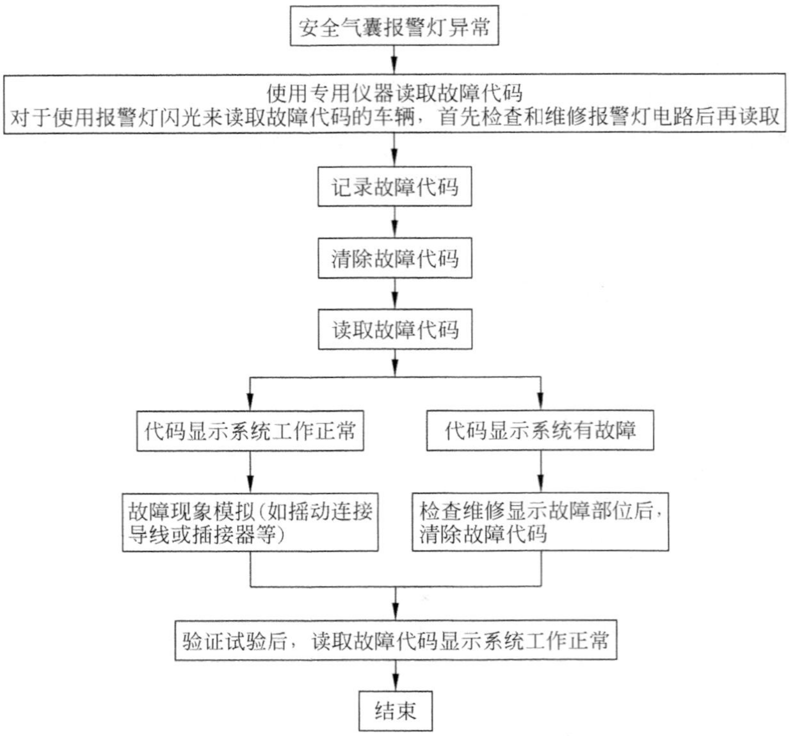

图 7-43 安全气囊系统故障诊断方法

第五节 巡航控制系统的结构、原理与检修

汽车巡航控制系统简称 CCS，又称为恒速行驶系统或巡行控制系统。它是利用先进的电子技术对汽车的行驶速度进行自动调节，从而实现以事先设定的速度行驶的一种电子控制装置。在高速公路上长时间行驶时，打开该系统的自动操纵开关后，巡航控制系统将根据行车阻力自动增减节气门开度，使汽车行驶速度保持一定。它可以省去驾驶员频繁踩踏加速踏板，减轻了驾驶员的疲劳强度。由于巡航控制系统能自动地维持车速，避免了不必要的加速踏板的人为变动，进而也改善了汽车的燃料经济性和发动机的排放性能。

一、巡航控制系统的组成与工作原理

汽车巡航控制系统主要由巡航控制 ECU、操作开关、传感器和执行器等组成。传感器和操作开关将信号送入巡航控制 ECU，ECU 根据这些信号计算适当的节气门开度，并给执行器发出信号，自动调节节气门开度，实现对车速的恒定控制。

1. 传感器

(1) 车速传感器

车速传感器用于提供一个与汽车实际车速成比例的交变振荡脉冲信号，巡航控制 ECU

将此信号进行处理后,对行驶车速进行控制。车速传感器与发动机电控系统及自动变速器共用。

(2) 节气门位置传感器

节气门位置传感器给巡航控制 ECU 提供一个与节气门位置成正比的电信号,该传感器也与发动机电控系统共用。

2. 操作开关

操作开关主要用于设置巡航车速或将其重新设置为一车速以及取消巡航控制等。它主要包括主开关、控制开关和退出巡航控制开关。

(1) 主开关

主开关(MAIN)是巡航控制系统的主电源开关,采用按键方式,每次将其按入,该系统的电源就接通或关闭。主开关接通时,如将点火开关关闭,主开关也关闭。即使点火开关再次接通,主开关仍保持关闭。

(2) 控制开关

手柄式控制开关有 5 种控制功能:SET(设置)、COAST(减速)、RES(恢复)、ACC(加速)和 CANCEL(取消)。其中 SET 和 COAST 模式共用一个开关,RES 和 ACC 模式共用另一个开关。当沿箭头方向操作开关时,开关接通;松开时,则关断。这是一个自动回位型开关。

(3) 退出巡航控制开关

退出巡航控制开关包括取消开关、停车灯开关、驻车制动开关、离合器开关和空挡起动开关。当其中任一开关接通时,巡航控制将被自动取消。但当 CCS 取消瞬间的车速不低于 35km/h 时,此车速存储于巡航控制 ECU 中。当接通 RES 开关时,最后存储的车速就会自动恢复。

驻车制动开关:将取消信号传送至巡航控制 ECU,驻车制动开关即接通,同时驻车制动指示灯亮。

空挡起动开关:当操纵手柄设置在自动变速器的 P 或 N 挡位时,空挡起动开关即接通,将取消信号传送至巡航控制 ECU。

离合器开关:当踩下手动变速器的离合器踏板时,离合器开关即接通,将取消信号传送至巡航控制 ECU。

3. 巡航控制 ECU

巡航控制 ECU 由处理芯片、A/D、D/A、IC 及保护电路等组成,ECU 接收来自车速传感器和各种开关的信号,按照存储的程序进行处理,当车速偏离设定的巡航车速时,给执行器一个电信号,控制执行器的动作,使实际车速与设定车速相一致。图 7-44 为一典型的以单片机为主的巡航控制 ECU 方框图。

汽车在巡航控制状态时,一般当车速低于 40km/h 时,ECU 将巡航控制取消,这样使汽车在制动、转弯时,巡航控制不起作用。当车速超过设定车速 6~8km/h 或汽车的减速度大于 $2m/s^2$ 时以及汽车的制动灯开关动作等时,ECU 也将自动取消巡航控制,以确保行车安全。除此之外,巡航控制 ECU 还具有以下控制功能。

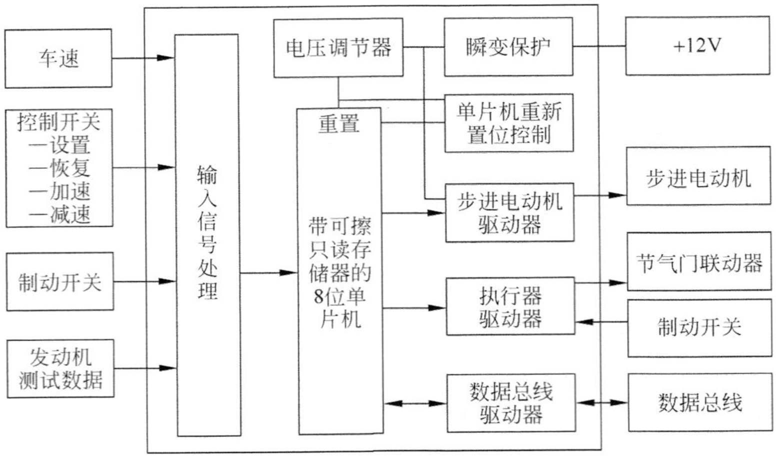

图 7-44 巡航控制 ECU 方框图

(1) 匀速控制功能

ECU 将实际车速与设定车速进行比较,若车速高于设定车速,控制执行器将节气门适当关闭;若车速低于设定车速,控制执行器将节气门适当开启,使车速保持一定值。

(2) 设定功能

当主开关接通,车辆在巡航控制车速范围(40～200km/h)内行驶时,若 SET/COAST 开关接通后松开,巡航控制 ECU 便将此车速存储于 ECU 存储器内,并使车辆保持此速度行驶。

(3) 滑行功能

当车辆以巡航控制模式行驶时,若 SET/COAST 开关接通后不松开,执行器就会关闭节气门,使车辆减速。ECU 将开关松开时的车速存储,并保持此车速行驶。

(4) 加速功能

当车辆以巡航控制模式行驶时,若 SET/ACC 开关接通,执行器就会将节气门适当开启,使车辆加速。ECU 将开关松开时的车速存储,并保持此车速行驶。

(5) 恢复功能

只要车速没有降至 40km/h 以下,若用任一个取消开关以手动的方法将巡航控制模式取消后,接通 SET/ACC 开关,即可恢复设定车速。车速一旦处于 40km/h 以下,设定车速就不能恢复,因为存储器中的车速已被清除。

(6) 车速下限控制功能

车速下限是巡航控制所能设定的最低车速,约为 40km/h,巡航控制不能低于这个速度。当车辆以巡航控制模式行驶时,若车速降至 40km/h 以下,巡航控制就会自动取消,设置在存储器的车速也被清除。

(7) 车速上限控制功能

车速上限是巡航控制所能设定的最高车速,约为 200km/h,ACC 开关接通也不能使车速超过 200km/h。

(8) 手动取消功能

当车辆以巡航控制模式行驶时,出现下述情况并有相应信号传送至巡航控制 ECU 时,巡航控制就会取消：真空驱动执行器内的释放阀和控制阀同时关断，就会取消巡航控制模式(大气压进入)；电动机驱动执行器关断执行器内的电磁离合器，巡航控制模式即取消。

(9) 自动取消功能

当车辆以巡航控制模式行驶时，若出现伺服调速电动机或安全电磁阀晶体管驱动电流过大，伺服电动机始终朝节气门打开方向转动时，存储器中设置的车速被清除，安全电磁阀离合器断电，巡航控制模式取消，控制开关同时关闭。

在巡航控制模式行驶期间，若出现车速低于 40km/h，巡航控制系统的电源中断时间超过 5ms，巡航控制模式也被取消，但存储器中设定的速度尚未取消。巡航控制功能可用 SET 或 RES 开关恢复。

(10) 自动变速器控制功能

在车辆以超速挡上坡行驶时，车速降至超速挡切断速度(设定车速减去 4km/h)时，ECU 自动取消超速挡并增加驱动力，防止车速进一步降低。当车速升至超速挡恢复速度(设定车速减去 2km/h)时，约 6s 后巡航控制 ECU 恢复超速挡。

(11) 迅速降速和迅速升速控制功能

当实际车速与设定车速相差不足 5km/h 时，每次迅速(在 0.6s 以内)操纵 SET/COAST 开关，可将设定车速降低约 1.65km/h；当实际车速与设定车速相差不足 5km/h，每次迅速(在 0.6s 以内)操纵 RES/ACC 开关，可将设定车速升高约 1.65km/h。

(12) 诊断功能

巡航控制系统发生故障时，ECU 确定故障并使组合仪表上的故障指示灯闪烁，提示驾驶员。同时，ECU 存储相应的故障代码，故障代码可通过故障指示灯读取。

4. 执行器

执行器可将 ECU 输出的电流或电压信号转变为机械运动，进而控制节气门的开度，最终达到控制车速的目的。目前使用的执行器一般都是利用电动机操纵节气门。

当 ECU 给执行器发出控制信号时，电动机带动节气门转动。在巡航控制系统工作室，或驾驶员按动任一取消开关，巡航控制 ECU 接收到此信号即做出反应，阻止电动机转动节气门，取消巡航控制。

当巡航控制系统车速设定时，电位计将节气门开度转换为电信号，送入巡航控制 ECU，ECU 将此数据存储于存储器中，行车中 ECU 根据此数据控制节气门的开度，使实际车速与设定的车速相符。巡航控制节气门示意图如图 7-45 所示。

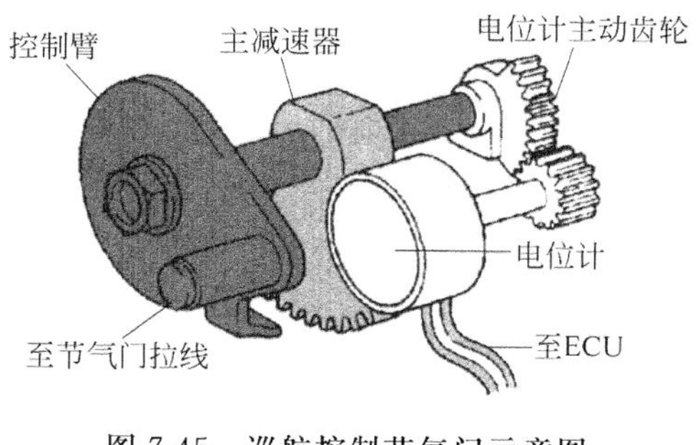

图 7-45 巡航控制节气门示意图

二、使用维护注意事项

(1) 为了让汽车获得最佳控制，当遇到交通阻塞或在雨、冰、雪等湿滑路面上行驶或遇上大风天气时，不要使用巡航控制系统。

(2) 为了避免巡航控制系统误工作，在不使用巡航控制系统时，务必使巡航控制系统的控制开关处于关闭状态。

(3) 汽车行驶在陡坡时，使用巡航控制系统会引起发动机转速变化过大，因此最好不要使用此系统。下坡驾驶时，应避免加速行驶。若车辆的实际行驶速度比设定车速高出太多，则可不用巡航控制装置，可将变速器换入低挡，利用发动机制动使车速得到控制。

(4) 使用巡航控制系统要注意观察仪表板上的"CRUISE ON-OFF"指示灯是否闪亮，若闪亮，则表明巡航控制系统处于故障状态。发现故障时，应停止使用巡航控制系统，待排除故障后再使用。

(5) ECU 是巡航控制系统的中枢，对电磁环境、湿度及机械振动等有较高的要求。保持 ECU 电源接插件接线正确、连接可靠。ECU 电源接插件一般不会插错，但在维修中有可能重新接线，此时必须注意电源的极性及电源线的位置。电源接插件应保持清洁，金属部分应保持无氧化、无变形和无油污。接插件应连接到位，有锁紧装置的必须锁紧。

思考与练习题

7.1 电动车窗升降器常见的有几种？分别是什么？

7.2 电动车窗使用的直流电动机有几种？控制线路有什么区别？

7.3 参考图 7-7，分析当左侧后视镜向右旋转时，电流是如何流动的。

7.4 带记忆功能的座椅与一般电动座椅相比有什么区别？

7.5 中控门锁的组成是什么？

7.6 根据图 7-19 分析中控门锁的控制原理。

7.7 汽车电子防盗器应当具有哪些功能？

7.8 说明汽车电子防盗装置的基本原理。

7.9 最新的汽车门锁防盗有哪些？试举例说明。

7.10 汽车刮水器的电动机有什么特点？

7.11 汽车电动刮水器是如何控制其自动复位的？

7.12 安全气囊的工作过程是怎样的？

7.13 安全气囊的组成是什么？在检修时要注意什么？

7.14 巡航控制系统的组成是什么？

第八章　汽车空调系统

汽车空调是指对汽车室内的空气质量进行调节的装置。使用空调的目的是为了调节车内的温度、湿度、气流速度、空气洁净度等，从而为乘员创造清新舒适的车内环境。

由于汽车空调安装在运动中的车辆上且通常采用发动机的动力来驱动，所以汽车空调与家用空调有很大的区别。

第一节　汽车空调的基础知识

一、汽车空调的组成

虽然各种车辆的空调结构不尽相同，但通常它们主要由以下部分组成。

(1) 制冷系统：采用蒸气压缩式的制冷原理，对车内的空气进行冷却。

(2) 加热系统：一般轿车空调不单独设置热源，而是把发动机的冷却水引入暖风散热器，空气流经暖风散热器时被加热。加热系统还可以对前挡风玻璃进行除霜。

(3) 通风系统：包括鼓风机、风道、风门和出风口等，把车外的新鲜空气引入车内，通过出风口把车内的污浊空气排到车外。

(4) 空气净化系统：一般由空气过滤器、排风口、电气集尘器和负离子发生器等组成。对引入的车外空气进行过滤，不断排出车内的污浊气体，保证车内空气清洁。

(5) 加湿装置：在空气湿度较低时，对车内空气加湿，以提高车内空气的相对湿度。

图 8-1 所示为汽车空调的位置及主要部件。

二、汽车空调的分类

1. 按空调的操作方式分类

汽车空调按操作方式可分为手动空调、半自动空调和自动空调三种类型。

(1) 手动空调

手动空调的鼓风机转速、出风温度及送风方式等功能均由驾驶人操纵和调节，车内通风温度由仪表板上的空气控制杆、温度控制杆、进气杆和风扇开关等操纵通风管道上的各种风门实现。

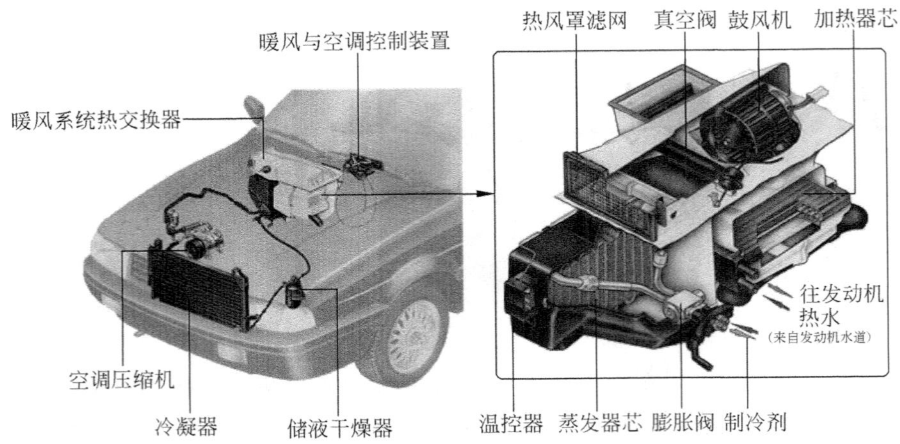

图 8-1　汽车空调位置及主要部件

(2) 半自动空调

与手动空调相仿，操作面板只有温度刻度，可以让温度恒定在指定的温度，但风速和出风口方向需要驾驶人自己调节。

(3) 自动空调

自动空调利用各相关传感器随时检测车内温度和车外温度的变化，并将检测到的信号送到空调控制单元。空调控制单元按预先编制的程序对信号进行处理，并通过执行元件及时对鼓风机转速、出风温度、送风方式及压缩机工作状态等进行调节，从而使车内温度、空气湿度及气流状态始终保持在驾驶人设定的范围。

2. 按驱动方式分类

汽车空调系统按驱动方式可分为非独立式汽车空调系统和独立式汽车空调系统。

(1) 非独立式汽车空调系统

这种空调制冷压缩机由汽车本身的发动机驱动，汽车空调系统的制冷性能受汽车发动机工况的影响较大，工作稳定性较差，尤其是低速时制冷量不足，而在高速时制冷量又过剩。并且消耗功率较大，影响发动机动力性。这种类型的汽车空调系统一般用于轿车或者小客车上。

(2) 独立式汽车空调系统

这种空调制冷压缩机由专用的空调发动机(也称副发动机)驱动，因此汽车空调系统的制冷性能不受汽车主发动机工况的影响，工作稳定，制冷量大，但由于加装了一台发动机，因此不仅成本会增加，而且体积和质量也会增加。这种类型的汽车空调系统多用于商用客车上。

3. 按结构型式分类

客车上用的空调系统按结构型式可分为整体式空调、分体式空调和分散式空调。

(1) 整体式空调

这种空调是将副发动机、压缩机、冷凝器和蒸发器通过传动带、管道连接成一个整体，安装在一个专用机架上，构成一个独立总成，由副发动机带动，通过车内通风管将冷风送入车内。

(2) 分体式空调

这种空调是将副发动机、压缩机、冷凝器和蒸发器部分或全部分开布置，用管道连接成一个制冷系统。

(3) 分散式空调

这种空调是将副发动机、压缩机、冷凝器和蒸发器等部件分散安装于车上，并用各个管道相连。

三、制冷剂

制冷剂在粤港地区被称为“雪种”，它是汽车空调的工作介质，通过制冷剂吸热放热的状态变化来达到将车内热量排放到车外的目的。

目前汽车空调使用的制冷剂主要有两种：R12 和 R134a。

1. R12（CF_2Cl_2）

R12 中由于含有氯分子会破坏大气层中的臭氧层而导致温室效应和臭氧层空洞，所以各国规定要在近年停止生产和使用 R12 等氟利昂类产品。但是目前还有部分在用车中使用 R12 制冷剂的空调。因此在维修汽车空调时要注意制冷剂的使用问题。

2. R134a（$CH_2F\text{-}CF_3$）

R134a 是 20 世纪 90 年代开始使用的品种，由于不含氯分子，对臭氧层没有破坏作用，对汽车空调系统的改动较少，被联合国有关组织推荐使用。现在汽车的空调系统基本上都采用 R134a 制冷剂。

3. 两种制冷剂的比较

采用 R134a 与采用 R12 的空调系统相比，两者热力性质和系统结构等基本相似，除了化学式和对大气臭氧层的破坏能力等不同外，主要还有以下几个方面的不同。

(1) 使用的润滑油不同。润滑油是一种与制冷剂相容，能够对压缩机起润滑作用且化学性质稳定的液体润滑油。R12 的润滑油是一种可溶于 R12 之中的矿物油，而 R134a 与矿物油是非共溶性的，就好像油水分离，无法对空调系统起润滑作用。因此 R134a 的润滑油一般是用一种叫做 PAG 或酯类的润滑油。

(2) R134a 会产生酸腐蚀金属，对铜会产生镀铜现象，同时 R134a 对合成橡胶腐蚀较大，特别是氟橡胶，故使用 R134a 制冷剂系统和 R12 制冷剂系统的密封材料不同。

(3) 使用的干燥剂不同，干燥剂用于在系统工作时吸收制冷剂中含有的水分。R12 系统主要使用的干燥剂是硅胶，而硅胶若用于 R134a 系统中会使 R134a 和水一起被硅胶吸收。因此 R134a 系统主要选用沸石作为干燥剂。

因此，由于 R134a 和 R12 的特性略有不同，所以两种空调系统的结构和运行参数方面也有差别，不能在同一个空调系统中随意更换制冷剂。

四、润滑油

空调压缩机使用的润滑油被称为冷冻润滑油或冷冻机油，它是一种在高低温工况下均能正常工作的特殊润滑油。其主要起到润滑、冷却、密封和降低压缩机的噪声等作用。

润滑油一般为清澈的浅黄色且无味的液体，混入任何杂质都会使其掺色而成棕色甚至黑色。R134a 的润滑油和 R12 的润滑油不能混用。R134a 空调系统一般选用 PAG 或 ESTER 型人工合成油滑油。

润滑油使用时应注意以下事项：

(1) 润滑油易吸水，用后应马上将盖拧紧；

(2) 不能使用变质浑浊的润滑油；

(3) 不允许向系统添加过量的润滑油，否则会影响汽车空调制冷系统的制冷量；

(4) 不同牌号的润滑油不能混用，以免造成变质；

(5) 在排放制冷剂时要缓慢进行，以免润滑油和制冷剂一起喷出；

(6) 更换制冷系统部件时，应适当补充一定量的润滑油；

(7) 在加注制冷剂时，应先加润滑油，然后再加注制冷剂。

第二节　汽车空调制冷系统的结构原理

一、汽车空调制冷系统的基本组成

一般汽车空调制冷系统由压缩机、冷凝器、储液干燥器(或气液分离器)、节流膨胀装置(膨胀阀或节流管)、蒸发器、鼓风机等组成。

汽车空调制冷系统根据节流降压方法不同，分为离合器热力膨胀阀系统(cycling clutch thermal expand valve，CCTXV)和离合器节流短管系统(cycling clutch orifice tube，CCOT)两类。

1. 离合器热力膨胀阀系统

制冷剂用热力膨胀阀节流膨胀降压，其流程是从冷凝器流出后，先通过储液干燥器，再经过热力膨胀阀节流降压，然后流入蒸发器，在蒸发器中蒸发吸热产生制冷效应后，就直接流回压缩机。图 8-2 所示为 H 型热力膨胀阀节流降压的 CCTXV 系统结构图。

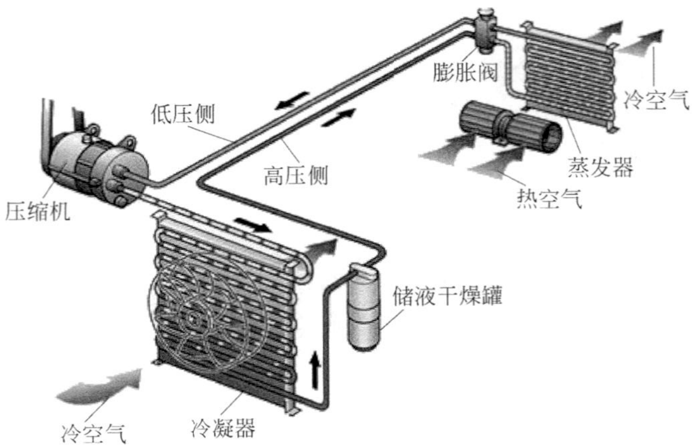

图 8-2　汽车空调制冷系统结构

在这一系统中，热力膨胀阀不仅可以起到节流降压的作用，还可以起到调节制冷剂流量的作用。这种系统适用于运行工况变化较大的车用空调装置。

2. 离合器节流短管系统

制冷剂用节流短管降压，其流程是从冷凝器流出后，直接通过节流短管节流膨胀降压流入蒸发器，在蒸发器中蒸发吸热产生制冷效应后，还需经过气液分离器才流回压缩机。

在这一系统中，节流短管只起节流降压的作用，无法调节制冷剂的流量，制冷系统的制冷量大小和蒸发器的化霜只能靠恒温控制器控制离合器的开闭或改变压缩机的排量来调节。如图 8-3 为这种系统的示意图。

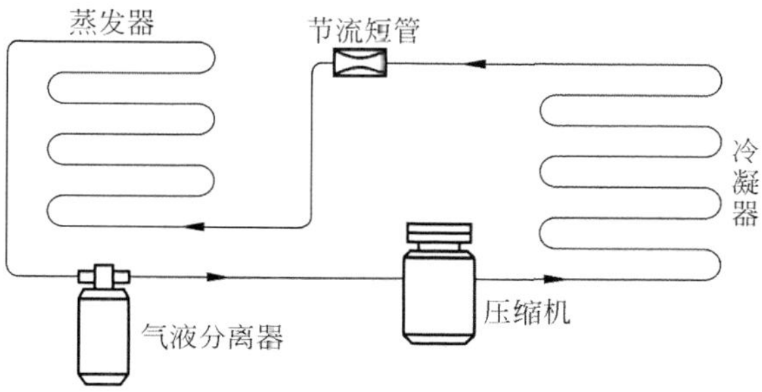

图 8-3　节流管系统示意图

二、汽车空调制冷工作循环

不管是热力膨胀阀系统或离合器节流短管系统，汽车空调一般采用的是蒸汽压缩式制冷循环。根据物理知识，我们知道液体汽化需要吸收热量，加大压力也可以使气体液化，因此可以将蒸汽压缩式制冷循环工作分为四个过程。

(1) 压缩过程：低温低压的制冷剂气体(大约为 0℃、0.15MPa)被压缩机吸入，压缩机将其压缩成高温高压(大约为 70℃、1.5MPa)的制冷剂气体。在这个过程中消耗发动机的机械功。

(2) 冷凝过程：制冷剂气体由压缩机排出后进入冷凝器散热，中温高压的气体转变为高温高压(大约为 40℃、1.0～1.2MPa)的液体。这时，制冷剂由气态变成液态。被液化了的制冷剂进入储液干燥器，除去水分和杂质后流入膨胀阀。

(3) 节流膨胀过程：高压的液态制冷剂从膨胀阀的小孔流出，经膨胀阀节流降温降压后进入蒸发器，变成低温低压(大约在－5℃、0.15MPa)的雾状(湿蒸气)流入蒸发器。

(4) 蒸发过程：制冷剂液体经膨胀阀降温降压后进入蒸发器，雾状制冷剂在蒸发器内吸热气化变为气态制冷剂，从而使蒸发器表面温度下降。从鼓风机进来的空气不断流过蒸发器表面，被冷却后送入车厢内，使车厢内温度下降。制冷剂由液态转变为气态(大约为 0℃、0.15MPa)，气态制冷剂通过蒸发器后又重新被压缩机吸入。整个过程如图 8-4 所示。

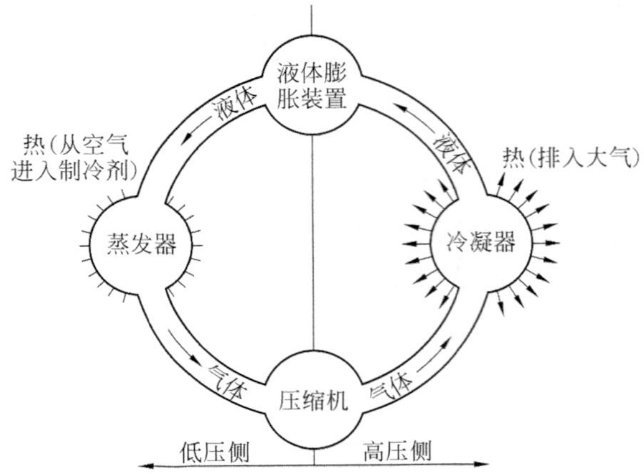

图 8-4　汽车空调制冷过程图

三、空调压缩机与电磁离合器

压缩机是制冷回路的心脏,其作用是输送和压缩气态制冷剂,即将低温低压的气态制冷剂压缩为高温高压的气态的制冷剂,保证制冷循环正常工作。

压缩机有很多种,按照压缩机运动形式和主要零件形状可分为往复式和回转式,而往复活塞式又分为曲轴连杆式、径向活塞式和轴向活塞式(包括斜盘式或摆盘式)。活塞式压缩机是目前汽车空调应用最广泛的压缩机。其中曲轴连杆式压缩机基本上是用于大型公共汽车和旅游车,斜盘式或摆盘式压缩机则主要用于轿车和中小型客车。下面主要介绍斜盘式压缩机。

1. 斜盘式压缩机

斜盘式压缩机是一种轴向往复活塞式压缩机,因为其体积小、质量轻,易于在狭小的发动机室内安装排布,所以是目前轿车空调中应用最多的一种机型。其结构如图 8-5 所示。

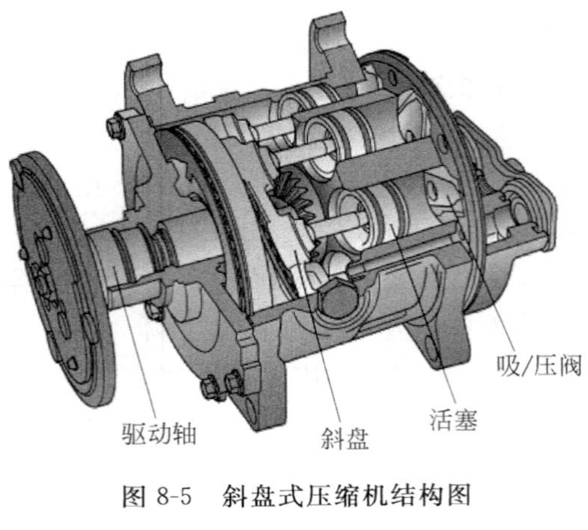

图 8-5　斜盘式压缩机结构图

斜盘式压缩机主要由缸体、主轴、斜板、缸盖、阀板、活塞等组成。根据结构形式的不同可以使用3～10个活塞，这些活塞以驱动轴为中心布置在其周围，每个活塞配一个吸/压阀。斜板固定在轴上，钢球用滑靴和活塞的联结架固定，结构示意图如图8-6所示。

其工作原理为：当转轴旋转时，斜板便随着旋转，通过滑盘和钢球推动活塞作往复运动。活塞的一次往复运动就完成了压缩机吸气、压缩、排气、膨胀过程。如果压缩机为双向活塞式压缩机，则斜板旋转一周，前后两个活塞各完成吸气、压缩、排气、膨胀过程，相当于两个汽缸作用。如缸体截面均布三个汽缸和三个双向作用的活塞，主轴旋转一周，相当于六个汽缸作用。

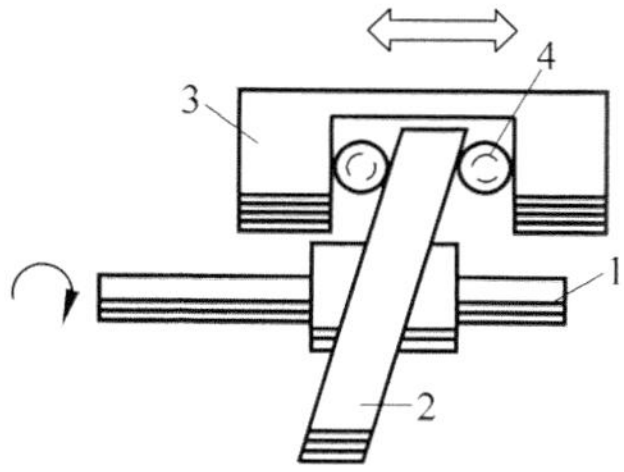

图8-6 斜盘式摇板机构

1—主轴；2—斜板；3—活塞；4—钢球

2. 变排量控制压缩机

普通压缩机按照规定的温度工况运转，在发动机转速不变的情况下，它的制冷量是恒定不变的。在选用压缩机时，为安全起见，一般总是选用制冷量比所需制冷量偏大些的压缩机。事实上，季节、环境温度的变化会影响压缩机制冷量。为保证压缩机的制冷量能随时满足规定的蒸发温度需要，就要对压缩机的排量进行调节。20世纪80年代中期，美国通用汽车首次推出V5压缩机以后，尤其90年代以后，各压缩机厂家推出了各种节能型的变排量压缩机。

变排量压缩机有以下优点：

(1) 消除了由于离合器吸合脱开动作引起的发动机转速波动；

(2) 在某些工况下(如低速、爬坡)可防止发动机熄火；

(3) 减少了空调系统制冷温度的波动；

(4) 功率消耗减少，最大可减少25%；

(5) 大大改善低温环境中的舒适性。

目前，汽车空调压缩机容量控制方法主要有以下几种：

(1) 行程控制。通过改变活塞行程而使压缩机输气量增大或减少来控制制冷量。这种控制办法可实现无级调节。

(2) 汽缸数目控制，即汽缸卸载控制。制冷量过剩时，部分汽缸工作而另一些汽缸卸载，通过控制工作汽缸或卸载汽缸的数目，分级调节制冷量。

(3) 旁通控制。利用旁通机构，使吸入汽缸中的部分气体在压缩过程开始前或开始时返回到吸入口，以减少输气量。可实现无级调节。

(4) 吸气节流控制。在压缩机吸气口设节流机构，使吸入气体压力降低，比体积增大，从而使吸入汽缸中的气体质量减少，调节输气量。吸气节流法也可连续调节压缩机制冷量。但与上述方法相比，功率消耗较大。

图8-7所示为一款常见的摆盘式变排量压缩机，它主要通过后盖内的控制阀实现车内温度自动调节。压缩机通过控制阀利用真空波纹管感受吸气压力的变化，控制阀控制吸气压力和机体内压力的差值，从而改变斜盘角度，进而达到改变活塞行程，实现排量变化的调

节。它的调节范围在5%～100%。

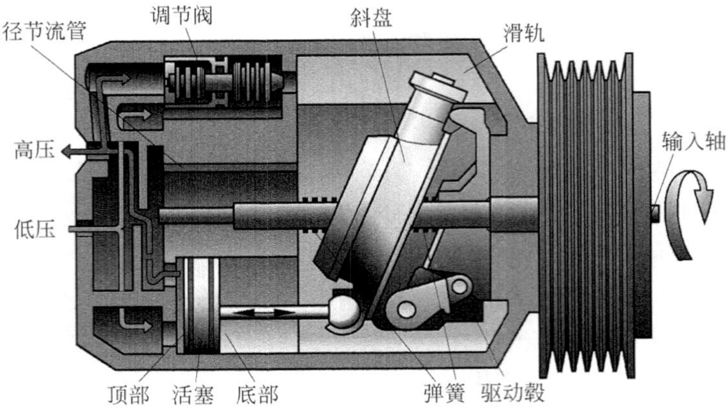

图 8-7　变排量压缩机结构

该压缩机的斜盘倾斜状态取决于腔压，即活塞上面和下面的压力比，如图 8-8 所示。斜盘由前、后的弹簧支撑着。腔压由作用在高压和低压以及校准的节流孔来确定。在空调关闭的情况下，高压、低压和腔压是相同的，斜盘的前后弹簧将斜盘置于输出功率为40%左右的位置。

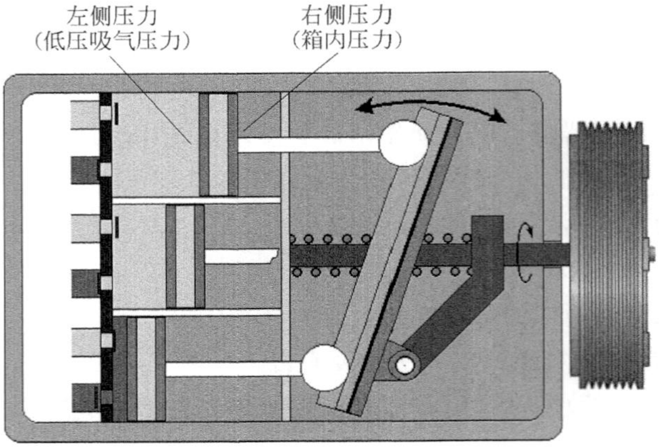

图 8-8　变排量压缩机原理简图

当制冷量不足时，车内温度高于设定值，吸气压力上升，输出压力较高，通过节流管道的作用使压力箱内压力升高。当压力箱内压力升高到某一值时，调节阀开启，使压力箱与进气低压接通，压力箱内的压力不再升高。此时活塞顶部与底部的压力差增大，活塞顶部的压力相对增加，从而使斜盘的倾斜度增大，活塞行程变长，如图 8-9 所示。

制冷量过多时，车内温度低于设定值，吸气压力下降，压缩机小排量输出时，输出压力较低，通过节流管道的作用使压力箱内的压力不断升高，但调节阀处于关闭状态。此时活塞底部的压力相对增加，从而使斜盘斜度减小，活塞行程变短，如图 8-10 所示。

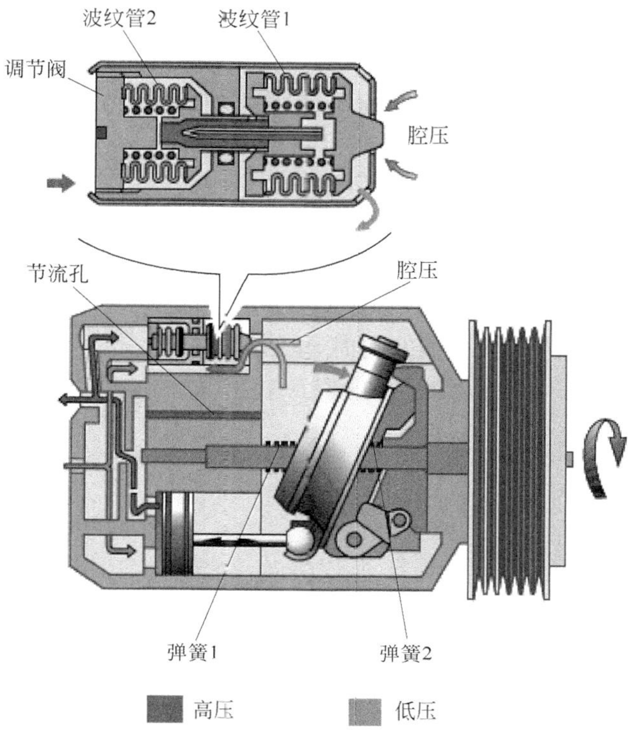

图 8-9　压缩机排量增大

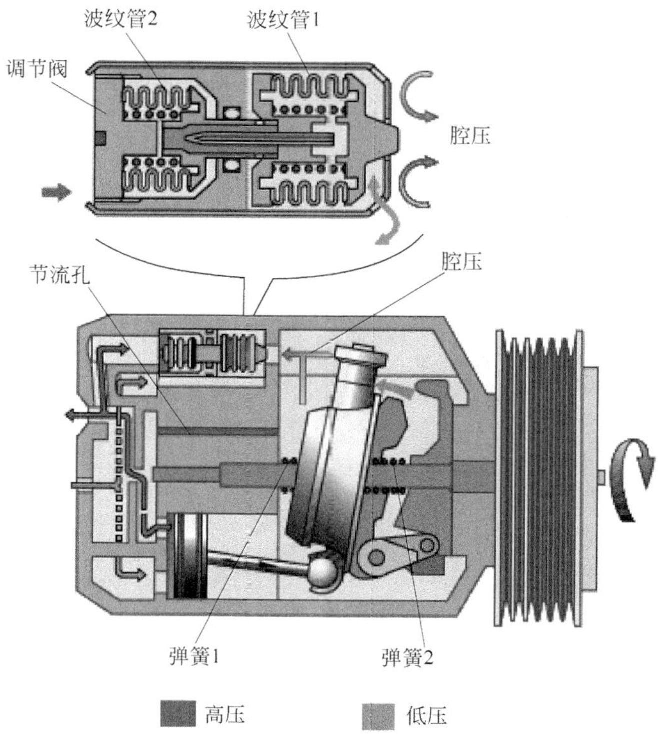

图 8-10　压缩机排量减小

3. 电磁离合器

汽车空调电磁离合器安装于压缩机前端，为压缩机总成的一部分，其作用是控制发动机和压缩机的动力传递。电磁离合器主要由皮带轮、电磁线圈、弹簧片等组成，如图 8-11 所示。当空调系统需要制冷时，电磁离合器开关接通，电磁线圈产生电磁力，使压缩机和皮带轮结合在一起，将发动机通过皮带传递到皮带轮的动力传递到压缩机，带动压缩机运转。当断开空调开关时，电磁线圈的吸力消失，皮带轮和压缩机断开，皮带轮空转，压缩机停止运转。

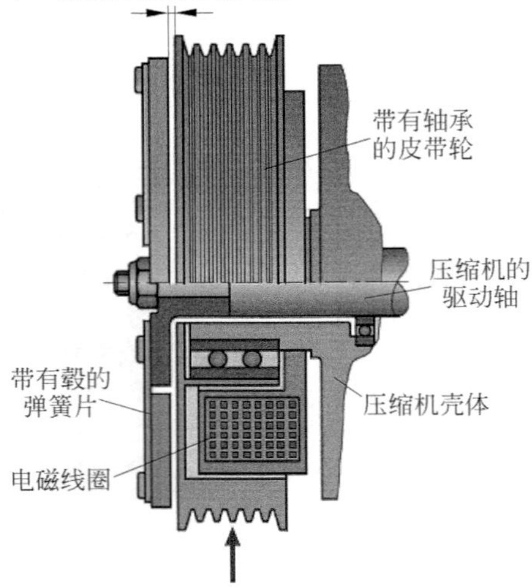

图 8-11 电磁离合器结构

四、换热器

汽车空调中的冷凝器和蒸发器统称为换热器。换热器的性能直接影响汽车空调的制冷性能。

1. 冷凝器

冷凝器的作用是将来自压缩机的制冷剂热量散发到车外空气中，使高温高压的制冷气体凝成较高温度的高压液体。

冷凝器一般安装在发动机水箱的前面，两者重叠布置，靠水箱风扇和汽车行驶风进行冷却。这种方式会影响水箱的正常工作，进而影响到发动机的性能。另一种方式是把发动机水箱和冷凝器安装在同一垂直平面内，并共用一台风扇，如图 8-12 所示。

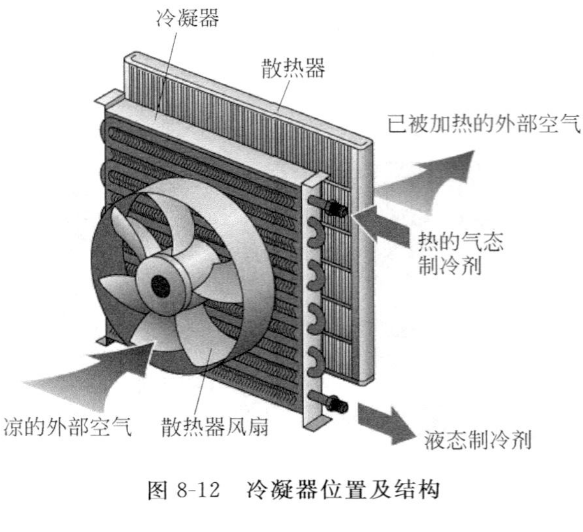

图 8-12 冷凝器位置及结构

汽车空调冷凝器一般有管片式、管带式及平流式三种结构形式。

由于管片式冷凝器制造比较麻烦，而且散热效率较低，基本已被淘汰。管带式冷凝器一般是将扁平管弯成蛇型管，在其中安置散热带(即三角形翘板带或其他类型板带)。这种冷凝器的传热效率比管片式可提高15%～20%，但工艺复杂，焊接难度大且材料要求高。

平流式也是一种管带式结构，所不同的是管带式只有一条扁管自始至终呈蛇形弯曲，制冷剂只在这一条通道中流动散热，压力损失大，散热效果差，且由于进入冷凝器时制冷剂是气态，比体积大，需要的通径大，而出冷凝器时变成液态，比体积小，只需要较小的通径。显然管带式不适合制冷剂的实际工作状态需要。平流式冷凝器则是在两条集流管间用多条扁管相连，将几条扁管隔成一组，形成进入处管道多，逐渐减少每组管道数，实现了冷凝器内制冷剂温度及流量分配均匀，提高了换热效率，降低了制冷剂在冷凝器中的压力损耗，这样就可减少压缩机功耗。

2. 蒸发器

蒸发器的作用是将经过节流降压后的液态制冷剂在蒸发器内沸腾汽化，吸收蒸发器表面的周围空气的热量而降温，风机将冷风吹到车内，达到降温的目的。

蒸发器通常置于车内，属于直接风冷式结构，一般由箱、管和散热片组成。管子穿过散热片，形成小通道以便有良好的传热率，其工作原理如图8-13所示。汽车空调一般采用管片式、管带式和板翅式等类型蒸发器。

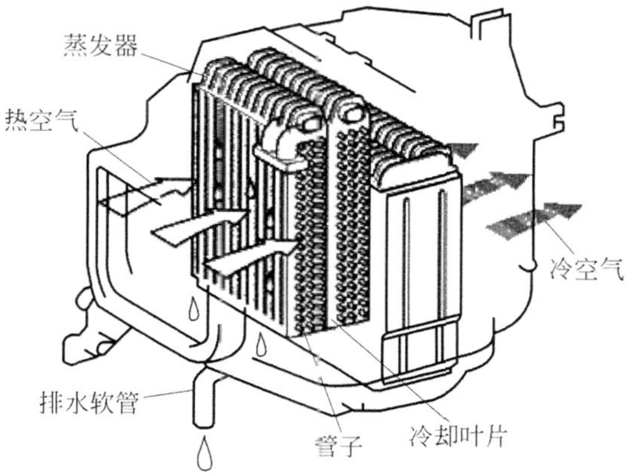

图8-13 蒸发器的结构及原理

鼓风机将空气送入蒸发器，制冷剂从空气吸去热量受热变成气体，空气经过蒸发器时被冷却，空气中的潮气被凝结并附在散热片上。潮气变成水滴通过排水管排出车外。

五、节流膨胀装置

在汽车空调系统中，目前常用的节流装置主要是热力膨胀阀和膨胀节流管、电子膨胀阀等。不管何种节流装置，其基本原理都是：液体在管道内流动过程中若遇到缩口(如小孔、阀孔等)局部就产生阻力，其压力会显著下降，从而导致液体温度急剧下降。

1. 热力膨胀阀

热力膨胀阀也称节流阀，安装在蒸发器的入口处，它的主要作用有两个方面：一方面使从冷凝器过来的高温高压液体制冷剂节流降压成为容易蒸发的低温低压雾状制冷剂进入蒸发器，起节流降压作用；另一方面根据制冷负荷的改变和压缩机转速的变化，自动调节制冷剂进入蒸发器的流量以满足制冷循环的需要。

目前少量的在用车辆使用内平衡式、外平衡式热力膨胀阀，大部分车辆使用H型膨胀阀。如图8-14所示为H型膨胀阀的结构。

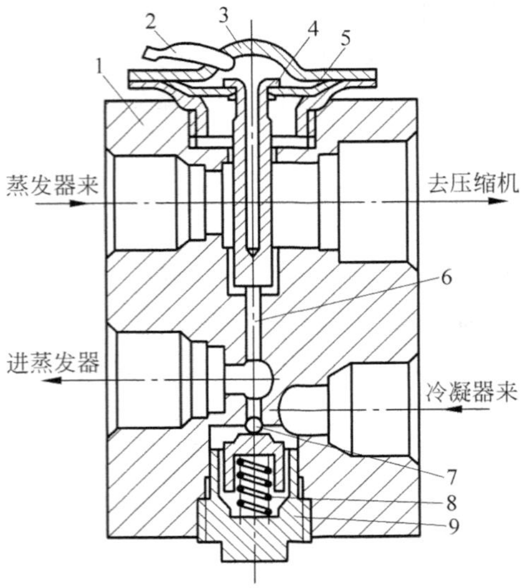

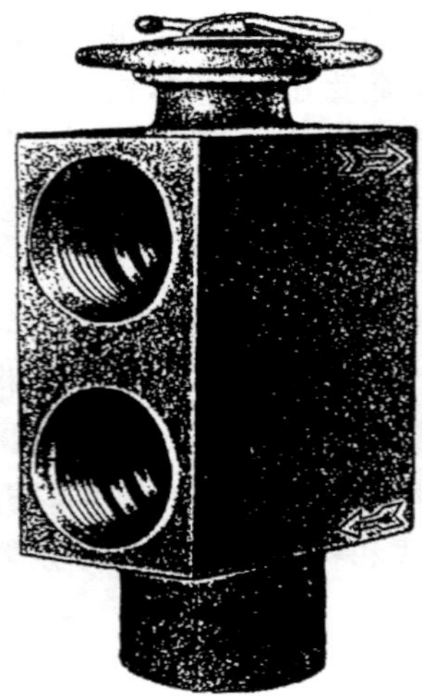

图8-14 H型膨胀阀结构

1—阀体；2—灌充管；3—动力头；4—顶杆(兼感温包)；5—膜片；6—传动杆；7—球阀；8—弹簧；9—弹簧座

H型膨胀阀直接与蒸发器进出口相连。它有四个接口通往汽车空调系统，其中两个接口和普通膨胀阀一样，一个接储液干燥器出口，另一个接蒸发器出口。但另外两个接口，一个接蒸发器出口，另一个接压缩机进口，感温元件处在进入压缩机的制冷剂气流中，随着蒸发器出口温度的变化，推动传动杆改变球阀的开度，从而改变进蒸发器制冷剂的量。

2. 膨胀节流管(孔管)

节流管是用于离合器节流短管空调系统(CCOT)的节流元件。很多高级轿车都采用这种节流方式，特别是随着变排量的压缩机增加，节流管也使用越来越多。一般采用节流管的空调系统必须采用变排量压缩机。节流管结构简单，可靠性高，制造成本低，但节流短管只有节流膨胀而没有调节制冷剂流量的功能，在低速运行时制冷效果差一些。

常见节流管的结构如图8-15所示。节流管由毛细管、过滤网及两端壳体组成。毛细管是一个内径约105mm、长约40mm的细铜管，被固定在短的壳体中央。壳体是用塑料做的，为了防止杂质进入毛细管，堵塞毛细管孔道，塑料壳体用尼龙网围上。制冷剂从壳体进入通过滤网，经过毛细管再从壳体流出。节流管一般插入连接蒸发器的供液管(L形管)中，为了防止制冷剂从节流管外不经过毛细管进入蒸发器，节流管外装有O形环。

节流管主要起增加流动阻力的作用。从压缩机出来的制冷剂呈高温高压气体状态，经过冷凝器冷凝后，成为常温高压的液体。由于装有节流管的空调系统没有储液干燥器，因此

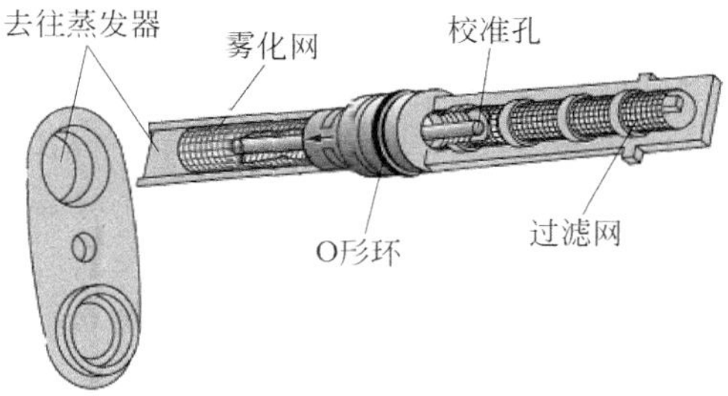

图 8-15　节流管的结构

常温高压的液体制冷剂直接进入供液管(L管),通过装在该管内的节流短管,流通面积突然缩小,流阻急剧增大。由于流阻的影响,制冷剂压力迅速降低,变成低压制冷剂液体,但制冷剂液体一旦出了毛细管流通面积又突然变大,制冷剂液体体积就迅速膨胀,根据流体膨胀放热的原理,此时制冷剂变成了低温低压的制冷剂两相流体,这为制冷剂在蒸发器蒸发创造了条件。

六、汽车空调辅助部件

1. 储液干燥器

储液干燥器安装在膨胀阀之前、冷凝器之后,和冷凝器组装在一起,用来临时存储冷凝器液化的制冷剂并进行干燥和过滤处理,其功能有三个,即接受从冷凝器来的液体并加以储存,根据蒸发器的需要提供所需的制冷剂量;将系统中经常会出现的杂质、脏物如锈蚀、污垢、金属微粒等过滤掉;吸收系统中的水分。

根据制冷剂循环量的大小,一般小型车(如轿车、小型面包车、卡车等)可将干燥过滤装置组装成一体,如图 8-16 所示,它由顶盖、储液器体、引出管、储液部分、过滤部分、干燥部分组成。顶盖上设有进油孔和出液孔,并装有视液玻璃和易熔塞。易熔塞的中部开有小孔,孔中灌有低熔点金属。当高压侧压力达到 2.9MPa、温度达到 95℃时,低熔点金属就熔化,并把制冷剂排放到大气中去,防止整个系统遭受损坏。视液玻璃镜用来观察及检查制冷系统内制冷剂的流动状况。

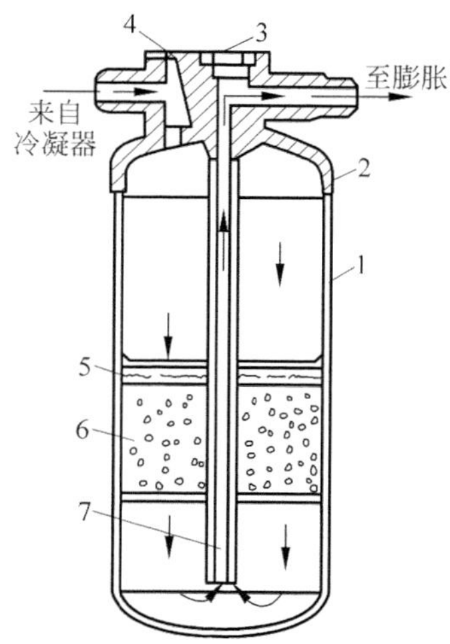

图 8-16　储液干燥器结构图

1—干燥器体;2—干燥器盖;3—视液玻璃镜;4—易熔螺塞;5—过滤器;6—干燥剂;7—引出管

干燥剂主要有硅胶和分子筛两种,汽车空调上原来常采用的干燥剂是硅胶,后来由于分子筛具有优异的脱水能力和物理完整性而被广泛采用。

在使用储液干燥器时要注意以下几点:

(1) 垂直安装(一般偏斜在 15°以内)。这样才可保证出口管将随制冷剂一起循环的冷冻润滑油压出储液干燥器,并流回压缩机,并保证出口到膨胀阀都是液态制冷剂，使膨胀阀正常工作。

(2) 进出口不能接错。若接错进出管口，冷冻润滑油就会储存在储液器内，压缩机没有足够的润滑油；同时，其出口还会有气泡，使膨胀阀无法正常工作。

(3) 安装或维修制冷系统时，储液器应最后接入系统，防止新干燥剂吸收空气中的水分而破坏其干燥性能。

(4) 此外还要注意 R12 和 R134a 空调系统的储液干燥器不能混用，因为二者的干燥剂成分不同。

2. 气液分离器(储液罐)

气液分离器用于离合器节流短管空调系统(CCOT)中。它的作用除了将蒸发器出来的液态制冷剂缓冲，使其完全蒸发成气态制冷剂进入压缩机，防止"液击"外，同时还起到储液干燥器的作用，即去除水分和储存多余制冷剂。

气液分离器与储液干燥器主要的区别在于：一是方向相反，储液干燥器进入的是不饱和液体，出来的是过饱和液体，而气液分离器进入的是不饱和气体，而出来的是过热气体。二是安装位置不同。气液分离器安装在蒸发器和压缩机之间，储液干燥器安装在冷凝器和膨胀阀之间。

当用节流孔管代替膨胀阀时，汽车空调系统要在低压侧(压缩机吸气侧)安装气液分离器，用于压缩机吸气管路中的气液分离。气液分离器的结构如图 8-17 所示。工作时制冷剂从顶部进入气液分离器，其中液态制冷剂沉在气液分离器底部，气态制冷剂则进入压缩机。

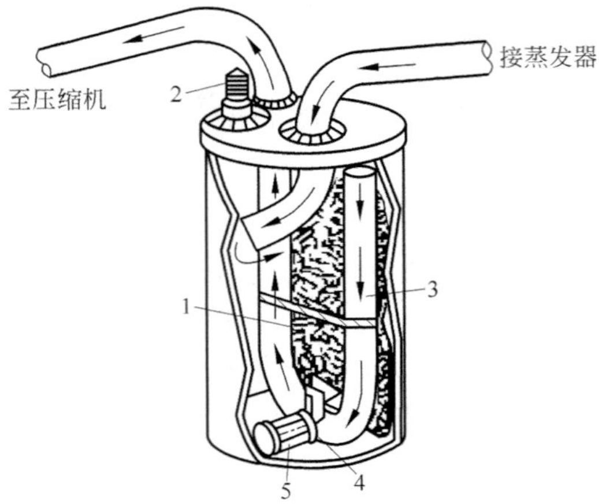

图 8-17 气液分离器结构图
1—干燥剂；2—测试孔口；3—吸出管；
4—泄油口；5—滤网

第三节 采暖与通风系统

一、暖风系统

汽车空调暖风系统是将冷空气送入热交换器，吸收某种热源的热量，从而提高空气的温度，并将热空气送入车内的装置。

汽车空调暖风系统的种类很多，目前常用的主要有利用发动机冷却液进行加热的水暖式暖风系统和装有专门燃烧的机构进行加热的独立燃烧式暖风系统。不论是利用何种热源，热量都是通过热交换装置传递给空气，并通过风机把热空气送入车室，将热交换器、风机和机壳组合在一起的装置称为空气加热器。

水暖式暖风系统是目前采用最普遍的暖风系统。水暖式暖风系统一般以水冷式发动机冷却系统中的冷却液为热源，将冷却液引入车室内的加热器中，使鼓风机送来的车内空气

(内气式)或外部空气(外气式)与热交换器中的冷却液进行热交换,鼓风机将加热后的空气送入车内,如图 8-18 所示。

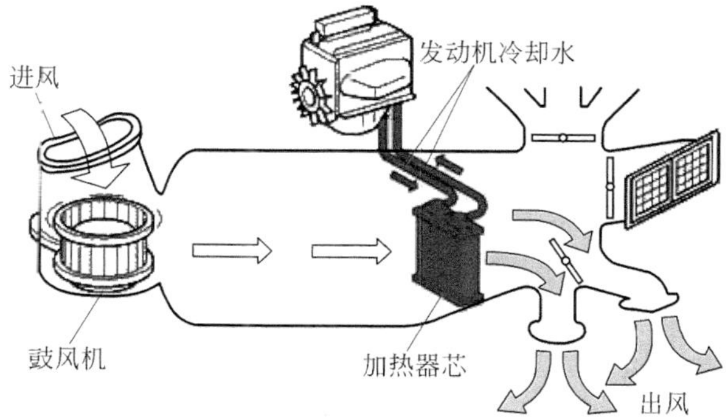

图 8-18 汽车空调暖风系统

为了防止风窗玻璃上结霜,还应使暖风通过风窗玻璃下面的出风口,使暖风吹到风窗玻璃上,以保证风窗玻璃内侧温度需求。

水暖式暖风系统的热源是从汽车发动机的冷却液中取得的,因此热源的取得非常容易,只需将发动机的冷却液引到热交换器中即可。该热源供给可靠且经济,不需另外的燃料。另外,发动机的冷却液温度比较适宜,散热也均匀。所以国内外轿车大部分都采用这种暖风系统。

水暖式暖风系统也存在不少缺点,最大的缺点是供暖须在发动机冷却液温度上升到大循环时方能开始,因此在严冬季节,下坡、停车或刚起步时,热源就显得不足。

二、通风系统

通风系统的作用是在汽车运行中从车外引入一定量的新鲜空气,并将车内的污浊空气排出车外,同时防止风窗玻璃结霜。通风系统的通风方式一般有动压通风、强制通风和综合通风。

1. 动压通风

动压通风是最常见的通风方式,也叫自然通风,它是利用汽车行驶时对车身外部所产生的风压为动力,在适当的地方开设进风口和排风口,以实现车内的通风换气。

由于自然通风不消耗任何动力,且结构简单,通风好,因此,轿车大都设有自然通风门。但是此方法通风不均匀,易造成车厢内的穿堂风,靠近窗口或风口处风速会很大。自然通风的进风量取决于车速,而车速变化会影响通风量。为了保证车内空气压力为正值,以及考虑新鲜空气干净度,选择通风的进气口和排风口便显得非常重要。

图 8-19 是轿车的空气流动典型方式。车外新鲜空气从车窗的下部正风压区进入,然后在车内循环流动,从后门棱上的空气出风栅格排出。

图 8-19 车内空气流向

2. 强制通风

强制通风是利用鼓风机进行通风，在进风口安装一台鼓风机将车外的空气吸入车内，车内的空气从排风口排出。这种通风方式不受车速的限制，通风效果较好。目前汽车强制通风通常都是利用空调系统的鼓风机进行。

3. 综合通风

综合通风是指在一辆汽车上同时采用动压通风和强制通风。汽车在低速行驶时采用强制通风，高速行驶时采用动压通风，这样就保证了汽车在各种工况下都能保持良好的通风效果，同时也降低了能耗。目前，小型汽车上基本上都采用了综合通风的方式。

三、净化系统

进入车内的空气由车外空气和车内循环空气两部分组成。车外空气受到环境的污染，车内循环空气受到人的活动和工作过程的污染，如人体呼出的 CO_2、身体散发出的汗味以及汽车废气通过缝隙漏入车内，这些都影响人体的健康，降低了空调的舒适性。因此，汽车空调必须设置净化装置。空气净化装置一般安装于空调的进气口处，主要有空气过滤式和静电除尘式两种方式。

1. 过滤式净化系统

目前，大多数车辆的空气净化系统采用的方法是在空调系统的进气系统中安装空气滤清器，如图 8-20 所示。它仅能滤除空气中的尘埃，结构简单，只需定期清理过滤网上的灰尘或更换空调滤清器，故广泛应用于各种汽车的空调系统中。有些车辆在空调系统空气滤清器中加入活性炭，可吸收空气中的异味。

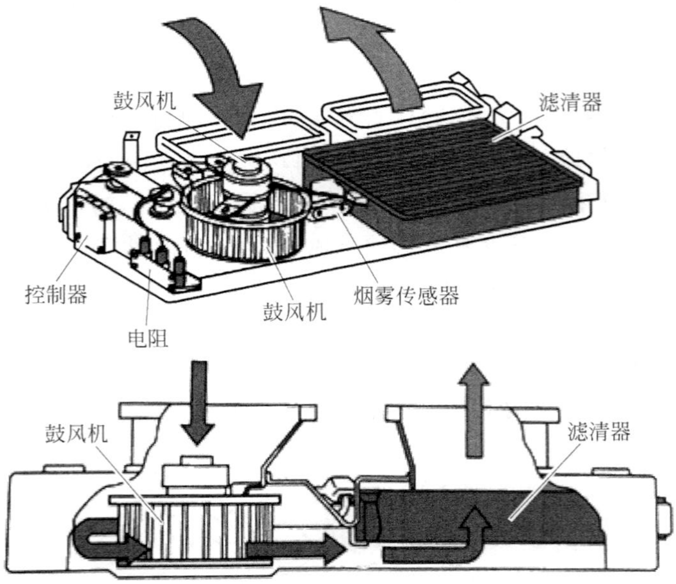

图 8-20　空调系统的空气净化系统

2. 静电集尘式净化系统

静电集尘式空气净化系统是在空气进口的过滤器后再安装一套静电集尘装置，同时，系统中还有杀菌灯和离子发生器，它除具有过滤和吸附烟尘等微小颗粒的杂质作用外，还具有除臭、杀菌、产生负氧离子，以使车内空气更为新鲜洁净的作用。由于静电集尘式空气净化装置结构复杂、成本高，所以，只用于高级轿车和旅行车上。

静电式净化器的工作原理如图 8-21 所示，粗滤器先过滤较粗的尘粒，然后在充电电极之间加以高电压，电极产生电量放电，粉尘被电离带上负电并被正极板吸引。除去粉尘后的空气再用活性炭吸附，除去臭味及有害气体，净化后的空气被送到车厢内。有的净化器还设有负离子发生器。

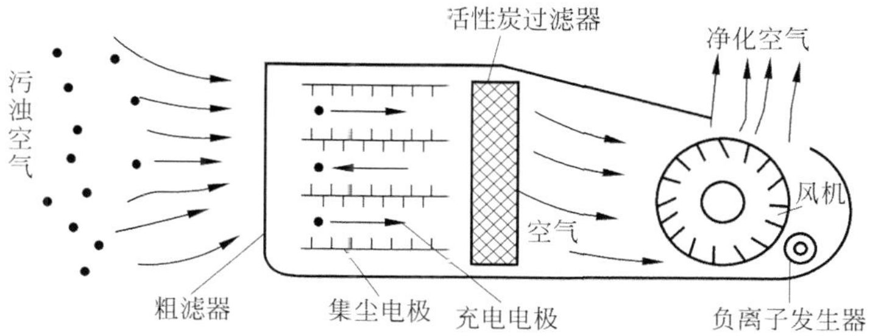

图 8-21　静电集尘式空气净化装置的原理

四、配气系统

汽车空调配气，主要根据温度、风量等需求将冷热配置好的气体送至车内所需的位置。

汽车空调的配气系统通常由三部分组成：第一部分为空气进口段，主要由用来控制新鲜空气和车内循环空气的风门叶片和伺服器组成；第二部分为空气混合段，主要由加热器和蒸发器组成，用来提供所需温度的空气；第三部分为空气分配段，使空气吹向面部、脚部和风窗玻璃上。手动空调通过绳索或真空装置，自动空调通过电控将仪表板空调控制键与配气机构连接，以执行配气工作。其结构如图 8-22 所示。

根据冷却的空气进入加热芯的方式，将汽车空调配气方式分为空气混合式配气系统、全热式配气系统、加热与冷动并进混合式配气系统等三种。

空气混合式配气系统的工作过程如下：打开风门，新鲜空气或车内空气首先进入风机，然后空气进入蒸发器进行冷却，接着由风门调节空气进入加热器，最后空气进入各吹风口。

空气进口段的风门叶片主要控制新鲜空气和车内循环空气的比例，在夏季车外温度较高、冬季车外温度较低的情况下，尽量开小空气进口风门叶片，以减少冷热气量的损失。当车内空气品质下降、汽车长时间运行或车内外温度差不大时，应定期开大空气进口风门叶片。

加热器旁通风门叶片主要用于调节通过加热器的空气量。顺时针旋转风门叶片，开大旁通风门，通过加热器的空气量少，由风口吹出冷风；反之，逆时针旋转风门叶片，关小旁通风门，这时由风口吹出热风供采暖和玻璃除霜用。

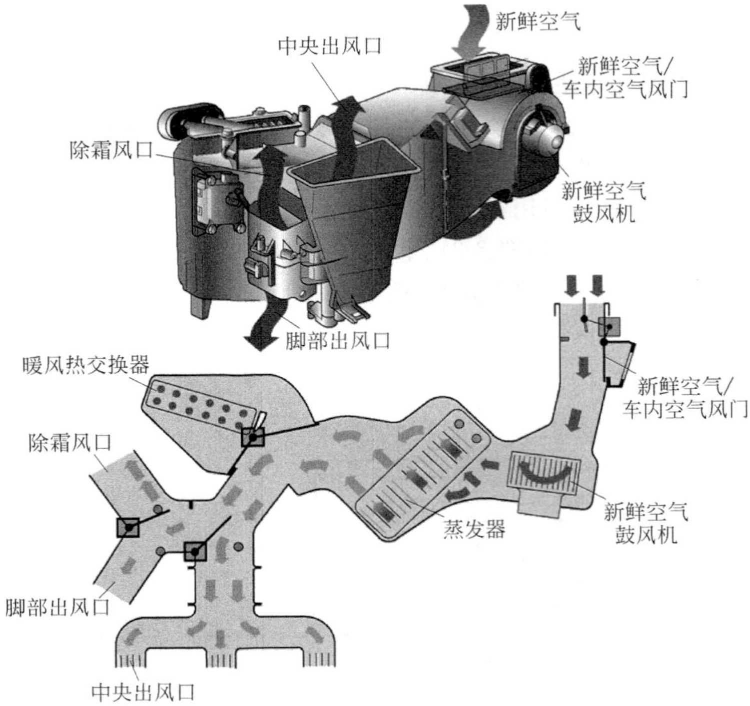

图 8-22　空调系统配气机构

第四节　汽车空调控制系统

为使汽车空调系统能够正常运行，维持车内所需的温度，空调系统需要一整套包括温度、送风量、压力、流量等控制部件以及有关的电路、电脑、控制器、控制装置和控制板等。此外，汽车安装了空调系统，特别是安装了非独立空调系统后，需要消耗主发动机的动力和电源，这必然会影响发动机的动力性和经济性，结果使汽车的动力性、汽车运行工况受到影响。为了保证汽车在各种工况下都能够不因为安装空调而受到影响，还必须设置汽车工况控制装置。

一、手动空调控制系统

手动空调顾名思义就是手动调节的汽车空调系统，即汽车的温度调节、通风模式以及风速等都是依靠驾驶员手动调节各种控制键来实现的。图 8-23 所示为一款奥迪车手动空调的基本组成部件。

1. 控制面板

手动空调控制面板如图 8-24 所示，其主要由控制面板上的旋钮通过拉线或电动方式控制温度风门及空气分配门开度。空调控制板安装在驾驶室前壁，由驾驶员操纵。控制面板

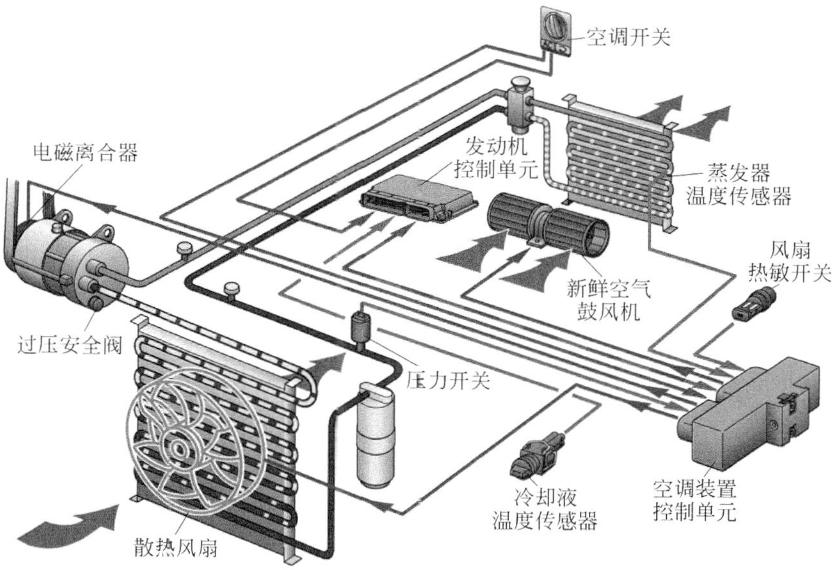

图 8-23 奥迪汽车手动空调主要结构图

除了内外循环按钮和空调启动按钮外，还设有三个控制开关，分别是风机开关、空调方式选择开关和温度选择开关。

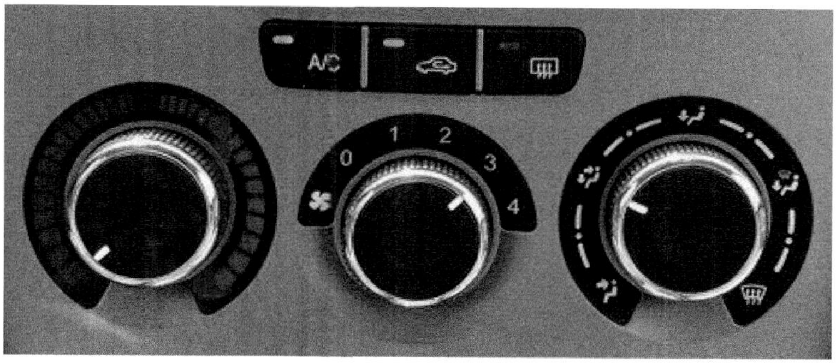

图 8-24 手动空调控制面板

温度选择开关是控制温度的开关，风机开关设有 3～4 个不同的转速挡位，以控制风机不同的转速。空调方式选择开关则用于确定空调系统的功能，即要求空调是制冷、取暖、通风还是除霜。通过驾驶员拨动开关可处于不同的位置。

2. 温度控制器

蒸发器温度控制器简称温控器，又称为恒温器。温控器的作用就是根据蒸发器表面温度的高低，接通和切断空调压缩机电磁离合器线圈电路，使蒸发器表面温度保持在规定的范围（一般为 1～4℃）内。常用的温控器有波纹管式和热敏电阻式两种。

(1) 波纹管式温控器

波纹管式温控器主要由凸轮、凸轮轴、温度调节螺钉、触点、毛细管、波纹管等组成，如

图 8-25 所示。

当蒸发器温度较高时，插在其吸热片内的感温毛细管的温度相应也较高，因此毛细管内部制冷剂液体膨胀，压力相应较高而使波纹伸缩管伸长，推动传动杠杆放大机构使触点闭合，接通电磁离合器线圈电路使压缩机运转制冷，蒸发器温度开始下降，感温管温度随之下降，其内部制冷剂压力下降而使波纹管逐渐收缩。

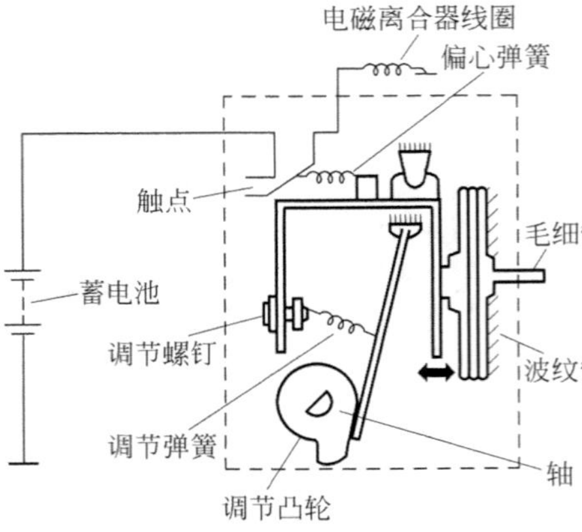

图 8-25　波纹管式温控器

当蒸发器温度下降到某一设定值时，波纹管的收缩量通过传动杠杆放大机构使触点断开，电磁离合器线圈切断，压缩机停止运转，制冷系统停止制冷，因此蒸发器温度开始上升。

当蒸发器温度升高到设定温度的上限值(一般为 4℃)时，温控器触点再次闭合，压缩机重新运转制冷，蒸发器温度又开始降低。温控器和制冷系统如此循环工作，便可使蒸发器温度控制在设定的温度范围内。

在使用过程中，转动温度调节凸轮可以改变弹簧的预紧力，从而便可改变蒸发器的温度调节范围。

(2) 热敏电阻式温控器

该温控器的感温元件是热敏电阻，装在蒸发器的外侧正面(或其他需要感温的部位)，用以检测蒸发器的出风温度。热敏电阻有导线与空调 ECU 相连，由于温度变化使热敏电阻的电阻值发生变化，ECU 从而根据需求控制压缩机的接通或断开。其简单电路图如图 8-26 所示。

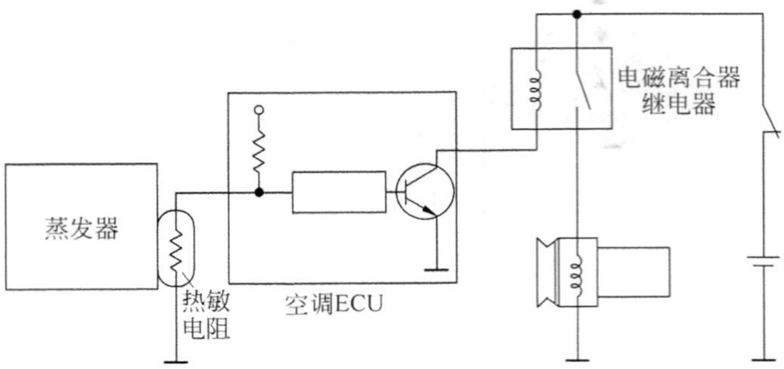

图 8-26　热敏电阻式温控器电路

3. 执行元件

目前汽车空调温度调节普遍采用冷暖风混合的方式，空调系统各风道由风门控制。在空调的面板上设有温度调节、空调方式选择开关的拨杆或旋钮，来改变调节风门的位置。目前手动空调常用的调节方式主要有拉线式和电机式。两种空调调节风门的控制方式如图 8-27 所示。

(a) (b)

图 8-27 空调调节风门的控制方式

(a) 拉线式；(b) 电动机式

4. 风机转速控制器

蒸发器风机转速控制器的作用是调节蒸发器供风量的大小，扳动风机开关位置，可以调节风机转速，从而调节供风量的大小。

蒸发器风机开关一般有三个或更多的位置：转速最低挡，风量最小；转速最高挡，风量最大；转速和风量介于最低挡和最高挡之间的若干挡。扳动风机开关在不同的挡位，可取得不同的风量。

蒸发器风机转速通常是通过改变电阻来控制的。图 8-28 所示为蒸发器风机转速控制原理，当 1 挡接通后，由于电阻存在，因此风机转速低；当接通 2 挡时，阻值比 1 挡小，因此风机转速比 1 挡高；当接通 3 挡时，由于电流不经过电阻，因此风机转速最高。如果将电路中的电阻改为电子控制则可实现无级调速。

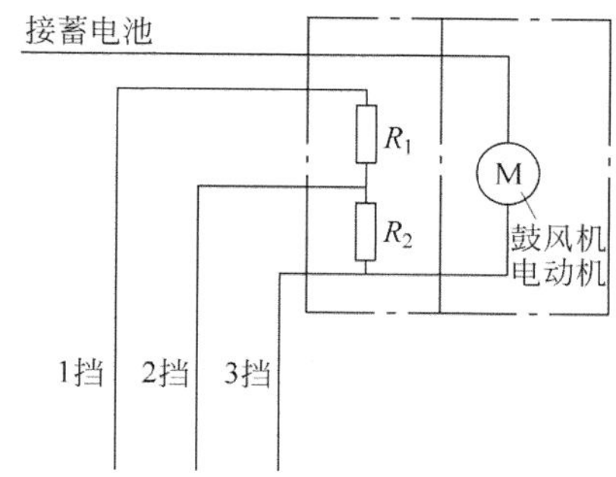

图 8-28 风机转速控制原理

5. 制冷系统压力开关

在汽车空调制冷系统中一般都设有压力保护开关，分高压保护和低压保护两种。其结构如图 8-29 所示。

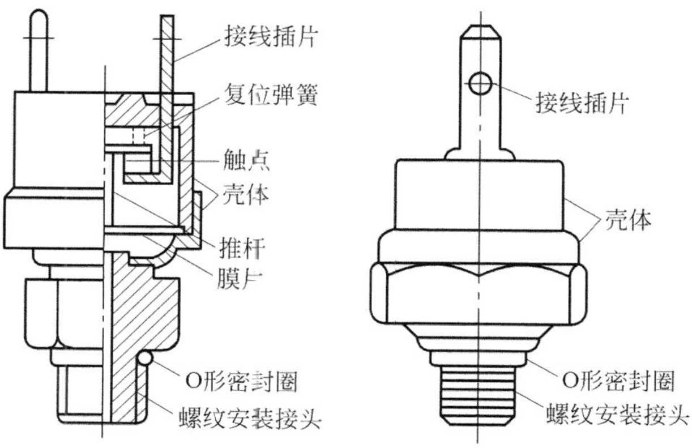

(a) (b)

图 8-29 高、低压开关

(a) 触点常闭型高压开关；(b) 低压开关

高低压开关主要对汽车空调系统起保护作用。高压压力开关用来防止系统在异常高压下工作，保护系统不受损坏。如果系统高压过高，它将自动切断电磁离合器电路；同时接通冷凝器风扇电路，自动提高风扇转速，以降低冷凝器温度和压力。

低压压力开关主要是保护压缩机不在缺少制冷剂的情况下空转，以免压缩机因缺乏润滑油而遭受破坏；同时也起到低温环境保护作用，以免在过低的环境温度下使制冷系统工作而造成蒸发器表面结冰，并增加不必要的功耗。还有一种低压开关设在低压回路中，真正感受吸气压力变化，用来控制高压旁路通阀的除霜作用，即当低压压力低于某一规定值，接通高压旁通电磁阀，让部分高压蒸气直接进入蒸发器，以达到除霜的目的。

6. 过热开关

过热开关是一种温度-压力感应开关，一般安装在压缩机缸体内，图 8-30 所示为其结构示意图。当系统处在高温高压状态或低温低压状态下，此开关保持接通；当系统处在高温低压状态时，此开关断开。系统的高温低压状态通常是在缺少制冷剂时出现的，此时，如果压缩机继续运转，将会因缺少润滑而过热损坏，过热开关将使压缩机停止运行。

7. 高压卸压阀

一般汽车空调系统，当制冷剂管路高压侧温度和压力异常时，常通过使易熔塞的易熔合金熔化让制冷剂释放的方法来保护制冷系统免受损坏。该方法让制冷剂全部释放到大气中，不仅造成经济上的损失，而且对环境也造成污染。当易熔塞熔化后，空气还将进入制冷系统。

高压卸压阀的作用就是防止高压侧压力异常升高，以免损坏压缩机和冷凝器。高压卸压阀一般安装在压缩机或高压管路上。当冷凝器散热条件不好时，冷凝器温度和压力可能过高；当汽车空调制冷系统内制冷剂量过多时，系统压力也可能过高。当压力超出高压卸压阀调整值范围时，卸压阀被迫打开，让制冷剂放出，直至压力降低到调整值为止；在弹簧的作用下自动关闭，保证制冷系统正常工作。图 8-31 所示为高压卸压阀结构。

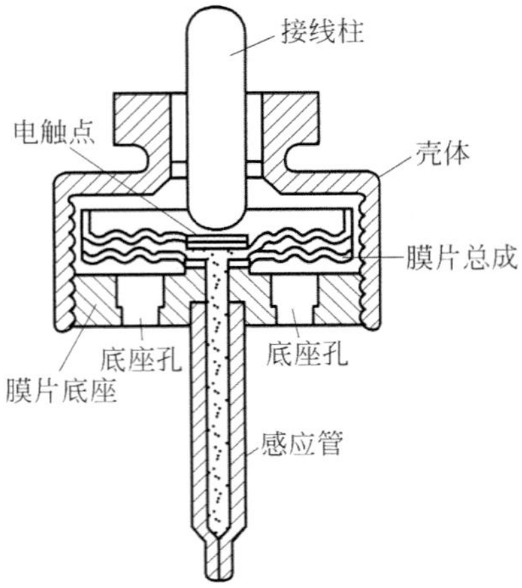

图 8-30　过热开关

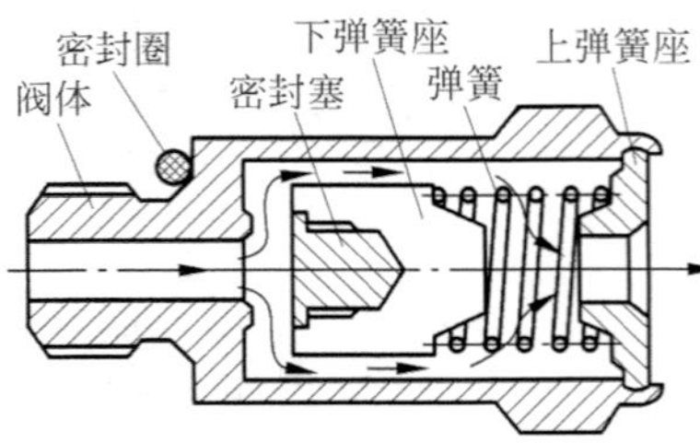

图 8-31　高压卸压阀

8. 怠速提升装置

当发动机在怠速或低速时,冷却系统主要靠冷却风扇来散热,散热效果较差,发动机容易过热,影响发动机的正常工作;同时在怠速或低速时,发动机发出功率较小,空调压缩机消耗的机械能和冷凝器风扇、鼓风机等消耗的电能直接或间接都来自发动机,就成为发动机的较重负载,影响怠速或低速时发动机的稳定。再加上发动机的热辐射增加,冷凝器散热效果差,压缩机的功耗增加。因此,需要提高发动机的转速,增加发动机的输出功率,来保证发动机的稳定和足够的功率供给。在汽车空调中通常采用一个怠速提升装置来实现发动机转速的增加。

怠速提升装置的原理如图 8-32 所示。当发动机 ECU 接收到 A/C 接通信号时,增大怠速控制阀的开度,增加进气,提高发动机的转速,使发动机以合适的速度运行。

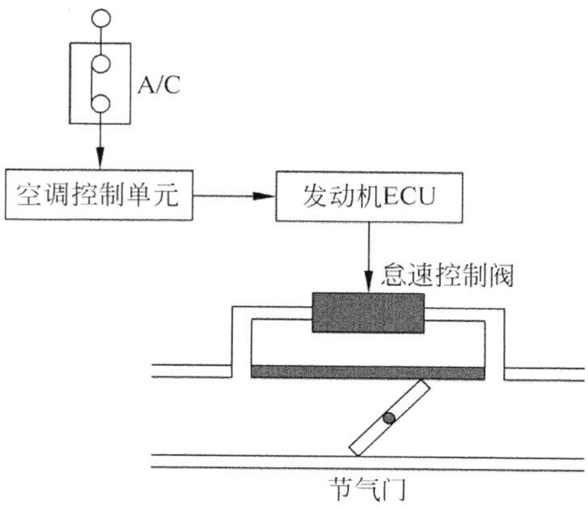

图 8-32 怠速提升装置的原理

9. 加速控制

有些车为保证高速超车时汽车有足够的动力,而设有一个加速控制装置。当汽车加速或超车加速时,需要尽可能输出更多的发动机功率来提高车速,此时应切断电磁离合器的线圈电路,使压缩机停止工作。一般用节气门位置传感器检测加速的程度,当节气门开度达到90%时,发动机 ECU 给空调 ECU 一个信号,空调 ECU 便控制压缩机停止工作,发动机的输出功率用来克服加速时的阻力,使车速提升更快。当节气门开度小于 90%或加速延时十几秒后,则接通电磁离合器线圈电路,使压缩机自动恢复工作。

10. 手动空调控制电路

各品牌汽车空调电路都有些差异,但其原理都基本相似。这里以桑塔纳的汽车空调为例进行分析。图 8-33 所示为一款桑塔纳轿车汽车空调电路图,该电路主要由电源电路、温度控制电路、鼓风机控制电路、冷凝器风扇电路、怠速控制电路和压力控制电路等组成。其工作过程如下:

当发动机运转时,电源继电器 J_{13} 即闭合,可通过调速开关 E_6 控制鼓风机送风模式,与空调制冷(即 A/C 开关是否打开)无关。

当空调开关 A/C(E_{30})接通,若室外温度高,F_{38} 闭合,N_{63} 将新风门关闭,空气只能室内循环;空调继电器 J_{23} 同时接通鼓风机 V_2 和冷凝器电机,鼓风机和冷凝风机都低速运转。离合器 N_{25} 通电,空调压缩机运转;怠速提升也起作用。

当压力高于 1.77MPa 时,高压开关 F_{23} 闭合,使冷凝风机 V_7 高速运转。另外 V_7 是与发动机共用的冷却风机,若水温低于 95℃ F_{18} 不闭合。当温度高于 96℃,风机低速运转;当温度高于 105℃,风机高速运转。

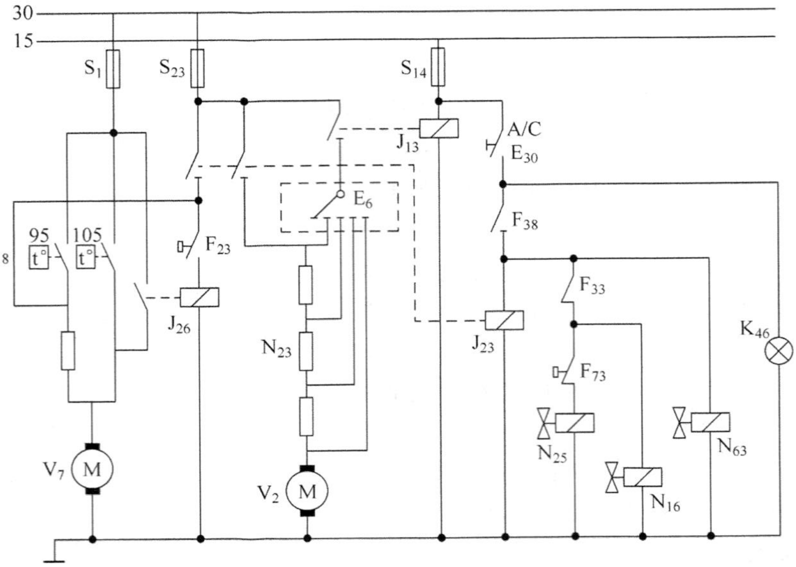

图 8-33 桑塔纳轿车汽车空调电路

二、自动空调控制系统

1. 自动空调系统的组成

自动空调不仅能按乘员的需要送出温度、湿度适宜的风，而且能通过温度选择器设置要求的温度，并用 AUTO 开关来触发。用 ECU 的自动控制来适时调整并保持预定的温度，极大地简化了驾驶人的操作。

自动空调与手动空调的机械部分、部分控制元件基本是一致的，其主要区别在于，自动空调比手动空调增加了许多传感器、执行器，并由空调电脑进行统一控制，而且自动空调也可以像手动空调一样使用。图 8-34 所示为自动空调的主要部件。

2. 自动空调控制面板

自动空调控制面板如图 8-35 所示，面板主要由温度控制开关和各功能选择键等组成，当按下“AUTO”(自动设置)开关时，自动控制空调系统根据驾驶员设定的温度和功能自动选择运行方式，满足所需要的温度。也可以用手动取代自动设定。自动空调控制面板上温度、风向、风速等控制都是采用按键式，且有显示器显示空调运行状况。

3. 自动空调常用传感器

相关传感器主要有车内温度传感器、环境温度传感器、蒸发器温度传感器、日光传感器、速度传感器、水温传感器等。图 8-36 所示为大众某车各空调传感器位置。

(1) 车内温度传感器

车内温度传感器也称室内温度传感器、车内气温传感器。它是自动空调的重要传感器之一，会影响出风口空气的温度、风机的转速、进气门的位置以及模式门的位置等。它通常安装在仪表台后面的吸气装置内，其位置和原理如图 8-37 所示。

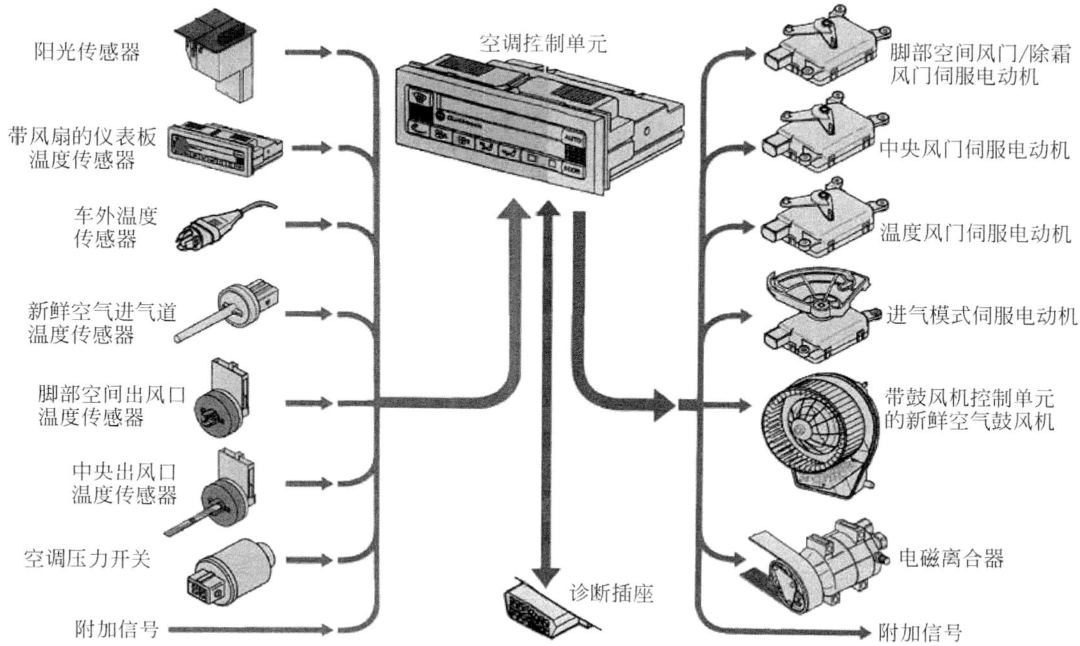

图 8-34 自动空调控制部件

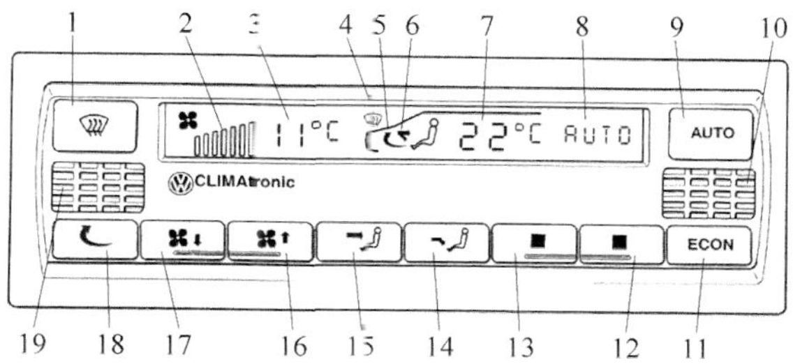

图 8-35 自动空调控制面板

1—风窗除霜按键；2—鼓风机挡位显示；3—外界温度显示；4—风窗除霜显示；5—空气内循环显示；6—风向显示；7—车内设定温度显示；8—运行状态显示；9—自动运行模式按键；10，19—仪表板温度传感器和温度传感器鼓风机；11—经济模式按键；12—升温按键；13—降温按键；14—脚风按键；15—面风按键；16—鼓风机提高转速按键；17—鼓风机降低转速按键；18—空气内循环按键

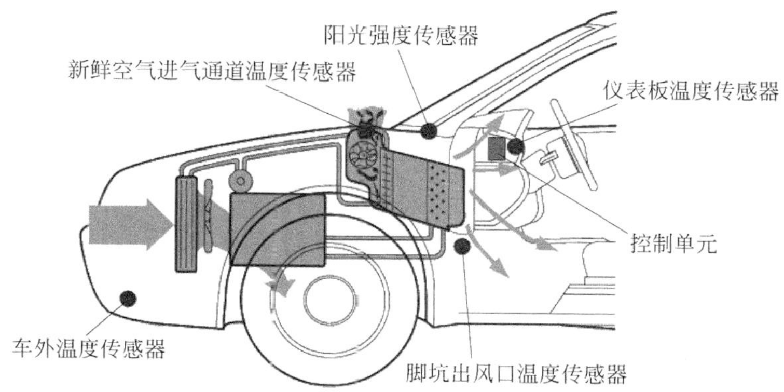

图 8-36 汽车空调传感器位置

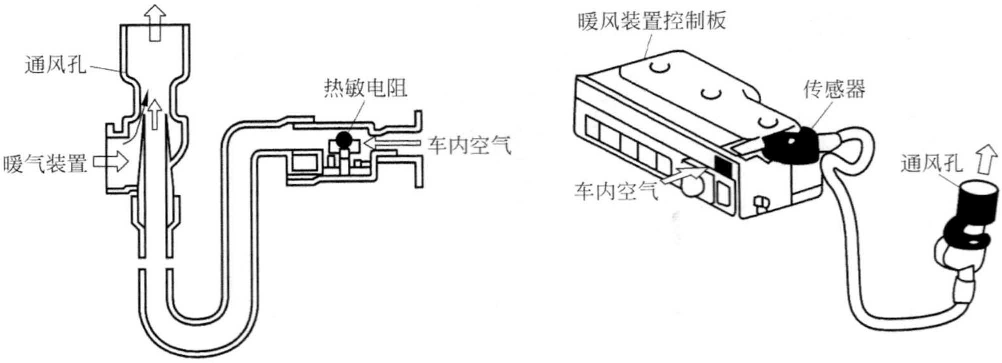

图 8-37　车内温度传感器位置和结构

按强制导向车内温度传感器的气流方式不同，车内温度传感器可分为吸气器型和电动机型两种。电动机型车内温度传感器是由电动机带动一个小风扇，通过风扇工作产生吸力，从而使车内空气流过传感器，自动空调多采用该类型。当车内温度升高时，热敏电阻会减小；反之，电阻则增大。

(2) 车外温度传感器

车外温度传感器也称为环境温度传感器。车外温度传感器是自动空调的重要传感器之一，它能影响出风口空气的温度、鼓风机的转速、进气门的位置和模式门的位置以及压缩机的工作状态等。

车外温度传感器一般都安装在前保险杠内或水箱之前，如图 8-38 所示。车外温度传感器的工作原理与车内温度传感器相同。

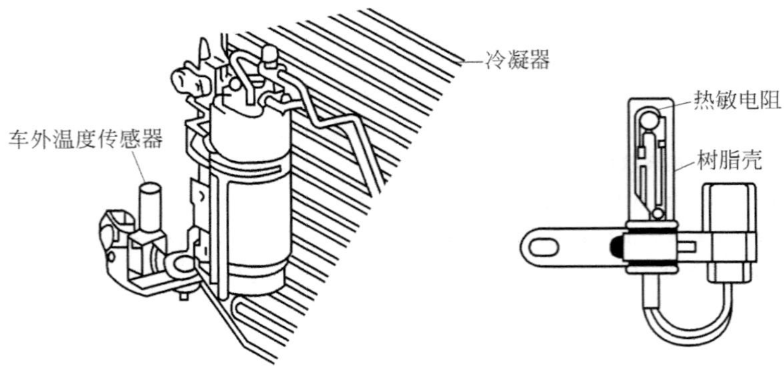

图 8-38　车外温度传感器的位置和结构

由于车外温度传感器一般都是安装在前保险杠内或散热器之前，极易受到环境（水箱温度、前面车辆的排气等）影响，因此车外温度传感器一般包在一个注塑树脂壳内，以免对温度的突然变化做出反应，以使其能准确地检测到车外的温度。

(3) 日光传感器

日光传感器也称为阳光强度传感器。它一般采用光电二极管，用于检测太阳辐射的变化，并将太阳辐射能转换成电流的变化，送入电控单元，其结构如图 8-39 所示。它的安装位置一般在仪表台的上面，靠近前挡风玻璃的底部。

(4) 蒸发器温度传感器

蒸发器温度传感器将通过蒸发器的气体的温度信息传送给空调电脑,以便电脑能够确定所吹出风的温度。蒸发器温度传感器安装在蒸发器的表面,如图 8-40 所示。在采用热敏电阻型除霜设备的空调系统中,蒸发器通常装有两个热敏电阻:一个用于除霜设备,一个用于检测蒸发器温度。其工作原理同之前介绍的温度传感器。

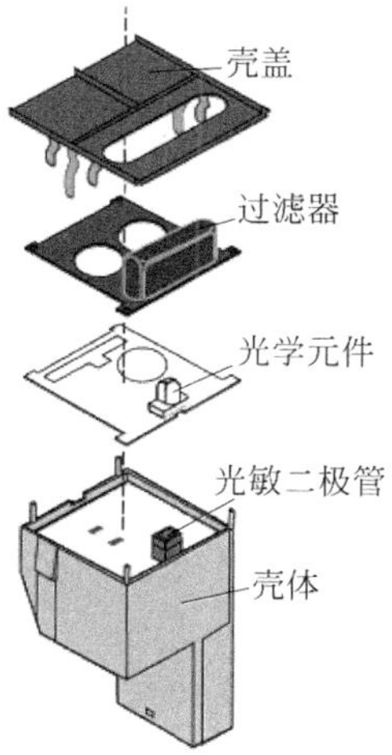

图 8-39 日光传感器的结构

图 8-40 蒸发器温度传感器的位置

(5) 冷却液温度传感器

它安装在发动机冷却液循环的水路上,检测冷却液温度。产生的冷却液温度信号输送给空调 ECU,用于低温时的冷却风扇转速控制。有些自动空调器没有冷却液温度传感器。其原理与发动机水温传感器相同。

4. 自动空调执行器

自动空调各风门的执行部件为伺服电动机,常用的主要有进气伺服电动机、空气混合伺服电动机、出风方式控制伺服电动机及除霜伺服电动机等。图 8-41 所示为各伺服电动机的位置。

(1) 进气伺服电动机

该电动机控制空调的进气方式,电动机的转子经连杆与进气风门相连,该伺服电动机内装有一个电位计,向空调 ECU 反馈进气伺服电动机的位置情况。

当驾驶员使用进气方式控制开关选择"车外新鲜空气导入"或"车内空气循环"模式时,空调 ECU 即控制进气伺服电动机带动连杆顺时针或逆时针旋转,从而带动进气风门闭合或开启,达到改变进气方式的目的。

当按下"AUTO"开关时,空调 ECU 首先计算出所需要的送风温度,并根据计算结果自动改变进气伺服电动机的转动方向,从而实现进气方式的自动调节。

(2) 空气混合伺服电动机

进行温度调节时,空调 ECU 控制空气混合伺服电动机连杆顺时针或逆时针转动,改变空气混合风门的开启角度,从而改变冷、暖空气的混合比例,调节送风温度。电动机内电位计的作用是向空调 ECU 输送空气混合风门的位置信号。

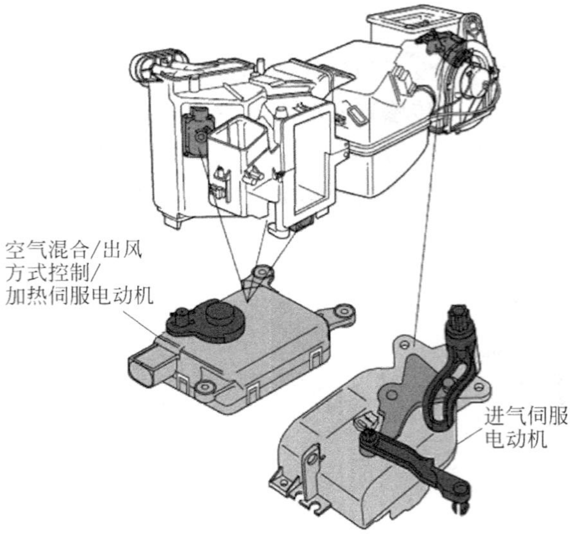

图 8-41　各伺服电动机的安装位置

(3) 出风方式控制伺服电动机

当按下操纵面板上某个出风方式开关时，空调 ECU 便将电动机上的相应端子搭铁，而电动机内的驱动电路据此使电动机连杆转动，将出风控制风门转到相应的位置上，打开某个出风门通道。

(4) 暖风电动机

暖风电动机的转速可以通过操作空调控制面板上的"高速"、"中速"和"低速"开关设定。当按下"AUTO"开关时，空调 ECU 根据出风温度自动调整暖风电动机转速，若冷却液温度传感器检测到冷却液温度低于 40℃时，则 ECU 控制暖风电动机停止转动。

5. 自动空调控制电路

随着汽车电子技术的发展，目前汽车自动空调电路基本由 ECU 来控制了。图 8-42 所示为雷克萨斯自动空调线路，主要由传感器、ECU、伺服电机及各种继电器等组成。其工作过程简单表述如下：

ECU 根据空气出口温度(Tao)值数据和蒸发器温度确定冷暖混合门开度以调节温度，并利用进气风门以及鼓风机风速进行辅助控制。所需送风温度 Tao 值则由设定温度(期望值)、车内温度、车外环境温度、光照传感器等信号数据经过加权计算得到。例如若车内外温度很高而设定温度很低，ECU 将启动制冷并令鼓风机高速运转；若车内温度高、设定温度低而车外温度也很低，ECU 可能不启动制冷而开启进风门或希望开窗。

压缩机控制一般有两种模式：普通模式(A/C)和经济模式(ECON)。选取普通模式时，当蒸发器出口温度降至 3～4℃时关闭压缩机离合器；而选取经济模式时，当蒸发器出口温度降至 10～11℃时关闭压缩机离合器。

空调的风量控制可分为手动控制和自动控制两种。手动控制方式通过操纵面板上"高"、"中"、"低"速按键来调整空调的风量和风速。低速时鼓风机电机通过外串电阻来控制其风量；中速时鼓风机电机通过外串电阻与晶体管电路间歇通断来控制其风量；高速时鼓风机电机直接接地来控制其风量。当风量控制按钮置于 AUTO 位置，选取自动控制方式

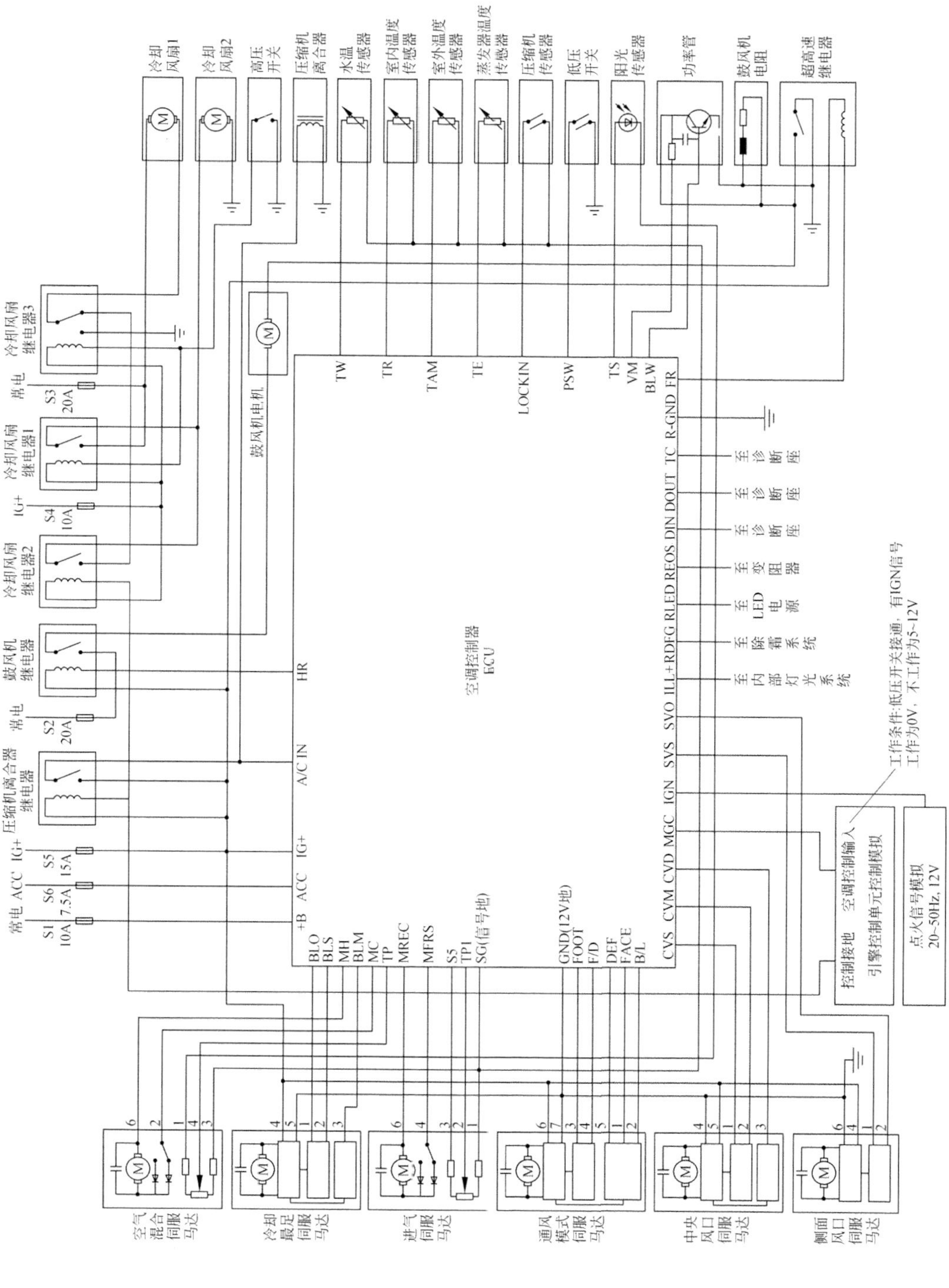

图 8-42 雷克萨斯自动空调线路

时,ECU根据Tao值通过功率晶体管电路自动调节鼓风机转速(脉宽调速)。

对于气流的方式选择,自动空调也是根据Tao值,ECU通过通风模式伺服电动机来控制气流流向头(Face)、脚(Foot)或者头脚(Bi-Level)等出口。

第五节 汽车空调的检修

一、常用检修仪器设备

检修汽车空调时需配备歧管压力表、制冷剂检漏仪、制冷剂注入阀、真空泵以及其他工具。

1. 歧管压力表

歧管压力表是汽车空调检修的必备仪器,其主要用于检查和判断制冷系统的工作状况和故障情况,由高、低压表组成,其上有三个接头分别与三根橡胶软管相接,高、低压接头分别与压缩机高、低压阀相连,中间接头与真空泵或制冷剂钢瓶相连,分别完成制冷系统抽真空、灌注制冷剂等操作,如图8-43所示。

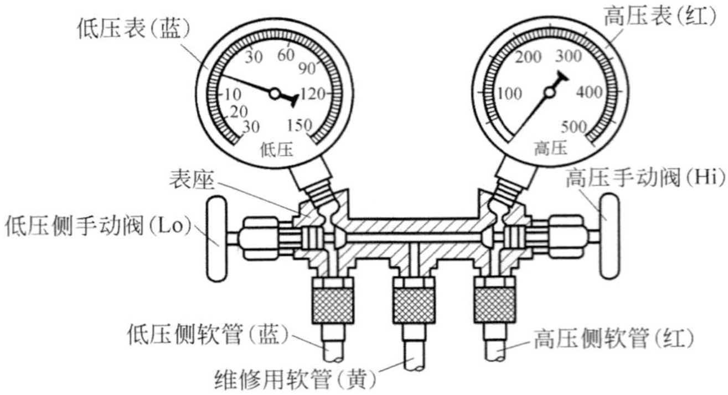

图8-43 歧管压力表组件

2. 检漏设备

用于检查制冷系统内的制冷剂是否泄漏,目前主要有卤素检漏灯和电子检漏仪两种,常用的是电子检漏仪。

(1) 卤素检漏灯 它是一种丙烷(或酒精)气燃烧喷灯。制冷剂气体进入安装在喷灯的吸入管内,会使喷灯的火焰颜色改变,利用这一特性可判断系统的泄漏部位和泄漏程度:泄漏量少时,火焰呈浅绿色;泄漏量多时,火焰呈浅蓝色;泄漏量很多时,火焰呈紫色。

(2) 电子检漏仪 它由一对电极组成,阳极由白金做成,如图8-44所示。当两极之间有制冷剂气体流过,回路中的电流就明显增大,以此为信号就可检测出制冷系统的泄漏情况。

3. 真空泵

空调系统在安装或维修之后,充注制冷剂之前,都必须对制冷系统进行抽真空,否则,系统中的空气和水分会引起系统压力升高和膨胀阀冰堵,影响制冷系统正常工作。其抽真空则通过真空泵来实现。

4. 制冷剂罐注入阀

为了便于维修汽车空调和随车携带方便，制冷剂厂家制造了一种小罐制冷剂(一般400g左右)。但是，要将它注入到汽车空调制冷系统中，需要有注入阀才能配套开罐。

如图8-45所示为制冷剂罐注入阀，制冷剂罐内装有制冷剂，其接头用软管与歧管压力计的中间接头相连，注意其具体使用方法。

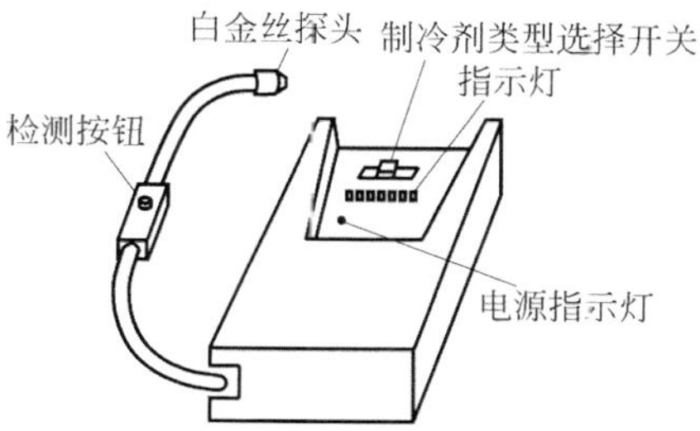

图8-44 电子检漏仪

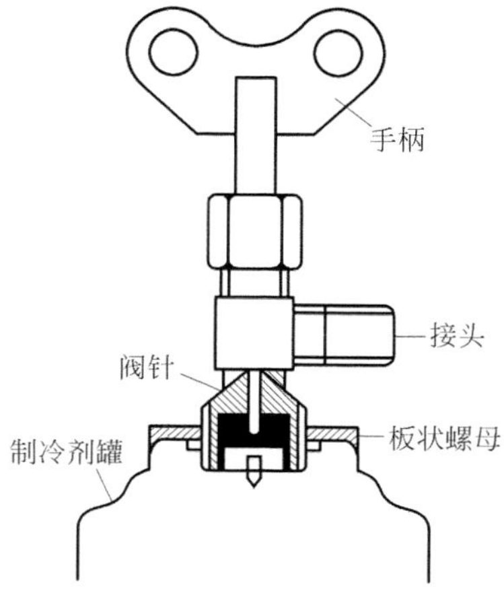

图8-45 制冷剂罐注入阀

5. 制冷剂回收装置

回收之前运转空调几分钟，以便回收时将杂质和润滑油带出，连接设备的高低压管到空调的高低压管；打开快速接头的阀门，检测高低压管是否正压，无正压说明无制冷剂可回收；慢慢打开排油阀看是否有油排出，如果有，将油收集于集油瓶中，然后关闭排油阀。然后打开工作罐上以及与罐相连接的软管上的所有阀门；打开控制板上"HP"高压阀门和"LP"低压阀门。打开回收(绿)阀，回收正式开始，显示屏上将显示回收制冷剂的质量。气体将自动排出，并且可以听到泄压的声音。当压力表指针指到"0"或更少时，停止程序。图8-46为R12和R134a两种制冷剂的回收示意图(两者主要区别在于所使用的接头不同)。

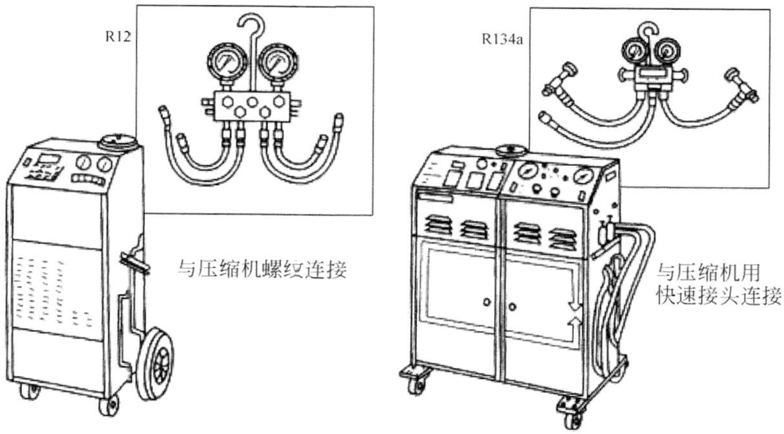

图8-46 制冷剂回收示意图

6. 成套维修工具

成套维修工具是把汽车制冷系统维修时需要的专用组装在一个工具箱内(见图 8-47),汽车空调专用成套维修工具由歧管压力表、漏气检测仪、制冷剂管固定架、制冷剂管割刀、备用储气罐等构成。

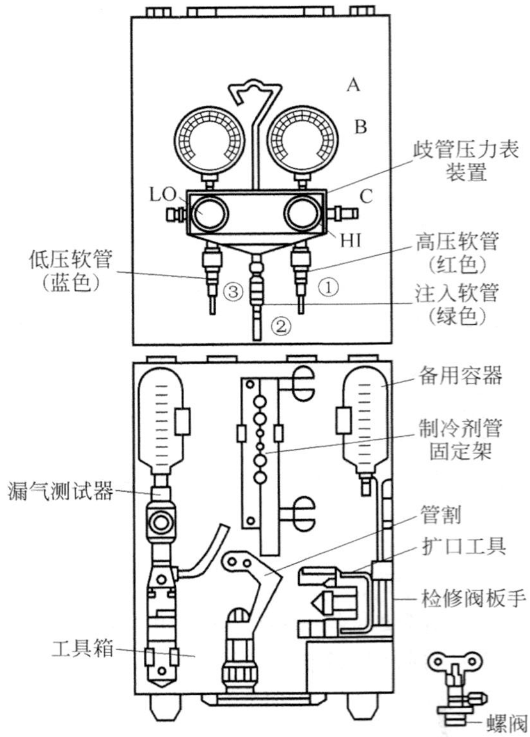

图 8-47 成套维修工具

二、维修操作技能

汽车空调在具体修理过程中,离不开检漏、抽真空、充注制冷剂、加注冷冻油以及排空等基本操作,汽车空调维修人员必须掌握这些基本操作技能。

1. 制冷剂使用

保存和搬运制冷剂钢瓶时,应按其要求存放,严禁直接对制冷剂钢瓶加热或将其放在40℃以上的热水中,加注制冷剂时要戴护目镜,以免制冷剂溅入眼中。

发动机运转时,切不可打开歧管压力计上的手动高压阀使制冷剂倒流入制冷剂罐内,否则会引起爆炸事故。在发动机运转中从低压侧加注气态制冷剂时,切不可倒放制冷剂钢瓶,以防压缩机“冲缸”。

2. 制冷系统检漏

汽车空调制冷系统常用的检漏方法有：压力检漏、真空检漏、充氟检漏和外观检漏。

(1) 压力检漏

向制冷系统中充入干燥氮气，压力达到1.5MPa左右，然后用肥皂水涂在系统的各连接处和焊接处，仔细观察有无泄漏。若有泄漏，则会冒泡沫，并伴有吱吱声。检漏完毕应试漏，让系统保压数小时，若压力不降低，则试漏合格。

(2) 真空检漏

用真空泵抽真空，真空度达到10^5Pa，保持数小时真空度没有显著升高即可。

(3) 充氟检漏

在上述两个步骤完成后，即向系统充入制冷剂，并使压力达到0.1～0.2MPa，用检漏设备检漏。

(4) 外观检漏

制冷剂泄漏部位往往会渗出冷冻油，若发现某处有油污渗出，用清洁白纸擦拭或用手触摸检查，如有油冒出，则可能有泄漏。

3. 抽真空

抽真空是为了排除制冷系统内的空气和水汽，它是空调维修中一项极为重要的工序。因为对空调制冷系统进行维修或更换设备时，必然使空气进入系统中，而空气中则含有一定量的水蒸气。

为了最大限度将系统内的空气和湿气抽出，必须采用重复抽真空法，即第一次抽真空完毕后再连续抽30min以上。

如图8-48所示为抽真空管路连接方法，其具体操作过程如下：

(1) 压力计三根软管正确连接。

(2) 打开压力计上的手动高、低压阀，启动真空泵，并注视两个压力表，将系统压力抽真空至98.7～99.9kPa。

(3) 关闭阀门，看压力表指针显示的压力是否回升，有回升表示系统泄漏，此时应进行检漏和修补。若压力表指针保持不动，则打开高、低压阀，启动真空泵继续抽真空15～30min，使其真空压力表指针稳定。

(4) 关闭阀门。

(5) 关闭真空泵。先关闭阀门后关闭真空泵，其目的是防止空气进入系统。

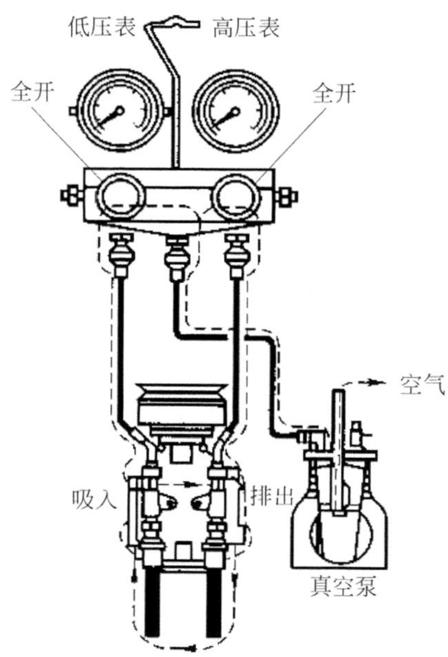

图8-48 抽真空过程图

4. 充注制冷剂

制冷系统抽真空达到要求后，并检漏确定不存在泄漏后，即可向系统充注制冷剂。充注前，应先弄清制冷剂的数量，充注量过多或过少都会影响空调制冷效果。压缩机的铭牌上一般都标有所用制冷剂的种类及其充注量。

充注制冷剂的方法有两种：一种是从压缩机排气阀（高压阀）的旁通孔充注，称为高压端充注，充入的是制冷剂液体。其特点是安全、快速，适用于制冷系统的第一次充注，即经检漏、抽真空后的系统充注。但用该方法时必须注意，充注时不可起动压缩机（发动机停转），且制冷剂罐要求倒立。另一种方法是从压缩机吸气阀（低压阀）的旁通孔充注，称为低压端充注，充入的是制冷剂气体，其特点是充注速度慢，可在系统补充制冷剂的情况下使用。

（1）高压端充注制冷剂

① 抽真空完毕，关闭高、低压阀门。

② 将中间软管一端与制冷剂罐注入阀接头连接，如图 8-49 所示，打开制冷剂罐开启阀，再拧开压力计软管一端的螺母，让气体溢出几分钟，把空气赶走，然后拧紧螺母。

③ 拧开高压阀至全开位置，将制冷剂罐倒立，以便从高压侧充注液态制冷剂。

④ 注入规定量制冷剂，关闭制冷剂罐开启阀及压力计上的手动高压阀，然后将仪表卸下。

特别注意：不可开动发动机，更不可拧开低压阀，以防产生液击。

（2）低压端充注制冷剂

① 接好软管。

② 打开制冷剂罐，拧松中间注入软管在歧管压力计上的螺母，直到听见有制冷剂蒸气流动的声音，然后拧紧螺母。其目的是将注入软管中的空气赶走。

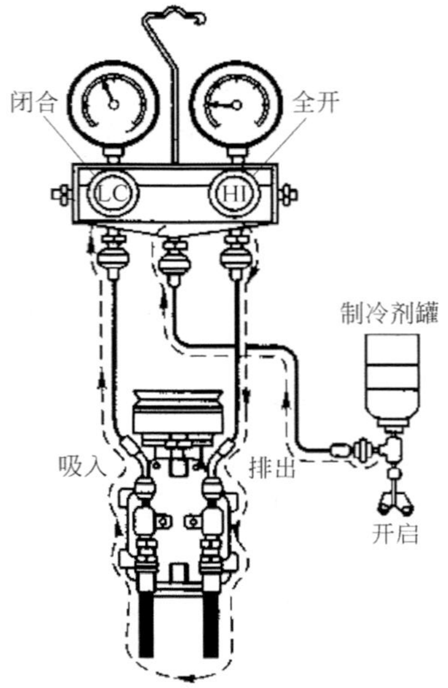

图 8-49　制冷剂加注

③ 打开手动低压阀，让制冷剂进入制冷系统。当系统的压力值达到 0.4MPa 时，关闭手动低压阀。

④ 起动发动机，将空调开关接通，并将风机开关和温控开关都调至最大。

⑤ 再打开歧管压力计上的手动低压阀，让制冷剂继续进入制冷系统，直至充注量达到规定值。

⑥ 在向系统中充注规定量制冷剂之后，从视液玻璃窗外观察，确认系统内无气泡、无过量制冷剂。随后将发动机转速调至 2000r/min，冷风机风量开到最高挡，若气温在 30～35℃，系统内低压侧压力应为 147～192kPa，高压侧压力应为 1370～1670kPa。

⑦ 充注完毕之后，关闭歧管压力计上的手动低压阀，关闭装在制冷剂罐上的注入阀，使发动机停止运转，将歧管压力计从压缩机卸下，卸下时动作要迅速，以免过多制冷剂泄出。

5. 冷冻润滑油加注

一般维修汽车空调制冷系统是不需要加注冷冻润滑油的，但在更换制冷系统部件以及发现系统有严重泄漏时，必须补充冷冻润滑油。加注冷冻润滑油的方法有两种：利用压缩机本身的抽吸作用，将冷冻润滑油从低压阀吸入，或者利用抽真空加注冷冻润滑油（如图 8-50

所示),其具体操作方法如下:

(1) 先对制冷系统抽真空。

(2) 选用一个有刻度的量筒,盛入比所要补充量还要多的冷冻润滑油。

(3) 将连接在压缩机上的高压软管从歧管压力计上拧下来,并将其插入盛有冷冻润滑油的量筒内。

(4) 起动真空泵,打开歧管压力计上的手动高压阀,补充的冷冻润滑油就从压缩机的高压侧进入压缩机中。当冷冻润滑油量达到规定量时,停止真空泵的抽吸,并关闭手动高压阀。

(5) 按抽真空法加注冷冻润滑油后,还应接着对制冷系统抽真空、灌注制冷剂。

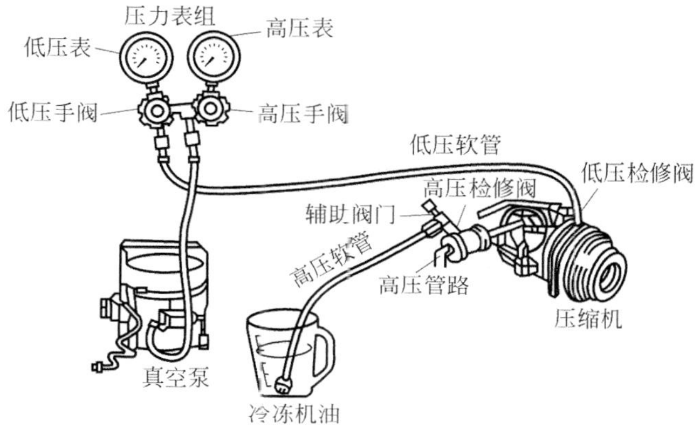

图 8-50 冷冻油加注方法

三、汽车空调故障诊断基本方法

汽车空调故障诊断是通过看(察看系统各设备的表面)、听(听机器运转声音)、摸(用于触摸设备各部位的温度)、测(利用压力表、温度计、万用表、检漏仪检测有关参数)等手段进行的。同时还应仔细向驾驶员询问故障情况,判断是否操作不当,还是设备本身造成的故障。

1. 看

用眼睛来观察整个空调系统。

首先察看干燥过滤器视液镜中制冷剂流动状况:若流动的制冷剂中央有气泡,则说明系统内制冷剂不足,应补充至适量;若流动的制冷剂呈雾状,且水分指示器呈淡红色,则说明制冷剂中含水量偏高,应缓慢放完系统中原有制冷剂,拆下干燥过滤器,将其置于 110℃ 烘烤箱内,对干燥剂作干燥处理,排出水分后再用。

其次察看系统中各部件与管路连接是否可靠密闭,是否有微量的泄漏存在。若有泄漏,在制冷剂泄漏的过程中常夹有冷冻润滑油一起泄出,故在泄漏处有潮湿痕迹,并依稀可见粘附上一些灰尘。此时应将该处连接螺母拧紧或重做管路喇叭口并加装密封橡胶圈,以杜绝慢性泄漏。

最后察看冷凝器是否被杂物封住,散热翅片是否倾倒变形。若有此现象将影响流过冷凝器的空气流量,导致冷凝器冷凝效果变差,使流经膨胀阀的制冷剂温度偏高,从而影响系统的制冷效果。这时应将冷凝器清扫干净,将变形的散热翅片修正。

2. 听

用耳朵听运转中的空调系统有无异常声音。

首先听压缩机电磁离合器有无发出刺耳噪声。若有噪声,则多为电磁离合器磁力线老化,通电后所产生的电磁力不足或离合器片磨损引起其间隙过大,造成离合器打滑而发出尖叫声。这时应重绕线圈或抽掉1~2片离合器垫片,减小离合器间隙。

其次听压缩机在运转中是否有液击声,若有此声,则多为系统内制冷剂过多或膨胀阀开度过大,导致制冷剂在未被完全汽化的情况下吸入压缩机。此现象对压缩机的危害很大,有可能损坏压缩机内部零件,应缓慢释放制冷剂至适量或调整膨胀阀开度,及时加以排除。

3. 摸

在无温度计的情况下,可用手触摸空调系统各部件及连接管路的表面。

触摸高压回路(从压缩机出口→冷凝器→储液器→膨胀阀进口处)应呈较热状态,若在某一部位特别热或进出口之间有明显温差,则说明此处堵塞。

触摸低压回路(从膨胀阀出口→蒸发器→压缩机进口)应较冷。若压缩机高、低压侧无明显温差,则说明系统有泄漏或没有制冷剂。

4. 测

通过看、听、摸这些过程,只能发现不正常的现象,但要作最后的结论,还要借助于有关仪器、仪表来进行测试,在掌握第一手资料的基础上,对各种现象做认真分析,找出故障所在,然后予以排除。

(1) 用检漏仪检漏:用检漏仪检查整个系统各接头处是否泄漏。

(2) 用万用表检查:用万用表可以检查出空调电路故障,判断出电路是否短路或断路。

(3) 用温度计检查:用温度计可以判断出冷凝器、蒸发器、储液器故障。

(4) 用压力表检查:将歧管压力计的高、低压表分别接在压缩机的排气、吸气口的维修阀上。在空气温度为30~35℃、发动机转速为2000r/min时检查。风机风速调至高挡,温度调至最冷挡,其正常状况是:高压端压力应为1.42~1.47MPa,低压端压力应为0.15~0.20MPa,若不在此范围,则说明系统有故障。

四、汽车空调的故障判断及排除

汽车空调系统若发生故障,可根据不同的现象,按所列的步骤确定故障发生的可能原因,并予以排除。应当注意的是,所列只是典型故障的排除方法,在具体操作时应针对故障现象认真细致地检查空调系统,查出其产生原因后再决定排除的方法。

1. 系统不制冷故障诊断

启动发动机,打开空调开关,打开风机开关,温度设置在较低的位置,如出风口无冷风吹出,这种情况应从电气和机械两方面去分析。

(1) 电气方面故障

系统不制冷主要是指压缩机没工作，压缩机电磁离合器基本控制电路主要是由空调A/C开关、高压开关、低压开关及温控器组成的串联电路，只要有一个元件发生故障，空调压缩机就要停止工作。排除故障应做如下检查。

① 检查压缩机主电路及其控制电路熔丝是否熔断，若熔断，应用万用表电阻挡分段检查相关线路对地电阻，找出线路中非正常搭铁点，排除故障。

② 拔下压缩机电磁离合器线束插头，直接将电源正极连到电磁离合器线圈电路接头上，若离合器工作说明离合器正常，否则更换或维修电磁离合器。

③ 检查电路中的A/C开关(空调开关)、鼓风机扇调速开关、高压开关、低压开关、冷气继电器触点及温控器等，用短路法接通电源时，分别短接所要检查的开关，如短接某开关时空调离合器工作，则该开关有故障。

(2) 机械方面故障

① 压缩机驱动皮带断了，压缩机停止工作。

② 制冷系统堵塞，制冷剂无法循环，导致系统不制冷。用歧管压力计检测系统内压力，如果低压侧压力很低，高压侧压力很高，系统最可能产生堵塞的部位是储液干燥器和膨胀阀。

③ 膨胀阀感温包破裂，内部液体流失，造成膨胀阀膜片上方压力为零，阀针在弹簧力作用下，将阀孔关闭，制冷剂无法流向蒸发器，因此，系统无法制冷。感温包破裂后，膨胀阀一般要换新件。

④系统内制冷剂全部泄漏。用歧管压力表测系统压力，若高、低压侧压力都很低，说明制冷剂已经泄漏。应用测漏仪详细检查确定其泄漏部位，进行修复。修复后要对系统抽真空，然后按规定加足制冷剂及冷冻润滑油。

⑤ 压缩机进、排气阀片损坏，制冷剂无法循环。用歧管压力表检测系统内压力，若高、低压侧压力接近相等，则说明阀片损坏。阀片损坏后，要拆卸压缩机进行修理或更换新件。

2. 系统制冷不足故障诊断

(1) 制冷剂和冷冻润滑油原因

① 系统内制冷剂不足。制冷剂不足，从膨胀阀喷入蒸发器的制冷剂减少，使蒸发器蒸发时吸收热量减少，故系统制冷能力下降。当诊断制冷剂不足时，可以从视液镜中看到偶尔冒出的气泡，说明制冷剂稍少，如果出现明显的翻腾气泡，说明制冷剂缺少很多。

② 制冷剂注入量过多。制冷剂多，所占容量大，影响散热效果。因制冷效果和散热效果是热力学吸热和放热的两个过程，所以散热不好将直接影响制冷效果。如果从视液镜中看不到气泡，制冷系统高、低压两侧压力都提高，可用歧管压力表排出多余的制冷剂。

③ 制冷剂和润滑油中含有脏物。由于脏物较多，在过滤器滤网上出现堵塞现象，使制冷剂流量减少，影响制冷效果。用手摸干燥器两端，正常情况是没有温差的，如感觉温差明显，说明干燥器堵塞。可用歧管压力表检测，如高压侧压力过高，低压侧压力过低，说明高压侧有堵塞；否则说明干燥器堵塞，需更换。

④ 制冷剂含有空气。空气是导热不良物质，在系统压力和温度下，它不能溶于制冷剂，

制冷剂中混有空气影响其散热，有些空气随制冷剂在系统中循环，使膨胀阀喷出的制冷剂量下降，导致制冷能力下降。当制冷剂通过膨胀阀节流孔时，由于其压力和温度迅速下降，空气中的水分在膨胀阀小孔处产生“冰阻”现象。停机一会儿，待冰融化后系统又恢复工作。这种情况须抽真空重新注制冷剂。

(2) 机械方面因素

机械方面主要有压缩机、蒸发器、冷凝器等部件可能出现故障。压缩机工作性能下降的故障及诊断修理方法如表 8-1 所示。

表 8-1　压缩机工作性能下降的故障及诊断修理方法

故障现象	诊断	排　　除
低压侧压力高	压缩机内部泄漏磨损	拆下压缩机盖检验压缩机，必要时更换阀板总成
高压侧压力高	缸盖密封垫漏气	更换密封垫
制冷效果不良	压缩机皮带打滑	调整皮带轮

① 检测压缩机进排气管口温度，如温差不大，用歧管压力计检测进排气口压力，如高压侧压力偏低，低压侧压力偏高，可诊断为压缩机漏气。原因为压缩机使用时间较长，由于汽缸及活塞磨损，使汽缸间隙增大及进、排气阀片关闭不严，这都会造成漏气，使压缩机实际排气量远小于理论排气量。解决方法是更换压缩机。

② 压缩机驱动带松弛，工作时打滑，传动效率低。如有同步传感器的空调控制系统，可自动监控压缩机转速与发动机转速是否比例恒定，如超过某差值，将自动切断压缩机电磁离合器电路。解决方法是调紧驱动带。

③ 电磁离合器压板与带轮的结合面磨损严重或有油污，工作时出现打滑。如电磁离合器线路电阻过大或供电电压太低也会使电磁离合器线圈吸力不足造成离合器打滑。解决方法：首先观察离合器压板与带轮的间隙是否均匀，压板是否扭曲，如无法维修则更换离合器。

④ 冷凝器散热性能下降。原因为冷凝器表面有污泥、被杂物覆盖或堵塞、翅片变形等，此外，冷却风扇驱动带松弛或转速过低等。解决方法：调整驱动带张力，清除冷凝器表面污物及覆盖物，修整好弯曲的翅片。

⑤ 出风口吹出的冷气量不足。蒸发器表面结霜或鼓风机转速下降都会使吹出的冷气量不足。解决方法：检查风机调速开关、风机电动机、风机继电器等电路。

3. 制冷系统有噪声故障诊断

(1) 制冷剂过量引起的高压管、压缩机的敲击声，此时应排放制冷剂，直至高压侧显示值正常为止。

(2) 制冷剂不足引起蒸发器进口的“嘶嘶”声故障，此时应查清有无泄漏，如有泄漏则应补漏，然后加足制冷剂。

(3) 制冷系统水分过量故障。此时应更换干燥器，排出原制冷剂，系统再次抽真空，充注制冷剂。

(4) 压缩机离合器异响。压缩机离合器异响可能的原因及排除方法见表 8-2。

表 8-2 压缩机离合器噪声异常的故障诊断及排除方法

故障现象及原因	排除方法
传动带打滑	拉紧传动带
传动带不平行	调整平行度
离合器打滑	调整间隙或更换离合器轮毂
轴承损坏	更换轴承或离合器组件
压缩机油封泄漏	更换油封
零部件匹配不当	更换匹配良好的零部件
离合器压板有油污	查找油污来源处,修理或更换

空调系统的异响主要来源于压缩机和电磁离合器,异响的主要原因如下：

① 尖叫声。尖叫声主要由离合器结合时打滑发出,或者由于皮带过松或磨损引起。

② 振动。压缩机的振动以及轴的振动也是异响的来源之一。首先检查其支撑是否断裂,紧固螺栓是否松动,引起压缩机振动的还有皮带张力过紧或皮带轮轴线不平行。压缩机的轴承磨损过大会引起轴的振动,皮带轮轴承润滑不良也会引起异响。

汽车空调的制冷系统是一个完全密封的循环系统,其中任何一个零部件出现故障都会使其不能正常运行,制冷系统出现故障是不能随便拆卸零部件的。作为汽车空调维修技术人员,掌握常见故障的分析判断方法是很重要的。虽然不同的空调系统维修作业时具体的修理技术及修理方法有所不同,但故障的因素及分析方法则大同小异。根据这些判断及分析方法,可以较快找到故障的症结,制定出具体的修理方案。

第六节 汽车空调新技术

随着科技的发展,汽车空调也不断出现许多新的技术。本节主要介绍奥迪车的部分新技术。

一、奥迪汽车空调基本组成及功能

新的 Audi A6 上的空调装置是以 Audi A7 Sportback 上的技术为基础开发的。其开发目标是：在提高舒适性的同时,要降低能耗并减轻重量。在 Audi A6 车上,为用户提供了两种空调供选择：双区自动空调装置和四区自动空调装置。

双区自动空调装置,其两侧温度可单独进行调节,出风量和气流分配采用中央控制。而四区自动空调装置,其后座乘员处的出风口温度、出风量和气流分配均可单独来调节。不管是双区自动空调装置还是四区自动空调装置,其制冷剂循环管路仅有一个蒸发器和配备了一个内部热交换器,且通过膨胀阀来操控。其结构和组成部分如图 8-51 所示。

在部分奥迪车上,用户可以通过控制面板上的奥迪行驶挡位选择系统 Audidrive 来选择 efficiency(效率)模式,空调就会自动切换到经济模式(eco),这时空调装置以节油模式工作。

在激活了经济模式时,空调系统在乘员能忍受的温度限值内会切换到节能状态,这时空

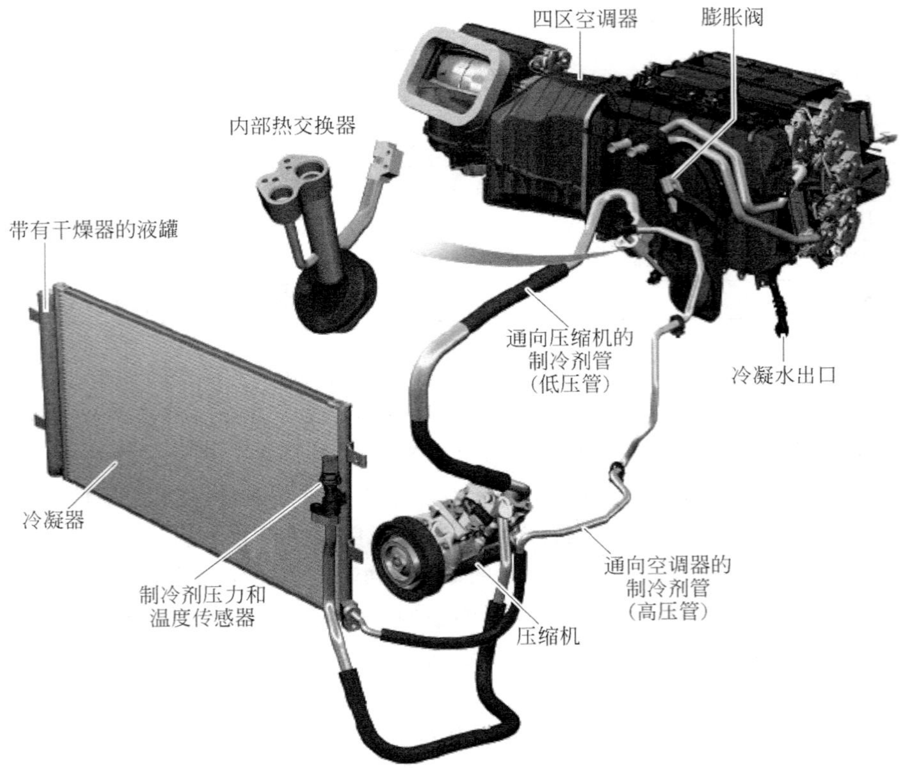

图 8-51 奥迪 A6L 制冷循环图

调降低功率，在−5～20℃这个温度限值区间内工作，空调会尽可能达到乘员所需要的车内温度环境(不使用辅助加热器或者降低辅助加热功率来工作或者降低空调功率来工作或者完全关闭压缩机)。

切换到经济模式时，空调系统主要是通过对空调压缩机和辅助加热器降低功率或关闭来工作的。如在使用起动-停止系统关闭了发动机后，空调系统仍继续侦测出风口和车内温度允许的极限值(舒适)，导致发动机稍迟才会起动。因此停止的持续时间就稍长了，也就能节省更多燃油了。

二、空调通信控制系统

新的奥迪车主要是通过 CAN 总线来实现通信的。如奥迪 A6L 空调系统使用两个空气湿度传感器 G355 和 G657 来监测空气湿度。G355 是车内的露点传感器，它既要侦测玻璃上的水汽凝结状况，还要侦测车内空气的湿度是否让人感觉舒适，因此就可以根据需要来调节空调压缩机了。借助于新鲜空气进气道内的空气湿度传感器 G657 可以判定吸入的车外空气的水汽成分的多少。这样的话，空调装置可以吸入含水量小的空气，这就使得制冷剂环路的负荷小了，能耗也就降低了。其空调总线系统如图 8-52 所示。

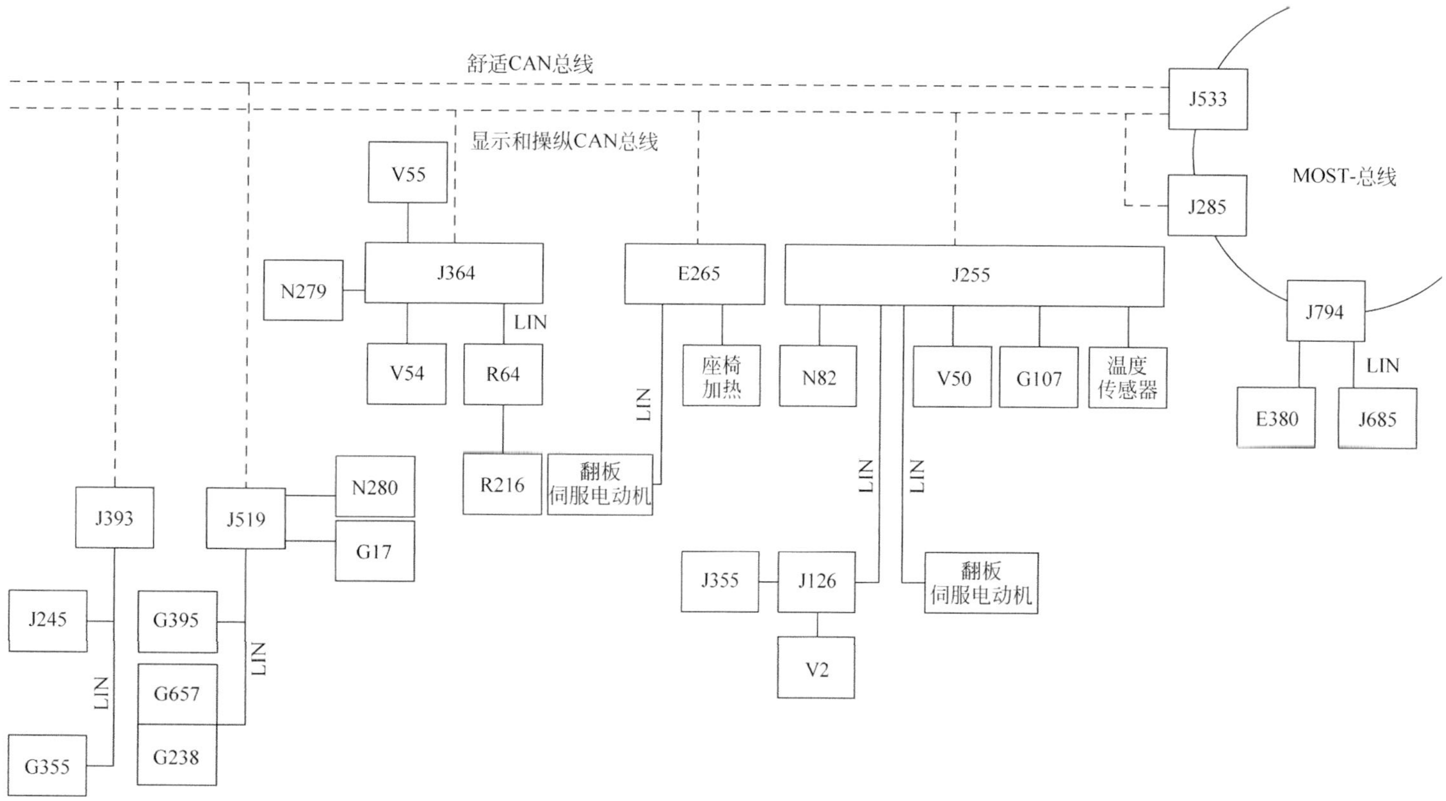

图 8-52 奥迪 A6L 总线网络拓扑图(与空调相关部分)

E265—后座自动空调操纵和显示单元；E380—多媒体系统操纵单元；G17—车外温度传感器；G107—阳光直射强度光敏传感器；G238—空气质量传感器；G355—空气湿度传感器；G395—制冷剂压力和温度传感器；G657—新鲜空气进气道内的空气湿度传感器；J126—新鲜空气鼓风机传感器；J245—滑动天窗控制单元；J255—自动空调控制单元；J285—组合仪表内控制单元；J355—太阳能模式控制单元；J364—辅助加热控制单元；J393—舒适系统中央控制单元；J519—供电控制单元；J533—数据总线诊断接口(网关)；J685—前部信息显示和操纵单元的控制单元显示器；J794—信息电子控制单元；N82—冷却液截止阀；N279—暖风的冷却液截止阀；N280—空调压缩机调节阀；R64—驻车加热遥控接收器；R216—车顶天线；V2—新鲜空气鼓风机；V50—冷却液循环泵；V54—计量泵；V55—循环泵

三、空调系统主要部件

1. 同轴管路

同轴管路相当于一种内部热交换器，在同轴管路中热流体和冷气体流通的区域相互分开，并且流通方向相反，从冷凝器流出的是高温液态的制冷剂，从蒸发器流出的是低温气态的制冷剂，两者相遇时高温液态制冷剂被冷却。一般同轴管路末端有两个新的快速连接装置，主要用于保养。其结构如图 8-53 所示。

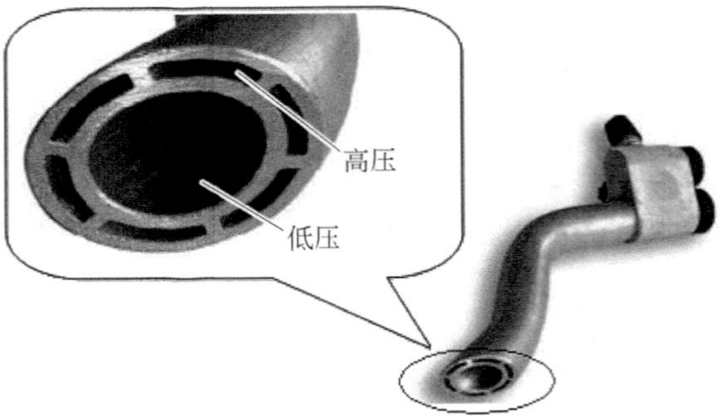

图 8-53　同轴管路

2. 驻车加热装置

奥迪汽车可以选择安装驻车加热装置。驻车加热装置的首要任务是对车内进行加热并对车窗玻璃进行除霜。

其驻车加热系统与空调器协调工作，而与发动机无直接关系，因为其热源来自燃烧的汽油。驻车加热系统可以关闭发动机后使用，也可以在行车期间作为辅助加热使用。该系统可以通过钥匙予以启动。

驻车加热的制热系统是一套完全独立的系统，有其单独的油路、气路及排气装置。具体结构是由汽油箱单独引出一根油管接到一个外置油泵上，此油泵就装在汽油滤芯下面，由单独的电路进行控制。其安装位置和原理如图 8-54 所示。

驻车加热装置配备有一个电动空气辅助加热器，驻车加热装置以内联的方式直接接在通往热交换器的输入管上。装备有驻车加热装置的车上都配备有一个冷却液切断阀。在驻车加热装置工作时，这个切断阀使得冷却液只在小循环中流动(也就是只在驻车加热装置和车内热交换器之间流动)。小冷却液循环从驻车加热装置开始，后者通过循环泵直接为车内的热交换器供热。接下来冷却液流回发动机方向，并流经加热装置辅助泵。冷却液在流过发动机后，将废气再循环冷却器加热，接着再重新回到驻车加热装置。

3. 可加热式饮料托架

在中央副仪表台的操纵面板和扶手架之间有个可加热式饮料托架。该饮料托架可以加热，也可以制冷，利用了“珀尔贴”效应来调节饮料托架的温度。

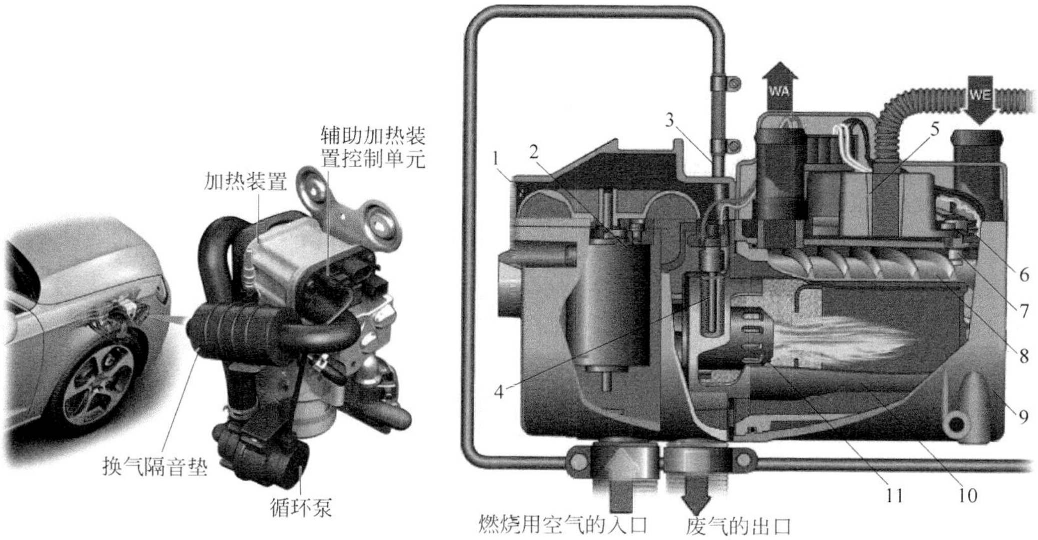

图 8-54　驻车加热装置的结构及原理

1—燃烧鼓风机；2—电动机；3—燃油管；4—加热器预热塞；5—辅助加热控制单元；6,7—温度传感器；8—热交换器；9—水套；10—燃烧室；11—喷嘴

珀尔贴元件是由串联的多个正方形布置的相同 P-N 型半导体结组成，这种“薄层状”结构由陶瓷片在两面封住(电气和机械都封在了一起)。通上直流电后，陶瓷片的一面会热起来，而另一面会冷下去。改变电流的方向，就可以颠倒热面和冷面。改变电流方向是由两个按键来实现的，这两个按键就在可加热式饮料托架 Z105 的前方。

为了更好地冷却，采用一个风扇来将珀尔贴元件被加热侧的热量吹散。为此需要在中央副仪表台靠副驾驶员一侧吸入空气，然后使这些空气流经饮料托架的散热体并从副司机一侧吹出。其具体的结构如图 8-55 所示。

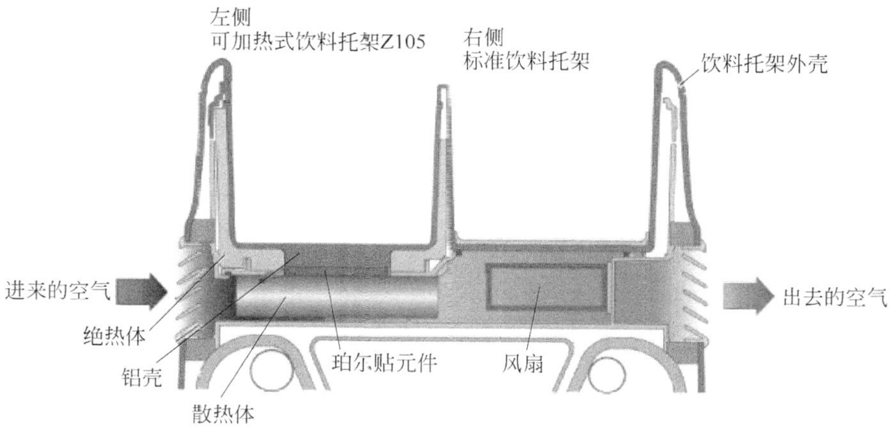

图 8-55　可加热式饮料托架原理

四、空气改善系统

空气改善系统的作用就是改善车内的空气质量，且系统工作时不产生异味。电离器可由用户来接通或关闭。相应的切换状态由按键上的 LED 来指示。

空气改善系统主要是在车辆右侧的 B-柱空气导管内安装了电离器。电离器就是个空气清洁器，可以让乘员感觉舒适。其原理是在很小的电流但很高的电压作用下，电离器两个电极之间产生了一个电流，这个电流穿过两电极间的气隙，使气隙处的空气分子电离了。这个过程就产生了带负电的离子(阴离子)。车内的负离子越多，那么空气就越新鲜、干净，乘员感觉也就越舒适。图 8-56 为奥迪车空气改善系统安装位置示意图。

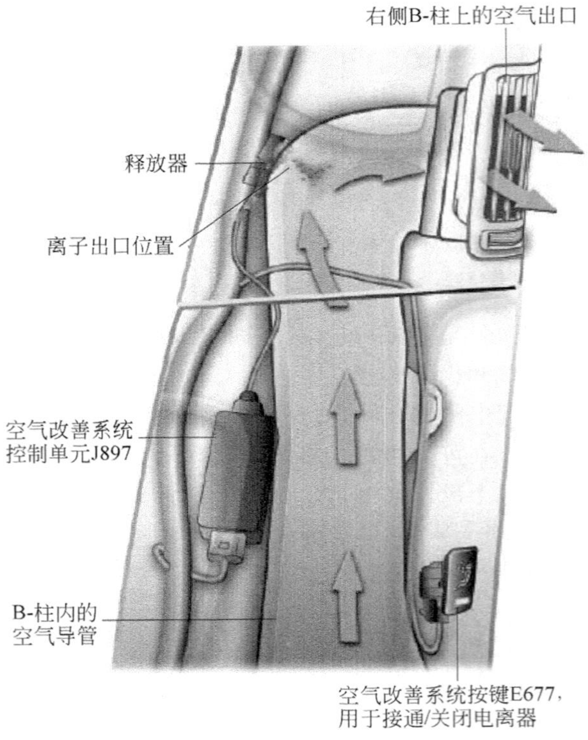

图 8-56　空气改善系统示意图

思考与练习题

8.1　汽车空调由哪些部分组成？

8.2　R134a 制冷剂的特点是什么？

8.3　汽车空调冷冻油的使用注意事项有哪些？

8.4　汽车空调制冷系统由哪几部分组成？画出制冷循环简图。

8.5　汽车空调通风系统的类型有哪几种？

8.6 汽车空调压缩机的作用是什么？

8.7 气液分离器有何作用？它与储液干燥器有何区别？

8.8 手动空调控制系统和自动控制系统有何区别？

8.9 汽车空调是如何保持所要温度的？

8.10 自动空调的主要传感器有哪些？

8.11 汽车空调的主要检修工具有哪些？

8.12 叙述汽车空调制冷剂的加注过程。

8.13 试分析汽车空调不制冷故障可能的原因和排除过程。

第九章 汽车内CAN总线技术

汽车上的电器设备随着汽车技术的发展日益增多,如何建立系统与电源系统之间和系统与系统之间的联系,成为我们必须面对和解决的问题。当汽车上的电器数量还不多时,人们采用的是传统的机电方式来解决问题(见图 9-1)。

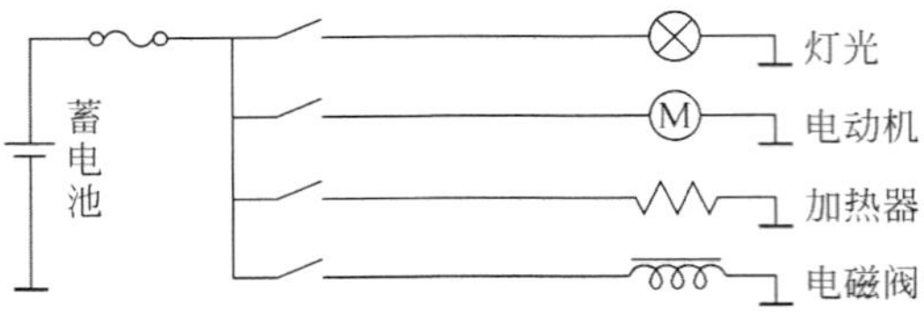

图 9-1 传统机电方式

采用传统的机电方式建立联系的系统关系简单明了,每个设备都有单独的连接线连接;但是缺点是:当系统数量增加以后,会造成线束过多,维修困难,自重过大,增加汽车油耗,相互间易干扰等。为了避免这些缺点,于是出现了目前应用较为广泛的串行通信方式(见图 9-2)。

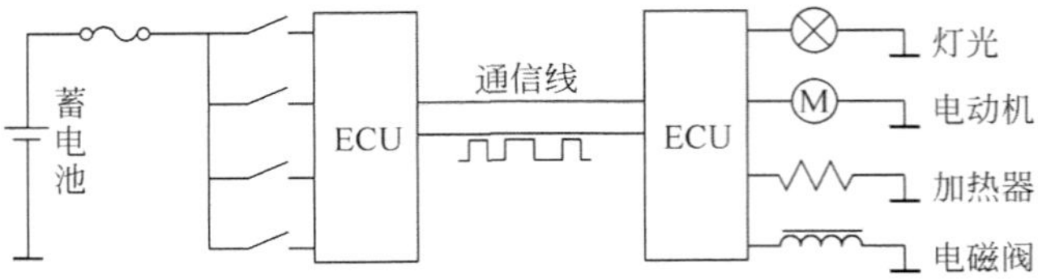

图 9-2 串行通信方式

使用串行通信方式的系统在通信的时候采用公共的通信线,这种采用较少的通信线路传输多种控制信息的方式也称为多路传输。多路传输技术在汽车上的应用,可以实现:

(1) 简化布线,降低成本。

(2) 电控单元或系统之间交流更加简单和快捷。

(3) 信息资源共享,减少传感器数目。

(4) 提高汽车总体运行可靠性。

另外,使用早已应用于日常电话通信和电视中的多路传输技术,把众多的电控单元或电气设备连成一个通信网络,可以达到信息资源共享的目的。这样联成网络的电控模块能使汽车具备实现许多复杂功能的能力。

第一节 计算机通信网络

所谓计算机通信网络是指：把分布在不同地点且具有独立功能的多个计算机系统通过通信设备和线路连接起来，在功能完善的软件和协议的管理下进行信息交换，实现资源共享、互操作和协同工作的系统操作计算机网络(见图 9-3)。

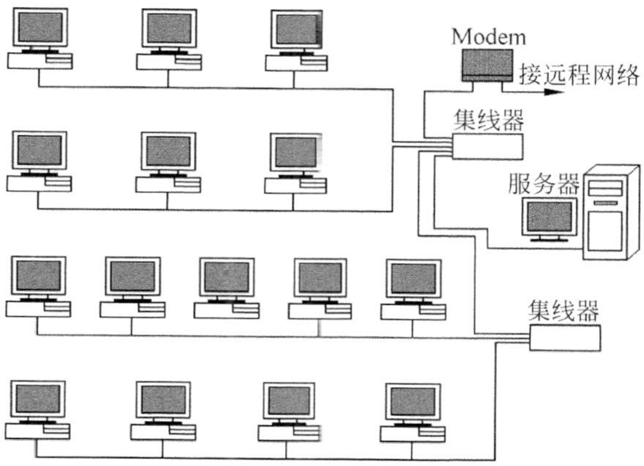

图 9-3 计算机网络

计算机网络有多种分类方法，根据不同的分类原则，可以将计算机网络分成不同的类型。

1. 按网络地理覆盖范围划分

(1) 局域网(LAN)

局域网是由一系列用户终端和具有信息处理与交换功能的节点及节点间的传输线路组成，限制在有限的距离之内，实现各计算机间的数据通信，具有较高的网络传输速率。局域网范围一般不超过 10km，往往局限于企事业单位内。局域网具有组建灵活、成本低廉、运行可靠、速度快等优点。

车载网络是多个局域网络的互联结构。

(2) 城域网

城域网也称都市网，它的覆盖范围一般是一个城市，是在局域网不断普及、网络产品增加、应用领域拓展等情况下兴起的。它是将一个城市范围的局域网互联起来，以得到更高的数据传输速率。

(3) 广域网

广域网覆盖范围广阔，又称远程网。广域网覆盖的地理范围可以是一个城市、一个地区、一个省、一个国家。最大的是 Internet。广域网的传输速率低。

2. 按网络拓扑结构分类

计算机网络的拓扑结构，即是指网上计算机或设备与传输媒介形成的节点与连接线的物理构成模式。计算机网络的拓扑结构主要有：星形结构、总线型结构、环形结构、树形结构和网状形结构，参见图 9-4。

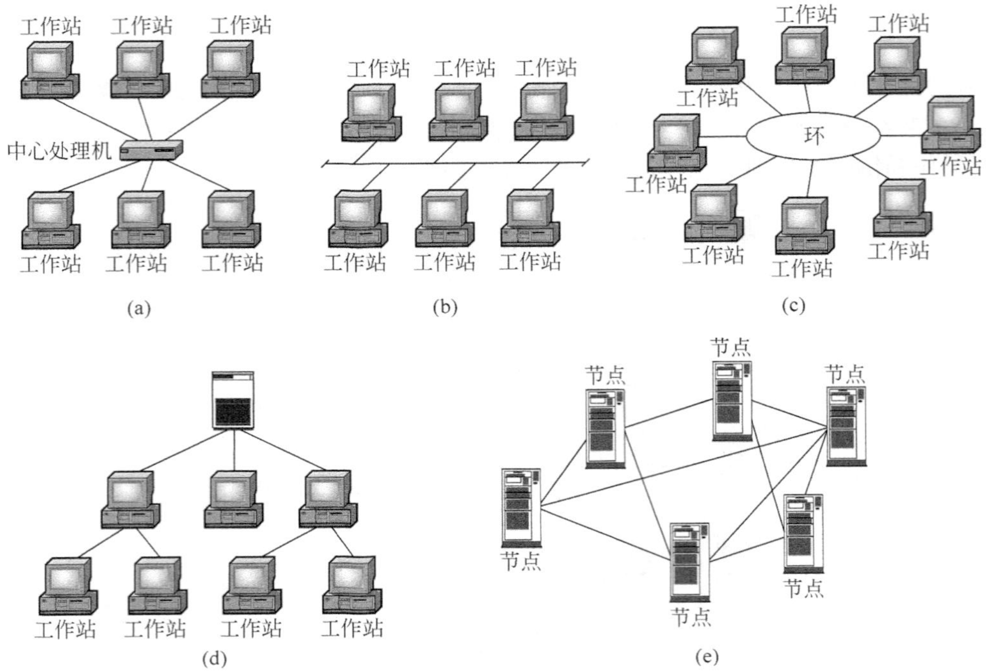

图 9-4 网络拓扑结构图

(a) 星形结构；(b) 总线型结构；(c) 环形结构；(d) 树形结构；(e) 网状形结构

(1) 星形结构

星形拓扑结构是一种以中央节点为中心、把若干外围节点连接起来的辐射式互联结构。这种结构适用于局域网，特别是近年来连接的局域网大都采用这种连接方式。这种连接方式以双绞线或同轴电缆作连接线路。

星形拓扑结构的特点是：安装容易，结构简单，费用低，通常以集线器(Hub)作为中央节点，便于维护和管理。中央节点的正常运行对网络系统来说是至关重要的。中央节点负载重，扩充困难，线路利用率低。

由于汽车网络的应用目的之一就是简化线束，所以这种结构不可能成为整车网络的结构，但有可能在一个部件或总成上使用。

(2) 总线型结构

总线型拓扑结构是一种共享通路的物理结构。这种结构中总线具有信息的双向传输功能，普遍用于局域网的连接，总线一般采用同轴电缆或双绞线。

总线型拓扑结构的优点是：安装容易，扩充或删除一个节点很容易，不需停止网络的正常工作，节点的故障不会殃及系统。由于各个节点共用一个总线作为数据通路，信道的利用率高。但总线结构也有其缺点：由于信道共享，连接的节点不宜过多，并且总线自身的故障可以导致系统的崩溃。

汽车上的网络多采用这种结构，尤其是低端网络。

(3) 环形结构

环形结构由各节点首尾相连形成一个闭合环形线路。环形网络中的信息传送是单向的,即沿一个方向从一个节点传到另一个节点;每个节点需安装中继器,以接收、放大、发送信号。这种结构的特点是结构简单,建网容易,便于管理。其缺点是当节点过多时,将影响传输效率,不利于扩充,另外节点发生故障时,整个网络就不能正常工作。由于汽车上电控技术要求实时性好的网络系统,有一些车上网络系统支持这种结构,采用冗余通道以提高可靠性。

(4) 树形结构

树形结构是总线型结构的扩展,就像一棵"根"朝上的树,它是在总线网上加上分支形成的,与总线型拓扑结构相比,主要区别在于总线型拓扑结构中没有"根"。其传输介质可有多条分支,但不形成闭合回路。树形网是一种分层网,其结构可以对称,联系固定,具有一定容错能力。一般一个分支和节点的故障不影响另一分支节点的工作,任何一个节点送出的信息都可以传遍整个传输介质。

树形结构是一种分级结构。在树形结构的网络中,任意两个节点之间不产生回路,每条通路都支持双向传输。

树形拓扑结构的特点:优点是容易扩展,故障也容易分离处理,适合于分主次或分等级的层次型管理系统;缺点是整个网络对根的依赖性很大,一旦网络的根发生故障,整个系统就不能正常工作。

(5) 网状形结构

网状形结构(也称蜂窝形结构或分布式结构)的网络是将分布在不同地点的计算机通过线路互联起来的一种网络形式。网状形结构的网络具有如下特点:由于采用分散控制,即使整个网络中的某个局部出现故障,也不会影响全网的操作,因而具有很高的可靠性;网中的路径选择最短路径算法,故网上延迟时间少,传输速率高,但控制复杂;各个节点间均可以直接建立数据链路,信息流程最短;便于全网范围内的资源共享。缺点为连接线路用电缆长,造价高;网络管理软件复杂;报文分组交换、路径选择、流向控制复杂。在一般局域网中不采用这种结构。

第二节 汽车局域网

随着汽车电子技术的不断发展,车辆上电控系统的数量不断增多,而且功能也越来越复杂。很多汽车采用了多个电脑(如奔驰 600SEL 采用了 20 多个电控模块)。过去,汽车通常采用点对点的通信方式,将电子控制单元及负载设备连接起来。随着电子设备的不断增加,势必造成导线数量的不断增多,从而使得在有限的汽车空间内布线越来越困难,限制了功能的扩展。此外,电控单元并不是仅仅与负载设备简单地连接,更多的是与外围设备及其他电控单元进行信息交流,并经过复杂的控制运算发出控制指令,这些是不能通过简单地连接所能完成的。人们基于这样的要求重新设计和组织了电控单元——将计算机的功能集成化,使之成为一个电子控制系统,例如:发动机电控燃油系统(EFI);电控传动系统(AT);防抱死制动系统(ABS);防滑控制系统(ARS);车身控制(灯光、座椅、门锁防盗等);巡航控制

(CCS)；空调系统控制等。为了解决这些汽车电子控制系统之间的信息共享和通信问题，建立了一些汽车局域网络：

(1) 动力传动系统(包括发动机、自动变速器、ABS 等)。这个局域网的组成包括影响汽车工作情况的各个电控系统，因此要求网络响应速度快，属于高速网络系统。

(2) 车身系统(包括车窗、门锁、后视镜、气囊、空调等系统)。该局域网控制节点多、线束长、易受干扰；对通信速度要求较低，属于低速网络系统，成本较低。

(3) 娱乐系统。该局域网包括车载电子系统(如车载电话、视频、全球定位导航系统等)，具有信息容量大、有的通信速度要求非常高的特点，一般也是高速网络系统。

汽车的局域网之间需要网关来进行联系与通信，其作用见图 9-5。

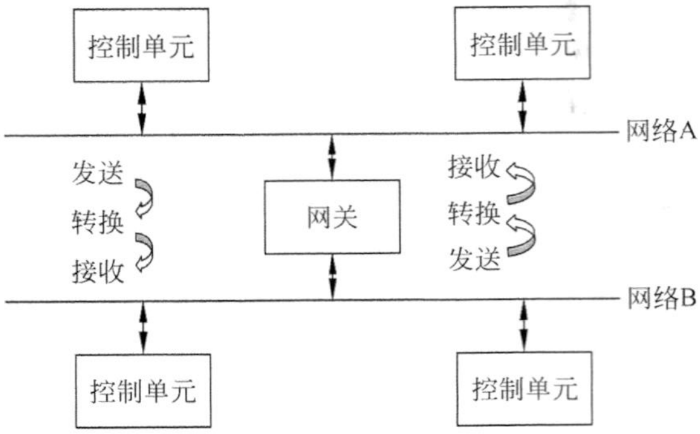

图 9-5　网关的作用

网关是用于联系不同网络系统的接口控制器件，它工作的好坏决定了不同的总线、模块和网络相互间通信的好坏。它的作用就像一个居民小区的门卫，在让任何客人进大门之前，得问问客人是否是应邀而来，或者通知某位住户有人来访了。网关作为连接异型网络的接口装置，主要的工作是对不同网络的协议进行翻译和解释，具有从一个网络协议到另一个网络协议转换信息的能力。当网关从一个网络上接收到信息时，就开始对这些信息进行外部读操作，接着执行转换信息的逻辑指令，然后执行外部写操作，对第二个网络作传输编程。

第三节　网络标准协议

网络协议是指各通信计算机之间约定的信息交换规则。两个实体要想成功地通信，它们必须“说同样的语言”，并按既定控制法则来保证相互的配合。具体地说，在通信内容、怎样通信以及何时通信等方面，两个实体要遵从相互可以接受的一组约定和规则。这些约定和规则的集合称为协议。

一、协议的主要内容

(1) 电气标准：即采用何种传输导线和接头引脚，使用多大的信号电压，数字逻辑代表的含义等。

(2) 通信方式：包括通信速率的大小，主从、优先规则等。

(3) 通信内容：包括数据格式、校验方式等。

二、网络协议标准的分类

网络协议在经过了多年的研究和应用之后，形成了很多标准，每一种侧重的功能有所不同。按照系统的复杂程度、信息量、必要的动作响应速度、可靠性等要求，协议标准按网络通信速率不同可分为低速(A)、中速(B)、高速(C)三类。

1. 低速总线标准(A 类)

A 类网络通信大部分采用 UART(Universal Asynchronous Receiver/Transmitter)标准。A 类网络目前首选的标准是 LIN (Local Interconnect Network)。LIN 是用于汽车分布式电控系统的一种新型低成本串行通信系统，主要用于智能传感器和执行器的串行通信。

2. 中速总线标准(B 类)

B 类中的国际标准是 CAN 总线。CAN 总线是德国 BOSCH 公司从 20 世纪 80 年代初为解决现代汽车中众多的控制和测试仪器之间的数据交换而开发的一种串行数据通信协议。

3. 高速总线标准(C 类)

如 CAN、X-by-Wire、MOST 等。X-by-Wire 最初用在飞机控制系统中，称为电传控制，现在开始应用于汽车电子控制领域。

4. 诊断系统总线标准

故障诊断是现代汽车必不可少的一项功能，OBD(On Board Diagnosis)即车载诊断，是集成在发动机管理系统中能够连续监测影响废气排放部件工作状态的诊断系统。目前 OBD 系统已经发展到 OBD-Ⅲ系统，诊断系统所使用的通信标准即为诊断系统总线标准。

5. 多媒体系统总线标准

汽车多媒体网络分为低速、高速和无线通信三种，低速用于远程通信、诊断及通用信息传送。高速主要用于视频音频通信，如 MOST。

第四节 CAN 总线技术

一、CAN 总线概述

如前所述，网络协议为计算机通信的语言，计算机网络常见的传输协议有很多种。汽车中通常采用 CAN 总线及相关协议。CAN 总线全称 Controller Area Network，即控制器局域网，它是目前国际上应用最广泛的总线之一。它是德国 BOSCH 公司在 20 世纪 80 年代初，为了解决现代汽车中众多的控制器与测试仪器之间的数据交换而开发的一种串行数据通信方式。通信协议采用的短帧数据结构、非破坏性总线性仲裁技术以及灵活的通信方式适应了汽车的实时性和可靠性要求。

CAN 总线的使用解决了汽车中越来越多的 ECU 之间的通信问题，并极大地简化了汽车的线路(见图 9-6)。

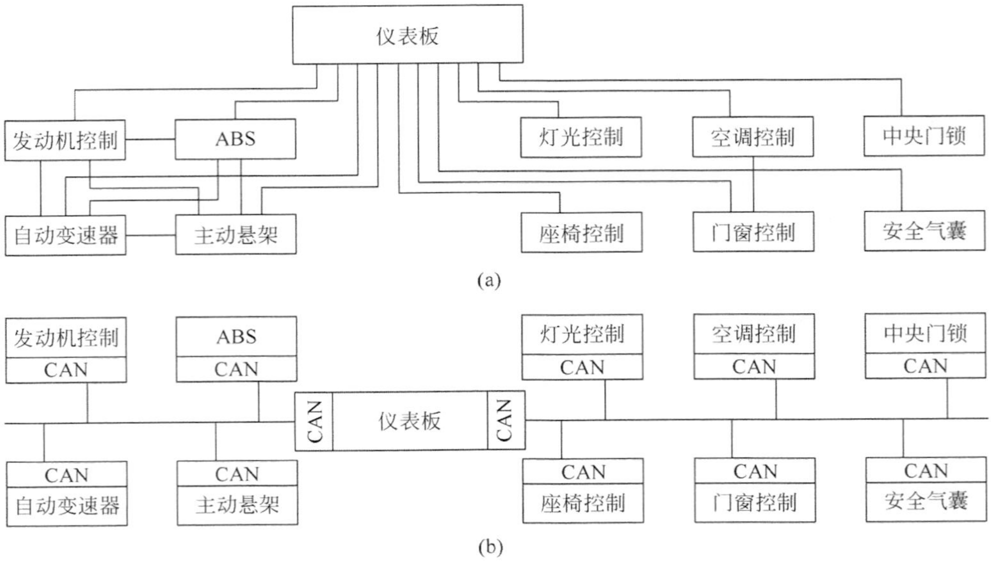

图 9-6　CAN 控制方式与传统控制方式的比较
(a) 传统控制方式；(b) CAN 控制方式

二、CAN 总线的技术规范

CAN 总线的技术规范在 1990 年左右被提交给国际标准化组织。讨论之后，增加了"Vehicle Area Network(VAN)"内容，并于 1993 年 11 月出版了 CAN 的国际标准 ISO 11898。同时，在国际标准 ISO 11519—2 中也对 CAN 数据传输做出了进一步的规定。1995 年，国际标准 ISO 11898 进行了扩展，以附录的形式说明了 CAN 标识符。目前对于 CAN 在汽车上的应用，已经具有很多行业标准或者是国际标准，比如国际标准化组织(International Organization for Standardization)的 ISO 11992、ISO 11783 以及汽车工程协会(Society of Automotive Engineers)的 SAE J1939。

随着计算机通信方式越来越多的采用串行通信，在一些应用里，需要对通信功能的报文识别位提出一定的要求，例如地址范围的扩大等，这样这些应用就可以更好地由 CAN 来实现。为此，1991 年 9 月 Philips 半导体公司制定并发布了 CAN 技术规范(版本 2.0)，该技术规范包括 A 和 B 两部分，引入了扩展格式的概念，其定义的地址范围更宽，由原来的 11 位扩展成 29 位识别符。当用户不需要由扩展格式提供识别符范围，也可以继续沿用常规的 11 位识别符范围即标准格式。下面介绍一些基本要点。

1. 信息传送的帧格式

一个完整的数据帧(frame)格式由 7 部分组成，如图 9-7 所示。每部分称为"场"(field)，也称“区”或“域”。每域包含若干位，也有固定的格式。

各域的含义如下：

(1) 帧起始(SOF)：标志一帧的开始，仅占1位。

(2) 仲裁域：主要部分是11位标识字符。由于CAN总线是开放型的，任何节点控制器都可以随时发送信息，若有两个节点同时发送，就会出现冲突。此时就靠仲裁域的标识符(ID)解决。每个节点都有自己的标识符，彼此不同，若出现冲突，就按一定的优先规则仲裁处理。

(3) 控制域：控制域有6位，字符内容是说明数据域的字节数。

(4) 数据域：包含有效传送的数据部分，规定可以是0～8B，每个字节8位。首先发送最高位。

(5) CRC域：主要用于信息校验。CRC(cyclic redundancy check)称为“循环冗余码校验”，是一种通过一定算法检验传送信息是否正确的方法，它比奇偶校验方法检错能力要强得多。

(6) 应答(ACK)域：应答域占两位，包括一个应答位和一个应答界定符。之前发送方释放总线，不发送任何信息，由接受方向发送应答信号。若总线有电平变化表示有应答，说明通信正常进行。

(7) 帧结束：包含7位，表示一帧信息结束。

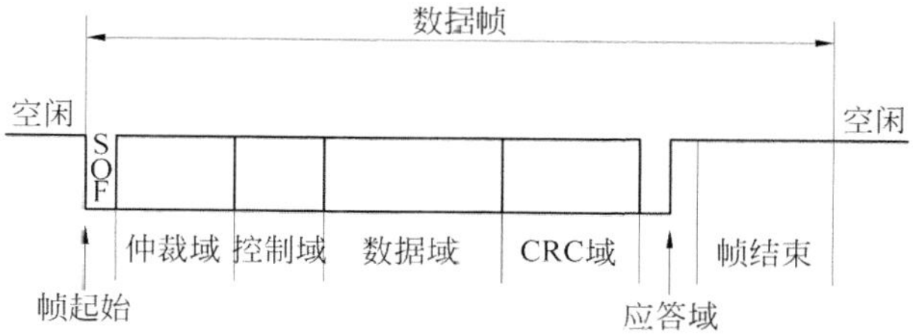

图9-7　CAN总线数据标准帧格式

2. CAN总线上的信号电平

在CAN总线上并不用一般的高、低电平表示0和1信号，而是采用“差分”型的编码信号，如图9-8所示。

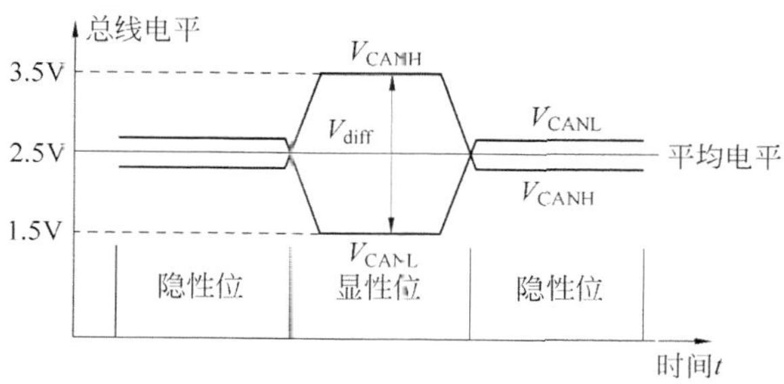

图9-8　CAN标准信号电平

CAN总线使用两条信号传输线，对地输出差分形式的电压，分别为V_{CANH}和V_{CANL}。平时两条线的电压基本相同，都约等于2.5V，此时两条线间的差分电压V_{diff}近似为0。在传输信号过程中，当 V_{CANH} 输出高电平 3.5V 时，V_{CANL} 同时输出低电平 1.5V，此时两条线间差分电压 V_{diff} 为 2V。因此，总线上可以有两种逻辑状态：一种是两条线电平基本相同，成为“隐性”(recessive)，另一种是两条线电压一高一低，成为“显性”(dominant)。总线上就用“显性”和“隐性”两种逻辑值分别表示“0”和“1”。

图 9-9 为实际测量到的 CAN 信号波形。

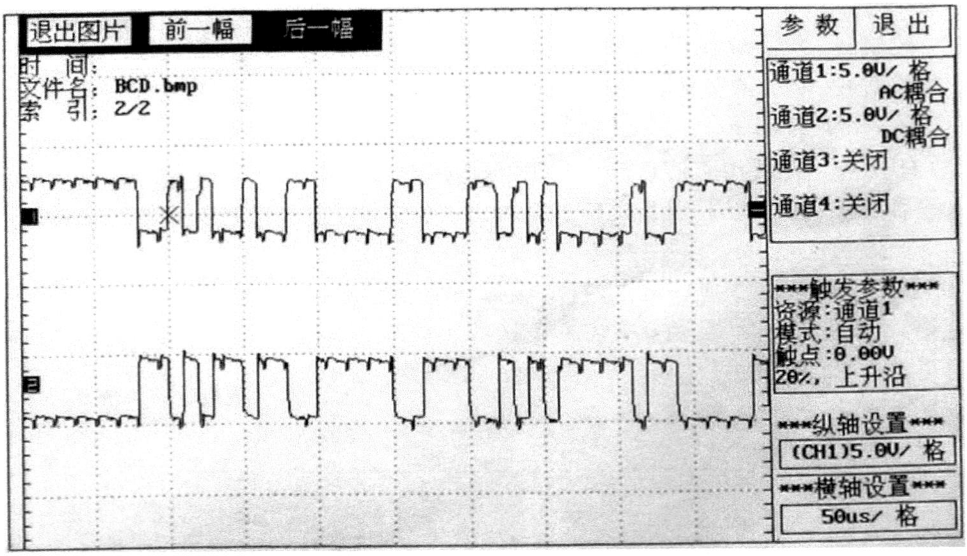

图 9-9　实际测量到的 CAN 电平

3. CAN 总线设备及其相关规范

CAN 数据传输系统中一般包含了 CAN 控制器和 CAN 收发器；每个微控制器连接了两条 CAN 数据总线(见图 9-10 和图 9-11)。在系统中数据终端内部还装有一个终端电阻(有时终端电阻安装在数据终端外部)。

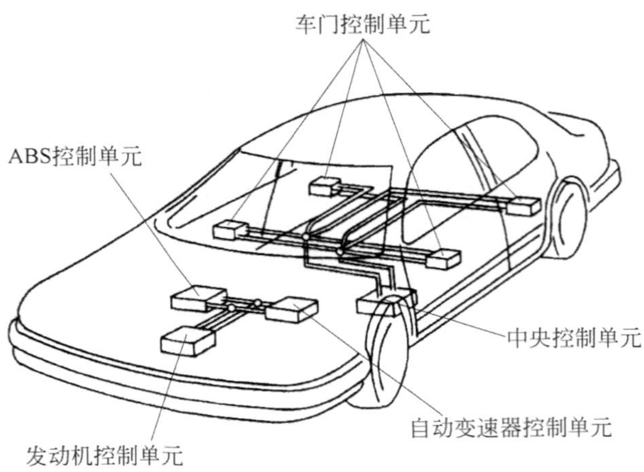

图 9-10　两套 CAN 传输系统

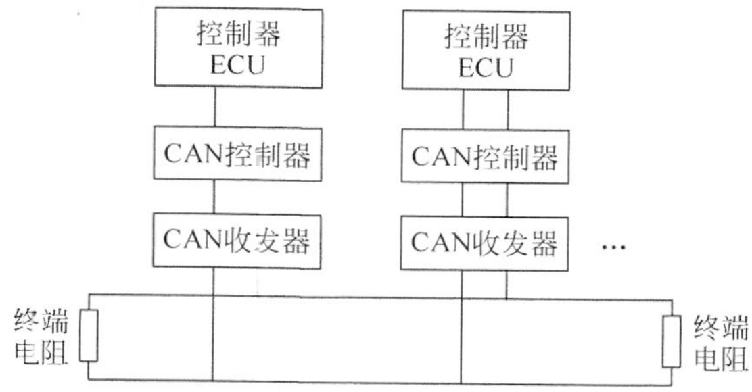

图 9-11 控制器、收发器与 CAN 总线设备

CAN 数据传输系统中各部件功能如下：

(1) CAN 控制器的作用是接收控制单元中微处理器发出的数据，处理数据并传给 CAN 收发器。同时 CAN 控制器也接收收发器收到的数据，处理数据并传给微处理器。

(2) CAN 收发器是一个发送器和接收器的组合，它将 CAN 控制器提供的数据转化成电信号并通过数据总线发送出去，同时，它也接收总线数据，并将数据传到 CAN 控制器。

(3) 数据传递终端实际是一个电阻器，作用是避免数据传输终了反射回来，产生反射波而使数据遭到破坏。

(4) CAN 数据总线用以传输数据的双向数据线，分为 CAN 高位(CAN-high)和 CAN 低位(CAN-low)数据线。数据设有指定接收器，数据通过数据总线发送给各控制单元，各控制单元接收后进行计算。为了防止外界电磁波干扰和向外辐射，CAN 总线采用两条线缠绕在一起(见图 9-12)，两条线上的电位是相反的，两条线的电压总和等于常值。通过这种方法，CAN 总线得到保护而免受外界电磁场干扰，同时 CAN 总线向外辐射保持中性，即无辐射。

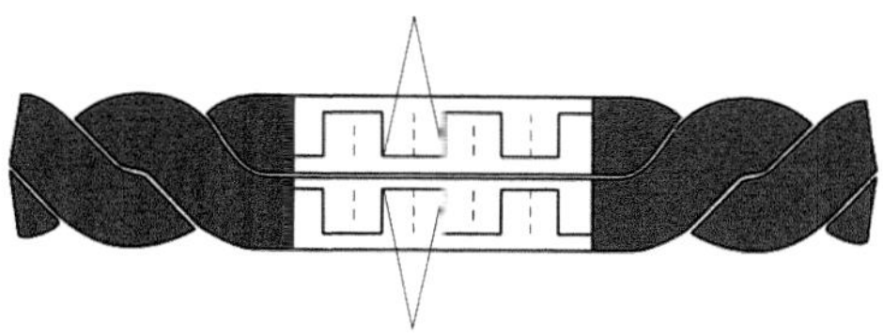

图 9-12 CAN 总线的结构

CAN 数据传输系统数据传递过程为一控制单元向某一控制单元 CAN 收发器发送数据，该控制单元 CAN 收发器接收到由源控制单元传来的数据，转换信号并发给本控制单元的控制器。

第五节 CAN 数据总线系统维修

本节以宝来轿车为例进行说明。

一、CAN 数据总线系统的故障自诊断

1999 年 5 月以后生产的宝来轿车，组合仪表是接在 CAN 数据总线上的，通过组合仪表

内的 CAN 数据总线自诊断接口 J533,CAN 数据总线与自诊断 K 线可以实现数据交换。更换了仪表板后,必须按照车上装备对 CAN 数据总线的自诊断接口 J533 进行编码(必须对新换上的组合仪表的数据总线自诊断接口 J533 进行编码,即使已经存在有正确的编码也如此)。

1. CAN 数据总线系统的进入

CAN 数据总线自诊断接口 J533 有一个自诊断地址。

(1) 连接 VAG1551 或 VAS5051 故障阅读仪,选择“快速数据传递”,打开点火开关,输入地址码“19”(舒适系统的地址码为 46),故障阅读仪显示屏显示:

快速数据传递	帮助
输入地址码××	

(2) 按“1”和“9”键,选择“入口”,故障阅读仪显示屏显示:

快速数据传递	Q
19 入口	

(3) 按“Q”键确认输入,故障阅读仪显示屏显示:

快速数据传递	Q
检测仪发送地址码 19	

(4) 故障阅读仪显示屏显示:

6NO909901	入口 K

上一行表示控制单元,系统名称(入口 K<—>CAN),版本号;下一行表示代码(取决于与数据总线相连的控制单元),服务站码。

(5) 按“→”键,故障阅读仪显示屏显示:

快速数据传递	帮助
选择功能××	

按“HELP”键后可以打印出可选择功能一览表:

02	查询故障码
05	清除故障码
06	结束输出
07	编制控制单元码
08	读取测量数据块

2. 查询故障码

显示的故障信息,只有在启动自诊断或用功能“05—清除故障码”才能不断更新。

(1) 在故障阅读仪显示屏显示如下的情况下，按“0”和“2”选择“查询故障码”：

快速数据传递 选择功能××	帮助

(2) 故障阅读仪显示屏显示：

快速数据传递 02 查询故障码	Q

(3) 按“Q”键确认输入，故障阅读仪显示屏显示存储的故障数量，显示方式如下：

有×个故障

(4) 如果故障阅读仪显示屏显示：

无故障！

按“→”键，回到起始状态，故障阅读仪显示屏显示：

快速数据传递 选择功能××	帮助

(5) 如果显示其他内容，请查阅故障阅读仪的使用说明书。

(6) 用“06”功能结束输出。

(7) 关闭点火开关并拔下自诊断插头。

宝来轿车 CAN 数据总线系统故障自诊断可以输出的故障码见表 9-1 所列。

表 9-1　宝来轿车 CAN 数据总线系统故障码

VAG1551 打印信息	可能的故障原因	可能的影响	故障排除方法
00778 转向角度传感器 G85 无法通信	转向角度传感器 G85 通过数据总线的数据接收不正常	与数据总线相连的系统功能不正常	检查数据总线自诊断接口的编码； 查询 ABS 控制单元故障码并排除故障； 按照电路图检查连接转向角度传感器 G85 的数据总线
01044 控制单元编码错误	与数据总线相连的某控制单元编码错误，与数据总线相连的某控制单元损坏	行驶性能不良(自动变速器换挡冲击，符合变化冲击)无形式动力控制	读取测量数据块； 查询与数据总线相连的所有控制单元故障码，并排除故障； 检查并改正控制单元编码，如果需要更换控制单元
01312 数据总线损坏	数据总线有故障数据总线在“BUS-OFF”状态	行驶性能不良(自动变速器换挡冲击，符合变化冲击)无形式动力控制	读取测量数据块； 检查控制单元编码； 按照电路图检查数据总线； 更换损坏的控制单元

续表

VAG1551 打印信息	可能的故障原因	可能的影响	故障排除方法
01314 发动机控制单元无法通信	发动机控制单元通过数据总线的数据接收不正常	行驶性能不良(自动变速器换挡冲击,符合变化冲击)无形式动力控制	读取测量数据块; 查询变速器控制单元故障码,并排除故障; 按照电路图检查变速器控制单元数据总线
01315 变速器控制单元无法通信	变速器控制单元通过数据总线的数据接收不正常	行驶性能不良(自动变速器换挡冲击,符合变化冲击)无形式动力控制	读取测量数据块; 查询变速器控制单元故障码,并排除故障; 按照电路图检查变速器控制单元数据总线
01316 制动控制单元无法通信	制动控制单元通过数据总线的数据接收不正常	行驶性能不良(自动变速器换挡冲击,符合变化冲击)无形式动力控制	读取测量数据块; 查询 ABS 控制单元故障码,并排除故障; 按照电路图检查 ABS 控制单元数据总线
01317 组合仪表内控制单元 J285 无法通信	组合仪表内控制单元 J285 数据总线有故障 组合仪表内控制单元 J285 损坏	行驶性能不良(自动变速器换挡冲击,符合变化冲击)无形式动力控制	读取 J553 的测量数据块; 查询与数据线相连的所有控制单元故障码,并排除故障; 按照电路图检查数据总线
01321 安全气囊控制单元 J234 无法通信	安全气囊控制单元通过数据总线的数据接收不正常	安全气囊报警灯亮	读取测量数据块; 查询安全气囊控制单元故障码,并排除故障; 按照电路图检查安全气囊控制单元数据总线
01324 四轮驱动控制单元 J492 无法通信	四轮驱动控制单元通过数据总线的数据接收不正常	行驶性能不良(自动变速器换挡冲击,符合变化冲击)无形式动力控制	读取测量数据块; 查询四轮驱动控制单元故障码,并排除故障; 按照电路图检查四轮驱动控制单元数据总线
01328 舒适系统数据总线无法通信	导线或插头故障; 控制单元损坏		按电路图检查导线和插头导线; 拔下所有车门主插头,再依次插好,同时观察测量数据块; 更换总线阻断的控制单元 读取测量数据块,显示组 012 显示区 1; 更换合适的控制单元

续表

VAG1551 打印信息	可能的故障原因	可能的影响	故障排除方法
01329 舒适系统数据总线处于紧急模式	导线或插头故障		按电路图检查导线和插头导线； 拔下所有车门主插头，再依次插好，同时观察测量数据块； 更换总线阻断的控制单元读取测量数据块，显示组012 显示区 1
01330 舒适系统的中央控制单元 J393 损坏； 供电电压过高； 供电电压过低	舒适系统的中央控制单元损坏； 电池 A 损坏或没电； 电压调节器 C1 损坏； 发电机 C 损坏		更换舒适系统的中央控制单元； 按电路图检查导线和插头； 读取测量数据块，显示组014 显示区 1

3. 清除故障码

清除故障码后，其内容自动消失，如果无法清除故障码，应再次查询故障码并排除故障。清除故障码的前提条件：已经查询过故障码；已经排除所有故障。

（1）查询故障码后，故障阅读仪显示屏显示：

快速数据传递	帮助
选择功能××	

（2）按"0"和"5"键选择"清除故障码"。故障阅读仪显示屏显示：

快速数据传递	Q
05 清除故障码	

（3）按"Q"键确认输入，故障阅读仪显示屏显示：

快速数据传递	→
故障码已清除	

这时故障码已被清除。

（4）按"→"键，故障阅读仪显示屏显示：

快速数据传递	帮助
选择功能××	

如果故障阅读仪显示屏显示：

注意！
未查询故障码

说明检测顺序有错误，应严格按照以下顺序检测：先查询故障码，清除故障后再清除故障码。

4. 结束输出

(1) 在故障阅读仪显示屏显示如下的情况下：

快速数据传递 选择功能××	帮助

按“0”和“6”键选择“清除故障码”，故障阅读仪显示屏显示：

快速数据传递 06 清除故障码	Q

(2) 按“Q”键确认输入，故障阅读仪显示屏显示：

快速数据传递 输入地址码××	帮助

(3) 关闭点火开关，拔下 VAG1551 插头。

5. 控制单元编码

更换组合仪表后，应根据车上的装备给数据总线自诊断接口 J533 编制代码。

(1) 在故障阅读仪显示屏显示

快速数据传递 选择功能××	帮助

的情况下，按“0”和“7”键选择“给控制单元编制代码”，故障阅读仪显示屏显示：

快速数据传递 07 给控制单元编制代码	Q

(2) 按“Q”键确认输入，故障阅读仪显示屏显示：

给控制单元编制代码 输入代码×××××	 (0-32000)

(3) 按照表 9-2 所列的代码表组合输入代码。

表 9-2 控制单元代码

总线上的控制单元	代码
自动变速器	00001
ABS	00002
安全气囊	00004

最后的代码应是一个加起来的值，例如：

安全气囊＋ABS＋自动变速器：00004＋00002＋00001＝00007

（4）输入控制单元码后，故障阅读仪显示屏显示：

5N0909901	入口 K

（5）按“Q”键确认输入，故障阅读仪显示屏显示：

快速数据传递 选择功能××	帮助

（6）结束功能，按“0”和“6”键选择“结束输出”，故障阅读仪又回到基本功能状态。

6. 读取测量数据块

（1）连接 VAG1551 故障阅读仪，选择“快速数据传递”，打开点火开关，输入地址码 17。

（2）按“→”键，故障阅读仪显示屏显示：

快速数据传递 选择功能××	帮助

（3）按“0”和“8”键选择“读取测量数据块”，故障阅读仪显示屏显示：

快速数据传递 08 读取测量数据块	Q

（4）按“Q”键确认输入，故障阅读仪显示屏显示：

快速数据传递 输入显示组号××	帮助

（5）按“0”、“0”和“1”键选择“显示组 001”（显示组 001 只是示例，用来说明过程），按“Q”键确认输入，故障阅读仪显示屏显示（1～4＝显示区）：

读取测量数据块		1	→
1	2	3	4

按照表 9-3 切换其他显示组。

表 9-3 其他显示组的切换

显示组	VAG1551	VAG1552
高	按 3 键	按↑键
低	按 1 键	按↓键
跳跃	按 C 键	按 C 键

（6）按“C”键后，故障阅读仪显示屏显示：

快速数据传递	帮助
输入显示组号××	

此时输入所希望的显示组号。

说明：显示屏显示的是传感器的实际值，组合仪表上的值已经修正，可能与此不同。显示组 125～127 显示的是数据总线的状态；对于不存在的控制单元，其显示区无显示。

各显示组显示内容及相关解释如表 9-4～表 9-11 所列。

表 9-4　显示组 012——中央控制单元的显示内容

显示组12					
读取测量数据块12 →				◢显示屏显示	
×××	×××	×××	×××	◥显示区	规定值
1	2	3	4		
			选装装备		
		后部装备			
	前部装备				
检查数据总线					总线良好

表 9-5　显示组 012 的分析结果

显示区	名称	显示内容	故 障 排 除
1	检查总线	总线良好 总线不良	目视检查导线； 检查相关电路和插接器，正确连接并可靠固定； 操作时如果显示不变，排除故障或更换相关部件； 如果没有发生变化，按下所有车门主插头，再依次重新插好，观察测量数据块； 在操作时如果显示有变，更换控制单元； 清除故障码，再次查询故障码

表 9-6　显示组 125 的显示内容

显示组125					
读取测量数据块125 →				◢显示屏显示	
×××	×××	×××	×××	◥显示区	规定值
1	2	3	4		
			空		Leer
		ABS控制单元			ABSI
	自动变速器控制单元				Getr.1
发动机控制单元					Motor.1

表 9-7 显示组 125 的分析结果

显示区	名称	显示内容	故障排除
1	发动机控制单元	Motor 1=i. o. 发动机控制单元经数据总线的数据接收正常； Motor 0=nicht i. o. 发动机控制单元经数据总线的数据接收不正常	如果数据接收不正常，则按照电路图检查控制单元的数据总线
2	自动变速器控制单元	Getr. 1=i. o. 自动变速器控制单元经数据总线的数据接收正常； Getr. 0=nicht i. o. 自动变速器控制单元经数据总线的数据接收不正常	
3	ABS 控制单元	ABS 1=i. o. ABS 控制单元经数据总线的数据接收正常； ABS 0=nicht i. o. ABS 控制单元经数据总线的数据接收不正常	

表 9-8 显示组 126 的显示内容

显示组126					
读取测量数据块126	→			◢显示屏显示	
×××	×××	×××	×××	◥显示区	规定值
1	2	3	4		
			空		Leer
		空			Leer
	安全气囊控制单元				Airbag.1
转向角传感器					Lenkw.1

表 9-9 显示组 126 的分析结果

显示区	名称	显示内容	故障排除
1	转向角传感器	Lenkw. 1=i. o. 转向角传感器经数据总线的数据接收正常； Lenkw. 0=nicht i. o. 转向角传感器经数据总线的数据接收不正常	如果数据接收不正常，则按照电路图检查控制单元的数据总线
2	安全气囊控制单元	Airbag. 1=i. o. 安全气囊控制单元经数据总线的数据接收正常； Airbag. 0=rucht i. o. 自动变速器控制单元经数据总线的数据接收不正常	

表 9-10　显示组 127 的显示内容

显示组127					
读取测量数据块127	→			◢显示屏显示	
×××	×××	×××	×××	◥显示区	规定值
1	2	3	4		
			空		Leer
		空			Leer
	Allrad				Allrad.1
空					Leer

表 9-11　显示组 127 的分析结果

显示区	名称	显 示 内 容	故障排除
2	Allrad	Allrad. 1=i. o. 四轮驱动控制单元经数据总线的数据接收正常； Allrad. 0=nicht i. o. 四轮驱动控制单元经数据总线的数据接收不正常	如果数据接收不正常，则按照电路图检查控制单元的数据总线

二、一汽宝来轿车 ANG 发动机数据总线系统的检修

数据总线连接如图 9-13 所示。发动机控制单元通过 CAN 数据总线与 ABS 控制单元 2 及变速器控制单元 3，进行数据交换。每两个控制单元间是通过扭绞在一起的两条数据线连接并交换信息的，这两条线分别叫 CAN-Low 和 CAN-High。数据总线故障信息可由发动机控制单元来识别，也可由数据总线上其他控制单元来识别。为了使 CAN 总线更好地工作，两控制单元的总线驱动器 4 前各有一个 120Ω 的终端电阻，该电阻在发动机控制单元及变速器控制单元内。

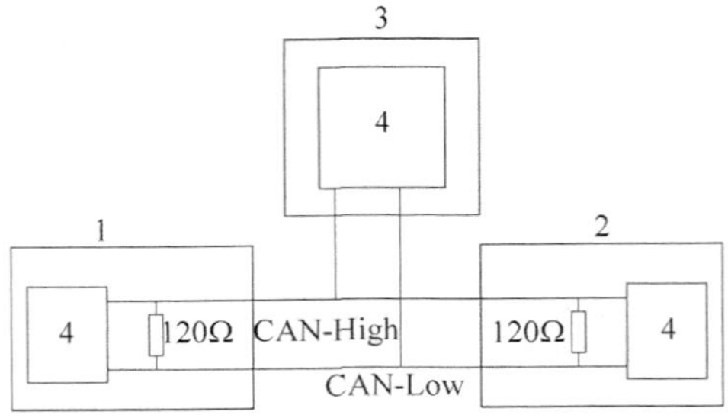

图 9-13　数据总线连接

1—发动机控制单元 J220；2—ABS 控制单元；3—变速器控制单元；4—总线驱动器(与控制单元一体)

1.检查条件

(1) CAN 数据总线自诊断时未发现故障。

(2) ABS 控制单元已按数据总线编制了代码。

2. 手动变速器车的检测步骤

所用的专用工具及设备如下：检测盒 VAG1598/21、检测盒 VAG1598/22、便携式万用表 VAG1526 或万用表 VAG1715、成套辅助接线 VAG1594、电路图。

(1) 关闭点火开关。

(2) 松开并拔下发动机控制单元插头。

(3) 将 VAG1598/22 接到发动机控制单元线束上。

(4) 检查带终端电阻的 ABS 控制单元的 CAN 数据总线，即测量检测盒插口 29 与 41 之间的电阻，规定值为 115～135Ω。

(5) 如果电阻值不在规定范围内，拆下空气滤清器。

(6) 松开并拔下 ABS 控制单元插头，如图 9-14 所示。

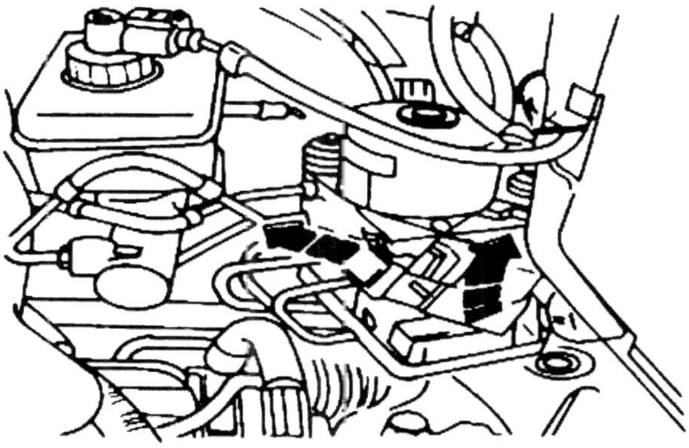

图 9-14 松开并拔下 ABS 控制单元插头

(7) 检查 CAN 数据总线彼此间是否短路，测量检测盒上插口 29 至 41 间电阻，规定值为∞。

(8) 如果未达到规定值(导线彼此间短路)，按电路图排除导线故障。

(9) 如果达到规定值(导线彼此间无短路)，将检测盒 VAG1598/21 接到 ABS 控制单元线束上，如图 9-15 所示。

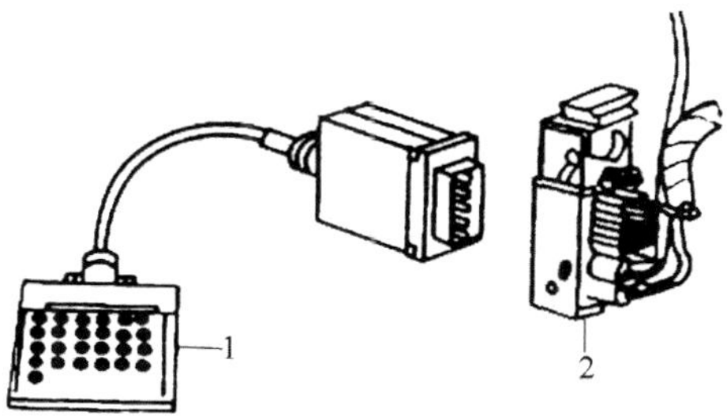

图 9-15 连接检测盒到 ABS 控制单元

1—检测盒 VAG1598/21；2—ABS 控制单元线束

(10) 按电路图检查 VAG1598/22 与 VAG1598/21 插口间 CAN 数据总线是否断路，插口 29 与插口 10、插口 41 与插口 11 的导线电阻：最大为 1.5Ω。

(11) 另外检查导线是否对蓄电池正极或地短路。

(12) 如确定导线无故障,更换 ABS 控制单元。

(13) 如果电阻值在规定范围内,拆下空气滤清器。

(14) 松开并拔下 ABS 控制单元插头(见图 9-16)。

(15) 检查发动机控制单元与 ABS 控制单元间导线是否对地或正极短路。

(16) 如果确定导线无故障,再插上发动机控制单元插头。

(17) 将 VAG1598/21(见图 9-17 中 1)接到 ABS 控制单元线束 2 上。

(18) 检查发动机控制单元内的终端电阻,即测量检测盒插口 10 与 11 之间的电阻,规定值为 115～135Ω。

(19) 如果电阻值不在规定值范围内,更换发动机控制单元。

3. 自动变速器车的检测步骤

所用的专用工具及设备如下：检测盒 VAG1598/21、检测盒 VAG1598/22、万用表 VAG1526 或万用表 VAG1715、成套辅助接线 VAG1594、检测盒 VAG1598 线路图。

(1) 关闭点火开关。

(2) 拔下图 9-16 箭头所示的变速器控制单元插头。

(3) 将 VAG1598/18 接到控制单元线束 1 上,并按 2 方向锁止,如图 9-17 所示。

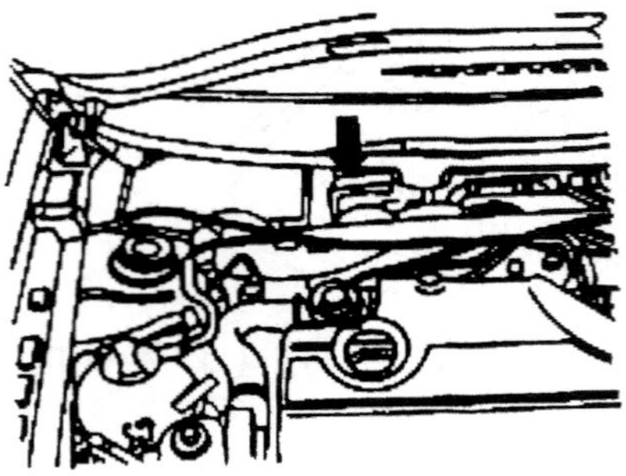

图 9-16　拔下变速器控制单元插头

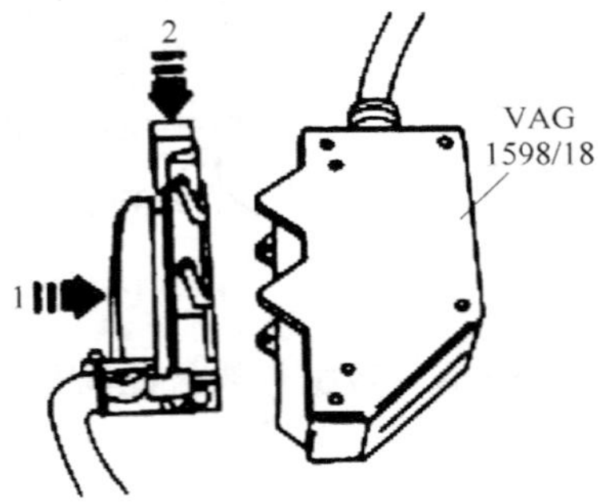

图 9-17　连接检测盒到自动变速器控制单元

(4) 检查 CAN 数据总线(其上有发动机控制单元及 ABS 控制单元的终端电阻),检查检测盒插口 3 与 25 间电阻,规定值为 55～75Ω。如果显示 0～5Ω,原因为两数据线间短路,应检查导线；如果显示 135Ω～∞,原因为导线断路、对正极短路、接触电阻故障等,应检查导线；如果显示 115～135Ω,原因为 ABS 控制单元或变速器控制单元导线断路。

(5) 如果电阻值在规定值范围内：

① 检查导线是否对蓄电池正极或地短路。

② 如果确定导线无故障,再次插上变速器控制单元插头。

③ 打开点火开关,清除故障码后试车。

④ 用“自动检测”功能查询所有控制单元的故障码。

⑤ 试车后,如发动机控制单元内仍有数据总线故障,更换变速器控制单元。

(6) 如果阻值在 115～135Ω：

① 松开并拔下发动机控制单元的插头。

② 检查数据总线(其上有 ABS 控制单元终端电阻),即再次测量检测盒插口 3 与 25 间电阻,规定值为 115～135Ω。

③ 如果电阻值不在规定范围内,检查 CAN 数据总线。

④ 如果 ABS 控制单元导线正常,更换 ABS 控制单元。

⑤ 如果电阻值在规定范围内,再插上发动机控制单元的插头。

⑥ 拆下空气滤清器。

⑦ 松开并拔下 ABS 控制单元插头。

⑧ 检查 CAN 数据总线(其上有发动机控制单元终端电阻),即测量检测盒插口 3 与 25 之间的电阻,规定值为 115～135Ω。

⑨ 如果电阻值不在规定范围内,检查 CAN 数据总线。

⑩ 如果确定导线无故障,更换发动机控制单元。

4. 检查 CAN 数据总线

(1) 松开并拔下 ABS 控制单元插头。

(2) 松开并拔下发动机控制单元插头。

(3) 检查 CAN 数据总线彼此间是否短路,即测量 VAG1598/18 上插口 3 与 25 间电阻,规定值为∞。

(4) 如果未达到规定值(导线彼此间短路),按电路图排除导线故障。

(5) 如果达到规定值(导线彼此间无短路),将 VAG1598/22 接到发动机控制单元线束上。

(6) 按电路图检查检测盒间的 CAN 数据总线是否断路,插口 29 与插口 3、插口 41 与插口 25 的导线电阻:最大为 1.5Ω。

(7) 检查导线是否对蓄电池正极或地短路。

(8) 如果确定导线无故障。将 VAG1598/21(见图 9-15 中 1)接到 ABS 控制单元线束 2 上。

(9) 按电路图检查 VAG1598/22 与 VAG1598/21 间的 CAN 总线是否断路,插口 41 与插口 11、插口 29 与插口 10 的导线电阻:最大为 1.5Ω。

第六节 实际车型 CAN 总线系统介绍

在大众集团内使用多种 CAN 数据总线。第一种 CAN 数据总线是舒适 CAN 数据总线,传输速率为 62.5kb/s;随后是 CAN 驱动数据总线,传输速率是 500kb/s。目前所有的车型都是使用 CAN 驱动数据总线。从车型年 2000 起开始使用“新型的舒适 CAN 数据总线和 Infotainment 数据总线”,其传输速率均为 100kb/s。新型的舒适 CAN 数据总线和 Infotainment 数据总线也可以与 CAN 驱动数据总线进行数据交换。

根据信号的重复率、产生的数据量和可用性(准备状态),CAN 数据总线系统分为如下三类:

(1) CAN 驱动数据总线(高速),速率为 500kb/s,用于将驱动线束上的控制单元联成网;

(2) CAN 舒适数据总线(低速),速率为 100kb/s,用于将舒适系统的控制单元联成网;

(3) CAN-Infotainment 总线(低速),速率为 100kb/s,用于将收音机、电话和导航系统联成网。

以上所有系统的共性是各系统在数据高速公路上采用同样的交通规则,即"传输协议"。为了保证有很高的抗干扰性(如来自发动机舱),所有的 CAN 数据总线都采用双线式系统(双绞线)。并且将要发送的信号在发送控制单元的收发器内转换成不同的信号电平,并输送到两条 CAN 导线上,只有在接收控制单元的差动信号放大器内才能建立两个信号电平的差值,并将其作为唯一经过校正的信号继续传至控制单元的 CAN 接收区。最后 CAN-Infotainment 数据总线与 CAN 舒适数据总线的特性是一致的。在 Polo 和 Golf Ⅳ 车上,CAN-Infotainment 数据总线和 CAN 舒适数据总线采用同一个导线对。

而这三个系统的重要区别在于:①CAN 驱动数据总线通过 15 号接线柱切断,或经过短时无载运行后切断。②CAN 舒适数据总线由 30 号接线柱供电且必须保持随时可用状态。为了尽可能降低对供电网产生的负荷,在"15 号线柱关闭"后,若总系统不再需要舒适数据总线,那么舒适数据总线就进入所谓"休眠模式"。③CAN 舒适/Infotainment 数据总线在一条数据线短路,或一条 CAN 线断路时,可以用另一条线继续工作,这时会自动切换到"单线工况"。④CAN 驱动数据总线的电信号与 CAN 舒适/Infotainment 数据总线的电信号是不同的。

一、CAN 驱动数据总线的特点

CAN 驱动数据总线(高速),速率为 500kb/s,用于将驱动线束上的控制单元联成网络,这些控制单元分别是:发动机控制单元、ABS 控制单元、ESP 控制单元、变速器控制单元、安全气囊控制单元、组合仪表。与所有的 CAN 导线一样,CAN 驱动数据总线也是双线式数据总线,其脉冲频率为 500kb/s,所以也称为高速 CAN 总线。控制单元通过 CAN 驱动数据总线的 CAN-High 线和 CAN-Low 线来进行数据交换。控制单元循环往复地在发送信息,就是说信息的重复率一般为 10～25ms。CAN 驱动数据总线由 15 号接线柱(点火开关)接通,短时工作后,又完全关闭。

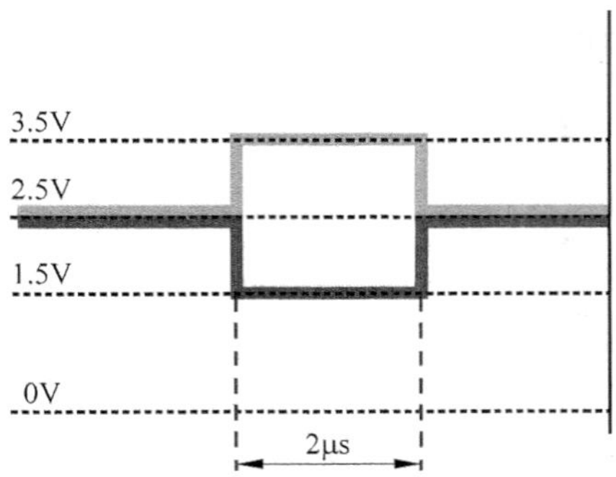

图 9-18　CAN 驱动数据总线的信号变化

如图 9-18 所示,在显性状态时,CAN-High 线上的电压约为 3.5V,在隐性状态时,两条线上的电压均约为 2.5V(静电平),在显性状态时,CAN-Low 线上的电压降至约 1.5V。

图 9-19 所示的是一个真实的 CAN 电报变化图，它由一个收发器产生，并由 VAS5051 的数字存储式示波器(DSO)接收下来。两个电平之间的叠加信号变化表示 2.5V 的隐性电平。CAN-High 线上的显性电压约为 3.5V，CAN-Low 线约为 1.5V。其中显性和隐性电平交替轮换。

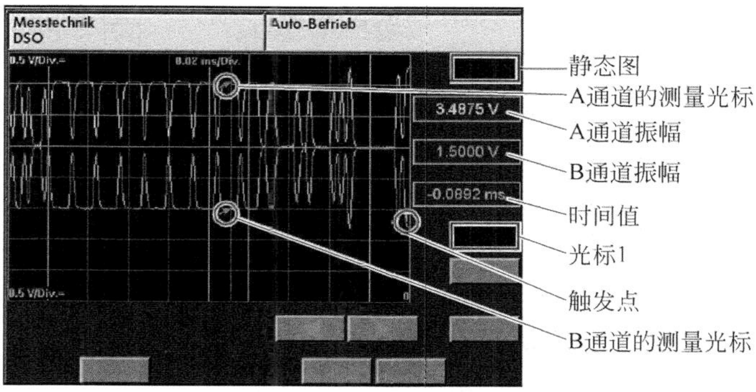

图 9-19　VAS5051 上的数字存储式示波器(DSO)上显示的 CAN 驱动数据总线的信号变化

二、CAN 舒适/Infotainment 数据总线的特点

CAN 舒适/Infotainment 数据总线的速率为 100kb/s，用于将 CAN 舒适总线和 CAN Infotainment 总线方面的控制单元联成网，其控制单元包括：全自动空调/空调控制单元；车门控制单元；舒适控制单元；收音机和导航显示控制单元。与所有的 CAN 导线一样，CAN 舒适/Infotainment 数据总线也是双线式数据总线，其脉冲频率为 100kb/s，所以也称为低速 CAN 总线。控制单元通过 CAN 驱动数据总线的 CAN-High 和 CAN-Low 线来进行数据交换，如车门开/关、车内灯开/关、车辆位置(GPS)等。由于使用同样的脉冲频率，所以 CAN 舒适数据总线和 CAN 舒适/Infotainment 总线可以共同使用一对导线，当然前提条件是相应的车上有这两种数据总线(如 Golf Ⅳ和 Polo MJ 2002)。

图 9-20 所示为 CAN 舒适/Infotainment 数据总线的信号变化，在显性状态时，CAN-Low 线上的电压降至 1.4V，在隐性状态时，CAN-High 线上的电压约为 0V，CAN-Low 线上的电压约为 5V，在显性状态时，CAN-High 线上的电压约为 3.6V。

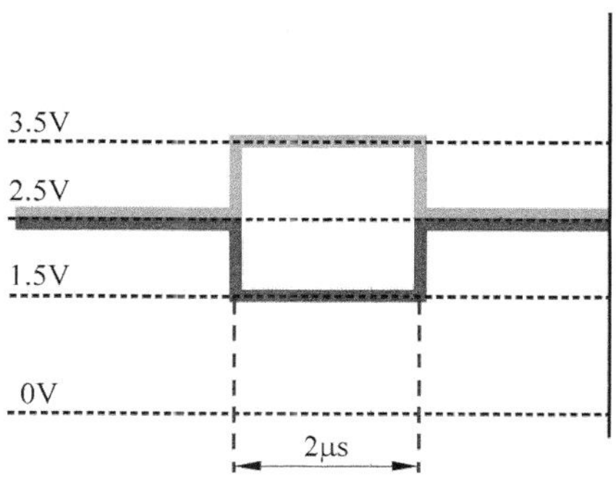

图 9-20　CAN 舒适/Infotainment 数据总线的信号变化

与CAN驱动数据总线相比，为了使低速CAN抗干扰性强且电流消耗低，在数据传递上CAN舒适/Infotainment数据总线作了一些改变。首先，由于使用了单独的驱动器(功率放大器)，这两个CAN信号就不再有彼此依赖的关系了。与CAN驱动数据总线不同，CAN舒适/Infotainment数据总线的CAN-High线和CAN-Low线也不是通过电阻相连的。也就是说，CAN-High线和CAN-Low线不再彼此相互影响，而是彼此独立作为电压源来工作。另外还放弃了共同的中压，在隐性状态(静电平)时，CAN-High信号为0V，在显性状态时大于等于3.6V。对于CAN-Low信号来说，隐性电平为5V，显性电平小于等于1.4V。于是在差频信号放大器内相减后，隐性电平为－5V，显性电平为2.2V，那么隐性电平和显性电平之间的电压变化(电压提升)就提高到大于等于7.2V。

如图9-21所示为VAS5051上的数字存储式示波器(DSO)上的CAN舒适/Infotainment数据总线信号图，为了清楚起见，CAN-High信号和CAN-Low信号彼此分开了，从图中所示的不同的零点即可看出这一点。从图中还可以清楚地看出CAN-High和CAN-Low的静电平是不同的，与CAN驱动数据总线相比，电压提升增大了(7.2V)。

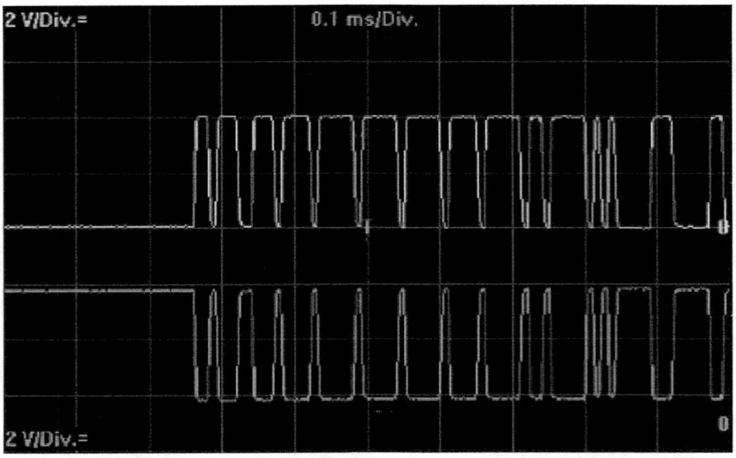

图9-21　VAS5021上的CAN舒适/Infotainment数据总线信号图

CAN舒适/Infotainment数据总线的收发器，其工作原理与CAN驱动数据总线收发器基本是一样的，只是输出的电压电平和出现故障时切换到CAN-High线或CAN-Low线(单线工作模式)的方法不同。另外CAN-High线和CAN-Low线之间的短路会被识别出来，并且在出现故障时会关闭CAN-Low驱动器，在这种情况下，CAN-High和CAN-Low信号是相同的。CAN-High线和CAN-Low线上的数据传递由安装在收发器内的故障逻辑电路监控，故障逻辑电路检验两条CAN导线上的信号，如果出现故障(如某条CAN导线断路)，那么故障逻辑电路会识别出该故障，从而使用完好的那一条导线(单线工作模式)。在正常的工作模式下，使用的是CAN-High“减去”CAN-Low所得的信号(差动数据传递)，这样就可将故障对CAN舒适/Infotainment数据总线的两条导线的影响降至最低。图9-22所示为CAN舒适/Infotainment数据总线收发器的结构图。

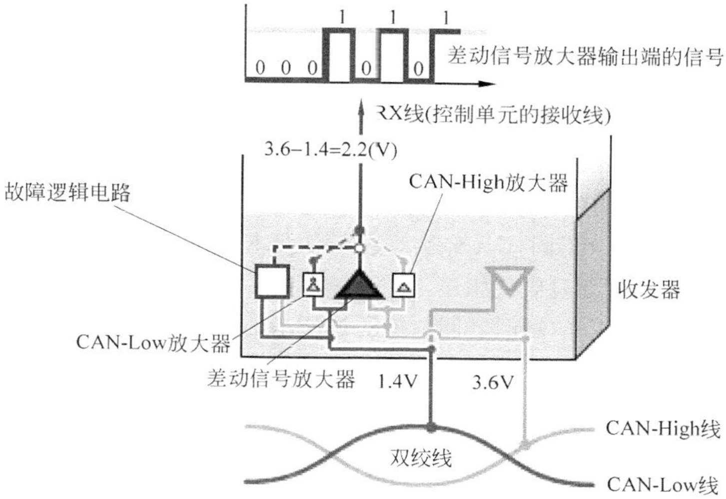

图 9-22　CAN 舒适/Infotainment 数据总线收发器的结构

三、系统与系统间的连接

由于电压电平和电阻配置不同，所以在 CAN 驱动数据总线和 CAN 舒适/Infotainment 数据总线之间无法进行耦合连接。另外这两种数据总线的传输速率是不同的，这决定了它们无法使用不同的信号。因此需要在这两个系统之间能完成一个转化。这个转化过程是通过所谓的网关来实现的。根据车辆的不同，网关可能安装在组合仪表内、车上供电控制单元内或在自己的网关控制单元内。由于通过 CAN 数据总线的所有信息都供网关使用，所以网关也用作诊断接口。目前是通过网关的 K-线来查询诊断信息，从 Touran 车开始是通过 CAN 数据总线诊断线来完成这个工作的。可以用火车站作为例子来清楚地说明网关的原理(见图 9-23)。

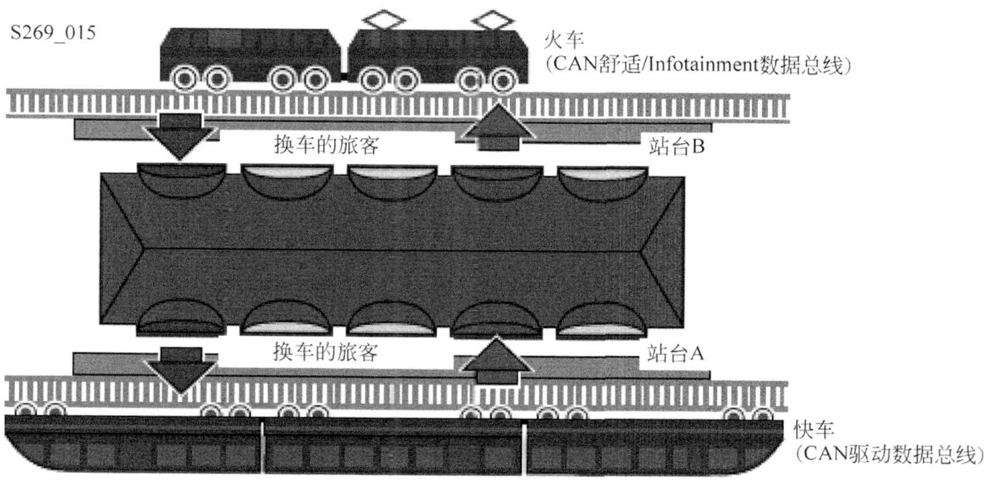

图 9-23　CAN 舒适/Infotainment 总线系统和 CAN 驱动总线系统连接的网关

在图 9-23 中，站台 A(或者是网关 A)到达一列快车(CAN 驱动数据总线，500kb/s)，车上有数百名旅客。在站台 B 已经有一辆火车(CAN 舒适/Infotainment 数据总线，100kb/s)在等待，有一些乘客就换到这列火车上，另一些乘客要换乘快车继续旅行。车站/站台的这种功能，即让旅客换车，以便通过速度不同的交通工具到达各自目的地的功能，与 CAN 驱动数据总线和 CAN 舒适/Infotainment 数据总线两系统网络的网关功能是相同的。网关的主要任务是使两个速度不同的系统之间能进行信息交换。与 CAN 舒适数据总线和 CAN 舒适/Infotainment 数据总线不同，CAN 驱动数据总线不可与 CAN 舒适数据总线或 CAN 舒适/Infotainment 数据总线通过电气相连。CAN 舒适数据总线与 CAN 舒适/Infotainment 数据总线是不同的数据总线系统，它们之间只能通过所谓的网关来连接。

思考与练习题

9.1 简述计算机网络有哪些分类方法，分为哪几类。

9.2 汽车局域网有哪些？

9.3 网络协议的含义是什么？分为哪几类？

9.4 CAN 总线上，信息是如何传递的？

9.5 CAN 总线传输的硬件设备有哪些？各有什么作用？

第十章 汽车总线路

一般来说，汽车总线路包括用导线连成的各个系统，涵盖了从发动机、底盘到车身电器的几乎所有设备。汽车电器总线路就是将汽车电源、起动、点火、照明信号、仪表指示、空调以及辅助电器和电子控制单元(ECU)等按照各自的内在联系用导线连接起来的总体系统。

汽车上的电器种类繁多，大到汽车空调，小到一个指示灯或保险丝。我们一般将比较大的电器称为"设备"，比较小的称为"元件"。将这些设备和元件彼此联系起来的汽车电气线路的总体设计方法，不同厂家各有不同。学习汽车电器总线路，一方面要以前面各章节所学基础知识为线路分析的基础，同时也需要了解某个车系(如德国大众、日本丰田等)电器线路的系统构成、元器件布置以及线路图画法等方面的特点，这对于实际工作中汽车电器线路的故障诊断和维护维修都是十分重要的。

本章重点介绍汽车电器总线路的基本结构特点、线路图种类和读图方法、汽车电器线路的基本检查方法以及初步的故障诊断方法。

第一节 汽车电器线路基本组成

汽车电器线路大体上由以下几部分组成：各类导线以及导线之间的连接元件(线束连接器)；各种电气元件及设备(传感器、执行器、继电器、ECU以及各种电器设备)；操作控制及保护元件，如开关、按钮、保险丝等。

各种电器设备的工作原理前面各章都已有详细分析，这里主要介绍与线路相关的内容。

1. 导线、线束与连接器

(1) 导线

汽车电器线路使用的导线，大体上有以下几种，其中前一种占了绝大部分：

普通低电压的、外包PVC塑料绝缘层的多芯软铜线；

连接某些传感器的、带屏蔽层的信号线；

连接点火线圈次级、用特殊材料制成的高压阻尼线；

某些车的娱乐系统采用的光纤(光导纤维)等。

在普通低压绝缘软铜线中，根据不同的用途，导线铜芯部分有不同的截面积，主要是由导线通电后允许发热情况决定的。但也有特殊考虑，例如对于功率很小的电器(如一些仪表)，为了保证导线有足够的机械强度，一般规定截面积不小于 0.5mm²。又如对于连接蓄电池与起动机之间的导线以及蓄电池的搭铁线，不仅要考虑起动电流引起的发热，而且还要考虑尽量减小起动时线路电阻的压降(要求每 100A 电流产生的线路压降不超过 0.15V)，以确保足够的起动电压。

汽车线束内常用导线的标称截面积有 0.5、0.75、1.0、1.5、2.0、2.5、4.0、6.0 等规格(单位为 mm²)，它们各自都有允许负载电流值，配用于不同功率用电设备。表 10-1 给出了一些常见用电设备的导线截面推荐值。

表 10-1　12V 电器系统主要电器使用的导线截面积推荐值

电器名称	标称截面积/mm²
仪表灯、指示灯、顶灯、门灯等	0.5
牌照灯、前后小灯等	0.75
转向灯、雾灯等	1.0
前照灯、电喇叭等	1.5
其他电流在 5A 以上的电器设备	1.5～4.0
电热塞	4～6
电源线	6～25
起动线路	16～95

由于汽车中导线非常多，又很密集，导线表面常带有不同颜色以便区分。不同国家和厂家的汽车电器线路图中有不同的颜色代号，大部分国家和厂家的汽车导线用英文缩写字作颜色代号，欧洲国家的车系则有的用英文、有的用德文缩写字。对于双色条纹的导线，则用两个英文字母表示，其中前一个字母表示主色，后一个字母表示辅色。常用颜色代号如表 10-2 所示。

表 10-2　汽车用导线常用颜色代号(参考)

导线颜色	黑	白	红	绿	黄	棕	蓝	灰	紫	橙
英文颜色代号	B	W	R	G	Y	Br	Bl	Gr	V	O

应该指出，颜色代号不是国际标准，不同国家或不同厂家的汽车导线使用的颜色代号并不完全统一，常有自己的习惯。我们查阅汽车维修资料时需要注意该车所用的颜色代号，避免混淆。

(2) 线束

汽车电器线路中的导线一般按照走向将彼此靠近的导线捆扎成线束，线束之间以及线束与电器之间使用连接器彼此连接，如图 10-1 所示。

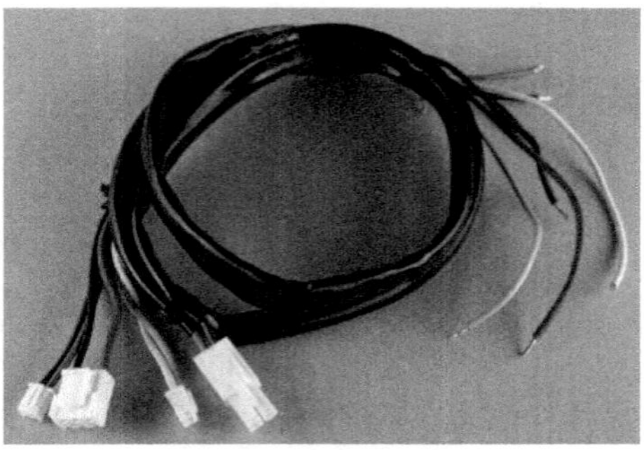

图 10-1　汽车线束及连接器

汽车线束的布置有很多要求。为了美观、安全和免受损伤，室内的线束通常是比较隐蔽的。

线束的走向一般按车身形状布置，为了提高可靠性，避免汽车振动导致接触不良，常常设置一些固定线束的支承点，并避免线束直接承受拉力、压力或与周围零部件发生干涉。并且线束还要与发动机、排气管等高温部件保持足够距离以免绝缘受损。图 10-2 所示为整车线束布置的例子。

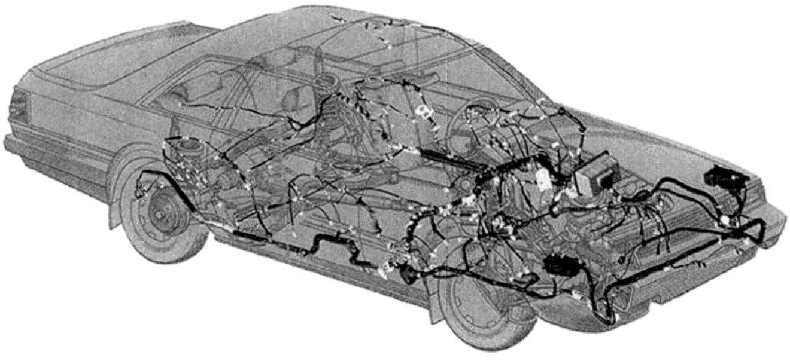

图 10-2　汽车上的线束

(3) 线束连接器

线束连接器(或称插接器)是线束之间以及线束与电器设备之间的连接元件。连接器由插头和插座两部分组成，连接器一般有多个引脚，如图 10-3 所示。由于线束很多，连接器也很多，为了避免彼此插错，同一辆汽车的所有连接器形状和引脚数都各不相同。图 10-4 给出一些连接器的形状。

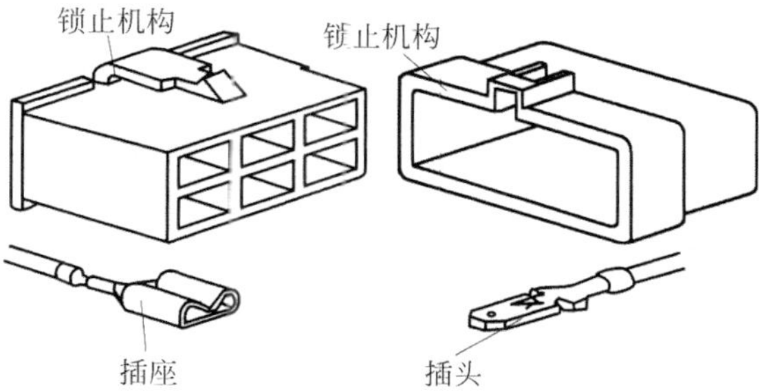

图 10-3　连接器的基本结构

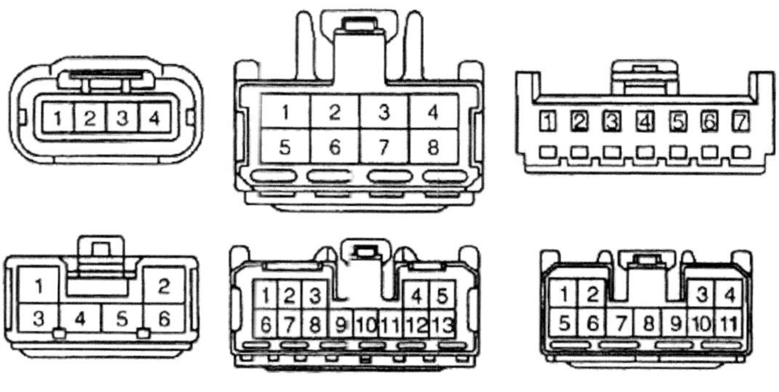

图 10-4　几种连接器的不同形状

为了防止汽车行驶中连接器插头脱离插座，所有的连接器都设计有锁止机构。连接器插接时，只要将插头推入插座即可，但在分离时，需要先将锁止机构脱开，然后才能将插头与插座分离。连接器有多种不同的锁止机构，如图 10-5 所示。

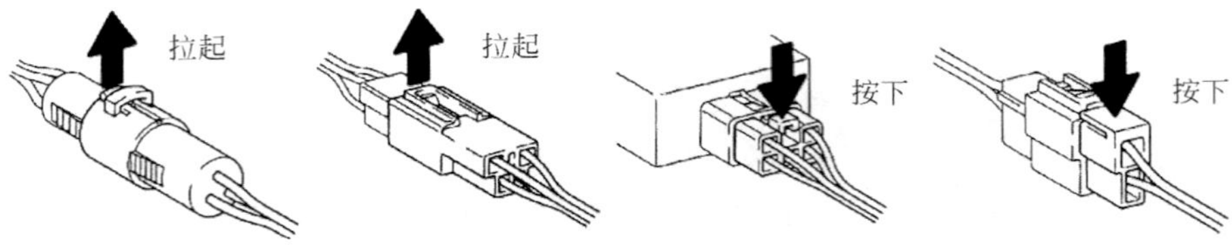

图 10-5　几种连接器锁止机构的脱开方法

2. 线路保护元件

线路保护元件大体上可以分为两类：一类是熔断器或称保险丝，另一类是断路器。

(1) 熔断器

熔断器通称保险丝，是一种易熔元件，各种熔断器的外形如图 10-6 所示。保险丝是一次性元件，当电流过大(多为短路故障)时立即熔断以切断电路。通常通过电流较小的称为保险丝(见图 10-6(a))，通过电流较大(如蓄电池正极供电端)的熔断器常做成片状(见图 10-6(b))，或做成一段易熔导线，也称为易熔线(见图 10-6(c))。

(a)　(b)　(c)

图 10-6　各种熔断器

应注意，保险丝的作用是保护导线，并不一定能保护电器设备。保险丝有不同规格，是根据导线允许通过电流大小决定的。表 10-3 给出了导线截面积、允许最大载流量与保险丝最大熔断电流的关系。

表 10-3　汽车用导线载流量与保险丝熔断电流值

导线截面积/mm^2	导线最大载流量/A	保险丝最大熔断值/A
0.5	6	7.5
0.75	8	10
1.0	12	15
1.5	16	20
2.5	24	30
4.0	32	40
6.0	40	50

数据来源：按 QC/T 730(ISO 6722)以及 ISO 8820—3 标准。

较大容量的熔断器或易熔线用于保护主干线路，通常单独安装在蓄电池正极线附近的主电源线上，如图10-7所示。

(a) (b)

图10-7 大众车的熔断器

(a) 在车上的位置；(b) 熔断器

小容量的保险丝数量很多，通常集中安装在汽车不同位置的保险丝盒内并编上号，如图10-8所示。

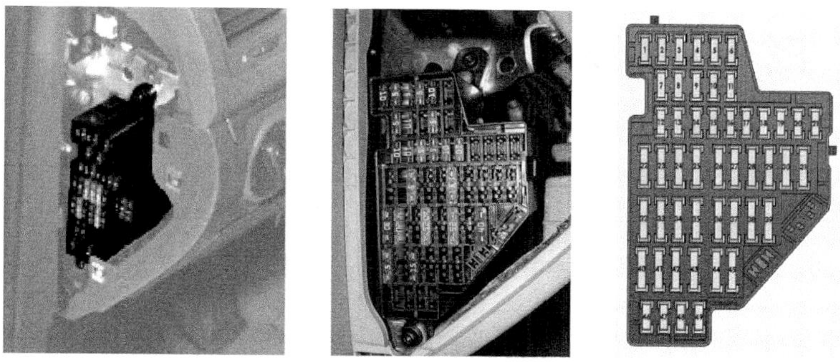

(a) (b) (c)

图10-8 大众车的保险丝盒

(a) 在车上的安装位置；(b) 保险丝盒外形；(c) 保险丝编号

(2) 断路器

断路器是一种电路过载受热后立即切断电流的机械装置，与保险丝不同的是，断路器具有可恢复性，相当于一种过流保护开关。断路器多采用双金属片制作，当电路过载时，流经断路器的电流过大，温度迅速升高，断路器便会断开触点而切断电流。当过载电流消失、温度恢复到正常时，熔断器便会自行接通。断路器也可用热敏电阻制作，当电流过大、温度上升后引起电阻增大，从而限制电器设备过载。一些易受电流波动影响的电路，应选择安装断路器，如门锁和电动车窗等。

3. 继电器与ECU

继电器与ECU在电路上都起到控制作用。汽车中常将继电器、保险丝和线束连接器做在一起，称为“继电器盒”或“保险丝盒”，不同车型的继电器盒、保险丝盒等的组成结构以及在车上的布置情况都不相同。例如早期的大众捷达等车型，将大部分继电器、保险丝和线束连接器都集中在一个所谓“中央电器盒”内，成为汽车电器的控制中心，见图 10-9(a)。近年来 ECU 的使用普及后，“中央电器盒”已被“中央电器控制单元”(包含 ECU 以及相关的继电器和保险丝等)所取代。图 10-9(b)给出大众汽车由中央电器盒到中央电器控制单元的演变。多个 ECU 成为多个控制中心，汽车电器系统成为一个“分布控制系统”，各 ECU 彼此以网络总线相联系，继电器盒和保险丝盒的分布也变得比较分散。

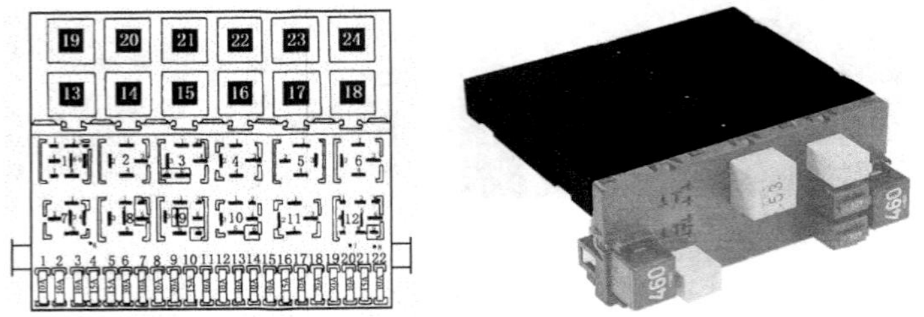

(a) (b)

图 10-9 中央电器盒与中央电器控制单元

(a) 中央电器盒(捷达)；(b) 中央电器控制单元(速腾)

第二节 汽车电器线路图的识读方法

现代汽车各种电器电子设备越来越多，维修资料中的线路图也越来越多，加上各不同车系的线路图有不同的图形标准以及画法习惯，使初学者感到纷繁复杂、无从入手。其实，我们分析电器线路，只要注意以下基本识读方法和注意分析要点，就不会感到很困难。

一、线路图识读的一般原则

目前，世界各国不同厂家的汽车线路图在画法上有很大差异，掌握汽车线路基本识图方法就显得十分必要。以下先说明汽车总线路识图的一般原则，后面将结合一些典型的汽车线路图介绍有关车系的线路识图方法。

(1) 抓住主要矛盾，将复杂问题简单化。

任何复杂的总线路都是由简单的局部线路所组成，所以分析一个整车线路时，需要化整为零，将其分解为若干个局部简单线路图。其次，在分析某局部线路时，又需要首先抓住其中的主要部分，例如电源线、搭铁线、组合开关以及继电器和 ECU 等。例如分析前照灯的线路时，有时室内照明、仪表照明或点烟器线路都混在一起，完全应该忽略，可以将重点放在分析车灯开关与变光开关这两处的电流走向。

(2) 掌握电器系统的工作原理。

正确掌握某系统的基本工作原理，是分析检查线路问题的理论基础。因此在分析某部分线路时，应尽量将接线图、线束图与该车的线路原理图结合起来一起分析，就比较容易理解。另外，尽管各厂家线路图画法不同，但基本原理并无大的差别。例如起动机、发电机及

IC 调节器在许多车系中的接线方法都是类似的。

(3) 熟悉线路图画法特点及符号含义。

不同国家和汽车厂家的电器线路图画法很不相同，使用的元件符号也都不一样，并没有统一标准。所以分析一个具体汽车的总线路图，就需要了解该线路图中导线和各种电器元件的画法，以及线路中图形符号的含义。

(4) 密切联系实车线路。

线路图只是表达实际线路的一个手段。要真正读懂线路图，就必须密切联系实际，清楚该车实际线路的结构特点，例如继电器盒、保险丝盒、控制单元(ECU)以及用电设备等在车上的布置情况以及接地点的分布情况等，为此还常常需要查阅维修资料中诸如继电器/保险丝/接线盒内部结构图、电器元件位置图、接地(搭铁)点位置图以及连接器(插接器)表和电器元件代码表等很多相关图表资料。我们分析实际汽车线路、检查维修和诊断故障时常常需要把几种线路图结合起来。

二、线路图分析要点

(1) 电源供电及电流走向

汽车所有的电器设备并非简单的并联关系，其供电电源并不一致，有的来自点火开关，有的或许经过继电器，也有的直接接到蓄电池正极；有些设备有自己单独的保险丝保护，也有的几个设备共用一个保险丝等。另外，继电器的线圈与触点的供电来源也可能不同。掌握设备的供电来源和电流走向是非常重要的，不仅有利于分析线路，而且有利于分析检查设备的故障点。例如分析后窗除雾器的故障时，就需要找到除雾器的供电来源。图 10-10 给

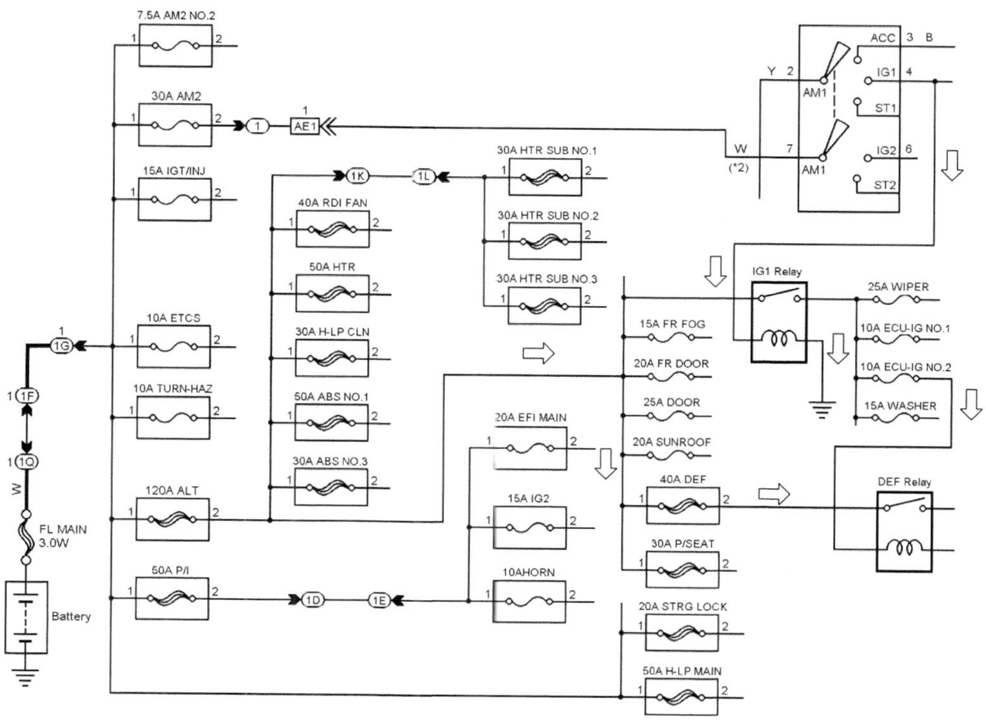

图 10-10 丰田 COROLLA 的电源线路(部分)

出了丰田 COROLLA 车部分与后窗除雾器相关的电源系统电路，并做了很多简化。通过查阅这部分的线路，可知除雾器的供电通路为蓄电池→FL MAIN 主熔断器→120A ALT 熔断器→40A DEF 熔断器→除雾继电器 DEF Relay 触点→除雾器。而除雾继电器线圈的供电，则走了另外一条通路：首先通过点火开关 IG1 挡接通继电器 IG1 Relay 的线圈，再由 IG1 继电器触点经 10A ECU-IG NO. 2 保险丝后才给除雾继电器线圈通电，如图中箭头所示。由此可知，除雾器的供电直接来自蓄电池，而除雾器供电的控制则要经过点火开关。

图 10-10 中有些特殊画法，后面将具体介绍。

(2) 设备控制部分

从使用角度看，各种电器设备都是受人手工或 ECU 控制的。控制元件包括各种开关与组合开关、按钮以及各种传感器等，有些设备功率较大，需要通过继电器控制。从线路图上看，继电器处于控制与被控制器件的中间，处于某个系统的中心位置。

现代汽车很多电路都由 ECU 控制，一个开关操作命令可能要经过 ECU、甚至不止一个 ECU 才能最终控制电器设备，而且线路上传输的可能不是简单的直流电流，或许处理成 CAN 信号在 ECU 之间传递。

对于 ECU 控制的线路，不仅要关注电流的走向，还要注意 ECU 传递信号的走向以及控制方式。图 10-11 给出了奥迪汽车两种不同配置下后部组合灯控制的线路，并以倒车灯的控制为例。为清楚起见，该图相对原线路图做了大量简化，主要画出了与倒车灯相关的部分。

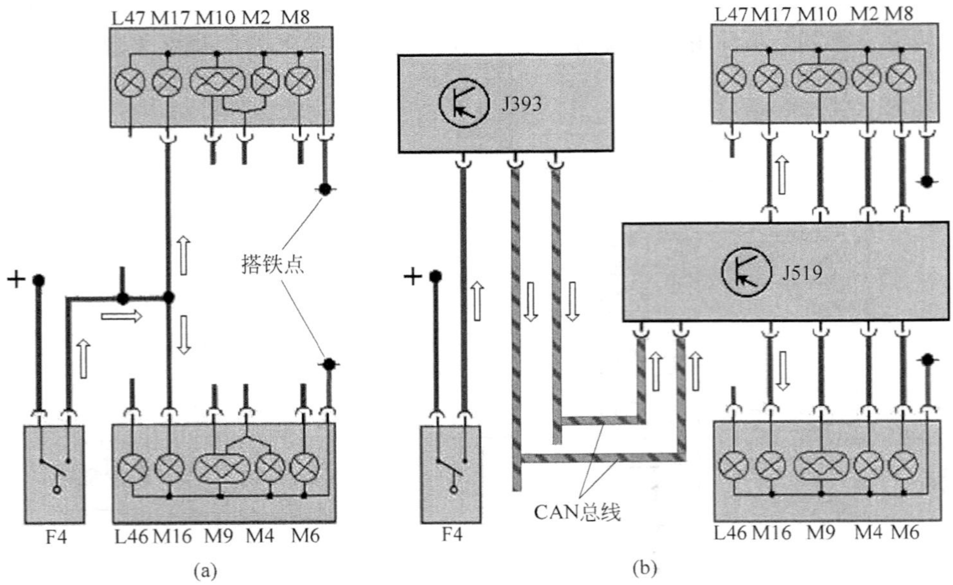

图 10-11 奥迪车倒车灯手动操作与 ECU 控制比较

(a) 手动操作；(b) ECU 控制

F4—倒车灯开关；J393—舒适系统控制单元；J519—车载电网控制单元；

M2,M4—尾灯；M6,M8—转向灯；M9,M10—制动灯；M16,M17—倒车灯；L46,L47—后雾灯

其中图 10-11(a)为手动操作，图 10-11(b)为 ECU 控制。可以看出，手动操作时，倒车灯开关直接控制左右倒车灯 M16、M17。采用 ECU 控制后，倒车灯开关信号首先进入“舒

适系统控制单元"J393,然后转换为CAN总线信号传入"车载电网控制单元"J519,最后再由J519控制点亮左右倒车灯M16、M17。

另外,读者可能会注意到图10-11(a)、(b)两者制动灯与尾灯的组合与接线方式不同,是由于两者控制方式不同。图10-11(a)中的制动灯与尾灯是单独控制,图10-11(b)中采用PWM控制,制动灯兼作尾灯,作制动灯与作尾灯时占空比不同,具体可参阅有关奥迪技术资料。

三、各类汽车总线路图简介

汽车线路图有很多种类,不同车型的线路图画法也有很大差别。归纳起来大体上可分为以下几种类型。

(1) 电路原理图

电路原理图是以某个具体设备或系统为核心,主要表示系统组成、设备的工作原理、各元件和设备间的联系以及电源的供电等。查阅原理图可以做到对某个具体系统的组成和工作原理一目了然。前面章节介绍各系统的电器设备时,所用的电路图基本上都属原理图。这种原理图的缺点是与车上实际线路走向不一致,在线路维护维修时不便于查找或更换导线。

(2) 接线图

接线图是现代汽车的维修手册中篇幅最大的一类线路图。接线图在反映工作原理的基础上尽量清晰地表达该车实际接线情况,以便维修时查阅。电器设备、接插件、保险丝和导线等都有编号和代号说明。接线图是电器设备维修和故障诊断时使用最多的一类线路图。后面将结合车型实例介绍这类线路图以及具体识图方法。

(3) 电器元件位置图

维修资料中常常给出主要电器设备、元件、继电器盒、保险丝盒以及ECU等在车上的位置以及连接线束图。图10-12给出了丰田COROLLA部分电器部件在车上的位置。维修资料中将每个部件都确定了编号,并配有文字说明。

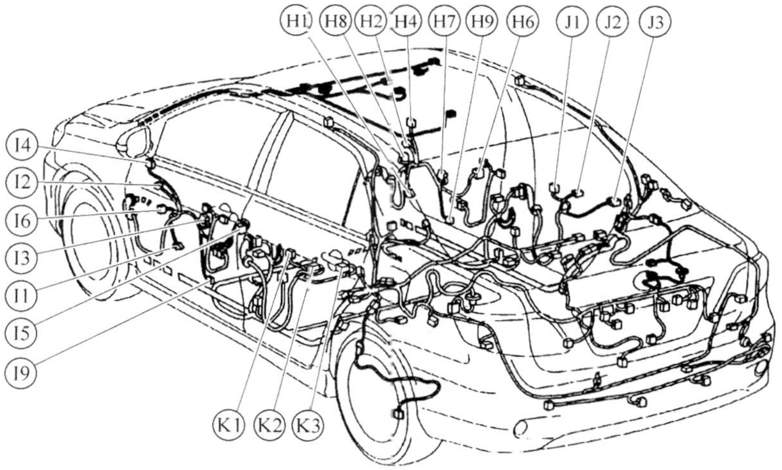

图10-12 丰田COROLLA电器元件位置图(部分)

(4) 搭铁位置图

搭铁位置图给出车上所有搭铁点位置，并配有文字说明。图 10-13 为丰田 COROLLA 部分搭铁位置图，其中倒三角图形及内部字母数字为丰田车表示接地点的代号，图中带方框的标记及字母数字是线束连接器，不是搭铁点。

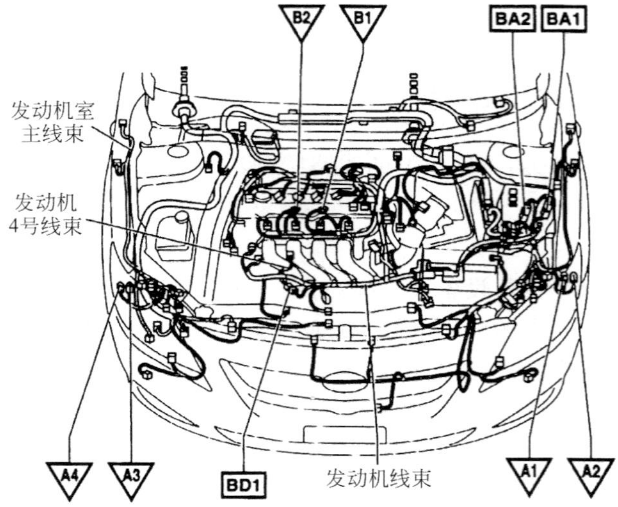

图 10-13 丰田 COROLLA 线路搭铁点位置(部分)

我们实际维修电器设备、分析电器线路时，常常需要将以上几种线路图结合起来。

第三节 典型汽车线路的分析方法

下面分别以日系和德系的某些车型为例，介绍电器线路的分析方法。其他车系的线路图与此有很多共同之处，主要是图形符号和表达方法的区别，其基本原理都是相通的。希望读者能够通过典型线路的分析取得举一反三的效果。

一、日本丰田车系线路分析方法

1. 丰田车系线路图的基本特点

在识读电器线路图时，应该首先了解元件符号和线路的一些标识方法，并与继电器盒、接线盒的内部结构图以及相关的元件在车上的位置图结合起来。下面以丰田轿车为例，介绍线路图的分析方法。

(1) 线路图中某些电器元件符号及含义

丰田汽车线路图某些符号的画法及含义如表 10-4 所示。

表 10-4 丰田汽车线路图中采用的某些符号及含义

符号	含义	符号	含义
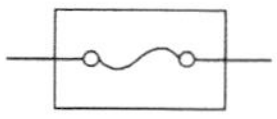 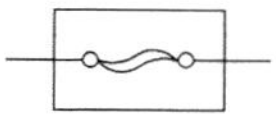 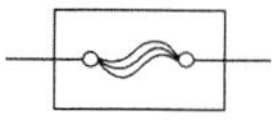	保险丝 熔断器(中等电流) 熔断器(大电流)	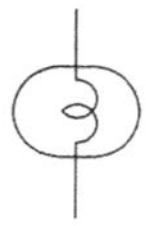 	前照灯: 单丝灯泡 双丝灯泡
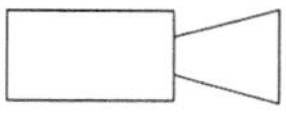	点烟器	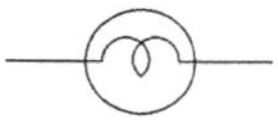	小灯
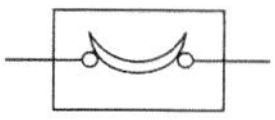	断路器	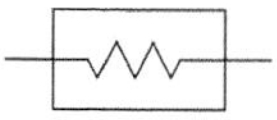	电阻
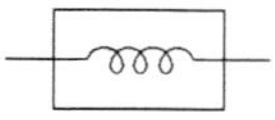	电磁阀或电磁线圈	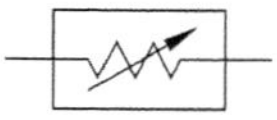	可变电阻
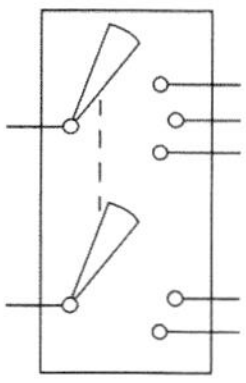	点火开关	 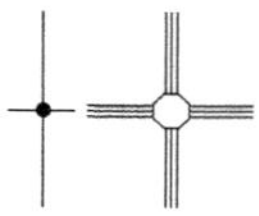	配线: 彼此交叉,没有接合点 有接合点,接合点用圆点或八角形标记表示

(2) 导线颜色代号

丰田车的导线颜色代号见表 10-5。

表 10-5 丰田汽车的导线颜色代号

代号	B	L	R	BR	LG	V	SB	G	O	W	GR	P	Y
颜色	黑	蓝	红	棕	浅绿	紫	天蓝	绿	橙	白	灰	粉红	黄

双色导线用两个字母表示,第一个字母表示基本颜色,第二个字母表示条纹颜色。例如 L-Y 表示基本蓝色、带黄色条纹的导线。

(3) 关于继电器与连接器

丰田汽车的继电器大部分集中于几个继电器盒(relay block,简称 R/B)内,每个继电器都有自己的名称、代号以及引脚编号。

由于汽车导线绝大部分都做成线束形式,线束之间或线束与电器元件之间就都采用接插器件(连接器)彼此连接。每个连接器由插头和插座两部分配合组成,每个插头有多个接线端子(引脚),每个插座有对应的插孔。各连接器形状都不相同,不会插错。多个连接器常做在一起组成接线盒(junction block,简称 J/B)。每个连接器都有自己的编号。需要注意的是,其中插座孔与插头引脚的编号方法不同。如图 10-14 所示,插座编号顺序为从左至右、从上至下;插头则从右至左、从上至下。

在汽车电路资料中,给出了每个继电器盒和接线盒的内部结构图、接线盒内部电路图、各继电器盒和接线盒在车上的位置图以及各电器元件在车上的位置图等以便于查阅。

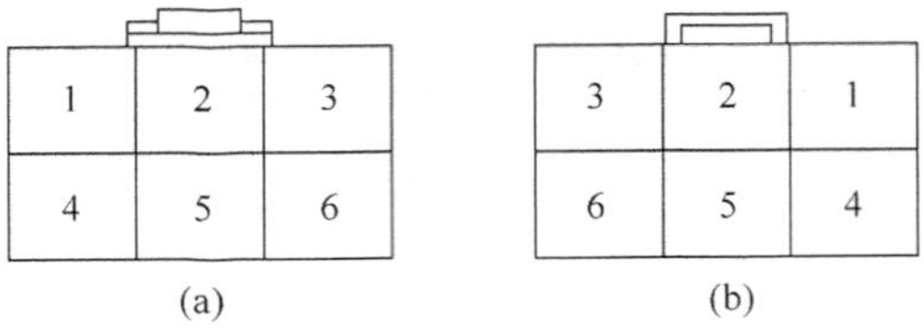

图 10-14　插座与插头的编号顺序

(a) 插座；(b) 插头

(4) 关于线路的一些标示方法

丰田汽车线路图中有些自己的特殊标示方法，现以轿车维修手册中部分线路图的画法为例进行说明，见图 10-15。图中用粗体字[1]～[9]给出了主要的标示符号。对这些标示作如下说明：

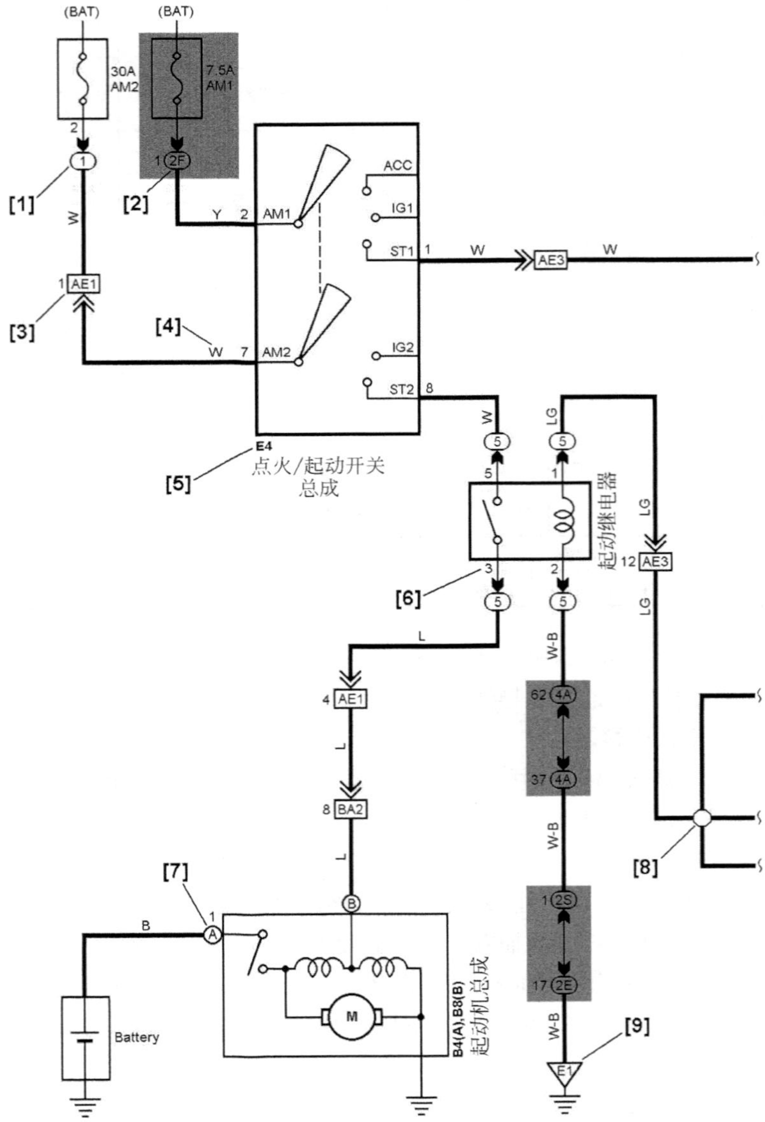

图 10-15　日本丰田轿车部分线路标示说明

[1]——表示继电器盒(R/B)。匿内数字表示继电器盒号码,图示继电器盒号码为 1,表示 1 号继电器盒。

[2]——表示接线盒(J/B)。圈内数字表示接线盒编号,字母表示该连接器插座位置号。如图中 2F 表示它在 2 号接线盒内 F 连接器,圈外数字 1 表示引脚端子号。另外,将属于接线盒的部分加上阴影,用以区别于继电器盒。

[3]——表示用于线束与线束配线之间的连接器。其中双箭头表示带插头的配线,外侧数字表示引脚号码。

[4]——导线颜色代号。

[5]——表示电器元件名称代码,与电器零件位置图中的代码相同。

[6]——标于电器元件引线旁边,表示引脚端子号。

[7]——接于电器设备的接线连接器代码。图中该设备为起动机,有两个连接器Ⓐ、Ⓑ,各有 1 个接线端子。图上零件代码写成 B4(A)、B8(B),这里的 A、B 与Ⓐ、Ⓑ是对应的。在实际的零件位置图中,起动机总成也有两个代码,分别为 B4 与 B8,可见实际是指连接到起动机的 A、B 两个连接器。

[8]——表示配线汇接点。这里有几条导线要连接到一起。

[9]——表示接地点位置。图中符号"▽"表示接地点,图中 E1 为搭铁位置代号,可在搭铁位置图中找到。

2. 丰田 COROLLA 轿车电器线路图分析方法举例

下面以丰田 COROLLA 轿车为例,重点介绍如何分析原车线路资料。分析原车电器线路资料,首先要对该车的电器元件及布置有所了解。以下各图直接取自丰田 COROLLA ZRE151 及 152 系列轿车维修资料。

COROLLA 轿车共有 4 个继电器盒,分别是 1 号发动机室继电器盒以及 5、6、7 号继电器盒。此外还有 4 个接线盒,分别是 1 号发动机室接线盒、2 号仪表板接线盒以及 3 号、4 号接线盒。

图 10-16 给出部分继电器盒/接线盒在车上的位置。

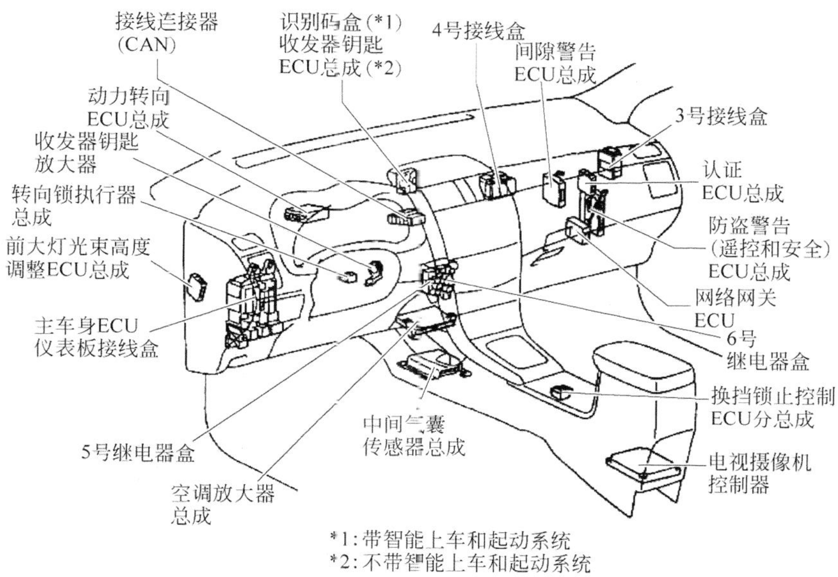

图 10-16　丰田 DOROLLA 电器盒布置图

图 10-17 给出了其中 2 号(仪表板)接线盒和 5 号继电器盒结构图,上面标出了各线束连接器的名称和代号。通过这种图很容易找到某些元件或线束连接器的位置以及引脚号,例如在 5 号继电器盒中可以找到起动继电器、后窗除雾继电器以及 ACC 继电器的位置。

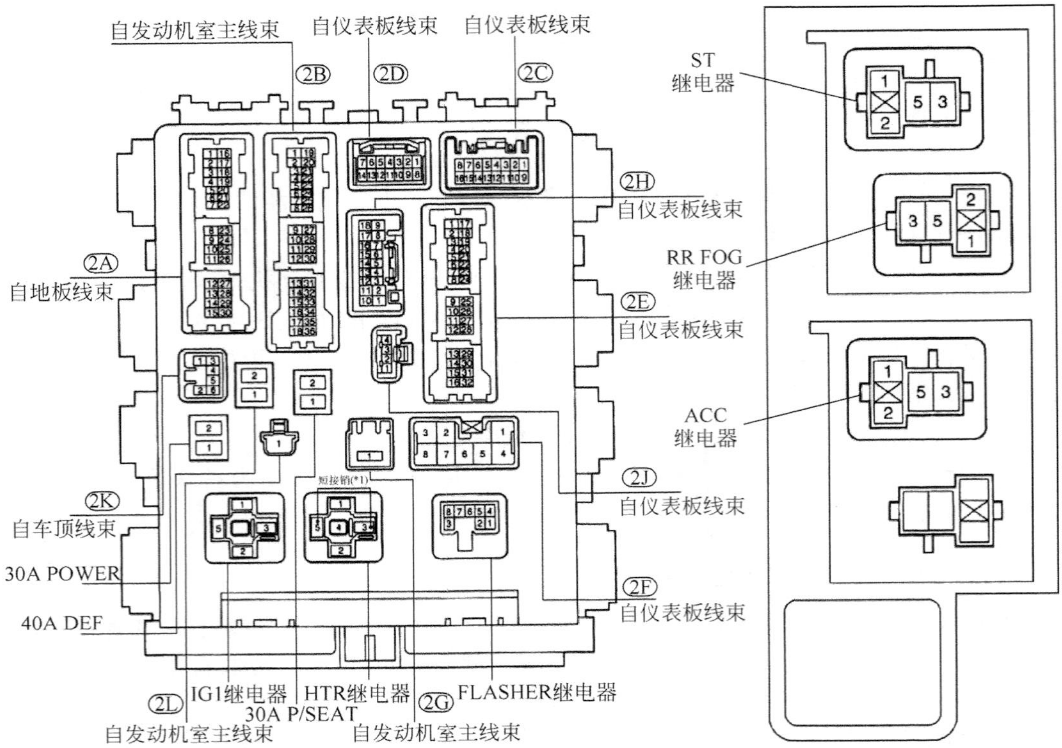

(a) (b)

图 10-17 丰田 COROLLA 的两个电器盒内部结构

(a) 仪表接线盒;(b) 5 号继电器盒

维修资料中还给出了线路搭铁位置图等相关资料及文字说明。

下面以 COROLLA 轿车电动后视镜线路为例,图 10-18 为电动后视镜线路图。由于图 10-18 中供电部分只给出了 7.5A ACC 保险丝,并不完善,要找到该保险丝的供电来源,就需要从后往前查阅该车的电源系统图。图 10-19 给出了给后视镜供电的电源部分线路。

(1) 电动后视镜的供电线路

通过图 10-19 所示电源系统图可知,当点火开关接通 ACC 挡位时,最开始电流通路为:蓄电池正极→主熔断器 FL MAIN→1 号发动机继电器/接线盒的 1Q 连接器→1F 连接器→1G 连接器→120A ALT 熔断器→1J 连接器→仪表板接线盒内的 2G 连接器。从此分成两路:

一路经过仪表板接线盒内的 7.5A AM1 保险丝→2F 连接器→点火开关的活动触点 AM1 端子→ACC 端子→5 号继电器盒内的 ACC 继电器线圈→仪表板接线盒 2M、2E 连接器→搭铁端 E1 形成通路,由此 ACC 继电器线圈通电,常开触点接通。

另一路经仪表板接线盒内 25A ACC-B 熔断器→2M 连接器→ACC 继电器常开触点→

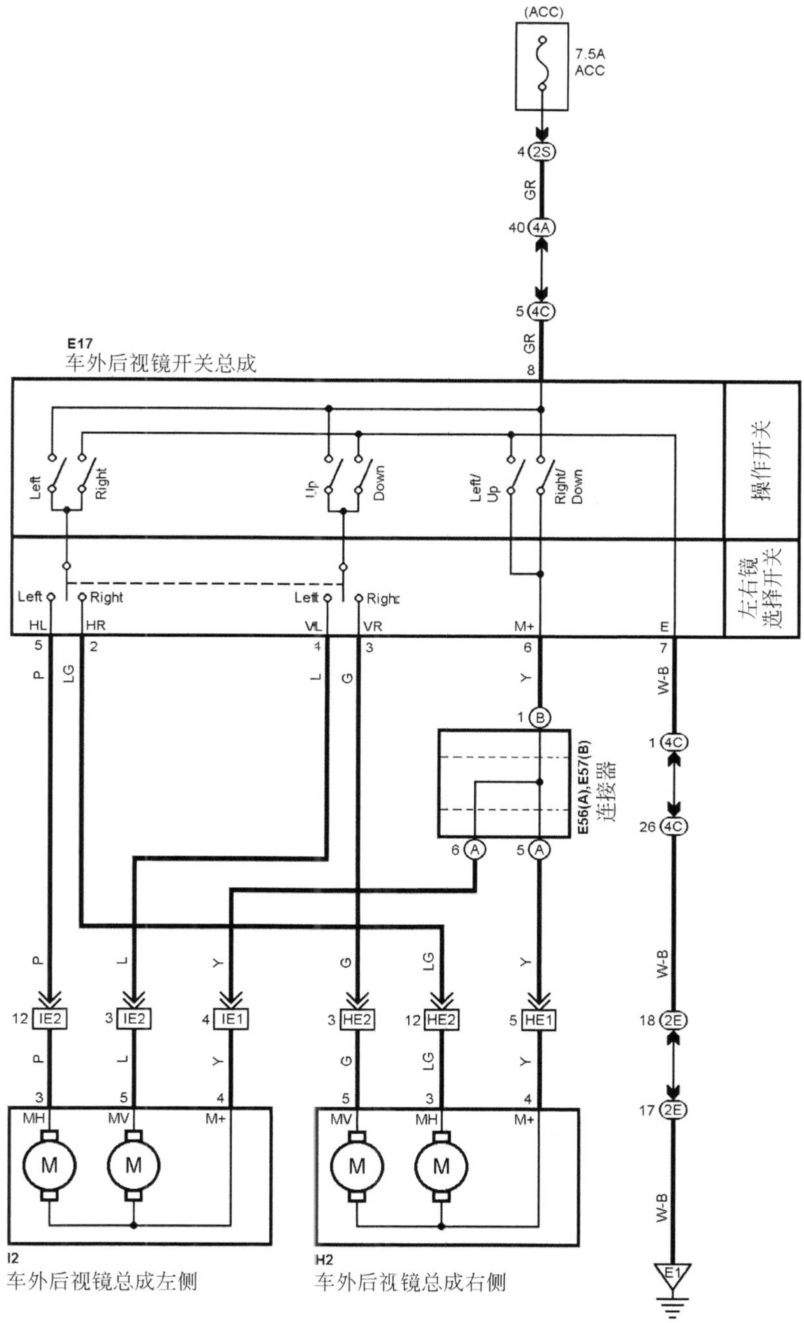

图 10-18 丰田 COROLLA 汽车后视镜线路图

2F 接线器→7.5A ACC 保险丝，从而完成给电动后视镜供电通路。

需要说明的是，此时由于车身电脑 ECU 已经有电，其中一条输出控制线也接到 ACC 继电器的线圈，即使点火开关转到其他挡位，仍可保持 ACC 继电器的供电。

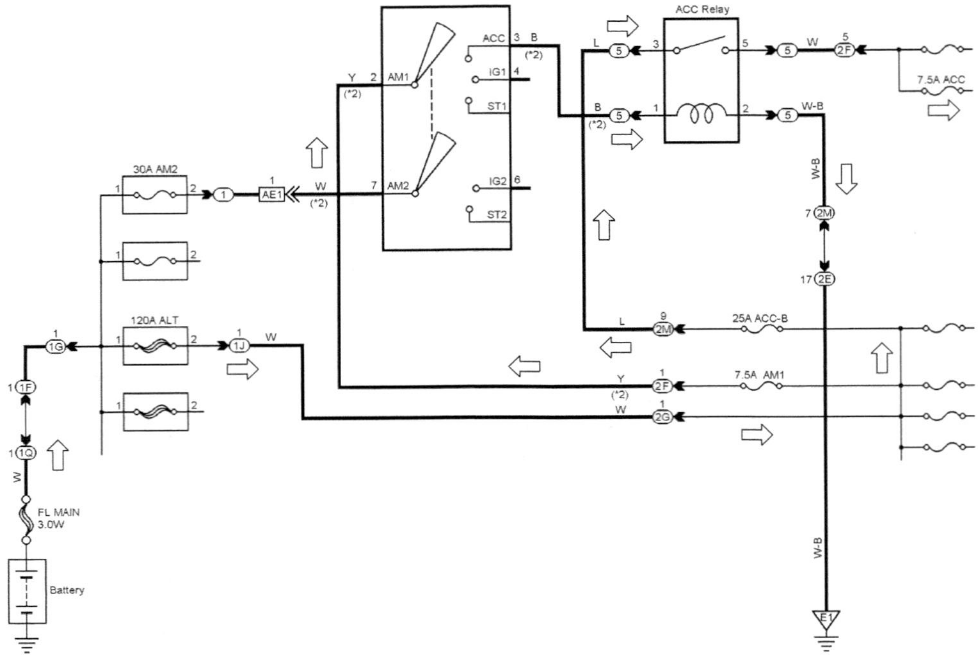

图 10-19　丰田 COROLLA 汽车给电动后视镜供电的电源线路

(2) 电动后视镜的工作

参见图 10-18。电流从 7.5A ACC 保险丝经仪表板接线盒内的 2S 连接器→4 号继电器盒内的 4A、4C 连接器后,进入后视镜的控制开关 E17。该开关由两部分组成:一为上下、左右方向控制开关(图中 Operation Switch),二是左/右侧后视镜选择开关(图中 Select Switch)。两个开关配合使用,例如需要左侧后视镜向右偏一些,只需要先将左/右侧选择开关拨到"左",然后按住方向开关向"右",此时电流通路为:后视镜开关 8 号端子→右/下(Right/Down)触点→6 号端子→E57 连接器 1 号端子→E56 连接器 6 号端子→线束连接器 IE1→左后视镜总成 4 号端子→左右偏转电机→3 号端子→线束连接器 IE2→后视镜开关的 5 号端子→左/右侧选择开关左(Left)触点→方向控制开关的右(Right)触点→开关的 7 号触点→4 号接线盒的 4C 连接器→仪表板接线盒的 2E 连接器→搭铁端 E1。

二、德国大众车系线路分析方法

德国大众系列汽车在我国轿车市场中占有很大比例,品牌很多。这些汽车线路图画法彼此大同小异。

1. 德国大众车系线路图的基本特点

(1) 线路图中某些电器元件符号及含义

大众汽车线路图中大部分元件如电阻、二极管、电动机等都采用通用画法,很容易识别。某些特色的画法及含义如表 10-6 所示。

表 10-6　大众汽车线路图中采用的某些图形符号及含义

符号	含义	符号	含义
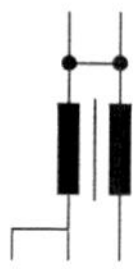	点火线圈	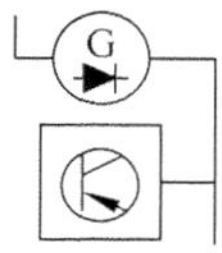	交流发电机
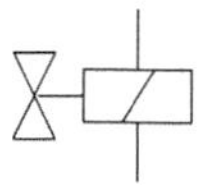	电磁阀	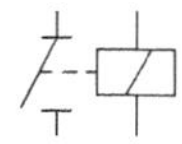	继电器
	插头	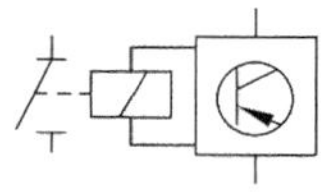	继电器(电子控制)
	插座		推进式连接器
	插座连接	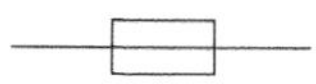	熔断器(保险丝)
	开关(手动)	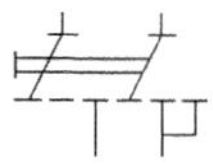	多点联动开关
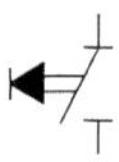	按钮(手动)	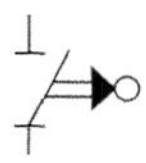	机械控制开关
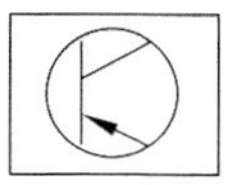	电控单元(ECU)	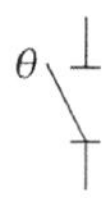	热敏开关

(2) 关于线路中的导线标注

汽车电器线路中的导线可有两种，一种是设备元件之间的连线，即外线部分；另一种是设备内部的导线，即内线部分，如继电器盒内的连线。对于外线部分，线路图中用粗实线表示，每条线都标明其颜色和截面积。德国汽车通常采用小写德文字母作导线颜色代号，见表 10-5。双色导线用两种颜色代号表示，例如 sw/ws 表示黑白两种条纹的导线。导线截面积直接标在导线上，如 1.5，单位是 mm^2。对于内线部分，在线路图中以细实线标出。

表 10-7　大众汽车的导线颜色代号

代号	sw	bl	ro	br	li	gn	ws	gr	ge
颜色	黑	蓝	红	棕	紫	绿	白	灰	黄

2. 大众汽车线路图识读方法

图 10-20 给出大众桑塔纳轿车线路图的一部分。可以看出，这种线路图有以下特点：

(1) 线路图从上到下依次接电源线→保险丝→继电器或 ECU→电气设备→地。

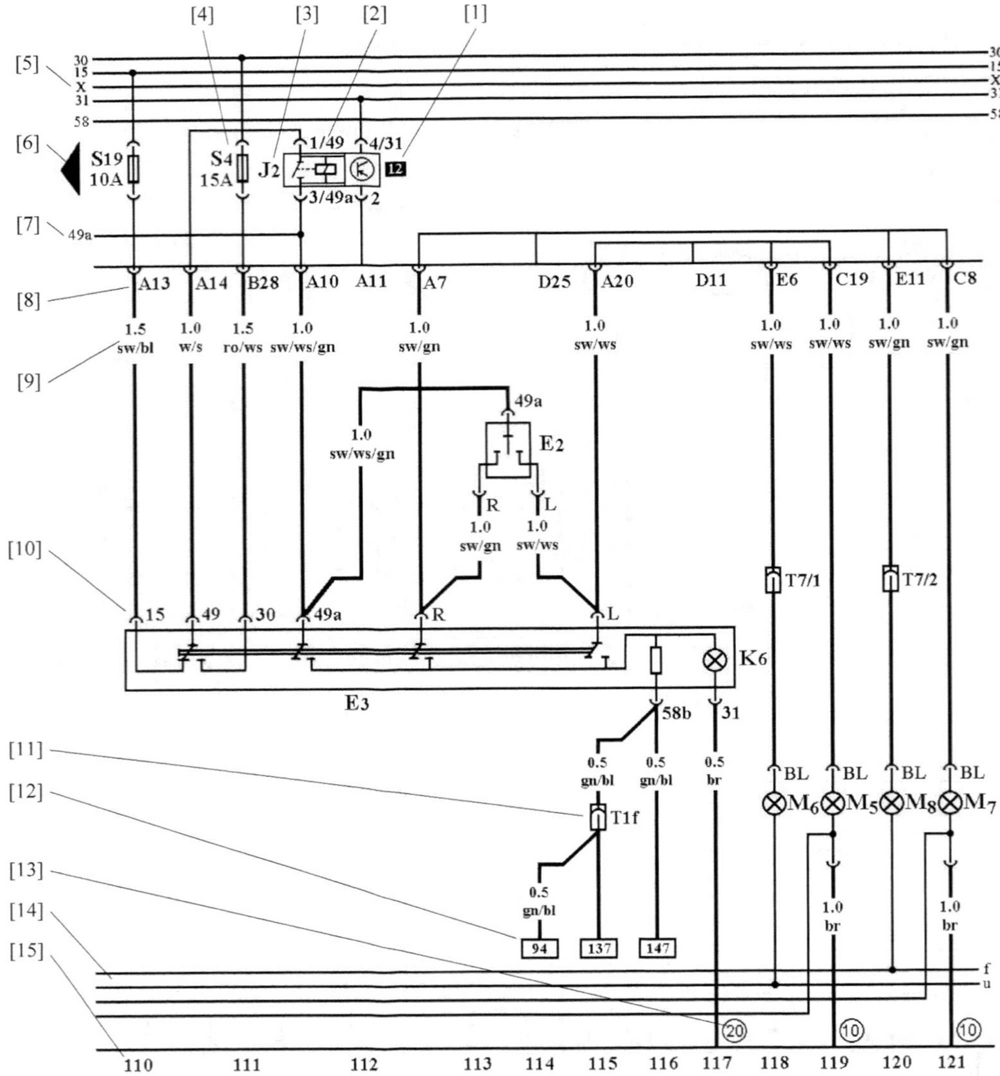

图 10-20 桑塔纳轿车部分线路标示说明

(2) 主要导线从上到下平行排列，彼此基本不交叉。

(3) 图中设备、元件、接线端子和导线等使用了大量符号代号和相应文字说明。

这种线路图最大的优点是便于检查线路的走向。

下面对该图中各标注部分作一些说明。

[1]——继电器位置号，表明继电器在电器盒上的位置。

[2]——继电器的引脚号，例如图中 1/49，其中 1 是继电器盒上对应继电器的插孔位置号，49 是继电器上引脚代号，所接的线也是 49 号线，在大众车中它表示给闪光继电器供电的导线。

[3]——电器设备或元件代号。在线路图的说明中可以查到电器设备或元件名称。例如图中 J2 为闪光继电器，E2 表示转向灯开关等。每张图涉及的元件名称通常在图的下面

用文字说明。

[4]——熔断器(保险丝)代号,其允许电流(A)或者标在旁边,或者在下面的文字中标明。在保险丝盒中可以找到它的位置。

[5]——主要供电导线代码。大众汽车的供电导线有规定代码,其中"30"为直接接蓄电池的电源线;"15"为点火开关接通(START 或 ON 挡)时的供电导线;"X"为中间继电器(也叫"卸荷继电器")的输出线,在点火开关接通后专门给较大电器设备如空调、雨刷、雾灯等供电;"31"为接地线。

[6]——箭头符号表示与上下页相衔接。

[7]——图上方有些导线以数字或小写字母标注,为电器盒内部连线,在前后相邻页的线路图中,相同字母表示的是同一条线。

[8]——电器盒上的连接器代号。该图对应车款采用"中央电器盒"的继电器/保险丝/连接器集中布置方式,在中央电器盒背面有许多连接器插座,用于与线束连接器的插头相连接。例如 A13 表示插座 A 的第 13 个插孔。

[9]——导线标示。大众车系的线路图上标明了导线的颜色和截面积。如图中某导线上标注 1.5 表示截面积为 1.5mm^2,sw/bl 表示导线颜色为黑/蓝色条纹。

[10]——电器设备或元件上的接线端子代号。图中所指为报警信号开关(E3)上的接线端子代号。

[11]——插头连接器代号,维修资料中会有该连接器引脚数以及安装位置的文字说明。

[12]——导线续接号。由于这种线路图的导线都是尽量平行而不交叉,对于必须交叉的导线就分成两段,在断点处标明另一段所在位置号。详见[15]说明。

[13]——接地点(搭铁点)位置代号。车上不同接地点有不同代号,通常在线路图下面会给出具体搭铁点位置说明。

[14]——位于图下方的细横线也表示内部连线。常用于连接两个元件,或引向元件的实际接地位置。

[15]——导线在线路图中的位置号。由于所有导线一般都平行而不交叉,所以总线路图很长,所有纵向平行的导线都编上位置号以便查找。如[12]所指的位置号 94,可以在前一页线路图位置号为 94 的地方找到该导线的接续点。

3. 捷达车线路图分析举例

以下以捷达轿车的灯光及信号部分线路为例,介绍大众车系一般线路图的分析方法,见图 10-21~图 10-24。注意各图下方导线位置序号是不连续的,说明这些图只是全部电器线路图的中间一部分,分析时常需要将前后几张图联系起来识读。

(1) 前照灯变光/超车线路

当点火开关 D(见图 10-21)处于点火(ON)挡时,其 X 端子以及给卸荷继电器 J59 线圈供电的 X 线有电。当车灯开关 E_1(图 10-24)处于 2 挡、变光开关 E_4(图 10-22)处于 0 挡位时,前照灯点亮近光。此时电流通路为:点火开关 X 线→电器盒 R/10 端子→车灯开关 E_1(图 10-24)的 7/X 端子→6/56 端子→中央继电器盒的 R/9 端子→电器盒内 P 线→电器盒 J/2 端子(图 10-22)→变光开关 E_4 的 56 到 56b 触点→电器盒的 J/3 端子→保险丝 S_1 和 S_2→前照灯 L_1 和 L_2 的近光→搭铁。

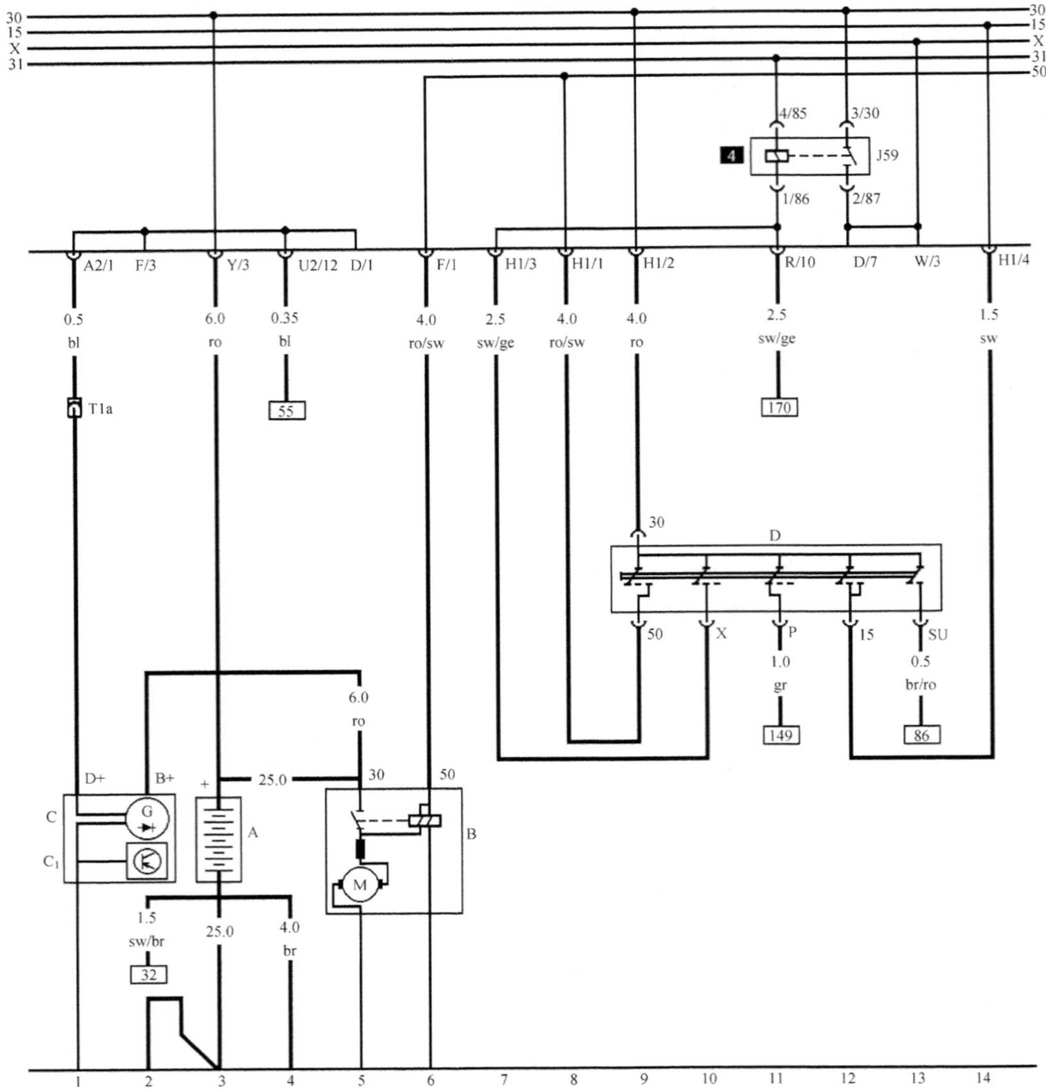

图 10-21　电源及起动系统线路

A—蓄电池；B—起动机；C—发电机；C_1—电压调节器；D—点火开关；J59—卸荷继电器

若要从近光转换为远光，只需将变光开关 E_4 转到远光挡位，此时变光开关的电流将从56 接到 56a 触点，再经继电器盒 J/1→保险丝 S_{11} 和 S_{12}→前照灯 L_1 和 L_2 的远光→搭铁。

当需要超车时，只需将变光开关 E_4 朝转向盘方向拉至压力点，此时变光开关的电流将从蓄电池经电源线 30 直接供电，经过变光开关的 30→56a 触点→继电器盒 J/1→保险丝 S_{11} 和 S_{12}→前照灯 L_1 和 L_2 的远光→搭铁。

(2) 尾灯与停车灯的线路

当车灯开关 E_1 处于 1 挡或 2 挡时，左停车灯 M_1、右停车灯 M_3（图 10-22）、左尾灯 M_4、右尾灯 M_2（图 10-23）都可以点亮。此时电流自蓄电池电源线 30→继电器盒 R/5 端子（图 10-24）→车灯开关 E_1 的 8/30 分别接通 10/58L 和 11/58R，前者经继电器盒 R/2→s 线→

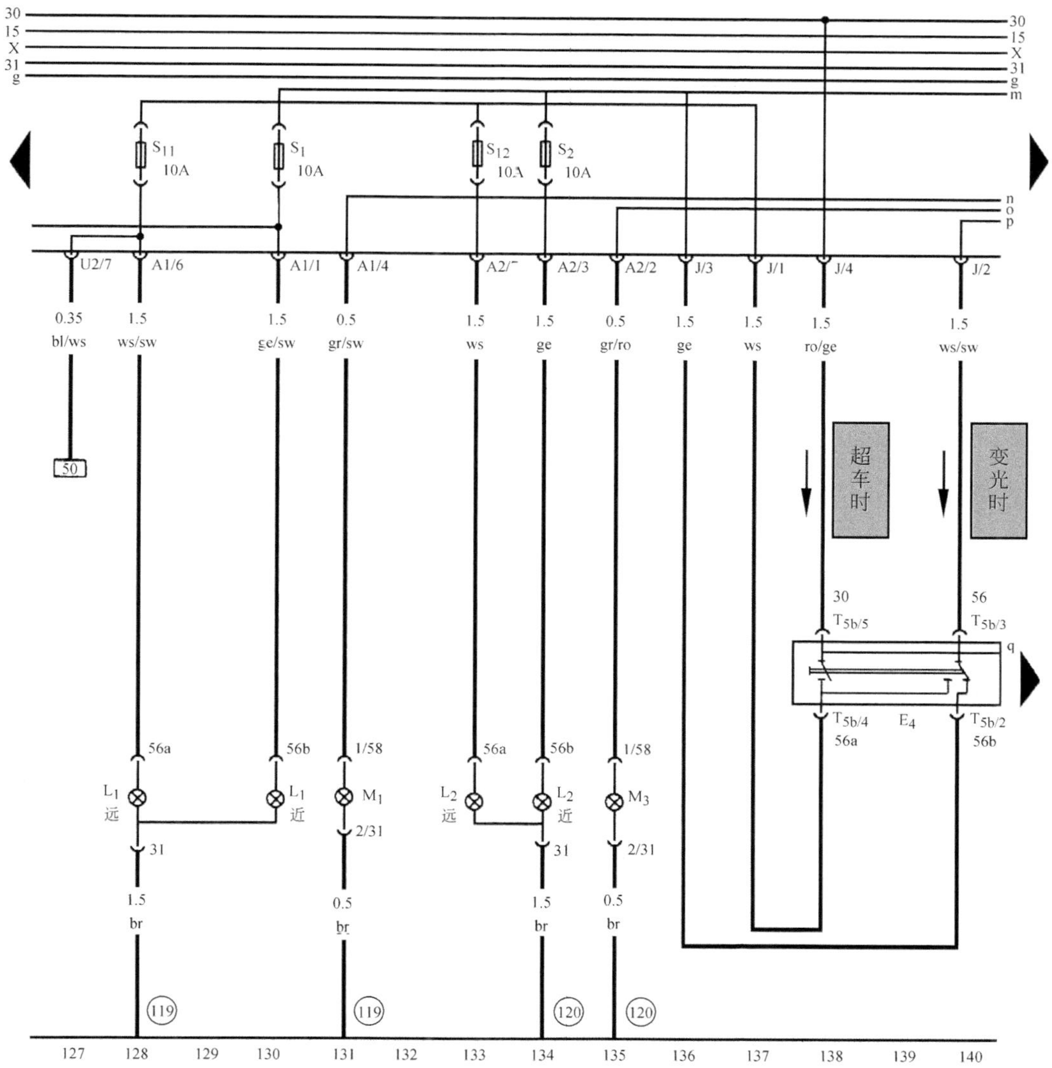

图 10-22 前灯与变光开关线路

E_4—变光开关；L_1—左前照灯（双丝灯）；L_2—右前照灯（双丝灯）；M_1—左停车灯；M_3—右停车灯

保险丝 S_8 分别给左尾灯 M_4 以及左停车灯 M_1 供电，后者经继电器盒 R/6→r 线→保险丝 S_7 分别给右尾灯 M_2 以及右停车灯 M_3 供电。

4. 奥迪车线路分析举例

现代汽车大量采用 ECU 控制技术，使汽车的性能和功能更加完善，相应的线路图分析查阅方法也比一般线路图更加复杂。分析某个设备的线路时，首先要了解它是由哪个 ECU 控制，并掌握 ECU 的控制方法，还要知道 ECU 所依据的传感器或车辆状态信息的传递途径。要做好这些分析工作，不仅需要了解每个电器设备的基本工作原理、电流走向，还要了解相关 ECU 的功能以及 ECU 之间彼此联系的数据网络结构。

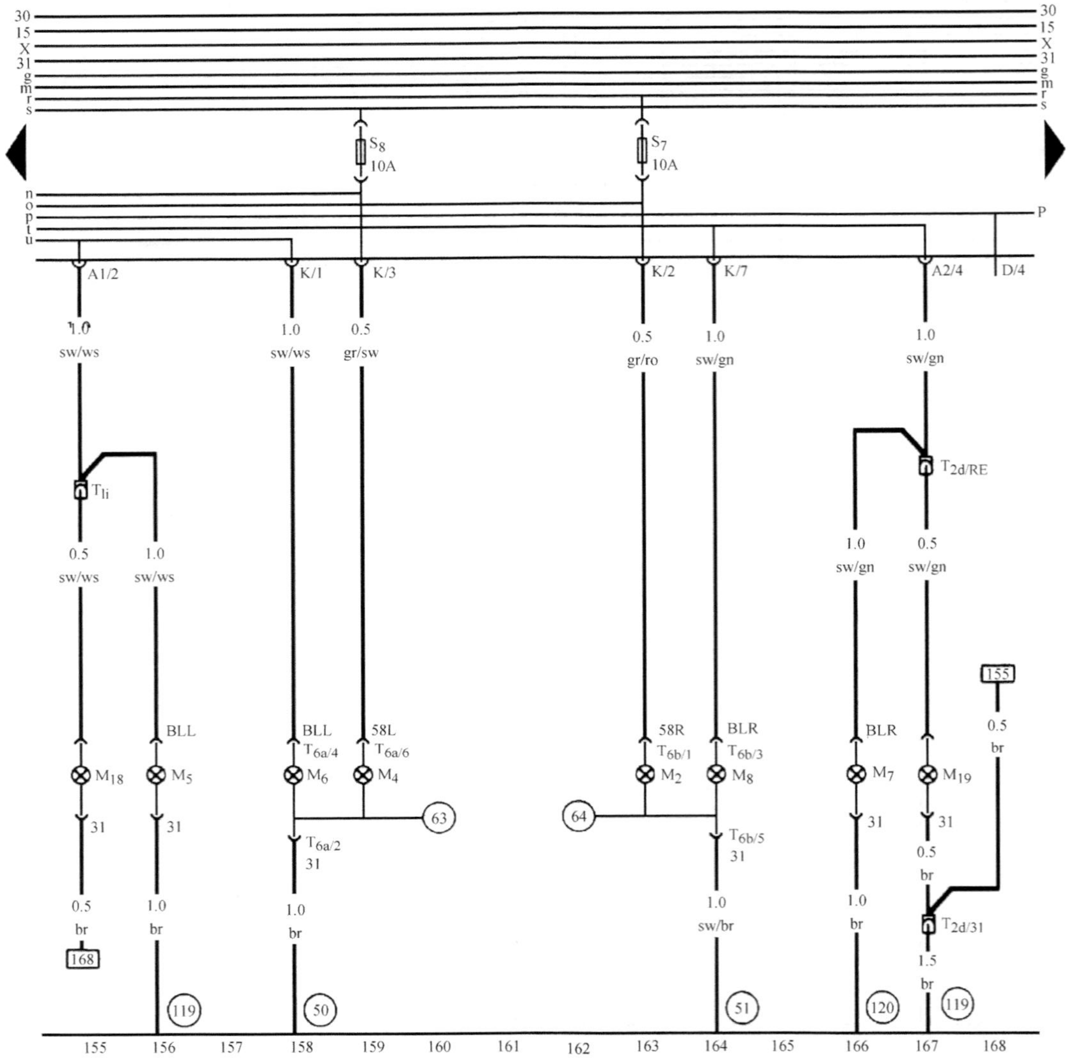

图 10-23　转向灯及尾灯线路

M_2—右尾灯；M_4—左尾灯；M_5—左前转向灯；M_6—左后转向灯；M_7—右前转向灯；M_8—右后转向灯；M_{18}—左侧停车转向灯；M_{19}—右侧停车转向灯

下面以奥迪车为例，介绍带 ECU 控制的电器线路分析方法。

(1) 关于奥迪车 ECU 的网络系统

奥迪车近年来的主要车型上都使用了多达几十个甚至上百个 ECU，几乎每个电器设备都是经过 ECU 控制的。ECU 也叫控制单元，在奥迪或大众车中，每个控制单元都有自己的编号，由字母 J 和数字构成，例如奥迪车的 J623 为发动机控制单元，J393 为舒适系统控制单元等。控制单元之间通过网络总线互相联系。

图 10-25 给出了奥迪 A6L(C7 系列)轿车的网络拓扑图。可以看出，奥迪车采用的控制单元非常多，彼此由网络总线相联系，又根据信息传输功能需要，将网络总线分成几种类型：

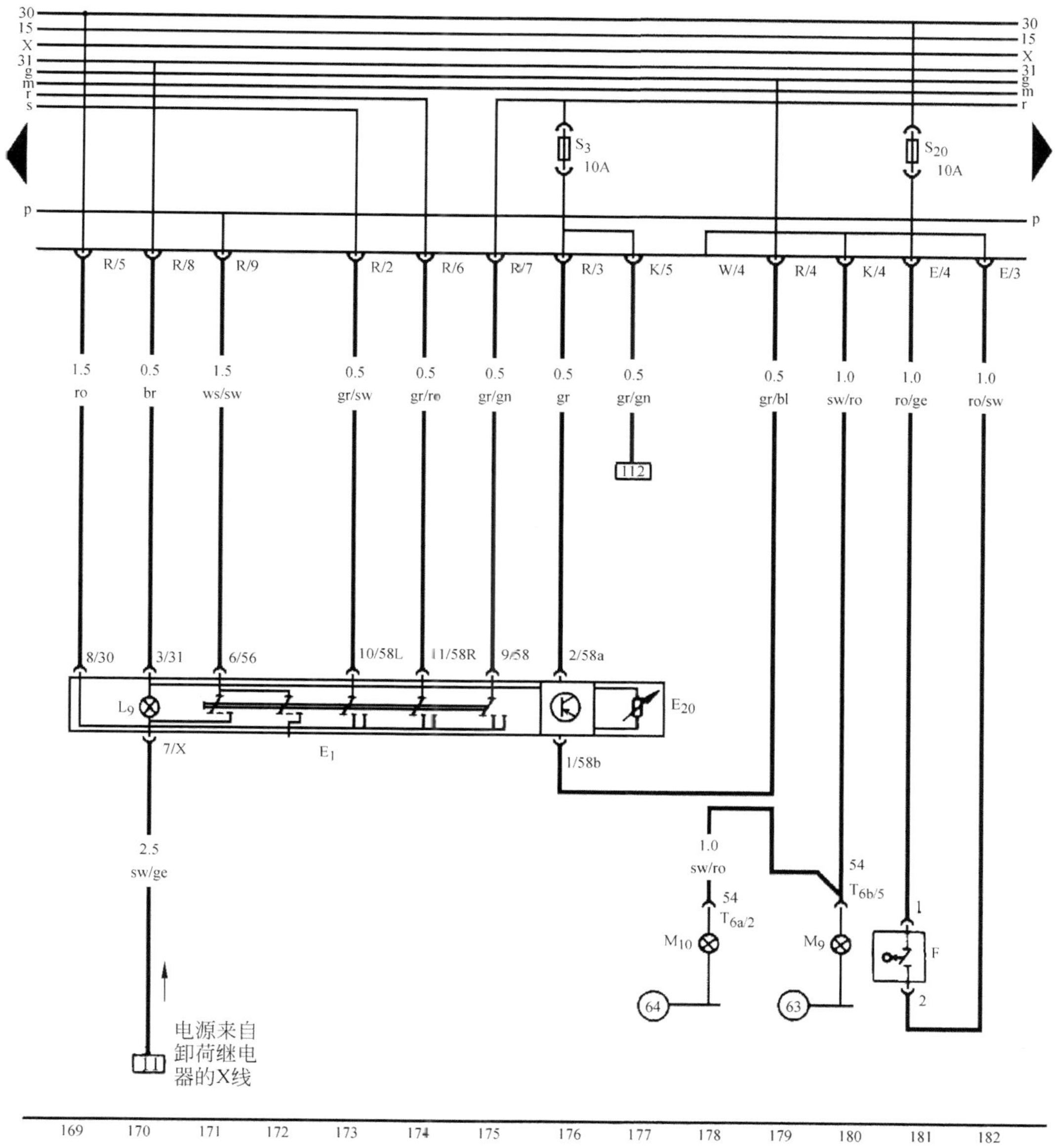

图 10-24　车灯开关与制动灯线路

E_1—车灯开关；E_{20}—车灯控制开关和仪表；F—制动灯开关；L_9—车灯开关照明灯；M_9—左制动灯；M_{10}—右制动灯

动力 CAN、舒适 CAN、诊断 CAN、仪表 CAN(也称操作与显示 CAN)、扩展 CAN、LIN 总线(用于主从型网络控制)、FlexRay、MOST(用于娱乐系统的高速总线)以及子总线(或称副总线)等多种。

需要注意，奥迪不同年款、不同车型的控制单元的功能、数量以及组成的网络结构都有些差别。

(2) 网关与分离插头

从图 10-25 可以看出，编号为 J533 的数据总线诊断接口(网关)是联系各类不同总线系统的非常重要的接口控制单元，不同总线系统之间进行信息传递，都要经过 J533。

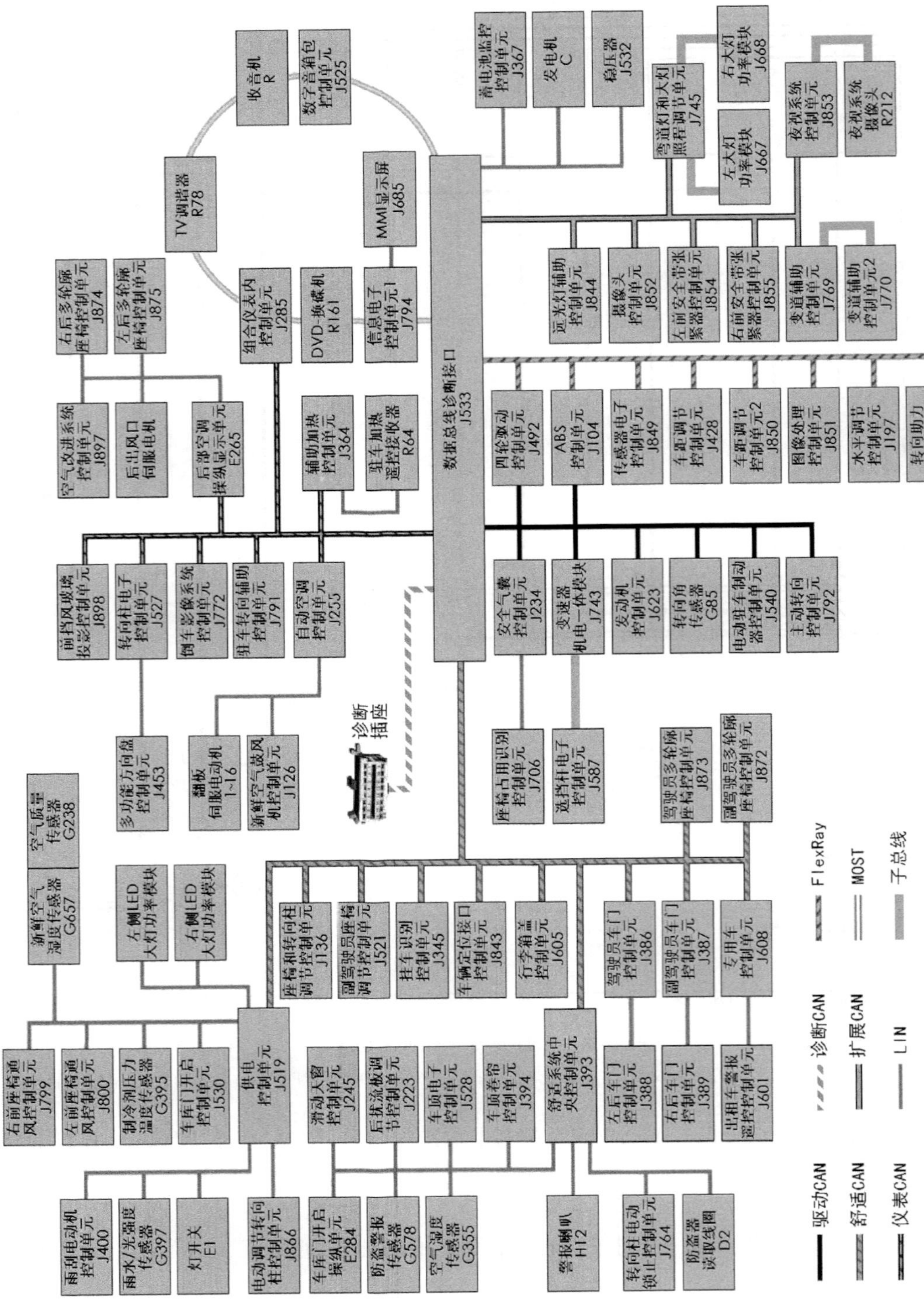

图 10-25 奥迪 A6L 网络拓扑图

由于控制单元很多，为了便于将不同类型的总线系统接入网关，奥迪有些车型先将各控制单元的两条 CAN 线(CAN-H 与 CAN-L)分别集中在称为“分离插头”的总线连接器上，然后再进入网关。以奥迪 A8(2003 年款)为例，它采用了两个分离插头，结构如图 10-26 所示。每个插头包括触桥与插头两部分，当触桥插入插头后，就将各控制单元的同类 CAN 总线并联起来。图 10-27 所示为分离插头连接后的内部接线图，可以看出，左右插头连接后，所有驱动 CAN 以及所有舒适 CAN 最后都接入网关 J533。请注意图中左右两个 J533(图中画圈者)是同一个控制单元的两个接口。

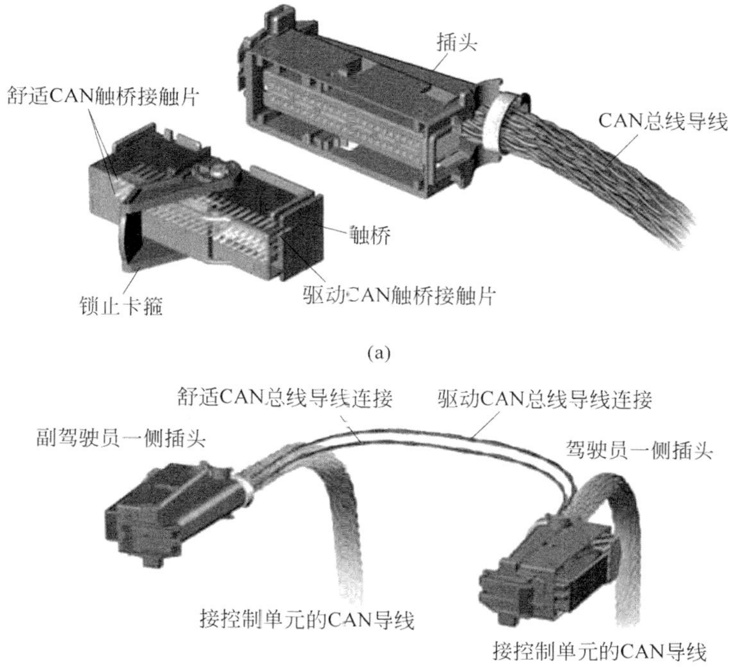

图 10-26 奥迪 A8(2003 年款)车的 CAN 分离插头

(a) 分离插头的结构；(b) 左右分离插头的连接

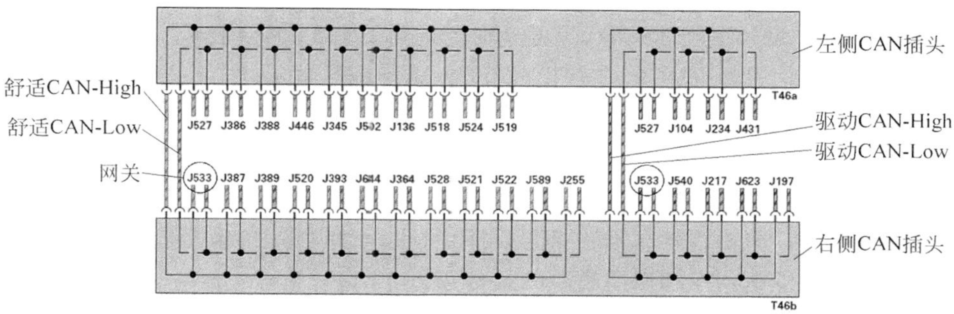

图 10-27 奥迪 A8(2003 年款)的分离插头内部接线图

奥迪不同车型的分离插头结构、数量以及在车上的安装位置也有不同，如 A6(C7)等较新车型的分离插头分成舒适、驱动、显示和扩展 CAN 四段，每个分离插头共 46 个(23 对)引脚，两个 CAN 分离插头布置成一前一后。而奥迪 A8(2010 年款)则只用了一个 46 脚的分离插头，也是分为舒适、驱动、显示和扩展 CAN 四段。

(3) 奥迪车的舒适系统及主要控制单元

与电器设备相关的控制单元大部分集中在舒适 CAN 以及 LIN 总线所连接的系统内，对奥迪或大众车称之为“舒适系统”。除了网关 J533 外，舒适系统有两个主要的控制单元，即车载电网控制单元 J519 与舒适系统中央控制单元 J393。

车载电网控制单元(或称供电控制单元)J519：该控制单元是车身前部主要电器设备的供电控制单元，用于控制车外前照灯、车前部转向灯、驻车灯、前雾灯、雨刷电机与风窗玻璃清洗器、高低音喇叭、大灯清洗等部件的控制，以及车内照明的调光控制，并承担舒适系统中央控制单元 J393 的部分功能。J519 是否给设备供电，受到起动、点火(起动/停止按钮，相当于点火开关)状态的控制。J519 一般安装在左前门内侧。

舒适系统中央控制单元 J393：在奥迪 A2、A4 等车中，J393 主要是防盗报警控制单元，承担中央门锁控制与防盗报警功能；在奥迪 Q7、A8 等车型中除了承担防盗报警功能外，还作为后部尾灯、后部转向灯、制动灯、后窗加热器、行李箱盖等部件的控制单元。J393 通常安装在车身右后侧行李箱盖附近。

(4) 奥迪电器线路分析举例

由于采用了大量的控制单元，电器线路的分析要复杂很多。下面以奥迪 A6(C7)车型的喇叭控制为例，介绍线路的分析方法。

① 首先需要知道喇叭和喇叭按钮所连接的 ECU 控制单元。通过相关电路资料查询，得知喇叭按钮属于转向柱控制单元 J527。然而 J527 并未直接控制喇叭，而是由供电控制单元 J519 控制的，这一点也可以通过相关电路资料查询得知。因此 J527 一定是经过 CAN 总线将喇叭控制信息最终送到 J519。但 J527 属于“仪表 CAN”系统，而 J519 属于“舒适 CAN”系统，两者的联系一定要经过网关 J533，通过前面图 10-25 所示的网络拓扑图可以查到 J527、J519 与 J533 这三个控制单元彼此之间的联系。

② 找到控制单元 J527 及连接喇叭按钮 H 的线路，以及 J527 所连接的两条 CAN 线，即仪表 CAN-H(High)与仪表 CAN-L(Low)，然后按图索骥，可知这两条 CAN 线分别接入“后部 CAN 分离插头”(编号 T46b)后，再分别接入网关 J533 的仪表 CAN 插座引脚。

③ 仪表 CAN 信号经网关 J533 转换成舒适 CAN 信号输出，CAN-H 与 CAN-L 再次经过“后部 CAN 分离插头”，再经过“前部 CAN 分离插头”(编号 T46a)进入供电控制单元 J519。

④ 从 J519 的相关线路中可找到连接喇叭继电器 J413 线圈的引脚。而继电器触点则由保险丝 SB7(编号为 SB 的保险丝盒中 7 号保险丝)供电，然后连接到高低音喇叭 H2 与 H7。最后可以查到喇叭继电器线圈以及喇叭的接地点。

至此我们已经查清了全部喇叭控制线路，将以上各部分汇总后，可得到简化的线路图如图 10-28 所示。可以看出，与传统喇叭线路相比，带 ECU 控制的线路要复杂得多。

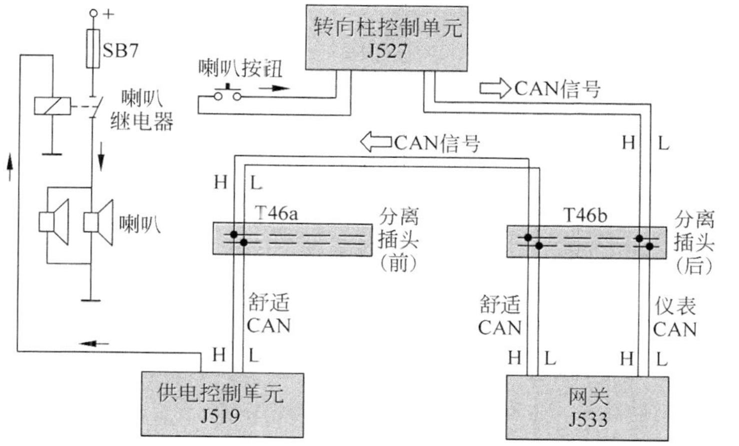

图 10-28　喇叭线路控制信号走向示意图

第四节　汽车线路的维修检查与故障诊断方法

一、汽车线路的维修诊断要点

汽车电器设备种类繁多，线路复杂，车内空间又十分狭小，给汽车电气线路的维修造成了一定困难。进行汽车线路维护、维修和故障分析诊断，一方面要对汽车电器设备和线路比较熟悉，同时也要对常见故障产生的原因有所了解，还需要掌握维修技能并不断积累实践经验。

1. 首先要熟悉电器设备、元件和线路

要对汽车电器设备和线路进行维修和故障诊断，首先要熟悉该车的电器设备和线路。具体包括以下几方面：

(1) 需要熟悉该车电器设备的结构和工作原理。

(2) 需要熟悉车上电器元件和设备的规格数量以及实际安装位置。

(3) 需要看懂该车维修资料中相关的线路图。尤其现代汽车中 ECU 的使用越来越多，不仅需要了解设备工作原理、电流走向，还要了解 ECU 单元的控制原理、全车总线网络结构以及总线信息传递方向。

2. 了解电气系统故障的原因和种类

汽车电器系统故障大体上可以分成电器设备故障和线路故障两大类。

(1) 电器设备故障

电器设备自身的故障包括机械损坏、锈蚀、烧毁、元件击穿、短路、断路、老化失效或性能变差等。电器设备发生故障的原因不仅与产品质量和寿命有关，也常常由线路故障造成。应该指出，设备长期不用并不一定能延长寿命，汽车长期不开动，有些设备元件容易受潮锈

蚀，蓄电池长期不充电还会导致极板硫化失效。

(2) 线路故障

线路故障包括导线损毁、短路、断路、接触不良等。

由于汽车行驶时不可避免的振动而导致的接线松动、接触不良也是汽车总线路常见的故障之一。

需要特别注意，由于汽车采用低压直流电源供电，与普通220V交流供电系统相比，在同样功率情况下使用的导线就比较粗，由于电器设备的电阻比较小，导线连接处的接触电阻影响就比较大，导线的连接必须特别牢固。尤其是起动电路，起动电流常常高达上百安培，如果接线稍微有一点松动，看来不大的接触电阻就可以造成很大的电压降，可能使起动机起动无力或转不起来。另外，带有电感线圈的电器设备(例如电机、点火线圈等)导线意外松脱瞬时产生的电压可高达上百伏，有可能造成电子元件击穿。

另外，以前维修不当(例如采用代用元件、不规范的导线连接或保险丝选用不当等)容易形成故障隐患，也常是造成设备、元件或线路故障的因素之一。

3. 要有清晰的分析思路

由于汽车电器线路比较复杂，引起某个设备故障的可能原因往往有很多种。这就需要在清楚线路电流走向和网络信息传递方向的基础上，借助仪器工具的检查测试，通过综合分析判断，逐步缩小可疑的故障范围，最后确认故障点。故障点确定之后，排除故障一般来说并不困难。

二、电器线路故障的一般诊断方法

1. 电器线路故障的基本检查方法

检查汽车电器线路的故障时，根据情况可以采用不同仪器工具和使用不同的方法。

(1) 直接观察

有些简单的故障可以通过眼看或手摸等直观感觉判断，例如导线损坏、灯丝烧断、接线端子松动或局部出现发热、冒烟、火花等现象。这类简单故障可以直接观察到故障发生的部位因而容易处理。

(2) 使用仪表检查

使用仪表检查是汽车电器线路故障检查中最普遍的方法。检查电器设备或元件的故障，常要用到万用表、示波器以及各种故障诊断仪器，可以检查线路中各处电压、电流、信号波形是否正常，以及元器件的电阻与通断情况等，故障诊断仪器还能给出故障码和数据流等，为排查故障提供参考信息。

万用表是最常用的线路检查工具。用万用表检查时需要注意线路的通电状态，检查线路的电压或电流需要在线路电源供电状态下进行；而若要检查某个元件(继电器、开关、灯泡、保险丝、传感器等)的通断或电阻的大小，则需要在线路没有供电的状态下进行，并应将元件从线路上取下来测试，以免受线路其他部件的影响。

(3) 使用试灯或跨接线检查

检查线路的通断故障，不仅可以使用万用表，还可以使用跨接线和测试灯。跨接线就是一段多股导线，两端分别接上插头或鳄鱼夹，常用于检查开关或继电器类元件的故障时，跨越这些元件给电器设备直接供电。测试灯就是一个汽车用20～60W的灯泡，将其接入被查线路中，通过灯泡的亮灭判断线路的好坏。

一般来说，使用跨接线或试灯方法检查时，线路的短路故障可用断路方法检查；断路故障可用短路方法检查。

(4) 元件替换方法

元件替换就是用完好的元件替换怀疑有故障的元件，观察故障是否消除的方法。这是实际维修中常用的方法。例如上述各例中的故障，当怀疑继电器有问题时，可以换个继电器试一试。但需要注意，在替换元件之前需要对线路作必要的检查，以免损坏了好的元件。

2. 电器线路的一般检查与故障诊断方法举例

(1) 使用万用表检查断路故障举例

设汽车某电器系统的电磁阀不工作，相关线路如图10-29所示，试分析查找原因。

该线路的工作原理比较简单，SW_1为总开关，SW_2为电磁阀的控制开关，当开关SW_1、SW_2都接通时，继电器线圈有电，常开触点闭合，电磁阀通电工作。若电磁阀不工作，我们可以用万用表的电压挡，按照下列顺序依次检查。

第一步：先检查保险丝。若保险丝完好，说明线路没有短路，而是断路故障。

第二步：接通点火开关(ON挡)，接通SW_1、断开SW_2，测试图中[A]点和[B]点有无电压。若[A]有电而[B]无电，则说明SW_1开关有损坏或引脚端子1—2之间的导线断路，可进一步测试引脚3有无电压以确认故障点(例如若引脚3有电而4无电，则3—4间导线有断路)；若[A]、[B]点都有电，说明从电源一直到[B]点线路都是正常的，再进入下一步。

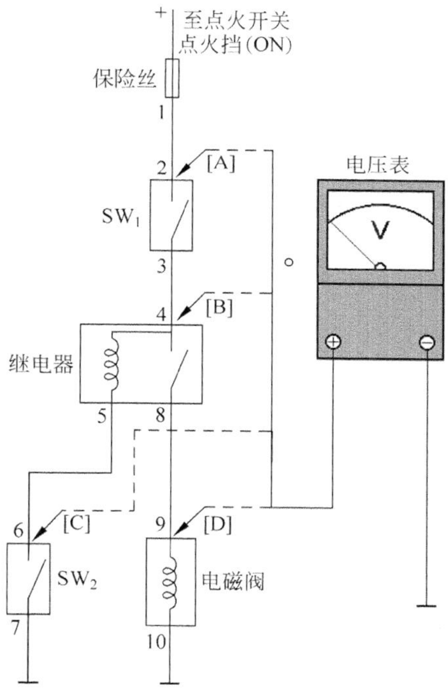

图10-29 用万用表检查电压情况

第三步：若[B]点有电，可进一步检查[C]点。此时反复开、闭SW_2，若SW_2断开时[C]点有电压，SW_2接通时无电压，并且能听到继电器触点动作的"咔嗒"声音，则说明继电器和SW_2都正常，故障发生在继电器触点到电磁阀之间的导线或电磁阀本身损坏(即引脚8—9—10一路)，此时可以进入第四步。否则，若反复开、闭SW_2时[C]点一直有电压，说明故障在SW_2无法接通。若[C]点一直无电，则需断开SW_2后进一步检查继电器的引脚5，可确认断路的位置在引脚4—5之间还是在5—6之间。

第四步：若前三步都正常，此时接通SW_2后引脚8应有电压。进一步测试[D]点。若[D]点仍无电，说明引脚8—9之间的导线有断路；若[D]点有电压，则可判断是电磁阀本身的故障。

以上检查顺序也可以倒过来从下往上进行。不过,对于断电故障,最好还是从电源处查起,这样每一步判断都比较清晰。

(2) 用试灯方法检查短路故障举例

线路本身与图 10-29 相同,但保险丝已经被烧坏,说明线路存在短路故障。检查方法如图 10-30 所示。由图可知,有三处对地短路的故障疑点,分别是保险丝到 SW_1 之间、SW_1 到继电器之间以及继电器到电磁阀之间的线束(即图中“?”处)。首先在保险丝的位置装上试灯,并接通 SW_1 和 SW_2。因有短路故障,试灯应亮。然后依次断开[A]、[B]、[C]处的线束接线插头,观察试灯亮灭情况。若断开某个插头时灯变灭,则该点与下面的检查点之间的线束就是短路故障所在。例如若[A]断开时灯仍亮,[B]断开时灯灭,则故障发生在继电器与电磁阀之间的线束上。

以上检查顺序也可以倒过来从上往下进行。不过,对于短路故障,最好还是从正常接地(搭铁)点查起,这样每一步判断都比较清晰。

另外应该说明,不应怀疑 SW_2 前后的线束有短路故障。因为若这条支路有对地短路,则故障现象是电磁阀失去 SW_2 的控制,而不是保险丝被烧毁。

(3) 使用跨接线进行故障检查举例

图 10-31 为喇叭线路,故障现象是喇叭不响。

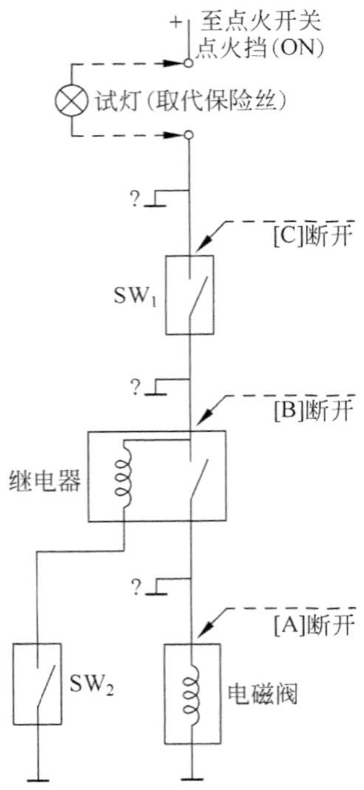

图 10-30　用试灯方法检查短路故障

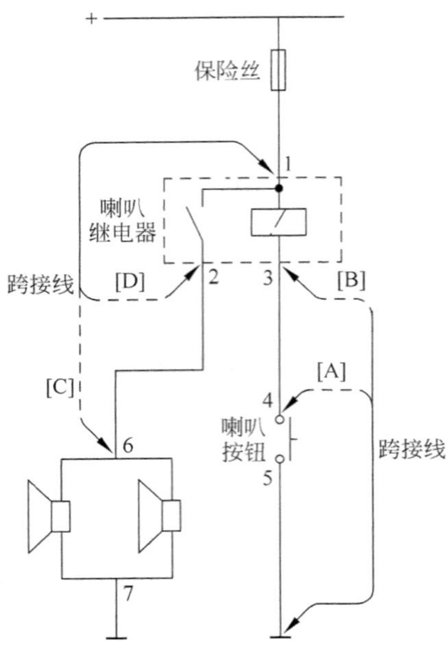

图 10-31　用跨接线检查断路故障

第一步:首先检查保险丝,确认没有烧坏,说明线路中没有短路问题。然后用跨接线将喇叭按钮短接(图中[A])观察。若短接喇叭按钮后喇叭能响,说明此按钮已经失效。

第二步:若喇叭不响,可再将跨接线接到继电器引脚 3 与地之间(图中[B]),若喇叭能响,则说明引脚 3—4 之间的导线有断路。

第三步：若仍不响，可怀疑继电器有问题，为此用跨接线短接继电器引脚 1 与喇叭引脚 6（图中[C]），若喇叭能响，说明故障在引脚 1—6 之间。进一步用跨接线短接继电器引脚 1 与 2（图中[D]），若喇叭响，说明继电器有问题，可取下继电器进一步检查或更换；否则一定是 2—6 之间的导线有断线故障。

第四步：如果上述各次短接都无效，就应是喇叭自身的问题，可取下喇叭检查是否有线圈断线、间隙调整不当或触点不能分开等情况。

3. 实车电器线路故障综合分析举例

应该指出，上述各种检查方法在使用上并无限制，例如对于短路故障，也可以用万用表检查各处的电压情况；对于断路故障，也可以将被怀疑的线束取下来，用万用表测量导线的通断情况，或用完好元件替换原来的元件等。在维修实践中，常常将各种方法结合起来，灵活运用，并需要根据该车线路的特点和当时具体情况来判断分析，逐步积累经验。下面举一个捷达轿车的故障实例。

故障现象：前照灯只能亮近光，不能亮远光。

故障分析：线路图参见前面图 10-21～图 10-24。由图可见，前照灯远近光的供电电源来自点火开关的 X 线，超车时的远光则是由来自蓄电池的 30 线。由于前照灯近光可以正常点亮，可以判断 X 线以及车灯开关 E_1 都没有问题，故障一定出在图 10-22 中的某一部分。并且，由于变光和超车时远光灯分别由不同线路供电，两条线路同时断线的可能性很小，可以先不怀疑超车时的电源线，即中央配电盒的 J/4 到变光/超车开关 E_4 的 5 脚的这段导线。另外中央配电盒的 J/2 端子到变光/超车开关 E_4 的 3 号引脚的这一段导线要同时给远、近光供电，所以也不会有问题。所以故障只能出在 E_4 的引脚 4 到两只远光灯这部分线路。

故障的排除方法：分以下几步。

第一步：首先检查远光线路的保险丝 S_{11} 和 S_{12}，发现都是完好的。

第二步：将车灯开关 E_1 拨到 2 挡、变光/超车开关 E_4 拨到远光挡位。用跨接线一端接电源正极，另一端分别接到两个前照灯远光灯泡的引脚 56a，发现两个远光灯都可以亮，说明灯泡本身是完好的。问题出在 E_4 的引脚 4 到灯泡之间。

第三步：可以用万用表逐段检查导线的电压情况。用万用表电压挡检查 E_4 的引脚 3、4，中央配电盒引脚 J/1、A2/7、A1/6，以及两个远光灯泡的 56a 引脚，发现只有 E_4 的引脚 3 有电压，其余各点都没有电压。从而可以判断故障在于 E_4 的引脚 4 上，仔细检查发现插头与引线之间断线。更换插头之后故障排除。

可见要分析排除电器线路的故障，首先需要熟悉有关电器系统的工作原理、该车相关线路结构和电流走向，掌握检查线路的基本方法和仪器工具，还需要清晰的分析思路。

4. 网络总线系统的一般检查方法

（1）网络总线的故障类型与一般检查手段

如今汽车上使用控制单元越来越多，一般来说，承担控制单元之间信息传递的网络总线工作是比较可靠的，很少出现故障。但由于车辆的频繁振动等原因，还是会出现对地短路、导线断路以及线束连接器接触不良等故障现象。ISO（国际标准化组织）给出了 8 种 CAN 总线的故障类型，分别称为“故障 1”、“故障 2”、……，如表 10-8 所示。

表 10-8　ISO CAN 故障表

ISO 故障号	CAN-High	CAN-Low
1		断路
2	断路	
3		对蓄电池正极短路
4	对地短路	
5		对地短路
6	对蓄电池正极短路	
7	对 CAN-Low 短路	对 CAN-High 短路
8	缺少 Rterm(终端电阻)	缺少 Rterm(终端电阻)

资料来源：见奥迪自学手册 SSP269——CAN 数据总线上的数据交换Ⅱ。

此外，实际上还有第 9 种故障：CAN-High 与 CAN-Low 混接，即两条线彼此接错。

一旦出现总线系统故障，可以用多种方法结合起来检查故障原因。以常用的 CAN 总线为例，通常首先要借助于专用诊断仪器调取故障信息以及某些控制单元故障存储器保存的历史记录，然后再根据故障情况进一步用万用表检查线路有无对地、对电源正极短路或检查线路的终端电阻值是否在正常范围内，同时也可以用示波器测量总线的信号波形。

(2) 关于 OBD-Ⅱ诊断插座

目前汽车上通常都装有 OBD-Ⅱ标准 16 脚诊断插座，如图 10-32 所示。用故障诊断仪器检查系统故障时，一般是通过该插座中的 K 线采集车内控制单元存储的故障信息。奥迪车采用了“诊断 CAN”技术，诊断 CAN 总线通过网关连接诊断接口插座(见图 10-25)。随着诊断总线的使用，大众集团将逐步淘汰控制器上的 K 线存储器，而采用 CAN 线作为诊断仪器和控制器之间的信息传输线。大众/奥迪车诊断插座引脚定义见表 10-9。

图 10-32　OBD-Ⅱ诊断插座引脚编号

表 10-9　标准 OBD-Ⅱ插座引脚定义

引脚号	1	4	5	6	7	14	15	16
对应的线束	15 号线	接地	接地	CANBUS (High)	K 线	CANBUS (Low)	L 线	30 号线

注：未标明的针脚号暂未使用。

(3) CAN 总线的一般故障检查方法

如前所述，网络总线有不同的种类，故障检查的具体方法也各有不同，需要按照维修资料指导的方法进行。下面以常用的 CAN 总线为例，介绍总线故障的一般分析方法，重点介绍各种正常信号与故障信号波形。大众/奥迪车不同的 CAN 总线(驱动 CAN、舒适 CAN、仪表显示 CAN 等)其传输速率、信号电平以及内部 CAN 收发器结构都有不同，造成的故障现象也会有所差异。因此检查网络总线系统故障，也需要了解该总线的设计特点。

我们知道，CAN 总线信号是两个高低变化相反的差分信号，对于驱动 CAN 来说，CAN-H 与 CAN-L 的隐性位(休闲位)均为 2.5V，显性位对于 CAN-H 为 3.5V，CAN-L 为

1.5V，即差分电压为 3.5－1.5＝2(V)。图 10-33 给出了驱动 CAN 的实测正常信号波形。可以看出图中 CAN-H 和 CAN-L 的显性位确实是差分信号波形，但其值均超出了范围，差分电压也超过 2V，这是正常现象，差分电压偏高有利于提高信息传输的可靠性。另外根据时间坐标分辨率 0.02ms/Div(0.02ms/每格)，而驱动 CAN 速率为 500kb/s，可以算出信号脉冲为 2μs/bit，即每个分格内有 10bit。

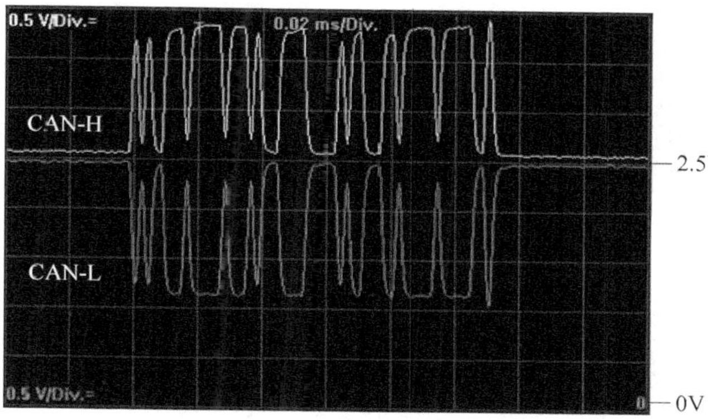

图 10-33　CAN 总线正常信号波形

如果 CAN 总线出现故障，我们从信号波形上就可以做出判断。例如若 CAN-H 对地短路，则 CAN-H、CAN-L 都出现地电平，如图 10-34 所示。

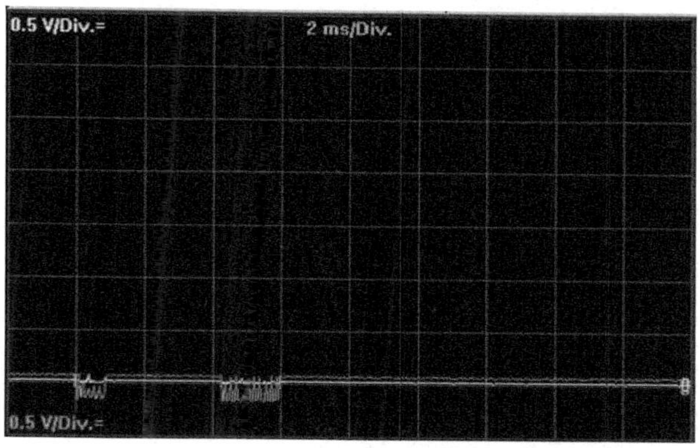

图 10-34　CAN-H 对地短路

若是 CAN-H 对正极短路，则 CAN-H 信号电平达到正极电压 12V 左右，出现的波形如图 10-35 所示。CAN-L 对正极短路的情况也类似。

若是 CAN-H、CAN-L 彼此间短路，则两者的波形相同，但都是故障状态，如图 10-36 所示。

若 CAN-H(或 CAN-L)与某一控制单元之间断路，则对于高速 CAN(如速率为 500kb/s 的驱动 CAN)来说，总线系统将不能正常工作，CAN-H、CAN-L 波形都不正常。图 10-37 给出 CAN-L 断路后的信号波形，可以看出，CAN-L 信号波形已超过 2.5V，正常时是不会出现这种情况的。

但对于某些低速 CAN(如速率 100kb/s 的舒适 CAN)，若某一 CAN 线出现短路或断路

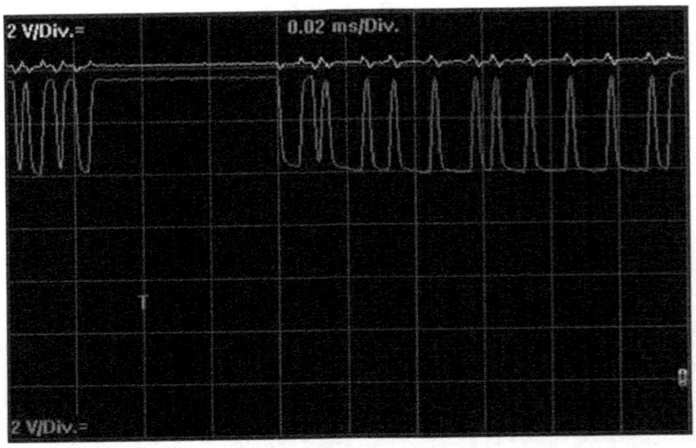

图 10-35　CAN-H 对正极短路

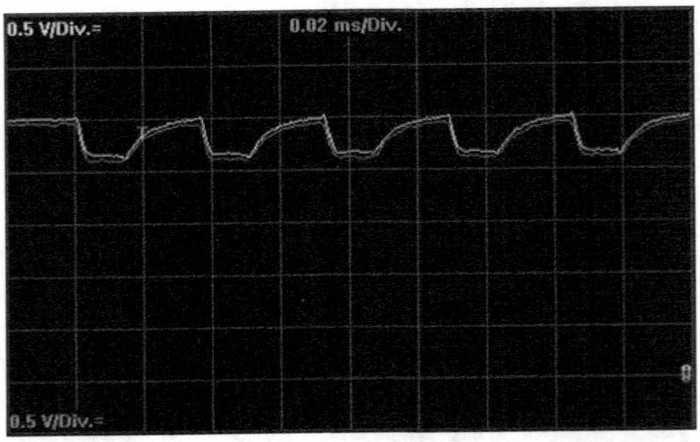

图 10-36　CAN-H、CAN-L 彼此间短路

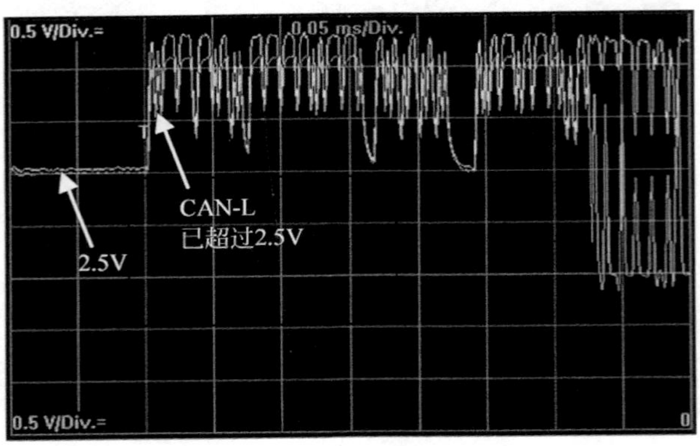

图 10-37　CAN-L 断路故障波形

故障，则可以进入“单线运行模式”，即另一条 CAN 线仍然能够承担传输信息的工作，如图 10-38 所示。

以上所述借助专用诊断仪查阅故障信息的方法与示波器信号波形分析要综合起来应用，有时在排除故障过程中，可用逐一拔下可疑控制单元的方法，能够迅速缩小故障范围。

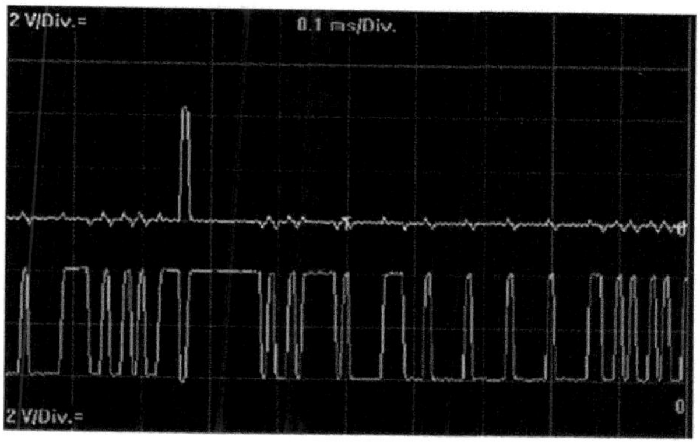

图 10-38 一条 CAN 线故障后的单线运行模式

思考与练习题

10.1 说明汽车电器线路中导线的特点。连接哪些设备的导线比较粗,哪些设备的导线比较细?

10.2 德国大众汽车线路图的上方常常有多条平行导线,分别标有 30、15、X、31 等。分别说明这些符号各自的含义。

10.3 德国捷达汽车线路图(见图 10-21)中有一条导线,上方标有"F/1",线上标有"4.0 ro/sw"。说明:

(1) 这些字符的含义;

(2) 这条线是给哪个设备供电的;

(3) 这条线的电源来自何处。

10.4 当捷达轿车车灯开关打到 2 挡时,"左尾灯"(图 10-23 的 M_4)能否亮?若能亮,试说明电流通路(参见前后相关线路图)。

10.5 说明日本丰田轿车线路中"J/B"、"R/B"各是什么含义。

10.6 图 10-20 是大众车转向灯线路,其中 E_2 为转向灯开关,E_3 为遇险报警灯开关。在点火开关接通的情况下,试问:

(1) 闪光继电器 J2 由哪个引脚供电?从哪个引脚输出间断信号?

(2) 若转向灯开关 E_2 接通 L 端,哪些转向灯可以点亮?

10.7 参照图 10-25,说明奥迪车采用的网络总线有哪些类型。根据你所学知识,能否简单说明各种类型的网络总线各有什么特点?

10.8 参照奥迪车有关喇叭控制的线路图(图 10-28),回答以下问题:

(1) 三个控制单元 J527、J533 和 J519 在"喇叭控制"的过程中各起到什么作用?

(2) 在不翻阅任何资料的情况下,凭所学知识徒手画出不用 ECU 控制的高低音喇叭传统线路图(包括开关、保险丝、喇叭按钮、喇叭继电器以及高低音喇叭各一只)。

10.9　汽车电器线路故障检查常用哪些方法？检查线路的电压和检测元件的电阻需要注意哪些问题？

10.10　若图10-31中的喇叭常鸣不止，可能的原因有哪些？如何分析排除故障？

10.11　假如CAN总线传输速率达到1Mb/s，传送1bit需要多少时间？图10-33的波形会有什么变化？

参考文献

[1] 边焕鹤.汽车电器与电子设备[M].北京：人民交通出版社,2001.

[2] 孙刚.新型汽车电气线路维修图集[M].北京：清华大学出版社,2011 .

[3] 李春明.汽车电器设备与维修[M].北京：高等教育出版社,2005.

[4] 范利仁.汽车电器系统检修[M].北京：清华大学出版社,2009.

[5] 赵福堂.汽车电器与电子设备[M].北京：北京理工大学出版社,2009.

[6] 王绍铣.汽车电子学[M].北京：清华大学出版社,2005.

[7] 凌永成.汽车网络技术[M]. 北京：清华大学出版社,2012.

[8] 李春明.汽车车身电子技术[M].北京：北京理工大学出版社,2003.

[9] 潘旭峰.现代汽车电子技术[M]. 北京：北京理工大学出版社,2004.

[10] 王运朋.丰田汽车电路图[M].广州：广东科技出版社,2000.